Jahrbuch für F
„Der vermes

# JAHRBUCH FÜR PÄDAGOGIK

Begründet von:

Kurt Beutler, Ulla Bracht, Hans-Jochen Gamm,
Klaus Himmelstein, Wolfgang Keim, Gernot Koneffke,
Karl Christoph Lingelbach, Gerd Radde,
Ulrich Wiegmann, Hasko Zimmer

HerausgeberInnen:

Armin Bernhard (Essen-Duisburg),
Martin Dust (Saarbrücken),
Sven Kluge (Essen-Duisburg),
Ingrid Lohmann (Hamburg),
Andreas Merkens (Hamburg),
Johanna Mierendorff (Halle-Wittenberg),
Gerd Steffens (Kassel),
Edgar Weiß (Siegen)

PETER LANG

Frankfurt am Main · Berlin · Bern · Bruxelles · New York · Oxford · Wien

# JAHRBUCH FÜR PÄDAGOGIK 2010

# „Der vermessene Mensch"

## Ein kritischer Blick auf Messbarkeit, Normierung und Standardisierung

Redaktion:
Martin Dust und Johanna Mierendorff

PETER LANG
Internationaler Verlag der Wissenschaften

**Bibliografische Information der Deutschen Nationalbibliothek**
Die Deutsche Nationalbibliothek verzeichnet diese Publikation
in der Deutschen Nationalbibliografie; detaillierte bibliografische
Daten sind im Internet über http://dnb.d-nb.de abrufbar.

Gedruckt auf alterungsbeständigem,
säurefreiem Papier.

ISSN 0941-1461
ISBN 978-3-631-61403-7

© Peter Lang GmbH
Internationaler Verlag der Wissenschaften
Frankfurt am Main 2010
Alle Rechte vorbehalten.

www.peterlang.de

# Inhalt

**Zur Kritik der Verfahren und Konzepte**

**Rezensionen**

**Dokumentation**

7

*Martin Dust/ Johanna Mierendorff*

# Editorial

Evaluation, Messbarkeit, Standard und Norm sind zu scheinbar unhinterfragbaren Größen – auch und gerade in der Erziehungswissenschaft – geworden. Kein Kongress, keine Tagung vergeht, auf der nicht das hohe Lied der Empirie gesungen wird. Lehrstühle und Institute der empirischen Bildungsforschung werden gegründet und ins wissenschaftliche Dasein gerufen, neue Studiengänge und Schriftenreihen in diesem Fachgebiet entstehen. Deutlich wird die Dominanz der Empirie und in deren Folge der Standardisierung und Normierung bspw. an der deutschen Umsetzung der Bologna-Reform, in deren Folge das deutsche Hochschulsystem einer tiefgreifenden Neustrukturierung unterzogen wurde und aufwendige und teure Akkreditierungsverfahren hervorgebracht hat. Ähnliche Entwicklungen lassen sich derzeit auf der Ebene der Institutionen der Aus- und Weiterbildung beobachten. Allgemeinbildende Schulen werden in immer engeren zeitlichen Abfolgen Evaluationen und länderspezifischen, bundesweiten wie auch internationalen Vergleichsstudien unterzogen, im Bereich der Elementaren Bildung scheint eine ähnliche Entwicklung erstmals in der Geschichte in Gang gesetzt zu werden. Umfassend sind also derzeit sowohl die Institutionen wie auch die in den Institutionen lehrenden und lernenden Individuen der vergleichenden und bewertenden Beobachtung im Rahmen standardisierter Messverfahren unterworfen – es ist anzunehmen, dass dies langfristig erhebliche Konsequenzen sowohl für die Gestalt und das Wesen der institutionalisierten Bildung und Erziehung selbst wie auch für die Subjektwerdung des Individuums haben wird. Dies alles findet nicht allein auf nationaler Ebene, sondern vor allem auch im Rahmen des Europäischen Einigungsprozesses statt, der auf eine Integration des europäischen Bildungsraumes zielt. Grundlegende Kritik und kritische Fragestellungen zu dieser Dominanz der Empirie sind kaum oder nur in geringen Spuren vorhanden. Das Jahrbuch für Pädagogik hat sich in diesem Jahr unter dem provokanten Titel „Der vermessene Mensch" die Aufgabe gestellt, einen kritischen Blick auf die vorherrschenden Tendenzen der Messbarkeit, Normierung und Standardisierung in der Erziehungswissenschaft zu richten. Bei der Beleuchtung des Themas aus den unterschiedlichsten Perspektiven hat sich allerdings gezeigt, dass die Kritik, die Einschätzung der derzeitigen Entwicklungen oder die Zurückweisung einzelner Verfahren keinesfalls einfach ist, da die Begriffe der Normierung und Standardisierung in verschiedenen Kontexten unterschiedlich oder auch unscharf verwendet werden oder aber transnationale bildungspolitische Vereinbarungen national durchaus sehr unterschiedlich umgesetzt worden sind – die Ziele und Motive von Messungen und Standardisierungen waren und sind ausgesprochen heterogen und damit auch die Konsequenzen, die daraus für die Institutionen wie für die Subjekte resultieren.

Der Aufgabe, die aktuellen Tendenzen der „Vermessung" kritisch zu beleuchten und zu hinterfragen, stellen sich die Autorinnen und Autoren in vier grundlegenden Kapiteln:

Normierung, Standardisierung und Messbarkeit sind keine neuen Phänomene der Erziehungswissenschaft. Sie prägen die Entwicklung der Muster moderner Kindheit und Jugend insgesamt sowie die Entwicklung der pädagogischen Disziplinen und eines pädagogischen Selbstverständnisses im Ganzen. Das gesamte Bildungssystem – angefangen von der elementaren Bildung, über die allgemeinbildenden Schulen bis hin zum Aus-, Weiterbildungs- und Hochschulsystem, die Kinder- und Jugendhilfe, der Kinder- und Jugendschutz, das Jugendstrafrecht und das Kinder- und Jugendgesundheitssystem – bauen alle auf der Logik der Normierung und Standardisierung seit jeher auf. Die Messung von Normalität und deren Abweichung ist diesen Institutionen und ihren Rechtskreisen in ihren Handlungsfeldern immanent, vor allem zu Beginn einer wohlfahrtsstaatlich forcierten jugendspezifischen Entwicklung. Denn das Bildungswesen der Moderne strebte unter der Perspektive der »allgemeinen Bildung« an, einen einheitlichen Bildungshorizont für alle zu eröffnen. Die Folge davon war eine auf Homogenisierung zielende Pädagogik. Das erste Kapitel des Jahrsbuchs zeigt diese Grundlegungen der Messbarkeit und Standardisierbarkeit in ideen- und sozialgeschichtlicher Perspektive und die Dilemmata, die sich in diesem Prozess herausgebildet haben, auf.

Während sich diese Prozesse zunächst auf einer nationalen und nationalstaatlichen Ebene ausbildeten, wenn auch stets internationale Diskurse vorhanden waren, wirkten internationale Entwicklungen zum Ende des vergangenen Jahrhunderts geradezu als Katalysatoren der Wirkmächtigkeit von Messbarkeit und Standardisierbarkeit. Normierung, Standardisierung und Messbarkeit traten ihren gesellschaftlichen Siegeszug in Wissenschaft und Praxis an. Das zweite Kapitel des Jahrbuchs soll diese internationalen Entwicklungen in ihrer historischen Entstehung, ihren gesellschaftspolitischen Dimensionen sowie ihrer Ausformung für die einzelnen Bereiche des Bildungswesens darlegen.

Die systematische Ausklammerung von Wert- und Normfragen aus den empirischen Forschungs- und Normierungsprozessen, führt dazu die Fragen nach den Zielen der Erziehung (z.B. Mündigkeit), nach den Mitteln (z.B. nach partizipativen Lernmethoden) und Prinzipien (z.B. keine Ausübung von Zwang) in das vor- und außerwissenschaftliche Feld zu verweisen und durch die scheinbare wissenschaftliche Objektivität der Empirie zu verdecken. Doch auch innerhalb des empirischen Feldes selbst, ist mancher Ansatz und manche Methode umstritten.

Da das Bildungssystem mit der Homogenisierung der Pädagogik in Folge der Normalisierung, Standardisierung und Messbarkeit die Unterschiede in den Bildungsvoraussetzungen zudem meist völlig ignoriert oder die Bearbeitung von Differenzen an kompensatorische und ergänzende pädagogische Einrichtungen delegiert, stößt dieses Vorgehen immer wieder an Grenzen, was mit erheblichen sozialen und gesellschaftlichen Folgeproblemen einhergeht. Das dritte Kapitel des Jahrbuchs wendet sich unter diesen Aspekten der Kritik der Messverfahren in einer normativen sowie einer empirischen Perspektive sowie der Frage nach den Bewirtschaftungsinteressen zu. Ferner soll in diesem Kapitel den Konsequenzen von Messung, Normierung und Standardisierung in individueller Perspektive nach dem Lebensalter sowie in institutioneller Perspektive nach den pädagogischen Handlungsfeldern nachgegangen werden.

Pädagogik muss sich quer durch ihre verschiedenen Handlungsfelder an der Diversität der am Bildungsgeschehen Beteiligten orientieren und Wissenschaft und Praxis daran ausrichten. Welche Gegenmodelle der Messung, Normierung und Standardisierung sind in Theorie, Forschung und Praxis erkennbar? Diese Frage soll im abschließenden vierten Kapitel des Buches eine Beantwortung finden.

Über diese thematische Ausrichtung hinaus, bietet das Jahrbuch in seinem allgemeinen Teil den bekannten Jahresrückblick – thematisch setzt sich dieser mit den widersprüchlichen politischen und öffentlichen Diskussionen um Bildungsungleichheit nach dem im Februar 2010 verabschiedeten Bundesverfassungsgerichtsurteil zu einem menschenwürdigen Existenzminimum auseinander. Darüber hinaus wird ein Nachruf auf Dieter Keiner abgedruckt, eine Polemik zur anonymen Bewertung von Lehrkräften in Internetportalen sowie zwei Rezensionen. Erstmals wird in diesem Jahrbuch eine Dokumentation aktueller grundlegender Texte zusammengestellt, die aus einer Kritik gegenwärtiger Durchsetzung von Messverfahren und Vergleichsstudien heraus in bildungspolitische und pädagogische Entwicklungen intervenieren und für eine grundlegend demokratische und humanistische Ausrichtung des Bildungswesens streiten.

# Ideen- und Sozialgeschichtliche Grundlegungen

*Carsten Bünger / Felix Trautmann*

# Das vermessene Selbst und die Frage nach dem Menschen

Sollen die gesellschaftspolitischen Hintergründe oder Wirkungen der Vermessung des Menschen analysiert werden, so drängt sich die Frage auf, *welche* Vermessungspraxen von *welchen* Aspekten *welcher* Menschen gemeint sind. Schließlich könnte eine Kulturgeschichte der Vermessung zeigen, dass sich nicht nur die Anwendungsfelder, Absichten und Verfahren der Anthropometrie gewandelt haben (vgl. Braunfeld u.a. 1973), sondern auch, was überhaupt als messbar und relevant gilt. Zudem differenzieren sich die Vermessungspraxen im Zuge disziplinärer Wissenschaftsformationen derart aus, dass von einer Vermessung im Singular keine Rede sein kann. Während z.b. die *Biometrie* die Vermessung phänotypischer Merkmale heute durch Gentests ergänzt und insbesondere in der sogenannten ‚erkennungsdienstlichen Behandlung' zur Identifikation von Individuen ihre Anwendung findet, wird seit Beginn des 20. Jahrhunderts parallel die *Psychometrie* eingesetzt, um persönliche Einstellungen und Haltungen zu ermitteln, sowie darüber hinaus Aussagen über ‚Begabung' und ‚Intelligenz' eines Individuums treffen zu können. Die Kontexte der Vermessung werden gegenwärtig z.B. von Sicherheitsdiskursen und Überwachungsformen, von Gesundheits- und Sozialpolitik oder von Wirtschafts- und Konjunkturprognosen gebildet und reichen von internationalen Vergleichsstudien über Demographie und Meinungsforschung bis zur Legitimation und Evaluation pädagogischer Maßnahmen des Forderns und Förderns.[1]

Bei alledem liegt die Kritik an den Vermessungszusammenhängen immer dann besonders nahe, wenn der Mensch als messbares Objekt erscheint und auf seine Messdaten oder -ergebnisse reduziert wird. Statt Menschen in ihrer Einzigartigkeit anzuerkennen – so könnte man den Einwand paraphrasieren –, werden sie registriert und schematisch einsortiert. Inwiefern diese an einem bestimmten Begriff des Menschen orientierte Kritik noch trägt, wenn die Einzelnen nicht nur von anderen, sondern zunehmend durch sich selbst vermessen werden, ist die Frage, der wir im Folgenden vor dem Hintergrund der aktuellen kompetenztheoretisch fundierten Vermessungen nachgehen wollen.

## I. Von der ‚Verapparatung' zur ‚Aktivierung'

Dass die Praktiken des Messens nicht zwingend ein ‚Objekt' voraussetzen, das nach und nach in seinen objektiven Eigenschaften bestimmt, also vermessen werden kann, ist spätestens seit der Diskussion um die ersten Intelligenztests deutlich: ‚Intelligence is, what the intelligence tests measure' lautete die Definition, die allen Kritikern vorgehalten wurde, die an der Abbildung von geistigen Vermögen durch Intelligenztests zweifelten (vgl. Sonnemann 1969/1981, S. 185). Indem die statistisch geeichten Testnormen mit dem Maßstab von Intelligenz überhaupt identifiziert werden, wird die Auseinandersetzung um einen angemessenen und von seiner Messbarkeit unabhängigen Begriff von Intelligenz überflüssig. Es wird schlicht so getan, *als ob* es das zu vermessende Konstrukt ‚Intelligenz' gäbe, indem es operationalisiert und die einzelne ‚intelligente' Leistung *objektiviert* wird. So scheint es möglich, von der Summe einzelner Leistungsergebnisse eines Individuums auf die (auch zukünftig erwartbare) Leistungsfähigkeit seiner Intelligenz zu schließen und sie im Verhältnis zum Durchschnitt der Intelligenzleistung anderer anzugeben. Die Konsequenz dieser Vermessungslogik besteht darin, dass die getesteten Personen nicht als Individuen zur Geltung kommen, sondern den vorgegeben Kriterien und vorformulierten Antwortmöglichkeiten der Tests unterworfen werden. Die Psychometrie stellt durch die Eichung am Modell der Normalverteilung zudem soziale Relationierungen her: Die vergleichbar gemachten Einzelnen werden so zu einander ins Verhältnis gesetzt, dass institutionelle Selektion und gesellschaftliche Hierarchisierung legitimiert und reproduziert werden (vgl. Bourdieu 1993; Gould 1988).

Mit Kritikern wie Ulrich Sonnemann ist diese Form der Vermessung als Zuspitzung eines technokratischen Positivismus zu deuten, der durch die Quantifizierung von Qualitäten die Dynamik der individuellen Selbst- und Weltverhältnisse und gesellschaftlichen Veränderungen stillstellt (vgl. Sonnemann 1981, S. 184f.)[2]. Anhand verschiedener Beispielaufgaben aus IQ-Tests der 1960er Jahre demonstriert er in seinem Hauptwerk „Negative Anthropologie": „erstens, daß der Test den Getesteten keineswegs so zeigt, wie er vor diesem Eingriff war oder ohne ihn [...] wäre, vielmehr über den Getesteten eine Vorentscheidung fällt, ihm diese Vorentscheidung aufzwingt – ihn verändert; zweitens, daß die Veränderung eine Verapparatung ist." (ebd., S. 185f.) Die Tests bilden also nicht nur nicht ab, sondern sie bringen durch die *Objektivierung der Subjekte* erst hervor, was sie messen und was sich zugleich gesellschaftlich als funktional erweist. Im Hinblick auf die Arbeits- und Lebensbedingungen des Fordismus formuliert Sonnemann ideologiekritisch: „Seinem geschichtlichen Wirken nach ist der Test [...] eine Vorrichtung am Fließband jenes höchst präzisen Produktionsverfahrens, das den

16

reduzierten, nach Standardausmessungen gearbeiteten Menschen liefert, den Menschen, den man brauchen, das heißt verbrauchen kann." (ebd., S. 185)

Nun ließe sich einwenden, dass man für eine angemessene Auseinandersetzung mit Intelligenztests ihre Weiterentwicklung in den letzten Jahrzehnten berücksichtigen und dabei insbesondere auf die Ausweitung des Intelligenzbegriffs auf bspw. zwischenmenschliche Interaktionen und die Fähigkeiten im Umgang mit Emotionen eingehen müsste. In der Tat haben sich die einflussreichen Praktiken zur Vermessung individueller Leistungsfähigkeit ebenso gewandelt wie deren begriffliche Konzeption und gesellschaftliche Beanspruchung. So stößt freilich auch die Übertragung von Sonnemanns gesellschaftskritischer Diagnose auf heutige Verhältnisse schnell an ihre Grenzen. Konnte Sonnemann noch das ‚man‘ seiner Zeit als ‚technologisches Kollektiv‘ im Sinne einer technokratisch vermessenen Konformität bezeichnen, das aus Menschen besteht, die „dann am besten bei der Stange bleiben, wenn es Menschen von der Stange *sind*" (ebd.), so ist es mittlerweile ein soziologischer Gemeinplatz, dass sich seitdem die Selbstverhältnisse und Lebensformen diversifiziert haben und diese in postfordistischen Produktionsformen eher integriert als nivelliert werden. Die Brücke von der Diskussion um die Vermessung in den 1960er Jahren zur Gegenwart lässt sich überraschenderweise dennoch mit Sonnemann schlagen. Denn gegen die Fixierung geistiger Vermögen auf standardisierte Antwortschemata finden sich bei ihm Überlegungen für eine ‚Reform der Psychometrie‘, die den Vorbehalten hinsichtlich der positiven Operationalisierung von Intelligenz im Testbetrieb Rechnung tragen: Neben seiner Forderung, ausschließlich „‚wert‘-freie Aufgaben" zu verwenden und die Lösungen nicht nach statistischer Häufigkeit, sondern nach „denkpsychologischen Kriterien" zu kategorisieren, schlägt er Aufgabentypen vor, „deren Lösungen überhaupt nicht a priori festlegbar, gleichwohl aber klassifizierbar sind, und zwar einfach nach dem Kriterium ihres *Erfolges* in der Bewältigung einer Problemsituation." (ebd., S. 201) Dieser mehr als 40 Jahre alte Vorschlag entspricht nahezu wörtlich der aktuellen Konzeption von „Lernerfolgsmessungen" anhand von inhaltsneutralen Kompetenzstufen. Kompetenzen sind demnach „die bei Individuen verfügbaren oder durch sie erlernten kognitiven Fähigkeiten und Fertigkeiten, um bestimmte Probleme zu lösen, sowie die damit verbundenen motivationalen, volitionalen und sozialen Bereitschaften und Fähigkeiten, um die Problemlösungen in variablen Situationen erfolgreich und verantwortungsvoll nutzen zu können" (Weinert 2001, S. 27f.). Für die Messung heißt das: Statt ein bestimmtes Wissen abzufragen oder auch nur die Anwendung von Wissen zu normieren, soll – zumindest dem Anspruch nach – nichts anderes zum Kriterium erhoben werden als die erfolgreiche Lösung eines vorab unbekannten Problems.

Wenn wir vor diesem Hintergrund den Fokus von der Vermessung der Intelligenz auf die Bewährungsproben von Kompetenz verschieben, folgen wir gleichwohl der am IQ-Test gewonnenen Perspektive auf die produktive Dimension des Messens und Testens und ihrer Vermitteltheit mit anderen sozialen Praktiken und gesellschaftlichen Funktionszusammenhängen. Doch scheint es bei der Vermessung der Kompetenz nun nicht mehr (allein) darum zu gehen, ein Individuum zum Objekt äußerlicher Testnormen zu machen und seine Leistungsfähigkeit auf sein Testergebnis festzulegen. Statt das geistige Vermögen positivistisch zu verengen und auf die schematische Ausübung von Standardoperationen zu reduzieren, wird von einem der unmittelbaren Messbarkeit unzugänglichem Potential ausgegangen, das sich aber anhand der kreativen Bearbeitung neuer Problemsituationen herausfordern und im Hinblick auf den Erfolg seiner Leistung einschätzen lässt. Dabei beruhen die Vergleiche der Messdaten nicht mehr auf der Normalverteilung: ‚Erfolg‘ hat nicht den Durchschnitt zum Bezugspunkt, sondern etabliert eine Ästhetik der Exzellenz, die durch verschiedene Kennzahlen, Qualitätsstandards und Punktesysteme die Grundlage einer umfassenden Rankingkultur bildet.

Da auf der Grundlage des Kompetenzmodells *Lernleistungen* gemessen werden sollen, handelt es sich bei Kompetenzen konzeptionell um erlernbare bzw. erweiterbare Fähigkeiten. Entscheidend für die Einschätzung der produktiven Dimension der ‚Leistungsmessung‘ anhand von Kompetenzskalen ist, dass die Messung weder auf die Erhebung der Effizienz von (Bildungs-)Institutionen beschränkt bleibt, noch eine einmalige Prüfung eines Individuums ist, mit der dessen ‚Begabung‘ festgestellt oder durch die es im Sinne einer ‚Initiation‘ ins gesellschaftliche Leben entlassen würde. Stattdessen verweist der Kompetenztest auf Potentiale und Fortschritte, aber auch Defizite und Ressourcen, die die Richtung des Weiterlernens anzeigen. Kompetenzen „lassen sich nicht, wie etwa ein höchster Bildungsabschluss ‚erlangen‘, sondern sie zeichnen sich durch ein virtuelles *Mehr* aus, für dessen Aktualisierung die Einzelnen […] zuständig sind." (Traue 2010, S. 54) Der Kompetenzbegriff unterstellt eine Instanz hinter der jeweiligen Performanz, die nicht nur Inhaber oder Träger von Kompetenzen ist, sondern zugleich für ‚Feedback‘ ansprechbar ist, um die eigenen Kompetenzen zu erweitern und individuelle Defizite wahrzunehmen. Indem durch die Prüfung von Kompetenz ein „Täter hinter dem Tun" (Schäfer 2001, S. 122) angerufen wird, der für seine eigenen Lernleistungen verantwortlich gemacht werden kann, kippt die Vermessung von der Objektivierung zur Subjektivierung, von der ‚Verapparatung‘ zur ‚Aktivierung‘ (vgl. Kocyba 2004). Die Kompetenzmessung verzahnt sich hier mit den Imperativen der Wissensgesellschaft, in der nur ‚beschäftigungsfähig‘ bleibt, wer seine Kompetenzen durch lebenslanges Lernens beständig zu erweitern weiß (vgl. Höhne 2003). Dementsprechend ist „die wichtigste Kompetenz jedes Kompetenzsteigerungszentrums die Kompetenzsteigerungskompetenz" (Reichenbach 2007, S. 74).

Besonderen Ausdruck findet die subjektivierende Wirkung des „humankapitaltheoretischen Kompetenzansatzes" (Traue 2010, S. 57) in der Konzeption des *selbstgesteuerten* Lernens. „Die Raffinesse der Selbstlernparole besteht darin, daß sie dem Selbstbewußtsein schmeichelt, negative Assoziationen, die Erinnerungen an schlechte Schulerfahrungen auslösen können, nicht aufkommen lässt, und dazu die öffentlichen Hände entlastet." (Tietgens zit. n. Nolda 2008, S. 91) Die ‚Befreiung' des Lerners aus den formalen Lehr-/Lernzusammenhängen der Bildungsinstitutionen geht dabei mit neuen Kontrollen und Vermessungen einher. Die Debatten um die Zertifizierung und Dokumentation des eigenen Lernprofils zeigen, dass das Selbstlernen kein Selbstzweck ist, sondern als Selbstinvestition geltend gemacht und anerkannt werden soll (vgl. Traue 2010, S. 54; Pongratz 2007). „Sämtliche Kompetenzen und insbesondere die personbezogenen (‚soft skills'), wie etwa kreative oder reflexive Fähigkeiten, werden in letzter Konsequenz als ökonomisch verwertbare Ressourcen ausgewiesen." (Boenicke 2008, S. 99) Aber nur was sich vermessen und nachweisen lässt, erscheint verfügbar und verwertbar. Deshalb folgt auf die Selbstinvestition die Selbstvermessung und umgekehrt. Während „die wissenschaftlichen Kompetenzkonzepte und ihre Operationalisierungen die Möglichkeit formalisierter Messung und Evaluation der Vermögen" (Traue 2010, S. 54) suggerieren, bleibt die Vermessung nicht auf den objektivierenden und zugleich äußerlichen Blick des testenden Experten beschränkt, sondern verlagert sich unter dem Primat der Selbstoptimierung als ‚Prozessmonitoring' ins Selbstverhältnis. Das vermessene Selbst lässt sich als dividuell gewordene Individualität begreifen (vgl. Deleuze 1993, S. 258), die sich permanent teilt und bilanziert zwischen Erreichtem und Möglichem. Damit wird potentiell jede neue Situation, jede unbekannte Herausforderung zur ‚Bewährungsprobe' der eigenen Kompetenzen.

Allerdings ist diese geschlossene Darstellung des subjektivierenden Zusammenhangs von Vermessen und Verwerten, von erzwungener Kompetenzsteigerung und ‚freiwilliger Selbstkontrolle' (Pongratz 2004), nicht nur deswegen problematisch und unbefriedigend, weil darin weder die inneren Widersprüche und Bruchstellen thematisiert, noch die vielfältigen Umdeutungsstrategien oder Widerstandspraktiken in den Blick genommen werden. Vielmehr erscheint grundlegend unklar, woraus sich eine Kritik an der kompetenztheoretisch gelagerten Vermessung überhaupt speist, wenn die Messung nicht wie im Falle der Intelligenztests die Individualität einer Person und ihr Entwicklungspotential ausblenden, sondern stattdessen zum zentralen Motiv der Messung erheben. Im Folgenden soll daher die Argumentationslinie negativer Anthropologie genauer ausgeleuchtet werden und nach den heute relevanten Vermessungsgrenzen des Selbst gefragt werden.

## II. Zwischen Unverfügbarkeit und Autonometrie

Wie wohl kaum eine andere Wissenschaft dient die Anthropologie in der Geschichte der Vermessungspraktiken als Bezugsdisziplin der Anthropometrie. Ihre unterschiedliche Ausgestaltung in den Geistes- und Naturwissenschaften sowie ihre ideologischen Verstrickungen markieren dabei ihren zwiespältigen Ort zwischen Wissenschaft, Gesellschaft und Politik. Die Bestimmung einer ‚Natur‘ des Menschen war immer wieder Grundlage nicht nur gesellschaftlicher und politischer Normalisierungsdiskurse, sondern auch von Selektion und Exklusion. Gegen diese Instrumentalisierung wendet sich eine dezidiert *negative* Anthropologie. Begreift man die klassische Anthropologie als eine Folge positiver Bestimmungen des Menschen, ob nun böse oder gut in seiner Natur, so formiert sich demgegenüber die negative Anthropologie als „bestimmte Negation aller Möglichkeit widerspruchsfrei positiver" (Sonnemann 1981, S. 227). Der Mensch erscheint dabei gerade durch seine prinzipielle Unbestimmtheit bestimmt oder, wie Helmuth Plessner es fasst, als ‚offene Frage‘ (Plessner 1931/2003a, S. 175).[3] Die Ungewissheit hinsichtlich der eigenen Bestimmung betrifft dabei nicht nur den Einzelnen in seinem Selbstverhältnis, sondern auch in seiner Relation zu anderen. Eine negative Anthropologie geht daher der *conditio humana* im Ausgang der Abwesenheit eines *humanum* nach. Weder in konservativer noch in sozialrevolutionärer Absicht ist ein ‚natürliches‘ menschliches Wesen bestimmbar, denn es gibt weder ein verlorenes noch ein zu vervollkommnendes Maß. Die Unergründlichkeit des menschlichen Wesens wird als prinzipielle und gerade nicht als Folge eines vermeidbaren Scheiterns eindeutiger oder präziser wissenschaftlicher Vermessungen des Menschen gefasst (vgl. ebd., S. 175ff.). Sie ist keine Eigenschaft unter anderen, sondern vielmehr Bedingung der Bestimmbarkeit von Eigenschaften überhaupt. Dass die Beantwortung der ‚offenen Frage‘ theoretisch nicht begründbar ist, kennzeichnet kein tragisches Schicksal, dem der Mensch unterworfen ist, sondern verweist auf seine Macht zur Selbstausdeutung: In der „Relation der Unbestimmtheit zu sich fasst sich der Mensch als Macht und entdeckt sich für sein Leben, theoretisch und praktisch, als offene Frage" (ebd., S. 188). Die Welt erscheint dann weniger als bereits Gegebene, sondern als eine „nie ausschöpfbare und doch fassliche, d.h. immer neu zu sehende, weil beständig sich in anderem Sinne erneuernde Lebenswirklichkeit" (ebd., S. 181).

Die negative Anthropologie knüpft darin an das Denken der menschlichen Würde an, wie es sich im Renaissance-Humanismus und spätestens in der Auf-

20

klärung Kants formiert hat. An Stelle einer positiven Bestimmung eines *humanum* wird dabei an einem Punkt negativer Selbstbezüglichkeit festgehalten. Vorbildlosigkeit und Unbestimmtheit werden die zentralen und zugleich prekären Referenzen negativer Wesensbestimmung, da sie zwar in jede Identität eingehen, jedoch notwendig auch in jeder Identifizierung negiert werden müssen. Ausgehend von einem solchen Moment des Nichtidentischen, das sich erst durch den identifizierenden Zugriff als solches erweist, formuliert sich eine allgemeine Kritik an Vermessung und Verfügung des Individuums. Die negative Anthropologie benennt eine Unverfügbarkeit, die den Überschuss in jeder Verfügung anzeigt und damit der Verfügung stets entgeht. In diesem Sinne verweist Sonnemann in seiner Kritik an den Prämissen und Konsequenzen der Psychometrie auf die Dimension der Singularität, die uns unberechenbar in jeder Person, als Person, begegnet: Der „Zollstock, der wesentlich nicht Meß- sondern Machtinstrument ist, vermißt den Menschen genau insoweit er keiner ist, denn er ist Mensch nur als Person, und diese entzieht sich der Messung." (Sonnemann 1981, S. 191) Damit ist die Unmöglichkeit der Vermittlung von Vermessung und singulärer Person angezeigt – oder wie Sonnemann weiter schreibt: „Der Mensch ist Maß oder Messbarkeit: er kann nicht beides zugleich sein" (ebd.). Zunächst stellt sich damit jede Vermessung notwendig als Verkennung eines Nicht-Messbaren dar, da keine Verfügung in sich selbst aufgeht. Doch kann diese Verkennung praktische Konsequenzen unterschiedlichen Ausmaßes zur Folge haben. Denn eine Bestimmung des Menschen, so Plessner, „welche die offenen Möglichkeiten im und zum Sein des Menschen, im Großen wie im Kleinen eines jeden einzelnen Lebens verschüttet, ist nicht nur falsch, sondern zerstört den Atem ihres Objekts: seine menschliche Würde" (Plessner 1956/2003b, S. 134). Aus der Unausdeutbarkeit folgt demnach keine Garantie, dass sich der Mensch in seinen Messungen nicht auch selbst in seiner Offenheit verstellt. Die Abwesenheit eines *humanum* kann durch ihre Überdeterminierung selbst verkannt werden. Dagegen nimmt die negative Anthropologie ihren Ausgang immer von einer doppelten Thematisierung bzw. Nicht-Thematisierbarkeit des Menschen. Das *humanum* erschließt sie, so Sonnemann, aus seiner ‚Abwesenheit' *und* ‚Verleugnung' (Sonnemann 1981, S. 227). In jeder seiner Lebenswirklichkeiten kann der Mensch sowohl die Unbedingtheit seiner Schöpfungsmacht als auch deren Bedingtheit erkennen. Die Offenheit des Menschen ist dann nicht nur eine unerschöpfliche Quelle von Neubestimmungen, sondern, so die Kehrseite dieser Einsicht und der Einsatzpunkt der Kritik, auch unabdingbare Voraussetzung jeder möglichen Wirklichkeit. Dies zu leugnen ist Signum eines selbstvermessenen und das Selbst vermessenden Menschen, der darin die ‚Grenze der Vergegenständlichung' des menschlichen Wesens durch andere und durch sich selbst überschreitet (vgl. Plessner 2003a, S. 180f.). Denn als Unergründlicher ist der Mensch gerade die sich jeder Fixierung entziehende Macht seiner Freiheit, „die alle Fesseln sprengt" – „die Einseitigkeiten der Spezialwissenschaften ebenso wie die Einseitigkeiten der Gesellschaft" (ebd.).

Diese Kritik einseitiger Objektivierungen, wie sie aus dem Geiste einer negativen Anthropologie formuliert wurde, steht nun jedoch, folgt man dem gesellschaftspolitischen Wandel von der ‚Verapparatung' zur ‚Aktivierung', vor der Herausforderung, ihre kritischen Einsichten auch dort wirksam werden zu lassen, wo sich die Macht der Verfügung in die Selbstverhältnisse hineinverlagert hat. Daher stellt sich die Frage, inwieweit die ‚Weltoffenheit', welche Autoren wie Plessner im positiven Sinne als Kehrseite einer Unergründlichkeit zu bestimmen versuchen, heute nicht mehr nur die praktische Bedingung der Selbstvermessung, sondern geradezu ihr neues Anforderungsprofil darstellt (vgl. Plessner 1969/ 2003d, S. 359). Aus der Unausdeutbarkeit des menschlichen Wesens folgt eine Vielzahl projektierter und projizierter Bestimmungen, die sich zunehmend am Kriterium der Produktivität orientieren. Indem Vermessende und Vermessenes im Rahmen der Optimierungsanforderungen tendenziell in eins fallen, drängt die Macht der Verfügung nicht mehr nur von Außen auf die Individuen ein. Die Kritik einseitiger Verfügung hat sich vielmehr zu einer Affirmation vielseitiger Selbstverfügungen gewandelt. Wurde die ‚Mediokrisierung' der Einzelnen durch den Fordismus noch als ‚Entmutigung der Spontaneität' (Sonnemann 1981, S. 191) problematisiert, so wird die differenzierende, kreative und unberechenbare Kraft der Spontaneität heute zum Mittel der Produktivitätssteigerung.[4] Dass sich die ‚Offenheit' der Einzelnen gerade nicht in ‚vorformulierte Antwortschablonen' fügt, sondern vielfältig und unermesslich ist, kennzeichnet eine zunächst unzugängliche Ressource von Wachstum und Produktivität, auf die der Postfordismus rekurriert. Als unerschöpfliche Quelle erscheint dabei ein Subjekt, das sich selbst neu erfinden kann und muss. Durch die Anrufung der Einzelnen als kreative und produktive Wesen müssen sich diese zunehmend in projektbasierten Kooperationen beweisen, in denen sie in ihrer Differenz – und gerade nicht mehr nur als ‚Stangenware' – bemessen und geschätzt werden. Die Einzelnen sollen nicht in der bloßen Durchschnittlichkeit untergehen, und ringen sich den Gebrauchswert ihrer Einzigartigkeit auch ab. Individualisierung lässt sich vor diesem Hintergrund als das Anlegen eines diversifizierten Mess- und Machtinstruments an sich selbst verstehen. Die heteronometrische Verfügung über die Unermesslichkeit des eigenen Potentials kehrt sich zu einer freiwilligen, aktiven, d.h. autonometrischen.

Wenn der Kritik im Ausgang der negativ anthropologischen Bestimmung eines *homo absconditus* (Plessner 2003d) nun jedoch die Möglichkeit versagt bleibt, sich an einer alternativen Bestimmung des Menschen zu orientieren – etwa als *homo ludens* gegenüber einem nur verwertbaren *homo oeconomicus* –, so bleibt die Frage, wie die Ungreifbarkeit der Person als Grenze der Verwertungslogik behauptet werden kann. Wird doch die geforderte und sich selbst abzuringende Flexibilität im vorher nicht qualifizierten Wissen und Können eines *homo competens* ausgedrückt (Höhne 2003, S. 258). Damit wird das Moment der Offenheit individueller Selbstverhältnisse zum Teil jener responsibilisierenden Imperative, die von den Einzelnen verlangen, die eigene Potentialität stets produktiv zu wenden und unter Beweis zu stellen. Die kritischen Einsprüche gegen die einseitige wissenschaftliche und gesellschaftliche Verfügung müssten daher noch hinsichtlich der vermessenden Selbstverfügung geltend gemacht werden, wie sie in den Selbstführungstechniken der Optimierung und humankapitalistischen Investition praktisch wird. Damit verlagert sich auch die negativ-anthropologische Kritik an instrumenteller Ab- und Vernutzung sowie Ent- und Aneignung zu einer Kritik an Praktiken der Selbstverfügbarmachung und Selbstvermessung. Bestand der gesellschaftskritische Zugang der negativen Anthropologie zunächst darin, der Vermessung dessen entgegen zu treten, was sich jeder Messung entzieht, so radikalisiert sich in der Spirale aus Selbstvermessung und Selbstoptimierung die Verleugnung der Unausdeutbarkeit nun in den Selbstverhältnissen. Als reine Potentialität angerufen, haben sich die Subjekte gegenüber den diversifizierten Leistungsanforderungen offen und verfügbar zu halten. Daraus resultiert nicht zuletzt eine neue, wie man mit Alain Ehrenberg sagen könnte, ‚Last des Möglichen' (vgl. Ehrenberg 2004, S. 275). Indem die ‚offene Frage' in eine Rekursivität und Reflexivität gezwungen und zu einer ökonomisch verwertbaren Ressource umgedeutet wird, wird die Verwertung der eigenen Potentialität zu einer Überforderung subjektiven Vermögens. Gerade das ‚unternehmerische Selbst' konstituiert sich unter dem Imperativ, keine Antwortschablone und doch immer schon und jederzeit optimierte Antwort hinsichtlich der selbst wiederum nicht vorher bestimmbaren Anforderungen sein zu müssen. Dadurch verschärft die Aktivierungsdynamik, die permanent Neues fordert, nicht nur die Konkurrenzverhältnisse. Sondern zur postfordistischen Subjektivierung gehört auch, dass die Einzelnen ihre Unverfügbarkeit selbst verleugnen. Hier liegt ein zugleich klassischer und doch neuer Einsatzpunkt negativ-anthropologischer Kritik instrumenteller Verfügung.

In der Affirmation der offenen Frage eröffnet die negative Anthropologie nicht einfach nur die Möglichkeit alternativer Bestimmungen einer Lebenswirklichkeit, sondern markiert vor allem auch deren Unmöglichkeit. In aller Möglichkeit bleibt ein Punkt radikaler Unausdeutbarkeit, der gerade deshalb alle Verfügung verunmöglicht, da er noch jedem Selbstverhältnis verborgen bleibt. Was als radikale Nichtfestgelegtheit am Rande jeder Verfügung erscheint, markiert, wie Plessner schreibt, „ein wohltätiges Dunkel, in dem wir für andere wie für uns selbst bleiben müssen" (Plessner 2003b, S. 129). Jede Bestimmung und jede

Selbstverfügung steht, so die Kehrseite dieser Figur, „im Lichte einer permanent verratenen Eigentlichkeit" (Plessner 1967/2003c, S. 331). Aus dieser Perspektive können heute noch kritische Funken geschlagen werden, wenn es gelingt, diese radikale Unausdeutbarkeit auch unter Bedingungen postfordistischer Subjektivierung zur Geltung zu bringen. Vielleicht kann der Instrumentalisierung oder (Selbst-)Ausbeutung insofern begegnet werden, dass die eigene konstitutive Unverfügbarkeit, wie Bröckling schreibt, Raum schafft, um auf Distanz zu Anrufungs- und Aktivierungsdynamiken zu gehen, „sie umzudeuten, ins Leere laufen zu lassen, zu verschieben oder zurückzuweisen" (Bröckling 2007, S. 284). Doch bleibt dabei die Gefahr, dass der Punkt des Nicht-Messbaren sich so weit entfernt, dass er, wie bereits Sonnemann besorgt andeutet, auch für die Kritik seine Bedeutung verliert: „Was aber, wenn der Anspruch der angepaßten, unangemessenen Messung so total wird, daß das Personhafte im Menschen sich in immer ungreifbarerer Fernen zu entziehen genötigt ist?" (Sonnemann 1981, S. 191)

Eben dies ist zu erwarten, wenn die Grenzen eigener Verfügung nicht mehr anders artikuliert werden können denn als individuelles Defizit im Sinne eines Noch-Nicht weiterer Kompetenzsteigerung. Dieser produktiven Wendung und Abschöpfung des Negativen kann nur durch eine auch diskurspraktische Wiederaneignung der Grenzen aller Aneignung begegnet werden. Mit Roland Reichenbach lassen sich solche Prozesse als Bildung bezeichnen, da diese gerade nicht in Kompetenzerwerb aufgeht, sondern mit der Einsicht ins ‚Universum der Inkompetenzen' einhergeht (vgl. Reichenbach 2001, S. 340 ff.). Statt noch über die eigene Unberechenbarkeit souverän verfügen zu müssen, wäre demnach der widersprüchliche Zusammenhang von Selbstauslegung und Selbstverfehlung zu betonen. Vielleicht lässt sich Reichenbachs Forderung, den menschlichen *Dilettantismus* als Bedingung und Ausdruck von Freiheit anzuerkennen, als eine Fortführung negativer Anthropologie verstehen, wie sie unter den Imperativen kompetenter Selbstvermessung gegenhegemoniales Potential entfalten könnte (vgl. Bünger 2007; Ricken 2004b). Dies aber setzt voraus, dass die individualisierten Vermessungspraktiken auf ihre gesellschaftlichen Zusammenhänge bezogen und zurückgewiesen werden. Das heißt auch, dass die Kritik bei der Rede von ‚*der* Unverfügbarkeit' ‚*des* Menschen' allein nicht verharren kann. Die im Ausgang einer negativen Anthropologie bestimmte Unausdeutbarkeit sowie die Sorge um den Entzug dieser Entzogenheit müssen sich in sozialen und politischen Räumen stets aufs Neue erweisen. Sich am Nichtwissen dessen zu messen, was unser Maßstab ist, bleibt Voraussetzung der Ausgestaltung von Gesellschaft überhaupt. Die geteilte Maßlosigkeit weist über jede Norm hinaus auf das Moment einer unbedingten Wert-Schätzung – einer, wie Plessner schreibt, ‚Verbindlichkeit des Unergründlichen'.[5] Dass wir uns immer schon in einer dialektischen Verstrickung aus Messung und Vermessenheit bewegen, fordert nicht deren Überwindung, sondern ihre reflexive Einholung, die als praktische Sensibilisierung in sozialen und politischen Räumen wirksam zu werden vermag. Dadurch erhält die Einsicht in die Vermessenheit ihre ganze gesellschaftspolitische Relevanz zurück.

## Anmerkungen

1 Trotz der Vielfältigkeit der Themen und Instrumente ließe sich mit Foucaults historischen Analysen des Zusammenhangs von Wissen und Macht darstellen, wie sich die Vermessungsdynamiken verzahnen und als „Regulierungen der Bevölkerung" und „Disziplinen des Körpers" zusammen die ‚Bio-Politik' der Gegenwart bilden (Foucault 1977/1995, S. 135). An diese Perspektive wird im Folgenden lose angeknüpft, indem die ‚Macht des Messens' den zentralen Gegenstand der Überlegungen bildet.

2 Vgl. zum Folgenden insbesondere den Abschnitt: „Der vermessene Mensch. Exkurs auf die Testpsychologie" (ebd., S. 184-205).

3 Mit den Worten Norbert Rickens gehört es zur „Struktur anthropologischer Reflexionen" (Ricken 2004a), dass die „Spirale anfangloser Selbstfraglichkeit und dauernder Selbstvergewisserung" weder durch Einsicht beendet noch prinzipiell vermieden werden kann (ebd., S. 154). Neben Sonnemann und Plessner, die hier als zwei Autoren hervorgehoben seien, ließe sich für eine in diesem Sinne negative Anthropologie insbesondere auch auf die Schriften Eugen Finks verweisen.

4 Es ist vielleicht kein Zufall, dass Sonnemann als Motto seiner *Negativen Anthropologie* die Pariser Studierenden aus dem Mai 1968 positiv mit der Parole ‚Phantasie an die Macht' [*L'imagination au pouvoir*] zitiert. Kein Satz scheint so bündig das Problem der Kritik und die neue Produktivität des Kapitals von heute zusammenzufassen (vgl. dazu bereits Kamper 1981/1990).

5 Zu den demokratietheoretischen Implikationen einer solchen Unbedingtheit vgl. Trautmann 2010.

## Literatur

Boenicke, Rose: Vom Bildungsbürger zum Wissensarbeiter. In: Bierbaum, Harald u.a. (Hrsg.): Nachdenken in Widersprüchen. Gernot Koneffkes Kritik bürgerlicher Pädagogik, Wetzlar 2008, S. 93-102.

Bourdieu, Pierre: Der Rassismus der Intelligenz. In: ders.: Soziologische Fragen, Frankfurt/M. 1993, S. 252-255.

Braunfeld, Sigrid u.a.: Der „vermessene" Mensch. Anthropometrie in Kunst und Wissenschaft, München 1973.

Bröckling, Ulrich: Das unternehmerische Selbst. Soziologie einer Subjektivierungsform, Frankfurt/M. 2007.

Bünger, Carsten: Von erschöpften Künstlern und prekären Dilettanten. Gegenwärtige Subjektivität und kritisch-politische Bildung. In: Wimmer, Michael u.a. (Hrsg.): Gerechtigkeit und Bildung, Paderborn 2007, S. 159-176.

Deleuze, Gilles: Postskriptum über die Kontrollgesellschaften, in ders.: Unterhandlungen 1972–1990, Frankfurt/M. 1993, S. 254-262.

Ehrenberg, Alain: Das erschöpfte Selbst. Depression und Gesellschaft in der Gegenwart, Frankfurt/M. u.a. 2004.

Foucault, Michel (1977): Wille zum Wissen, Frankfurt/M. 1995.

Gould, Stephen J.: Der falsch vermessene Mensch, Frankfurt/M. 1988.

Höhne, Thomas: Pädagogik der Wissensgesellschaft, Bielefeld 2003.

Kamper, Dietmar (1981): Die Phantasie an die Macht? Skeptische Überlegungen zur Macht der Phantasie. In: ders.: Geschichte der Einbildungskraft, Reinbek/Hamburg 1990, S. 21-38.

Kocyba, Hermann: Aktivierung. In: Bröckling, Ulrich u.a. (Hrsg.): Glossar der Gegenwart, Frankfurt/M. 2004, S. 17-22.

Nolda, Sigrid: Einführung in die Theorie der Erwachsenenbildung, Darmstadt 2008.

Plessner, Helmuth (1931): Macht und menschliche Natur. Ein Versuch zur Anthropologie der geschichtlichen Weltansicht. In: ders.: Macht und menschliche Natur. Gesammelte Schriften V, Frankfurt/M. 2003a, S. 135-234.

Plessner, Helmuth (1956): Über einige Motive der Philosophischen Anthropologie. In: ders.: Conditio humana. Gesammelte Schriften VIII, Frankfurt/M. 2003b, S. 117-135.

Plessner, Helmuth (1967): Das Problem der Unmenschlichkeit. In: ders.: Conditio humana. Gesammelte Schriften VIII, Frankfurt/M. 2003c, S. 328-337.

Plessner, Helmuth (1969): Homo absconditus. In: ders.: Conditio humana. Gesammelte Schriften VIII, Frankfurt/M. 2003d, S. 353-366.

Pongratz, Ludwig A.: „Sammeln Sie Punkte?" – Notizen zum Regime des lebenslangen Lernens. In: Hessische Blätter für Volksbildung 1 (2007), S. 5-18.

Pongratz, Ludwig A.: Freiwillige Selbstkontrolle – Schule zwischen Disziplinar- und Kontrollgesellschaft. In: Ricken, Norbert u.a. (Hrsg.): Michel Foucault: Pädagogische Lektüren, Wiesbaden 2004, S. 243-259.

Reichenbach, Roland: Demokratisches Selbst und dilettantisches Subjekt. Demokratische Bildung und Erziehung in der Spätmoderne, Münster 2001.

Reichenbach, Roland: Soft skills: destruktive Potentiale des Kompetenzdenkens. In: Pongratz, Ludwig A. u.a. (Hrsg.): Bildung – Wissen – Kompetenz, Bielefeld 2007, S. 64-81.

Ricken, Norbert: Menschen – Zur Struktur anthropologischer Reflexionen als einer unverzichtbaren kulturwissenschaftlichen Dimension. In: Jaeger, Friedrich u.a. (Hrsg.): Handbuch der Kulturwissenschaften Bd. 1, Stuttgart 2004a, S. 152-172.

Ricken, Norbert: Die Macht der Macht – Rückfragen an Michel Foucault. In: ders. u.a. (Hrsg.): Michel Foucault: Pädagogische Lektüren, Wiesbaden 2004b, S. 119-143.

Schäfer, Alfred: Erziehungsphilosophie. In: Bernhard, Armin u.a. (Hrsg.): Handbuch Kritische Pädagogik, Weinheim 2001[2], S. 120-131.

Sonnemann, Ulrich (1969): Negative Anthropologie. Vorstudien zur Sabotage des Schicksals, Frankfurt/M. 1981.

Traue, Boris: Kompetente Subjekte: Kompetenz als Bildungs- und Regierungsdispositiv im Postfordismus. In: Kurtz, Thomas u.a. (Hrsg.): Soziologie der Kompetenz, Wiesbaden 2010, S. 49-68.

Trautmann, Felix: Partage. Zur Figurierung politischer Zugehörigkeit in der Moderne, Marburg 2010.

Weinert, Franz E.: Vergleichende Leistungsmessung in Schulen – eine umstrittene Selbstverständlichkeit. In: ders. (Hrsg.): Leistungsmessung in Schulen, Weinheim 2001, S. 17-32.

*Edgar Weiß*

# „Flaschenpost" im meritokratisch verklärten Kapitalismus
# – Die „Dialektik der Aufklärung" und der Kult des Messens

## 1. Messen und Aufklärung, Dialektik des Messens und der gegenwärtige Vermessungskult

Das Messen ist eines der Kennzeichen des Programms der „Entzauberung der Welt", das das „Programm der Aufklärung" ist (Horkheimer/Adorno 1969, S. 7), – sowohl in deren weitem, noch die griechische Philosophie des 5. und 4. Jahrhunderts v.u.Z. einschließenden Sinne (Blankertz 1982, S. 21) wie im engen Sinne des gewöhnlichen Begriffsgebrauchs, nach dem als „Aufklärung" die epochale geistige Bewegung des 17. und 18. Jahrhunderts bezeichnet zu werden pflegt (vgl. etwa Cassirer 1973; Kondylis 1981; Porter 1991). Bei aller Heterogenität dessen, was zur Aufklärung rechnet, zielten deren Vorstöße zur Entmythologisierung und Entmystifizierung doch immer auch auf Natur- bzw. Weltbeherrschung. Damit aber konnte sie auf Messoperationen nicht verzichten: „Die Kunst des Messens unterwirft dem Menschen die Welt" (Mommsen 1923, S. 429). Wollte man diese beherrschen, musste man sie kennen, Schimären mussten dann entlarvt werden. Dazu aber lässt schon Platon den Sokrates der „Politeia" (602d/S. 294) das „Messen, Zählen und Wägen" als „dienstliche Hilfsmittel" empfehlen.

Das 'Zeitalter der Aufklärung' im engeren Sinne war dann – unter anderem – ein Zeitalter des Sensualismus, Skeptizismus und Empirismus, dessen Verabsolutierung die Heraufkunft des Positivismus ermöglichte, für den Beobachtung und Experiment, Zählen, Messen, Wiegen und Registrieren das Einheitsmodell aller „Wissenschaft" bestimmen und das Exklusionskriterium für alle vermeintlichen „Scheinprobleme" bereitstellen sollten (Carnap 1976). Es war zugleich ein Zeitalter der naturwissenschaftlichen Fortschritte, die auf empirische Forschung und damit auf Messoperationen angewiesen waren, denn Naturwissenschaften sind mit „Körpern" befasst, die „materiell und sinnlich wahrnehmbar" sind, „weshalb sie gemessen werden können", wie einer der führenden Aufklärungsphilosophen vermerkt hat (Alembert 1958, S. 67). Messungen und darauf gestützte Berechnungen hatten seinerzeit Konjunktur, Picard z.B. führte 1669-70 die erste genaue Vermessung eines Erdgrades zur Bestimmung der Erde durch, Newton, von Voltaire vehement als ungeahnte Welten naturwissenschaftlichen Wissens eröffnender Pionier gefeiert (Voltaire 1985, 59 ff., 64 ff., 73 ff. u.ö.), bedurfte der Messungen, um zur Formulierung des Gravitationsgesetzes zu gelangen (Kondylis 1986, S. 217 f.).

Die „fast unbeschränkte Macht, die das naturwissenschaftliche Erkennen über das gesamte Denken der Aufklärungszeit gewinnt" (Cassirer 1973, S. 59), machte vor dem Menschen selbst nicht halt. Gerade die materialistischen Aufklärungskonzepte lehrten, dass der Mensch „ein rein natürliches Wesen" sei und als solches ganz von den die „physische Welt" regierenden Gesetzen bestimmt werde (Holbach 1851, S. 49, 12). Die Vermessung des Menschen und seiner Empfindungen erreichte – als Ideal oder faktische Operation – auch moralphilosophische und anthropologische Ansätze, so etwa den noch der Aufklärung zurechenbaren (vgl. Porter 1991, S. 13) Utilitarismus Benthams, dessen Ethikprinzip des „größten Glücks der größten Zahl" die Messbarkeit der Handlungsfolgen verlangte (Bentham 1966, S. 5, 120). Und Bougainville, mit dessen Weltumsegelung das die Aufklärungsepoche auch charakterisierende „Zweite Entdeckungszeitalter" begann, maß die Patagonier offenkundig eigenhändig mit dem Zollstock, um den Ruf von deren Großwüchsigkeit ins Reich der Legende zu verweisen (Kohl 1983, S. 9).

Maß und Messen sind nicht nur „unentbehrliche Grundlagen alles naturwissenschaftlichen Forschens und technischen Könnens", sie bilden auch „die unumgängliche Vorbedingung jedes Warenumsatzes" (Vieweg 1962, S. 5), sind also auch dem Kapitalismus unentbehrlich, dessen politökonomisches Legitimationsdokument, Smith' „Wealth of Nations", ebenfalls der Aufklärungsepoche entstammt. Gleichwohl liegt die Dialektik des Messens darin, dass Messoperationen grundsätzlich – aufklärerisch im guten Sinne des Wortes – im Dienste von Kritik und Emanzipation, ebenso aber – gegenaufklärerisch – im Dienste der Repression und (Pseudo-)Legitimation sozialer Diskrepanzen, der Konkurrenz und Übervorteilung stehen können. Wie das Fiebermessen gewöhnlich der Diagnose zum Zweck der angemessenen therapeutischen Intervention und Gesundung dient, können die Erhebung sozial relevanter Daten (Einkommens-, Status-, Bildungsdifferenzen usw.) im Interesse der Schaffung von Chancengleichheit oder die Messung umweltbelastender Schadstoffe im Interesse der Beseitigung von Gefährdungspotentialen erfolgen. Und „Zeit-Messungen" im Sinne ideologiekritischer Überprüfungen der sozioökonomisch-kulturellen Gegenwartssituation sind nachgerade kennzeichnend für Kritische Theorie (Marcuse 1975). Demgegenüber drängt sich immer dann, wenn eine Fetischisierung (vermeintlicher) empirischer Erkenntnisse zum Signum des „Zeitgeistes" wird, wenn Vermessungspraktiken Kultstatus annehmen und jenseits prinzipieller und methodenkritischer Bedenken das Legitimationsfundament für sozial folgenreiche Entscheidungen bereitstellen, der Verdacht auf, dass Aufklärung in ihr Gegenteil umgeschlagen ist, problematische Optionen durch suggestive Plausibilitätsverheißungen gegen

Kritik immunisiert und spezifische Macht- und Partialinteressen administrativ durchgesetzt werden sollen.

Für eine gleichwohl mit Aufklärungsansprüchen befrachtete Fetischisierung des Messens bei gleichzeitiger Fragwürdigkeit der dabei verwendeten Methoden und Kategorien spricht derzeit indes vieles. Der Wettbewerb, in dem man einander misst, ist vom Neoliberalismus vollends zum Götzen erhoben worden, in der schulischen und universitären Ausbildung wird Bildung zur Ware, deren Nutzen unter entsprechender Reduktion nach Marktaspekten vermessen wird, auf den Bedarf globaler Märkte zugeschnittene Vermessungs-Prozeduren à la PISA, auf obskure Rankings und Ausleseverfahren gestützte Förderungsmaßnahmen für 'Hochbegabte' und 'Spitzenforschung' ('Exzellenzinitiative'), die Aufwertung von 'Eliteuniversitäten' und ähnliche Phänomene sprechen für eine „Bildungsvermessungshysterie" (Bernhard 2009, S. 218), der eine *neue Vermessenheit* entspricht, die ihren Ausdruck in der demokratiefeindlichen Ideologie einer vermeintlich schier unbegrenzten Problemlösungskapazität ungehemmter Vermessungs- und Hierarchisierungsprozeduren findet, – einer Ideologie, der selbst gerade angemessene Maßstäbe fehlen.

Die hier grob skizzierte Dialektik des Messens mit ihrem zumindest vorläufigen Umschlag in einen Kult des Messens lässt sich als Element der Dialektik der Aufklärung begreifen, die eines der Zentralthemen Horkheimers und Adornos war. Ihre beeindruckend scharfe Analyse ist zwar nicht uneingeschränkt unproblematisch, gleichwohl aber von unverminderter Aktualität. Im folgenden soll daher zunächst, soweit es für eine Thematisierung des historischen und aktuellen Vermessungseifers von Belang ist, an ihre zentralen Ergebnisse erinnert werden, sodann soll im Kontext einiger Überlegungen zur sozialen Funktion des Vermessungskults in Geschichte und Gegenwart kursorisch gezeigt werden, welches Erkenntnispotential der „Dialektik der Aufklärung" nach wie vor innewohnt.

## 2. Dialektik der Aufklärung – Aspekte zu einer Rekonstruktion

Horkheimers und Adornos „Dialektik der Aufklärung" (nachfolgend: *DdA*) entstand während des Krieges zwischen 1939 und 1944; 1944 wurde sie erstmals vorgelegt, – als hektographiertes Typoskript mit dem Titel und späteren Untertitel „Philosophische Fragmente" aus Anlass des 50. Geburtstags Friedrich Pollocks, „Horkheimers Hausmeier", wie man ihn gelegentlich etwas despektierlich genannt hat (Claussen 2003, S. 170), dessen „Staatskapitalismus"-Konzept die Position der Autoren in den internen Auseinandersetzungen des Instituts für Sozialforschung um eine angemessene Faschismus-Analyse maßgeblich beeinflusst hatte (vgl. Dubiel/Söllner 1981). 1947 erschien das Buch im Amsterdamer

Querido-Verlag erstmals im Druck, 1969 wurde es, Pollock nunmehr zum 75. Geburtstag gewidmet, neu aufgelegt, – im Bewusstsein, dass es einen „Zeitkern" habe, der die seinerzeitige „Formulierung der Realität" inzwischen nicht mehr uneingeschränkt als „angemessen" erscheinen lasse, zugleich aber in der Überzeugung, dass die maßgebliche Prognose des Buches „überwältigend sich bestätigt" habe (Horkheimer/Adorno 1969, S. IX).

In der Theoriegeschichte der 'Frankfurter Schule' nimmt die DdA, deren Teile durch die Autoren in jeweils unterschiedlichem Maße geprägt sind[1] und die für Horkheimers und Adornos Produktion jeweils unterschiedliche Bedeutung hatte[2], einen wichtigen Stellenwert ein: Sie ist das deutlichste Dokument für den Übergang vom frühen Programm des Horkheimer-Kreises – dem Programm eines „interdisziplinären Materialismus" (Horkheimer 1931; Bonß/Honneth 1982) – zu einer deutlich von ihrer Entstehungszeit (Faschismus, Stalinismus, Weltkrieg, Spätkapitalismus mit integrierter Arbeiterklasse, Kulturindustrie usw.) geprägten negativen Geschichtsphilosophie. Diese konstatiert eine Tendenz zur „totalen Integration", in der die Rationalität als „vollends funktionalisiert" erscheint (Horkheimer/Adorno 1969, S. IX, 80 f.), was nunmehr als Folge einer in die menschliche Urgeschichte zurückreichenden und umfassender Emanzipation fortwährend entgegenstehenden Naturbeherrschung interpretiert wird. Auf diese zielte demnach bereits der Mythos, der „berichten", „nennen" und „erklären" wollte und insofern bereits Aufklärung gewesen sei, wie Aufklärung andererseits immer wieder „selbstzerstörerisch" in Mythos umschlage (ebd., S. 11, 3, 5, 14).

An der „Odyssee", dem „Grundtext der europäischen Zivilisation" (ebd., S. 44), sodann vornehmlich an Sade und Nietzsche, die zu den desillusionierenden Vollendern der Aufklärung gerechnet werden, wird die Entfaltung einer instrumentalisierten Vernunft exemplifiziert, die Auschwitz im Kern bereits präludiere. Herrschaft über die Natur erweist sich aus der Sicht der DdA auch als letztlich durch keine Moral mehr gebremste Herrschaft über Menschen, die Herrschaft über die eigene Natur eingeschlossen. Aufklärung, die „totalitär" geworden sei (ebd., S. 10, 25), erwirke „Selbstbehauptung" lediglich durch „Selbstverleugnung" (ebd., S. 63), wie es sich schon an der List des homerischen Odysseus zeigen lasse, der sich an den Schiffsmast binden lässt, um dem Zauber der Sirenen weder entsagen noch ihm verfallen zu müssen und der sich „Niemand" nennt, um dem Zugriff des Polyphem zu entgehen (Odyssee, XII, 155 ff./S. 76; IX, 365 f./ S. 56); Odysseus' List enthalte so ein „Moment des Betrugs im Opfer" (Horkheimer/Adorno 1969, S. 47). Selbsterhaltung durch Selbstverleugnung aber kennzeichne die Zivilisation schlechthin, was bei Odysseus konstatierbar, setze sich in der spätkapitalistischen Kulturindustrie fort, die – an moderne Technik gebunden – „Aufklärung als Massenbetrug" repräsentiere (ebd., S. 108). Der „Zerfall der Individualität" (ebd., S. 215), Faschismus, Positivismus, kapitalistische Entfremdungsphänomene, ubiquitäre Maschinisierung und Mathematisierung, die Erhebung der Zahl zum „Kanon", durch den alles „berechenbar" werden soll (ebd., S. 40), das Absterben der Bildung aus „ökonomischen Gründen" zugunsten der „zum objektiven Geist" avancierten „Halbbildung", die „das beschränkte Wissen als Wahrheit hypostasiert" (ebd., S. 175 ff.), kennzeichnen aus der Perspektive der DdA allesamt allenfalls verschiedene Ausdrucksformen der „totalitär" gewordenen, seit ihren Anfängen im Mythos selbstdestruktiven Aufklärung.

Trotz ihrer vehementen Aufklärungskritik jedoch halten Horkheimer und Adorno am Prinzip der Aufklärung, die sich „auf sich selbst besinnen" müsse, entschieden fest: Die DdA „soll einen positiven Begriff von ihr vorbereiten, die sie aus ihrer Verstrickung in blinder Herrschaft löst" (ebd., S. 4 f.).

Nichtsdestoweniger bleibt die DdA in mancher Hinsicht problematisch. Zu ihren Aporien gehört vor allem die Schwierigkeit der Autoren, im Rahmen ihrer tendenziell totalisierenden Vernunftkritik noch ohne schlechten Widerspruch „über ihre eigenen normativen Grundlagen Rechenschaft zu geben" (Habermas 1981, Bd. I, S. 500), also deutlich zu machen, wie Kritische Theorie und herrschaftsresistente Aufklärung noch möglich sein sollten, wenn andererseits kein Denken dem totalisierenden Verblendungszusammenhang, keine Aufklärung der vermeintlich in ihr selbst angelegten Selbstzerstörung soll entkommen können, – eine Aporie, die, was im vorliegenden Kontext nicht weiter zu thematisieren ist, in der 'zweiten Generation' der Kritischen Theorie bekanntlich zu diskurstheoretischen Neuansätzen Anlass gegeben hat. Auch die Homogenisierung der Geschichte im Sinne einer Kontinuität von Homer bis zur Moderne ist wiederholt als wenig überzeugende retrograde Projektion kritisiert worden (Reijen/Schmid Noerr 1987a), was an dieser Stelle ebenfalls nicht weiter vertieft werden muss. Das der DdA jenseits ihrer Schwächen gleichwohl abzugewinnende aktuelle Erkenntnispotential erschließt sich unterdessen, wenn man die beiden von Horkheimer und Adorno zugunsten der Idee der wiederkehrenden Selbstzerstörung zusammengezwungenen Begriffe der Aufklärung – einer herrschaftsbegünstigenden einerseits und einer konsequent emanzipatorischen andererseits – entwirrt. Dann nämlich lässt sich die hinter der fragwürdigen Annahme, Aufklärung sei allemal „zuinnerst herrschaftlich", liegende „uneingestandene Behauptung" Horkheimers und Adornos freilegen, dass die DdA nicht wirklich das 'Wesen' der Aufklärung selbst, sondern allenfalls „falsche", immer schon „in Herrschaft verstrickte" Aufklärung entlarvt, als die sich alle *bisherige* Aufklärung freilich letztlich erwies (Wiggershaus 1988, S. 372). Diese freilich kann an den historischen und gegenwärtigen Ausdrucksformen des Messkultes exemplifiziert werden und bedarf radikaler Kritik im Dienste einer gegen jede Korruption resistenten Aufklärung.

## 3. Messkult oder: Gegenaufklärung wozu?

Wo Erkenntnis positivistisch mit Messwerten identifiziert wird, wird der Aufklärung „zum Schein, was in Zahlen... nicht aufgeht" (Horkheimer/Adorno 1969, S. 11). Im Messkult wird Vernunft zur „zwecklosen Zweckmäßigkeit" erniedrigt, „die sich in alle Zwecke spannen läßt" (ebd., S. 80 f.). Letztlich waren es immer wieder repressive Zwecke, für die die Euphorie des Messens in Dienst genommen wurde.

Das ist schon für die Etablierung der experimentellen Psychologie und – mit ihr – der Kinder- und Jugendpsychologie seit Ende des 19. Jahrhunderts zu konstatieren, die mit der Gründung diverser Institute und Zeitschriften[3], der Entwicklung zahlreicher psychometrischer Methoden, einer bis dahin beispiellosen, nahezu alle physischen, sensorischen, kognitiven, affektiven und sozialperspektivischen Entwicklungsprozesse betreffenden Vermessung des Kindes und einer Flut entsprechender Publikationen verbunden war.[4] Gewiss war diesem Boom noch eine gewisse Ambivalenz zueigen. Einerseits wurden durchaus entwicklungspsychologische Einsichten verfügbar, die im Kontext pädagogisch fortschrittlicher Ansätze und im Interesse der Ergründung kind- und jugendgemäßer Entwicklungshilfen standen. Andererseits aber entstand eine Forschung, die, wie am Beispiel Preyers aufgewiesen worden ist (Gstettner 1981, S. 94 ff.), von problematischen theoretischen Implikationen geprägt waren, schichtenspezifische Befunde anthropologisierten, auf methodische Abrichtungspraktiken gegründet waren und einer systematischen 'wissenschaftlichen' Vereinnahmung der Kindheit, der Herausbildung eines 'wissenschaftlich' gestützten „Normaltyps" und der entsprechenden Zurichtung von Kindern Vorschub leisteten. Gstettner (1981) hat diese Kolonialisierung der Kindheit, die nicht zufällig dem politischen Kolonialismus und der Blütezeit der traditionellen 'Völkerkunde' parallel ging, subtil untersucht.

Nichts von dieser Ambivalenz mehr hatte der nurmehr auf eine ideologische Stützung des Terrorsystems ausgerichtete Vermessungswahn im Faschismus. Dieser fand seinen Ausdruck in Bemühungen, die nationalsozialistische 'Rassentypologie' durch – freilich pseudo-wissenschaftliche, von vornherein unter dem Diktat rassistischer und völkischer Stereotypisierungen stehende – 'anthropologische' Erhebungen von Messdaten zu untermauern, wie sie an den Machwerken der diesbezüglich dominierenden „Referenzautoren" Günther und Clauss[5], aber auch den Bestrebungen von Psychologen und Pädagogen wie Hartnacke, Petermann, Jaensch, Kroh, Pfahler, Deuchler u.a. aufweisbar ist.[6] Er fand seinen Ausdruck aber auch in den Vermessungen, die mit den in Konzentrationslagern und medizinischen Einrichtungen durchgeführten Menschenversuchen (Sterilisations-, Operations-, Virus-, Fleckfieber-, Unterdruck-, Unterkühlungsexperimenten u.a.)

verbunden waren, wobei der NS-Messwahn vor Morden nicht zurückschreckte und noch die Toten der ideologisch motivierten Vermessung unterzog.[7]

Mit der Zerschlagung des NS-Systems kam keineswegs auch der Messkult im Zeichen rechtsextremer, rassistischer und elitaristischer Ideologeme zum Erliegen. Insbesondere in den 1960er und 70er Jahren propagierten Vertreterinnen und Vertreter des „Nativismus" wie Shuey, Eysenck, Jensen, Herrnstein und Shockley lautstark, was ihr theoretischer Ahn Galton schon im 19. Jahrhundert und ihr Gewährsmann Burt wirkungsmächtig seit Beginn des 20. Jahrhunderts aus eigenen Spekulationen und 'Messungen' gefolgert hatten: dass Intelligenz im wesentlichen vererbt und durch günstige Umwelteinflüsse nicht nennenswert beeinflussbar sei (vgl. z.b. Galton 1869; Burt 1966). Große Verbreitung fanden die besonders auf die Messwerte bei angeblich in verschiedenen Milieus aufgewachsenen Monozygoten sowie auf vermeintlich „kulturneutrale" Tests in verschiedenen Bevölkerungsgruppen gestützten Behauptungen, rd. 80 % der (dabei einzig durch die Testfragen definierten) Intelligenz seien erblich, das Intelligenzniveau schwarzer Probanden läge durchschnittlich etwa eine Standardabweichung (15 Punkte) unter demjenigen weißer Probanden, die Ungleichheit der Menschen einschließlich ihrer sozialen Lage und ihrer Neigung zu sozialem oder asozialem Verhalten sei im wesentlichen durch genetische Faktoren bedingt und kompensatorischen Erziehungsbemühungen kaum zugänglich.[8] Überzeugende Methodenkritik[9] beeindruckte die Nativisten offenkundig ebensowenig wie die Entlarvung Burts als mutmaßlichen Fälscher[10] und ihre Einschätzung als Rassisten. Mit Nachdruck haben sich Jensen und Eysenck im Namen der „reinen Wissenschaft" gegen Rechtsextremismus- und Rassismus-Vorwürfe verteidigt (vgl. Jensen 1972, S. 328 f.; Eysenck 1975, S. 9), was freilich nicht geeignet war, diese ernsthaft zu entkräften. Allemal noch waren nativistische statements von „politischen Implikationen und ideologischen Hintergedanken" (Kamin 1979, S. 182) bestimmt, und diese waren regelmäßig sozialdarwinistisch geprägt. Die „Genetifizierung" intellektueller Differenzen, das Interesse an vermeintlichen „Rasseeigenschaften" und die bildungspolitischen Optionen der Nativisten bezeugen eine deutliche Stoßrichtung ebenso wie z.B. Eysencks Dauerangriffe gegen kritisch-emanzipatorische Ansätze (insbesondere gegen die Psychoanalyse) und sein Engagement im Umkreis des rechtsextremen „Thule-Seminars".[11]

Der aktuelle Messkult tritt im allgemeinen nicht mehr auf der Basis offennativistischer Ideologeme, sondern primär meritokratisch gestützt in Erscheinung; freilich repräsentiert er kaum weniger eine Mythologie des Messens, auch teilt er mit den Nativisten den Elitarismus[12] und die Glorifizierung überaus problematischer Methoden. Überhaupt ist die meritokratische Ideologie mit dem Nativismus nicht prinzipiell inkompatibel, möchte letzterer doch gerade Leistungsdifferenzen auf genetische Faktoren zurückführen. Allerdings dürfte es im globalisierten Kapitalismus mit seiner progredierenden Generierung ökonomisch 'überflüssiger' *misérables* inzwischen funktionaler sein, auf nativistische Ideologeme, die freilich immer wieder einmal Konjunktur haben, eher zu verzichten, um das meritokratische Prinzip suggestiv als ein Prinzip der 'Chancengleichheit' erscheinen zu lassen und so faktische Erfolglosigkeit systementlastend in den Bereich schuldhaften individuellen 'Versagens' verweisen zu können; mit Hartz IV-Empfänger/-innen wird gewöhnlich just nach diesem Muster verfahren.

Für die 'Meritokratie' – die auf die Ideologie des 'Leistungsprinzips' gegründete Gesellschaft – ist der Messkult nachgerade konstitutiv; sie ist eine „Zeugnisgesellschaft", in der auf Messungen basierende, als Leistungsnachweise geltende Lizenzen „Voraussetzungen für einen gehobenen Posten" darstellen (Bell 1979, S. 295). Ihren Begriff hat der englische Soziologe und Labour-Linke Young 1958 im Rahmen einer ironisch-fiktiven Geschichte geprägt, die die Aufklärungsdialektik am Beispiel der Fokussierung des Leistungsprinzips vor Augen führt (Young 1961). Diese war zunächst plausibel und progressiv gegenüber der vormaligen aristokratischen Statuszuweisung nach dem Erb- und Herkunftsprinzip, führte aber infolge ihrer Verabsolutierung nur zu einer Beibehaltung von Klassen- und Statusdifferenzen unter veränderten Vorzeichen und letztlich zur lediglich stärker maskierten Dominanz jenes Herkunftsprinzips, das sie ursprünglich einmal überwinden sollte. In Youngs social fiction stehen sich schließlich die herrschende Klasse der Inhaber eines IQ von mindestens 125 einerseits und die bei den Begabungsmessungen weniger Erfolgreichen, nunmehr als 'Versager' Stigmatisierten andererseits gegenüber; letztere schließen sich im Jahre 2034 allerdings unter Führung emanzipationshungriger Oberschicht-Frauen zusammen und proben unter Forderungen nach verbesserten Bildungschancen den Aufstand, dessen Ausgang Young offen lässt.

Was sich hieran verdeutlichen lässt, ist lange bekannt: Die These der leistungsbasierten Allokation von Bildungs- und Lebenschancen ist in schlechtem Sinne ideologisch. Die meritokratischen Bildungsinstitutionen betreiben ihrer Qualifikations-, Reproduktions- und Legitimationsfunktion gemäß Selektion im Dienste der Erhaltung hierarchischer Sozialstrukturen (Fend 1975; Rolff 1997), gemessene und potentiell folgenreich beurteilte Leistungen bleiben, wie auch PISA gezeigt hat, aller meritokratischen Rhetorik zum Trotz mit Herkunfts- und Besitzverhältnissen eng verbunden (Solga 2005). Die vermeintliche „Leistungs-" ist bei Licht betrachtet eher eine „Nichtleistungs-" bzw. „Erfolgsgesellschaft", in der flexible Anpassungs- und Selbstvermarktungsstrategien eher als faktische Leistungen entscheiden, wer reüssiert (Krockow 1973, S. 75, 82 f.). Das schulische 'Gleichheitsprinzip' (gleiche Aufgaben, Prüfungs- und Beurteilungsbedingungen ohne Ansehen der Person) repräsentiert allenfalls einen „Triumph der repressiven Egalität" (Horkheimer/Adorno 1969, S. 15), es lässt die aus ungleichen

Vorerfahrungen erwachsenden Benachteiligungen und Vorteile unberücksichtigt und ist somit in einem weiteren Sinne *pseudo-egalitär* und Garant für die weithin unveränderte Durchschlagskraft des Herkunftsprinzips. Dass es dem Bildungssystem nicht wirklich um Chancengerechtigkeit, sondern um Systemfunktionalität und Marktfähigkeit geht, zeigt die Geschichte der Schulreformen der Nachkriegsära ebenso wie das irrationale Festhalten an Mess- und Zertifzierungspraktiken, deren Willkür seit langem bekannt ist, – Schulnoten genügen nicht einmal den fundamentalsten Ansprüchen seriöser empirischer Forschung, sie sind weder valide noch reliabel (Ingenkamp 1976).

Der meritokratische Messkult, auf den soziale Platzzuweisungen gegründet und Ansprüche auf Selbstverwirklichung zugunsten von Funktionsimperativen, Selbstverleugnung und Halbbildung abgewiesen werden, zeigt – insofern bestätigt er den Befund der DdA – die Pervertierung potentiell aufklärerischer empirischer Prozeduren zu einem arbiträren Selektionsinstrument, was freilich die Liaison dieser Prozeduren mit Herrschaftsinteressen verrät. Lediglich konsequent radikalisierte Aufklärung könnte – ganz gemäß der Botschaft Horkheimers und Adornos – dem Messkult der Meritokratie und seiner gegenwärtig konstatierbaren Expansion effizient entgegenwirken. In diesem Sinne bleibt die DdA hochaktuell. Noch zeichnen sich gesellschaftlich wirksame Prozesse des Umdenkens in dieser Richtung freilich kaum ab, einstweilen bleiben die aktuellen Botschaften der DdA immer noch, was sie der Insider-Terminologie der 'Frankfurter' zufolge schon in der Emigrationszeit waren: „Flaschenpost"[13], die konkrete Adressaten zumindest vorläufig nicht zu benennen wusste; umso dringlicher wäre, um im Bilde zu bleiben, die Entkorkung der Flasche.

*Anmerkungen*

1  Das wird durch den Satz: „Kein Außenstehender wird leicht sich vorstellen, in welchem Maße wir beide für jeden Satz verantwortlich sind" (Horkheimer/Adorno 1969, S. IX) verwischt. Inzwischen darf als gesichert gelten, dass das Kapitel „Begriff der Aufklärung" von beiden Autoren gemeinsam diktiert, das Odysseus-Kapitel überwiegend von Adorno und das Sade-Kapitel überwiegend von Horkheimer bestimmt wurde, während das Kulturindustrie-Kapitel von Adorno entworfen und von Horkheimer überarbeitet und die „Elemente des Antisemitismus" vermittelst umgekehrter Arbeitsteilung gestaltet wurden (vgl. Schmid Noerr 1987, S. 427 ff.; Habermas 1991, S. 101).

2  Horkheimer, dessen Werk weniger einheitlich als dasjenige Adornos ist, griff zentrale Aspekte der DdA noch einmal in seiner „Kritik der instrumentellen Vernunft" auf (Horkheimer 1967). Sein nurmehr durch Gelegenheitsarbeiten und Notizen repräsentiertes, in sich widersprüchliches Spätwerk spiegelt dann die Schwierigkeit, zugleich an der These der totalen Funktionalisierung der Vernunft und an den Rationalitätsan-

sprüchen Kritischer Theorie festzuhalten. Adorno hingegen entwickelt die Aspekte der DdA zur „Negativen Dialektik" fort, die bei aller Feststellung „universaler gesellschaftlicher Unterdrückung" (Adorno 1966, S. 262) immer noch mit der potentiellen Sprengkraft ästhetischer Produkte rechnet. – Vgl. Breuer (1985); Habermas (1991), S. 91 ff.

3  Wundt gründete 1879 in Leipzig das erste psychologische Universitätsinstitut, das dann zum „Mekka" der Fachwelt wurde; 1893 gründete Hall die berühmte „National Association for the study of children" (Publikationsorgan: „Pedagogical Seminary"), 1913 gründete Stern in Hamburg das erste Institut für Jugendkunde, in den 1920er Jahren entwickelte sich in Wien die Bühler-Schule zu einem renommierten Zentrum der Kinder- und Jugendforschung. Trüper u.a. gründeten 1896 die „Zeitschrift für Kinderforschung", seit 1900 erschien Kemsies' „Zeitschrift für pädagogische Psychologie", seit 1905 Lays und Meumanns „Die experimentelle Psychologie".

4  Vgl. stellvertretend Preyer (1882); Stern/Stern (1907); Stern (1914); (1920); Binet/ Simon (1917); Bühler (1918); Groos (1923).

5  Vgl. Günther (1922); Clauss (1932). – Zur Funktion als maßgeblicher „Referenzautoren" vgl. Harten u.a. (2006), S. 137 ff.

6  Exemplarisch etwa: Petermann (1943). – Deuchler z.B., bei Wundt promovierter Experimentalpsychologe und später engagierter NS-Pädagoge, hatte schon 1917 behauptet, einen die „wissenschaftliche" Unterscheidung jüdischer und germanischer Schülerinnen ermöglichenden „Rassefaktor" entdeckt zu haben (Deuchler 1917). – Für einen informativen Überblick vgl. Harten u.a. (2006).

7  Ein Bericht des NS-Mediziners Hirt zeigt, dass er den Krieg im Osten genutzt wissen wollte, um den „Mangel" an jüdischen Schädeln zu „Forschungszwecken" zu kompensieren: „In den jüdisch-bolschewistischen Kommissaren, die ein widerliches... Untermenschentum verkörpern, haben wir die Möglichkeit, ein greifbares wissenschaftliches Dokument zu erwerben, indem wir ihre Schädel sichern. Die praktische Durchführung... geschieht am zweckmäßigsten in Form einer Anweisung an die Wehrmacht, sämtliche jüdisch-bolschewistischen Kommissare... der Feldpolizei zu übergeben. Die Feldpolizei wiederum erhält Sonderanweisung,... sie bis zum Eintreffen eines besonderen Beauftragten wohl zu behüten. Der... Beauftragte... hat eine vorher festgelegte Reihe photographischer Aufnahmen und anthropologischer Messungen zu machen... Nach dem danach herbeigeführten Tode des Juden, dessen Kopf nicht verletzt werden darf, trennt er den Kopf vom Rumpf und sendet ihn... zum Bestimmungsort. An Hand der Lichtbildaufnahmen, der Maße und sonstigen Angaben des Kopfes... können dort nun die vergleichenden anatomischen Forschungen, die Forschungen über Rassenzugehörigkeit... und vieles andere mehr beginnen" (zit. nach Mitscherlich/Mielke 1947, S. 99 f.). – Hirt sind dann in der Tat KZ-Insassen aus Auschwitz für seine ‚anthropologischen Forschungen' überwiesen worden (ebd., S. 101).

8  Vgl. Shuey (1966); Jensen (1969); (1972); Eysenck (1956); (1975); (1977). – In Deutschland wurde die nativistische Position u.a. durch den ZEIT-Redakteur Zimmer (1975) unkritisch popularisiert.

9  Die etwa am Intelligenztest Eysencks (1974) leicht exemplifizierbare Legende der „Kulturneutralität" ist ebenso aufgewiesen worden wie die Problematik der Zygotenforschung und anderer Implikationen nativistischer Ansätze (vgl. z.B. Anastasi 1976, S. 577 ff.; Hentig 1971; Liungman 1973; Kamin 1979).

10  Burt, der 1925 von Arbeiterkindern und Delinquenten als „typical slummonkeys" mit der „Schnauze von blassen Schimpansen" und „kuhähnlichem Intellekt" sprach,

nichtsdestoweniger aber das englische Erziehungsgesetz von 1944 stark beeinflussen konnte (Ernst 1977, S. 52), hatte für die IQ „getrennt aufwachsender" Monozygoten bis auf drei Stellen hinter dem Komma identische Korrelationswerte behauptet, die über elf Jahre bei laufend wechselnden Stichproben konstant geblieben seien. Diese allen Statistik-Erfahrungen zufolge unglaubwürdigen Resultate sowie andere Auffälligkeiten der Burtschen Schriften legten nahezu zwingend nahe, dass Burt seine Daten manipuliert hat. Eysenck und Jensen, die Burt stets als maßgeblichen Gewährsmann behandelten (Eysenck 1975, S. 22; Jensen 1969, S. 90), versuchten, Burts Ungereimtheiten als „Versehen" zu verharmlosen (Ernst 1977; Kamin 1979, S. 48 ff., 99 ff.).

11 Einem im rechtsextremen Grabert-Verlag erschienenen, auf Eysencks und Jensens „Befunde" immer wieder rekurrierenden Sammelband des „Thule-Seminars" (Krebs 1981) hat Eysenck z.b. ein wohlwollendes Vorwort gewidmet (ebd., S. 9 ff.).

12 Dessen Arroganz offenbart Eysenck in kaum zu überbietender Weise, wenn er seinen Nachkommen unter Anspielung auf Galtons „Gesetz der Regression in der Nachkommenschaft" ein Buch (Eysenck 1975) „in der Hoffnung" widmet, „daß die genetische Regression zum Mittelmäßigen ihnen nicht allzusehr mitgespielt hat!".

13 Der Begriff wird 1940 von Horkheimer, 1941 von Marcuse brieflich, später auch in Gesprächen Horkheimers und Adornos verwendet (Claussen 2003, S. 195 f.; Horkheimer 1985 ff., Bd. 16, S. 726 und Bd. 17, S. 213; Horkheimer/Adorno 1956, S. 67). Die erste publizistische Verwendung findet sich, auf die moderne Musik bezogen, bei Adorno (1949, S. 126; vgl. Reijen/Schmid Noerr 1987b, S. 8).

*Literatur*

Adorno, Theodor W. (1949): Philosophie der neuen Musik. Ders. (1970 ff.). Bd. 12.
– (1966): Negative Dialektik, in: Ders. (1970 ff.), Bd. 6, 7-412.
– (1970 ff.): Gesammelte Schriften. Frankfurt a.M.
Alembert, Jean le Rond d' (1958): Einleitende Abhandlung zur Enzyklopädie (1751). Berlin.
Anastasi, Anne (1976): Differentielle Psychologie, Bd. II. Weinheim/Basel.
Bell, Daniel (1979): Die nachindustrielle Gesellschaft. Reinbek.
Bentham, Jeremias (1966): Principien der Gesetzgebung. Frankfurt a.M. (Nachdruck der Ausgabe von 1833).
Bernhard, Armin (2009): Erziehungswissenschaft, Gegenaufklärung und Entdemokratisierung – Von der wissenschaftlichen Phantasie zur Herrschaft der beschränkten Empirie, in: S. Kluge u.a. (Red.), Entdemokratisierung und Gegenaufklärung. Jahrbuch für Pädagogik 2009, Frankfurt a.M., 217-236.
Binet, Alfred/Simon, Théodore (1917): La mesure du développement de l'intelligence chez les jeunes enfants. Paris.
Blankertz, Herwig (1982): Die Geschichte der Pädagogik. Von der Aufklärung bis zur Gegenwart. Wetzlar.
Bonß, Wolfgang/Honneth, Axel (Hg.) (1982): Sozialforschung als Kritik. Zum sozialwissenschaftlichen Potential der Kritischen Theorie. Frankfurt a.M.
Breuer, Stefan (1985): Horkheimer oder Adorno: Differenzen im Paradigmakern der kritischen Theorie, in: Leviathan 3/85, 357-375.
Bühler, Karl (1918): Die geistige Entwicklung des Kindes. Jena.

Burt, Cyril (1966): The genetic determination of differences in intelligence: a study of monozygotic twins reared together and apart, in: British Journal of Psychology, 57. Jg., 137-153.

Carnap, Rudolf (1976): Scheinprobleme in der Philosophie. Frankfurt a.M.

Cassirer, Ernst (1973): Die Philosophie der Aufklärung. Tübingen, 3. Aufl.

Clauss, Ludwig F. (1932): Die nordische Seele. Eine Einführung in die Rassenseelenkunde. München.

Claussen, Detlev (2003): Theodor W. Adorno. Ein letztes Genie. Frankfurt a.M.

Deuchler, Gustaf (1917): Rassenunterschiede in der Schulentwicklung mit Hilfe des Koeffizienten r bestimmt, in: Zeitschrift für Pädagogische Psychologie, Bd. XVIII, 456-464.

Dubiel, Helmut/Söllner, Alfons (Hg.) (1981): Wirtschaft, Recht und Staat im Nationalsozialismus. Analysen des Instituts für Sozialforschung 1939-1942. Frankfurt a.M.

Ernst, Heiko (1977): Wer Daten fälscht oder nachmacht oder gefälschte oder nachgemachte in Umlauf bringt..., in: psychologie heute, 4. Jg., Heft 4, 51-57.

Eysenck, Hans Jürgen (1956): Wege und Abwege der Psychologie. Hamburg.

– (1974): Intelligenztest. Reinbek.

– (1975): Die Ungleichheit der Menschen. München.

– (1977): Kriminalität und Persönlichkeit. Wien.

Fend, Helmut (1975): Gesellschaftliche Bedingungen schulischer Sozialisation. Soziologie der Schule I. Weinheim/Basel, 2. Aufl.

Galton, Francis (1869): Hereditary Genius. London.

Groos, Karl (1923): Das Seelenleben des Kindes. Berlin, 6. Aufl.

Gstettner, Peter (1981): Die Eroberung des Kindes durch die Wissenschaft. Aus der Geschichte der Disziplinierung. Reinbek.

Günther, Hans F.K. (1922): Rassenkunde des deutschen Volkes. München.

Habermas, Jürgen (1981): Theorie des kommunikativen Handelns. Frankfurt a.M., 2 Bde.

– (1991): Texte und Kontexte. Frankfurt a.M.

Harten, Hans-Christian/Neirich, Uwe/Schwerendt, Matthias (2006): Rassenhygiene als Erziehungsideologie des Dritten Reichs. Bio-bibliographisches Handbuch. Berlin.

Hentig, Hartmut von (1971): Erbliche Umwelt – oder Begabung zwischen Wissenschaft und Politik, in: Skowronek (1982), 156-178.

Holbach, Dietrich von (1851): Umriss des Systems der Natur oder die Gesetze der sittlichen und natürlichen Welt. Kiel/Leipzig.

Homer (1950): Odyssee. Paderborn.

Horkheimer, Max (1931): Die gegenwärtige Lage der Sozialphilosophie und die Aufgaben eines Instituts für Sozialforschung, in: Ders., Sozialphilosophische Studien. Aufsätze, Reden und Vorträge 1930-1972. Frankfurt a.M. 1972, 33-46.

– (1967): Zur Kritik der instrumentellen Vernunft. Aus den Vorträgen und Aufzeichnungen seit Kriegsende. Frankfurt a.M.

– (1985 ff.): Gesammelte Schriften, Frankfurt a.M.

– /Adorno, Theodor W. (1956): Diskussion über Theorie und Praxis, in: Horkheimer (1985 ff.), Bd. 19, 32-72.

– /Adorno, Theodor W. (1969): Dialektik der Aufklärung. Philosophische Fragmente. Frankfurt a.M.

Ingenkamp, Karlheinz (Hg.) (1976): Die Fragwürdigkeit der Zensurengebung. Texte und Untersuchungsbeispiele. Weinheim/Basel, 6. erw. Aufl.

Jensen, Arthur (1969): Wie sehr können wir Intelligenz und schulische Leistung steigern?, in: Skowronek (1982), 63-155.

– (1972): Genetics and Education. London.

Kamin, Leon J. (1979): Der Intelligenz-Quotient in Wissenschaft und Politik. Darmstadt.

Kohl, Karl-Heinz (1983): Entzauberter Blick. Das Bild vom Guten Wilden und die Erfahrung der Zivilisation. Frankfurt a.M./Paris.

Kondylis, Panajotis (1981): Die Aufklärung im Rahmen des neuzeitlichen Rationalismus. München.

Krebs, Pierre (Hg.) (1981): Das unvergängliche Erbe. Alternativen zum Prinzip der Gleichheit. Tübingen.

Krockow, Christian Graf von (1973): Leistungsprinzip und Emanzipation, in: M. Greiffenhagen (Hg.), Emanzipation. Hamburg, 75-94.

Liungman, Carl G. (1973): Der Intelligenzkult. Eine Kritik des Intelligenzbegriffs und der IQ-Messung. Reinbek.

Marcuse, Herbert (1975): Zeit-Messungen. Drei Vorträge und ein Interview. Frankfurt a.M.

Mitscherlich, Alexander/Mielke, Fred (1947): Das Diktat der Menschenverachtung. Heidelberg.

Mommsen, Theodor (1923): Römische Geschichte, Bd. 1. Berlin.

Petermann, Bruno (1943): Das Problem der Rassenseele. Vorlesungen zur Grundlegung einer allgemeinen Rassenpsychologie. Leipzig, 2. Aufl.

Platon: Politeia, in: Ders., Sämtliche Werke, Bd. 3. Reinbek 1958, 67-310.

Porter, Roy (1991): Kleine Geschichte der Aufklärung. Berlin.

Preyer, Wilhelm (1882): Die Seele des Kindes. Beobachtungen über die geistige Entwicklung des Menschen in den ersten Lebensjahren. Leipzig.

Reijen, Willem van/Schmid Noerr, Gunzelin (Hg.) (1987a): Vierzig Jahre Flaschenpost: „Dialektik der Aufklärung" 1947 bis 1987. Frankfurt a.M.

– /Schmid Noerr, Gunzelin (1987b): Vorwort, in: Dies. (1987a), 7-10.

Rolff, Hans-Günter (1997): Sozialisation und Auslese durch die Schule. Weinheim/München.

Schmid Noerr, Gunzelin (1987): Nachwort des Herausgebers. Die Stellung der „Dialektik der Aufklärung" in der Entwicklung der Kritischen Theorie. Bemerkungen zu Autorschaft, Entstehung, einigen theoretischen Implikationen und späterer Einschätzung durch die Autoren, in: M. Horkheimer, Gesammelte Schriften, Bd. 5. Frankfurt a.M., 423-452.

Shuey, Audrey M. (1966): The testing of negro intelligence, New York.

Skowronek, Helmut (Hg.) (1982): Umwelt und Begabung. Frankfurt a.M./Berlin/Wien.

Solga, Heike (2005): Meritokratie – die moderne Legitimation ungleicher Bildungschancen, in: P.A. Berger/H. Kahlert (Hg.), Institutionalisierte Ungleichheiten. Wie das Bildungssystem Chancen blockiert. Weinheim/Basel, 19-28.

Stern, Clara/Stern, William (1907): Die Kindersprache. Leipzig.

Stern, William (1914): Psychologie der frühen Kindheit bis zum sechsten Lebensjahr. Leipzig.

– (1920): Intelligenzprüfungen an Kindern und Jugendlichen. Leipzig.

Vieweg, Richard (1962): Maß und Messen in kulturgeschichtlicher Sicht. Wiesbaden.

Voltaire (1985): Philosophische Briefe. Frankfurt a.M./Berlin/Wien.

Wiggershaus, Rolf (1988): Die Frankfurter Schule. Geschichte – Theoretische Entwicklung – Politische Bedeutung. München.

Young, Michael (1961): Es lebe die Ungleichheit. Auf dem Wege zur Meritokratie. Düsseldorf.

Zimmer, Dieter E. (1975): Der Streit um die Intelligenz. IQ: ererbt oder erworben?. München/Wien, 2. Aufl.

*Armin Bernhard*

# Abschied von Rousseau? Der Einspruch der modernen Pädagogik gegen sich selbst – Gegenmodelle zu standardisierter Subjektivität und Bildung im Projekt bürgerlich-neuzeitlicher Pädagogik

Normierung, Standardisierung, Vermessung heißen die Leitkategorien gegenwärtiger Bildungsplanungen. Entgegen der Einsicht in die unhintergehbare Eigensinnigkeit menschlicher Subjektvermögen werden Kinder und Jugendliche im Rahmen des bestehenden Bildungssystems auf eine messbare Normalität einzuschwören versucht. Diesen Strategien der Vermessung liegen nicht nur wirtschaftliche Motive einer Umwandlung sogenannten Humanressourcen in Humankapital zugrunde, sondern auch der Versuch, „Humantechniken" (Brückner 1978, S. 189 ff.) zu etablieren, die der subkutanen Kontrolle der gesellschaftlichen Beziehungsverhältnisse dienen. Flächendeckende Vermessungs- und Evaluationsnetze drohen zu einem differenzierten Überwachungs- und Spitzelsystem zu werden. Bewertung und Evaluation, die in gefährliche Nähe zur Observation sich bewegen, erstrecken sich längst nicht mehr aufs Bildungswesen, sondern ergreifen viele gesellschaftliche Bereiche, selbst die Sonntagspredigten in Gottesdiensten bleiben von der Bewertungshysterie nicht ausgespart. Insofern die bürgerliche Pädagogik im Stadium der Entstehung und der Aufbauphase bürgerlicher Gesellschaft das Thema allgemeiner Menschenbildung auf die politische Agenda brachte, mit dem Ziel, allen Menschen einen einheitlichen Bildungshorizont zu eröffnen, ist die Frage aufgeworfen, ob und inwieweit sich die gegenwärtigen Normierungs- und Standardisierungsmaßnahmen im Bildungswesen aus der Tradition bürgerlicher Gesellschaftsgeschichte und ihrer Pädagogik ableiten lassen, oder ob im Kontext dieser Tradition renitente Momente im Hinblick auf Standardisierung identifiziert werden können. Hat die bürgerliche Pädagogik, wie sie im 16. Jahrhundert entsteht, mit ihrer Beförderung der abendländischen Rationalität sogleich den Boden für eine nach einem von außen gesetzten Maßstab instrumentell ausgelegte Bildung geschaffen? Ist Standardisierung von Bildung also als lineare Fortsetzung bürgerlicher Pädagogik auf ihrem höchsten geschichtlichen Entwicklungsstand oder als deren Gegenthese zu begreifen?

Eine begriffliche Differenzierung ist im Vorlauf der folgenden Argumentation erforderlich: *Standardisierung* und *Homogenisierung* meinen nicht dasselbe, auch wenn beide Begriffe in den gegenwärtigen bildungspolitischen Debatten oftmals synonym verwendet werden. Homogenität erscheint dort vornehmlich als Gegensatz zu Heterogenität und Diversität. Standardisierung zielt auf Vereinheitlichung vielgestaltiger Prozesse oder Gegenstände nach einem vorab festgelegten Maßstab, mithin auf die Gleichförmigkeit des Unterschiedlichen. Während die Standardisierung im Feld der Bildung die Justierung menschlichen Lernens auf einen normierenden Maßstab meint, bezieht sich der Vorgang der Homogenisierung auf den Versuch, durch Mischung von Heterogenitäten eine gleichartige Ausgangsbedingung für Bildung zu schaffen. Bildungstheoretisch gesehen besteht das zentrale Problem hinsichtlich der scheinbaren Antipoden – Homogenität vs. Heterogenität – in der komplexen Anforderung, Verschiedenartiges mit Gleichartigem so in Kombination zu bringen, dass „Verwirklichung des Allgemeinen in der Versöhnung der Differenzen" (Adorno 1951, S. 130) und damit *gesellschaftsfähige Individualität* möglich werden. Die Hypothese lautet, dass sich in der Tradition bürgerlicher Pädagogik zwar Versuche einer Homogenisierung durch Schulbildung ermitteln lassen, die überwiegende Tendenz in der pädagogischen Theorie jedoch als Widerspruch zur Standardisierung gewertet werden muss. Der Name Rousseau, dessen Werk aus dem konstitutionellen Bedingungsrahmen bürgerlicher Pädagogik nicht wegzudenken ist, und der mit seinem Kindheitsbegriff und mit seinen Erziehungsauffassungen die pädagogischen Theorien bis heute bewegt, steht für diese Gegenthese zu einer über Erziehung und Bildung zu standardisierenden und zu vermessenden menschlichen Entwicklung.[1]


*I*


Wir setzen nicht zufällig beim historischen Projekt der Aufklärung an, die mit der Geschichte der bürgerlichen Pädagogik zutiefst verknüpft ist. Unabhängig von den verschiedensten Strömungen und Varianten in verschiedenen Ländern ist Aufklärung die in der Renaissance und im Humanismus bereits anhebende geistesgeschichtliche Bewegung, in deren Zentrum der Gedanke einer durch Vernunft geleiteten Erkenntnis und Gestaltung der Welt steht. Gegen althergebrachte, gottgegebene Traditionen gerichtet, setzt die Aufklärung auf die Fähigkeit der menschlichen Ratio, die es im Sinne einer selbstbestimmten Praxis aufzubauen gelte. Glück und Wohlfahrt stehen in Korrespondenz zur Ratio, insofern die Humanisierung der irdischen Verhältnisse nicht mehr in der Hand eines Gottes liegt, sondern von der Realisierung dieses Subjektvermögens in allen Menschen abhängig ist. Beseelt von dieser Idee, setzten die Protagonisten des Age of Enlightenment auf die Beleuchtung der noch dunklen bzw. verdunkelten Aspekte, Dimensionen und Zusammenhänge der Welt, der der außerirdischen ebenso wie der der irdischen, der der Natur ebenso wie der der menschlichen Gesellschaft, sie setzten auf die „Entzauberung der Welt" (Horkheimer/Adorno 1971, S. 7).

Von der Finsternis der Unbildung, nicht autorisierter Traditionen, fixierter Weltbilder sollte der Weg in eine erleuchtete gesellschaftliche Zukunft führen. Dass die „klärende Arbeit der freien und auf sich selbst gestellten Vernunft" (Blankertz 1982, S. 23) in irgendeiner Weise zerstörerische Auswirkungen auf die Gestaltung der gesellschaftlichen Lebensverhältnisse und der zwischenmenschlichen Beziehungen wie auf die Naturverhältnisse auf dem blauen Planeten haben könnte, war eine Vorstellung, die den Horizont der geschichtlichen Phantasie überstiegen hätte. Dennoch enthält die Aufklärungsphilosophie noch nicht die instrumentell auf menschliche und außermenschliche Natur angelegte Rationalität, die ihr pauschal unterstellt wird (vgl. Oelmüller 1969, S. 15 ff.; Trepl 1987, S. 86 f.). Die cartesianische Philosophie mit ihrer erkenntnistheoretischen Entzweiung von Geist und Materie, von res cogitans und res extensa, liefert zwar die theoretische Grundlage für die Vernutzung von Mensch und Natur durch eine instrumentell verkürzte Rationalität und damit für ein Modell zerstörerischer Naturbeherrschung[2]; erst mit der systematischen Einbindung von Rationalität in den gesellschaftlichen Produktions- und Reproduktionsprozess und in die Planung der zwischenmenschlichen Beziehungsverhältnisse jedoch wird die *Dialektik der Rationalität* ausgehebelt und eine in vielen aufklärerischen Ansätzen als humane, ethisch-sittliche, kritisch-reflexive Vernunft gedachte Rationalität auf eine verdinglichte, instrumentelle verkürzt, die indifferent ist gegenüber Mensch, Natur und Gesellschaft. Auch geht der aufklärerische Begriff der Ratio nicht ungefiltert in die von Renaissance, Humanismus und Aufklärung ausgehenden pädagogischen Modellbildungen ein, vielmehr nimmt sie dort jeweils höchst unterschiedliche Bedeutungen ein.

Tendenzen zu einer Standardisierung von Bildung werden geschichtlich dort realisiert, wo krude Aufklärungsvorstellungen mit ökonomischen Interessen nach einer Steigerung der wirtschaftlichen Produktivität zusammenfließen. Sie finden sich nicht nur in den vom bürgerlichen Fortschrittsglauben getragenen Schulplänen der Französischen Revolution (vgl. Vorsmann 1998)[3], sondern auch in erziehungsreformerischen Bemühungen, die auf eine Reform der Gesellschaft ohne Revolution setzen, namentlich in den deutschsprachigen Ländern. Die „Entzauberung der Welt" durch Wissen, Rationalität, Wissenschaft, in deren Folge die Feudalherrschaft in ihrer Hegemonie erschüttert wurde, wurde mit der Durchsetzung der industriekapitalistischen Produktionsweise für die permanente Revolutionierung der menschlichen, kulturellen und technischen Produktivkräfte in Regie genommen. Der Industriekapitalismus ist an das Projekt der über Arbeit zu organisierenden gesellschaftlichen Beherrschung der Naturkräfte geknüpft, über deren systematische Indienstnahme die Reproduktions- und Lebensbedingungen gesichert und höher entwickelt werden sollen. Die bis in die Gegenwartsgesellschaft wirkende, dominante Vorstellung von der heteronom gesetzten *Brauchbarkeit*, der *Nützlichkeit* von Bildung, in Deutschland repräsentiert in der philanthropischen Pädagogik, zieht die positivistische Vision von deren Verfügbarkeit und Standardisierbarkeit nach sich. Die strukturelle Schwäche des aufklärerischen Bildungsverständnisses lag u. a. in der Negation der individuierenden Möglichkeiten von Bildung, ihrer Reduktion auf die Perspektive der Erbringung gesellschaftlicher Arbeitsleistung: „Im Prozeß der kollektiv organisierten Selbstbehauptung durch gesellschaftliche Arbeit zählt der einzelne Mensch nur als sozialspezialisierte Fachkraft, als vergesellschafteter Organismus im Gefüge sozialer Verpflichtungen." (Titze 1973, S. 91) Trotz der sozialstrukturellen Bestimmtheit pädagogischer Ideen existiert in der geschichtlichen Abfolge von Gesellschaftsformationen kein Determinismus zwischen den ökonomischen Erfordernissen und Erziehungsvorstellungen, Bildungsauffassungen und pädagogischen Plänen, diese sind in der Lage, die im gesellschaftlichen Produktions- und Reproduktionszusammenhang enthaltenen Direktiven reflexiv einzuholen und zu transzendieren.[4]

Ein wesentlicher Schub der Beförderung der allgemeinen Schulpflicht, der Idee des Klassenunterrichts, des Gedankens gestufter Unterrichtsvorgänge ging zweifelsohne von der comenianischen Philosophie und Pädagogik aus. Das ihr zugrunde liegende bildungstheoretische Verständnis fasst Bildung noch kühn als einen Versuch der Herausführung des Menschen aus Abhängigkeit und Unmündigkeit, noch ist die Form, in der Bildung systematisch auf die wirtschaftlichen Erfordernisse der im Aufbau begriffenen kapitalistischen Produktionsweise eingestimmt werden kann, nur in Ansätzen erkennbar.[5] Der bürgerliche Optimismus der frühaufklärerischen Pädagogik schlägt sich in dem Versuch des Theologen Johann Amos Komenský (1592-1670) nieder, die Schulen für alle Menschen zu, wie er es unter Berufung auf einen nicht identifizierbaren Propheten nennt, „Werkstätten der Menschlichkeit", zu einer „Menschen-Werkstätte" zu gestalten (Comenius 2000, S. 55; S. 59). Auf der Basis eines religiösen Bildungsbegriffes, in dem Welterkenntnis und Gotteserkenntnis miteinander kombiniert sind, und in dem die Säkularisierung des Bildungsverständnisses sich bereits abzeichnet, entwirft Komenský während der Zeit des verheerenden 30jährigen Krieges den Plan für ein Bildungswesen, in dem die Prozesse des Lehrens und Lernens auf das Ziel gerichtet sind, „alle Menschen alles zu lehren" (ebd., S. 3). In der comenianischen Schule, die in städtischen wie in ländlichen Regionen gleichermaßen einzurichten sind, sollten die Kinder aller gesellschaftlichen Stände zusammengefasst und vereint werden. Da es keine religiösen Begründungen für eine nach Ständen und Geschlechtszugehörigkeit segregierte Bildung gibt, muss Schule eine Institution für alle Kinder des Volkes sein. Die Struktur der Bildung, die „alles" beinhalten soll, ist keinesfalls perspektivisch auf einen Enzyklopädismus gerichtet, sondern basiert auf dem Begriff der „Allweisheit" (Blankertz 1982, S. 35), der *Pansophie*, der auf die Konstitution einer ganzheitlichen Bildung orientiert. In jedem Stadium seines Lebens sollen dem heranwachsenden Menschen die Prinzipien und Zusammenhänge der Welt näher gebracht werden. Elementar ist dabei die Berücksichtigung des „natürlichen" Entwicklungsganges der kindlichen Subjektvermögen.

In zweifacher Hinsicht entzieht sich die pansophische Pädagogik Tendenzen der Standardisierung menschlicher Subjektivität. Im Hinblick auf die lernenden Menschen betont Komenský die Entwicklungsgemäßheit der in den Schulen zu organisierenden Bildung (vgl. Comenius 2000, S. 87, S. 104). Die Verschiedenheit von Entwicklungsstadien und Altersstufen ist auf allen Stufen des Schulunterrichts (die in der späteren comenianischen Konzeption der panscholia die Stadien des gesamten menschlichen Lebens enthält) grundlegend zu berücksichtigen, was allerdings nicht im Widerspruch zur Aufgabe der Herstellung einer relativ homogenen Lernbasis steht. Für den tschechischen Theologen und Pädagogen ist das Kind ein noch unverdorbenes Wesen, ein Wesen, das noch nicht von den Verfallsprozessen der Erwachsenengesellschaft affiziert ist und daher eine immer wieder neue Möglichkeit verbesserten Menschseins repräsentiert. Insofern das Kind – ähnlich wie bei Rousseau – eine eigenständige Daseinsform in der Individualentwicklung darstellt, kann es folgerichtig nicht ohne weiteres dem Richtmaß des erwachsenen Erziehers unterworfen werden (vgl. Patočka 1971, S. 21 f.). Dieser ist in seiner Souveränität eingeschränkt. Ein weiterer Aspekt, der mit der Tendenz einer Vermessung des Menschen unvereinbar ist, liegt in der pansophischen Orientierung der comenianischen Erziehungsphilosophie, die jeder Vermessungsintention zuwiderläuft. Ist in praktischer pädagogisch-didaktischer Hinsicht die Perspektive auf das Kind und seine konkreten Entwicklungsvoraussetzungen für die Anlage seines Bildungsganges maßgeblich, so kann von einem modernen Subjektbegriff im Rahmen des pansophischen Gedankengebäudes nicht die Rede sein. Die aus dem Begriff der Paideia abgeleitete Pampaedia, das mittlere Werk der „Allgemeinen Beratung über die Verbesserung der menschlichen Angelegenheiten", kennzeichnet eine allumfassende Pädagogik, die nicht vom individuellen Subjekt her konzipiert ist, sondern von der von Gott geschaffenen Ganzheit der Welt, in die die menschliche Existenz hineingestellt ist.[6] Im Rahmen der Allerziehung sollen die Menschen sich diese ganzheitlichen Zusammenhänge erschließen, um die Verbesserung („emendatio") ihrer Verhältnisse voranzutreiben und damit am „Heilswerk Gottes" (Gamm 2003, S. 32) mitwirken zu können. Der massive theologische Einschlag in diesem frühaufklärerischen pädagogischen Modell macht dieses sperrig gegenüber Versuchen, den Menschen in standardisierten Lernverfahren gesellschaftsnützliche Qualifikationen abzupressen.

Ein Widerspruch in der comenianischen Bildungstheorie wird allerdings durch die Kombination zweier einander entgegengesetzter Maximen in die Gestaltung der Bildungpraxis erzeugt. Ist nach Maßgabe der von Komenský entwickelten modernen Idee einer Orientierung der Pädagogik am Kind, seinen Entwicklungsgesetzen und Entwicklungsstufen konsequente Individualisierung notwendig, so fordert andererseits die Entfaltung kapitalistischer Produktionsverhältnisse eine systematische institutionelle und zeitökonomisch-rationale Ausbildung gesellschaftlicher Qualifikationen.[7] Setzt Komenský wie sein geistiger Lehrer Wolfgang Ratke (1571-1635) auf die die Spezifika der menschlichen Entwicklungs- und Lebensstufen berücksichtigende *natürliche Methode*, die an Stelle der sachstrukturellen Logik der Bildungsgegenstände das Prinzip der „Verstehbarkeit" (Blankertz 1982, S. 35) zum Ausgangspunkt der Bildung machen will, so stellt sich mit wachsendem Einbezug der Massen der Bevölkerung in eine auf industrielle Produktion eingestellte Form der Erzeugung von Qualifikation die Frage nach der „unterrichtlichen Effizienz" (Gamm 2008, S. 29).[8] Komenskys Aufgeschlossenheit gegenüber naturwissenschaftlicher Rationalität dürfte diese Tendenz ebenso unterstützt haben wie der Druck der ärmlichen Verhältnisse, in denen die konsequente Individualisierung der Bildung und Erziehung in entsprechend aufgebauten Schulen abstrakte Utopie bleiben musste. Wie Individualisierung in der Bildung bei gleichzeitigem Zwang zu zeitökonomisch-rationaler Produktion von Qualifikationen praktiziert werden kann, wird zum Grundproblem bürgerlicher Pädagogik. In der Didactica magna und der Pampaedia wird dieser Widerspruch freilich noch nicht zum Gegenstand bildungstheoretischer Überlegungen, der Optimismus des antifeudalen, frühaufklärerischen Entwurfs Komenskýs verdeckt die Möglichkeit heteronomer Standardisierung von Bildung, die in der für die Reproduktion des ökonomischen Systems erforderlichen Institutionalisierung von Klassenunterricht enthalten ist.

*II*

Gegenüber rein rationalistischen und sensualistischen Aufklärungsmodellen und gegenüber zeitgenössischen materialistischen Tabula-rasa-Theorien ist es vor allem Rousseau (1712-1778), der auf der Basis seiner geschichtsphilosophischen und pädagogischen Überlegungen eine radikale Position gegen jede Tendenz zur Standardisierung menschlicher Entwicklungs-, Erziehungs- und Bildungsprozesse einnimmt. Das kindheitstheoretisch abgeleitete Prinzip der *Individualisierung* von Erziehung und Bildung identifiziert jeden Versuch der Standardisierung von Entwicklungs- und Sozialisationsprozessen als ethisch unzulässigen und entwicklungspsychologisch kontraproduktiven Umgang mit Kindern. Die Tatsache der Existenz von Kindheit bedeutet, dass in dieser eine eigene, spezifische menschliche Daseinsform wirksam ist, die durch eine eigene Dignität, aber auch durch ein eigenes Welt-Selbst-Verhältnis gekennzeichnet ist, das sich grundlegend von dem der erwachsenen menschlichen Existenzweise unterscheidet. Das Kind steht in einem anderen Verhältnis zur Welt und zu sich selbst, und diese Beziehungen werden von seinen entwicklungsbedingt sich von den Erwachsenen unterscheidenden Subjektvermögen in den Bereichen der Wahrnehmung, der Sinnlichkeit, der Sprache, der Emotionen und des Intellekts erzeugt. Eine Pädagogik, die auf der Entwicklungstätigkeit der kindlichen Natur begründet wird, erfordert zwar edukative Momente im Sinne der Führung und Anleitung, verbietet aber eine formend-standardisierende Einwirkung der Erziehung, da sie das Potential des Kindes verschütten würde.[9] Dies gilt insbesondere auch für die von Komenský noch nicht hinreichend reflektierte zeitökonomische Komponente institutionalisierter Bildung, der in der sich etablierenden neuen Wirtschaftsweise eine immer größere Bedeutung zukommen wird. Für Rousseau, der vielleicht aus der Wahrnehmung dieses Widerspruchs zwischen entwicklungsorientierter Pädagogik und einem auf Erzeugung von Qualifikationen abgestellten Bildungswesen heraus die Präsentation eines fiktiven Erziehungsraums einer schulpädagogischen Konkretion seiner erziehungstheoretischen Überlegungen vorzieht, ist die *gezielte Verlangsamung* der erzieherischen Begleitung der Entwicklung eine unhintergehbare Maxime, denn auch die Verdichtung von Zeit in Bildung und Erziehung hat zerstörerische Auswirkungen auf die Entfaltung der kindlichen Wesenskräfte.

Trotz ihrer Sympathie mit Rousseaus Entwicklungs- und Erziehungsauffassung fällt die in der zweiten Hälfte des 18. Jahrhunderts als eine deutsche Variante der Aufklärungspädagogik sich entwickelnde *philanthropische Pädagogik* hinter jenen Erkenntnisstand bürgerlicher Pädagogik bereits wieder zurück. In dem auch von ihr bemühten Begriff der *Industriosität*, der auf die Ablösung überkommener feudalistischer Gesellschaftsstrukturen und die Etablierung eines wirtschaftsliberalen Kapitalismus verweist und dem in der bürgerlichen Pädagogik insgesamt wie auch in ihrer philanthropischen Ablegerin im Besonderen eine große Bedeutung zukam, sind bereits Tendenzen zu einer über Erziehung und Lernprozesse zu organisierenden Standardisierung menschlicher Subjektivität erkennbar. Denn mit der Deklarierung des Prinzips der Industriosität zum *Programm* bürgerlicher Pädagogik werden Erziehung und Bildung auf das neue, von Adam Smiths „Wealth of nations" mit beförderte Leitbild des homo oeconomicus eingeschworen und damit das des frühhumanistischen Bildungsideals des homo universale aufgegeben. Erziehung und Bildung sollen die für den von Max Weber in seinen berühmten soziologischen Studien zur „Protestantischen Ethik" (1904/1905) analysierten „kapitalistischen Geist" erforderlichen beruflichen Einstellungen und Tugenden hervorbringen (Weber 1993, S. 15 ff.). Die philanthropische Pädagogik gerät in denselben Widerspruch, den schon die comenianische

Bildungsphilosophie bestimmte. Zwar nimmt jene in der Kritik am religiös geprägten, weltfremden, schematischen und subjektfeindlichen Schulwesen des Mittelalters durchaus progressive Elemente auf, ihr Impetus ist ein durchgängig emanzipatorischer, gegen Herrschaft und politische Bevormundung gerichteter. Ebenso prangern die Philanthropen den gegen die in Entwicklung befindlichen Subjektvermögen des Kindes angelegten Unterricht an und konzipieren im Anschluss an Rousseau Schulen, die den Entwicklungskräften und -bedürfnissen der Kinder gerecht werden sollten. Doch mit der einseitigen Justierung von Bildung auf das Prinzip gesellschaftlicher Nützlichkeit legitimiert diese pädagogische Reformbewegung zugleich den funktionalen Zugriff gesellschaftlicher Klassen auf die Gestaltung des Bildungswesens. Für die Kapitalakkumulation ist das philanthropische Utilitaritätsprinzip der Bildung, bei Neutralisierung ihres subversiven Potentials, die – vor allem von Peter Villaume (1746-1825) ausgeführte – Rechtfertigung für die Priorisierung eines an der Umsetzung ökonomischer und ideologischer Ziele des Bürgertums orientierten Bildungs‚ideals‘.[10] Das Motiv der Philanthropie wird in sein Gegenteil verkehrt. Der psychologische Zugriff der philanthropischen Pädagogik auf den kindlichen Geist und die kindliche Seele, der sich auf Erkenntnisse der Anthropologie und der Medizin stützte, galt der ‚Reinigung‘ der Bildungsprozesse von ‚störenden‘ Faktoren, die aus unkalkulierbaren Entwicklungsvorgängen und Sozialisationsprozessen auf das schulische Lernen ausgeübt werden konnten. Um die Tugenden der Industriosität: Fleiß, Betriebsamkeit, Sparsamkeit, rationelle Einstellung, Leistung etc. freisetzen zu können, bedurfte es einer rationalisierten, zeitökonomisch durchorganisierten Lernarbeit, die auf der Zurückstellung der Triebe und Bedürfnisse der Lernenden beruhte: „Unablässige Beschäftigung und ein zeitökonomisch rigides, auf Belohnung aufgebautes Unterrichts- und Lehrregiment war das Instrument zur Durchsetzung dieser bürgerlichen Tugenden." (Borst 2009, S. 51 f.)

Die mit den Namen Wilhelm von Humboldt (1767-1835) und Friedrich Immanuel Niethammer (1766-1848) verbundene *neuhumanistische Bildungsauffassung*, in der sich die Gegenbewegung zur philanthropischen Pädagogik artikuliert, hat in der Geschichte bürgerlicher Pädagogik am klarsten Position gegen die Standardisierung von Bildung bezogen. Bei Humboldt erschließt sich der Einspruch gegen jede Form der Standardisierung über seine Auffassung vom Zuschnitt allgemeiner Menschenbildung. Der Zweck der Realisierung dieser allgemeinen Menschenbildung liegt gerade nicht in einer von Staat und Gesellschaft aufgestellten Norm, sondern leitet sich aus der Individualität der menschlichen Sozialnatur her. Individualität als spezifische Eigensinnigkeit der Menschen soll in einem Bildungsvorgang erst entfaltet werden, die Entwicklung, der Aufbau, die Vervielfältigung der in einem Menschen in einmaliger Konstellation vorhandenen Kräfte, Vermögen, Fähigkeiten sollen durch Bildung ermöglicht werden.

Aus einem Wechselspiel zwischen Bildsamkeit gegenüber den kulturellen Bildungsgegenständen und der Selbstbildung soll die Eigenart aller Menschen freigelegt werden, die wiederum einen unersetzlichen Beitrag zur Höherentwicklung der Menschheit leistet. Jede Individualität, die in der intergenerativen Abfolge unentfaltet bleibt, jedes Kind, das in diesem Vorgang zurückgelassen wird, ist im Rahmen der gattungsgeschichtlichen Entwicklung ein großer Verlust, soll doch, so Humboldts Geschichtsutopie, durch die Bildung der Individualität aller Menschen jedes einzelne Mitglied die menschliche Gattung in ihrer Gesamtheit repräsentieren können. Allgemeine Menschenbildung ist in dem Maße realisiert, wie es ihr gelingt, die Vervollkommnung der menschlichen Subjektvermögen voranzutreiben. Das Ziel liegt in der Vielseitigkeit der Entwicklung des Menschen, nicht in seinem Zuschnitt auf einen bestimmten gesellschaftlichen Standard. Dies hängt mit der Ablehnung des utilitaristischen Bildungsprinzips zusammen, dem die philanthropische Pädagogik verhaftet blieb. Wo die gesellschaftliche Nützlichkeit als oberstes Prinzip von Bildung abgelehnt wird, kann ihr Bezugspunkt nicht mehr in den gesellschaftlich erforderlichen Qualifikationen liegen, deren Herstellung in zunehmendem Maße institutionalisiert und damit zeitlichen, räumlichen und inhaltlichen Standardisierungen unterworfen wird.

Ist nicht aber in den schulreformerischen Plänen Humboldts die Tendenz zur Standardisierung angelegt, die einen Bruch mit seinen vorangegangenen bildungstheoretischen Überlegungen einschließt? Liegt in der Forderung nach einer auf Vernunftbildung hin orientierten, egalitären Einheitsschule schon die Rechtfertigung für eine systematische, in Standardisierungsversuchen zum Ausdruck kommende Normierung der menschlichen Subjektvermögen nach Maßgabe der Interessen von Staat und Gesellschaft? Begründet nicht die Intention, die sozialen Klassen- und Standesunterschiede zu überwinden (vgl. Kraul 1984, S. 28 ff.), also Heterogenitäten in den Ausgangsbedingungen des Lernens von Kindern zu kompensieren, die Notwendigkeit einer beständigen Überprüfung der Leistungen von Schülerinnen und Schülern? Schließlich stellt Humboldt in den Begründungen des litauischen Schulplans von 1809 die Maxime auf, „der gemeinste Tagelöhner" und „der am feinsten Ausgebildete" müssten durch Schule in ihrem „Gemüth ursprünglich gleich gestimmt werden" (Humboldt 1993/4, S. 189). Da Humboldt von einem aus der Individualität des Menschen begründeten Verständnis der Bildung ausgeht, ist die Formulierung von der Gleichgestimmtheit im Gemüt zunächst befremdlich. Die Idee der Gleichgestimmtheit im Gemüt muss mit einem weiteren grundlegenden Charakteristikum des neuhumanistischen Begriffs der Bildung in Zusammenhang gebracht werden, das zur Vorstellung einer Standardisierung von Bildung und ihrer standardisierten Vermessung im Widerspruch steht: der Allseitigkeit menschlicher Erfahrung und Erkenntnis. Die Homogenisierung, die Humboldt mit der Ermöglichung einer Gleichgestimmtheit in der menschlichen Bildung erzielen will, ist eine *relative Homogenisierung*, weil sie eben nicht auf eine Nivellierung von Individualität gerichtet ist, sondern im Gegenteil diese vor Vereinseitigungen schützen möchte. Die menschliche Subjektivität soll nicht zugerichtet, sondern erschlossen und zugleich in der Vielfalt ihrer Subjektvermögen gegenüber möglichen Vereinseitigungen offen gehalten werden. Die relative Homogenisierung besteht in der Herstellung einer gemeinsamen Basis, von der ausgehend Kinder, Jugendliche und Erwachsene die Chance erhalten, vielfältige Neigungen (theoretischer und praktischer, intellektueller und werktätiger, wissenschaftlicher und künstlerischer Art) zu entwickeln, sie sollen nicht auf eine Klasse von Tätigkeiten im vorhinein festgelegt werden. Die „Gleichgestimmtheit im Gemüth" soll in allen Individuen die Bedingungen der Herausformung ihrer Individualität als Resultat allgemeiner Bildung zur Verfügung stellen, die auf die Elaboration, Vervielfältigung und Steigerung *aller* menschlichen Kräfte und nicht auf eine kanonisierte enzyklopädische Wissensvermittlung hin angelegt ist.

## III

Die bürgerliche Pädagogik ist schon bei Komenský nicht mit einer Erziehung zum funktionalen Tauglichmachen des Menschen für die Produktions- und Reproduktionsbedürfnisse der Gesellschaft identisch zu setzen. Während es in der comenianischen Erziehungsphilosophie primär metaphysische Momente sind, die sich widerständig gegenüber gesellschaftlichen Versuchen der Instrumentalisierung der menschlichen Entwicklung verhalten, sind es in der neuhumanistischen Bewegung die Ideen einer über Selbstbildung ermöglichten Selbstverfügung des Menschen über seine Subjektwerdung und einer Vervielfältigung und Vertiefung seiner Fähigkeiten und Kräfte, die dem utilitaristischen Fremdverfügungsgedanken Widerstand entgegen setzen. Die Begründungsfiguren gegen eine Funktionalisierung und Standardisierung der menschlichen Entwicklung besitzen im säkularisierten Bildungsverständnis des Neuhumanismus ihre Quelle in der Annahme von der unverfügbaren Eigensinnigkeit der menschlichen Natur, die sich aber in der multidimensionalen Auseinandersetzung mit der Welt, also im Rahmen eines Vergesellschaftungsprozesses, als Individualität gesellschaftlich erst konstituiert.[11]

Stark beschädigt ist der bürgerliche Fortschrittsoptimismus in den Ansätzen der *historischen Reformpädagogik*, die mit den globalen Umwälzungen der entfalteten kapitalistischen Produktionsweise inklusive ihrer ökologischen und sozialen Globalprobleme konfrontiert wird. Gemäß dem durch die tayloristisch-fordistische Organisation der Arbeits- und Produktionsabläufe verursachten, erhöhten Niveau der Entfremdung muss die Empörung gegen einen standardisierenden Zugriff auf die menschliche Subjektivität sich radikalisieren. Mit Ausnahme einiger Modelle *Sozialistischer Erziehung*, die es noch wagen, Bildung im Kontext eines utopischen Gegenentwurfs zur verrotteten kapitalistischen Welt zu verorten, bleibt die Reformpädagogik bürgerliche Pädagogik, depravierte bürgerliche Pädagogik allerdings, ihrer geschichtsphilosophischen Visionen beraubt. Zwar kann die im letzten Drittel des 19. Jahrhunderts einsetzende Reformpädagogik in ihren Entstehungsgründen nicht nur auf ihre Beanstandung der Missstände in der bürgerlichen Schule zurückgeführt werden, artikuliert jene doch ein allgemeines Unbehagen an den Entfremdungsphänomenen der modernen, technisierten, arbeitsteilig organisierten Industriegesellschaft mit ihren an rationellen Kriterien orientierten Produktionsabläufen. Doch trifft der Kern ihrer Kritik an den von dieser Gesellschaft ausgehenden Standardisierungsversuchen notwendig auch die Arbeit in den Bildungseinrichtungen. Die Reduktion der Menschen und ihrer Gegenstände auf „Mittel und Quantitäten" (Oestreich 1922, S. 2 f.) schlägt sich automatisch auch in den Schulen nieder.[12] Die auf die Schule transferierten Prinzipien des Taylorismus gleichen einem standardisierenden Großangriff auf die kindliche „Natur", deren Entfaltung durch die gesellschaftliche Rationalisierung des Lernens verhindert wird. Weil jedes Kind eine ganz besondere, individuelle, unvergleichliche und offene Entwicklung anzeigt, werden die Versuche, Schulzeiten und Schulräume nach wirtschaftlichen und zeitökonomischen Imperativen zu organisieren, als Vergewaltigung des Kindes und seiner Entwicklung aufgefasst. Rousseaus Warnung vor einer Standardisierung der kindlichen Entwicklung, der Nivellierung ihrer Eigensinnigkeit und Potentialität, wird in vielen reformpädagogischen Ansätzen reformuliert und verschärft. Besonders exponiert ist in diesem Zusammenhang die Position des polnischen Reformpädagogen Janusz Korczak (1878-1942). Zwar vertritt dieser nicht mehr eine naive Pädagogik vom Kinde aus, wie sie in der euphorischen Frühphase der Reformpädagogik vertreten wurde, da seiner Auffassung zufolge der Mensch im Hinblick auf den Erwerb seiner Autonomie und die Herstellung seiner Sozialität grundlegend auf die Gemeinschaft und die sich in ihr vollziehende Erziehung angewiesen ist. Korczak weiß um die Notwendigkeit, den Menschen zu sozialisieren, ihm zu ermöglichen, zu einem Mitglied der Gesellschaft zu werden, aber er spricht dieser das Recht ab, die kindliche Entwicklung nach ihren eigenen, normierenden Maßstäben zu formen.

Schon in seiner Abneigung gegenüber in der zeitgenössischen Wissenschaft recht populären entwicklungspsychologischen Phasierungsversuchen kommt Korczaks radikale Zurückweisung einer Standardisierung der kindlichen Existenz und Entwicklung zum Ausdruck. Sie behindern dem polnischen Pädagogen zufolge das Verständnis des Kindes in seiner Gesamtheit und seiner Entwicklung als eines Kontinuums. In Korczaks Philosophie des Umgangs mit Kindern wird dagegen „die Sache der Kinder" (Korczak 1994, S. 316) zur Sache der Pädagogik erklärt. Die Sache der Kinder wird von einem als Provisorium begriffenen Grundgesetz zu sichern versucht, in dem fundamentale Rechte des Kindes als Basis des Umgangs zwischen Erwachsenen und Kindern sowie des pädagogischen Handelns niedergelegt sind. Die Prinzipien der Achtung und des Respekts gegenüber der kindlichen Existenz, der Besonderheit seines Fühlens, Empfindens, Denkens und Erfahrens, sind dem standardisierenden, formierenden Eingriff der Gesellschaft diametral entgegengesetzt. Mit bestimmten Maßstäben definiert diese einen Zustand des Kindes, der ihren Erfordernissen und Erwartungen entspricht, sie presst damit die kindliche Entwicklung in ein Korsett, das die Individualität, die Erfahrungsfähigkeit und die gegenwärtige Existenz des Kindes inklusive seiner Stimmungen und Problemlagen negiert. Die gegenüber der kindlichen Existenzweise völlig indifferenten gesellschafts- und bildungspolitischen Formen der Kanalisierung kindlicher Entwicklung unterwerfen das Kind den perfektionistischen Ansprüchen der erwachsenen Gesellschaft. Schwächen und Misserfolge des Kindes sind in dieser mentalen Einstellung, die in der Praxis Normierung nach sich zieht, nur negativ zu sanktionierende Abweichungen von einem willkürlich gesetzten Maßstab, der den zukünftigen ‚Erfolg' der Gesellschaft vor Augen hat. Diese Standardisierung kindlicher Subjektivität ist weder ethisch gerechtfertigt, noch bringt sie das gesellschaftlich erwünschte Resultat hervor. Die in der Definition und Ausführung von Standards zum Ausdruck kommende Missachtung seiner Rechte führt vielmehr zur inneren Verpanzerung, zum verborgenen Leiden, zur Verschüttung der vielfältigen Möglichkeiten des Kindes, beschädigt also Subjektivität, anstatt sie für eine offene Gestaltung gesellschaftlicher und individueller Zukunft freizusetzen (siehe hierzu ausführlich: Korczak 2002).

Das von Korczak als Grundlage pädagogischen Handelns geforderte Instrumentarium einer *Erziehungsdiagnostik* und einer *Protokollierung des Erziehungsgeschehens* (vgl. Korczak 1999, S. 321 ff.) steht denn auch in krassem Gegensatz zu einer gesellschaftlich funktionalen Psycho- und Leistungsdiagnostik, wie sie in der gegenwärtigen Leistungsvergleichshysterie betrieben wird. Abgesehen von dem Umstand, dass in diagnostische Verfahren immer gesellschaftliche Wertungen eingehen, beinhalten sie auch stets die Gefahr, mit ihren Beurteilungen die Offenheit eines Gegenstands, eines Prozesses oder einer Entwicklung einzuschränken. In dem Korczak vorschwebenden Instrumentarium geht es jedoch nicht um die Justierung von Entwicklungsvoraussetzungen an vorgegebene gesellschaftliche Standards, sondern darum, zu einem besseren Verständnis der Gesamtpersönlichkeit des Kindes zu gelangen, seine Einstellungen und Handlungen nachvollziehen zu können, vor allem aber auch darum, Vorurteile, Fehlinterpretationen, falsche Einschätzungen der pädagogisch Handelnden jederzeit revidieren zu können. Jedes Notat, jeder Kommentar, jede Beurteilung bleibt notwendig provisorisch, weil die kindliche Individualität nicht festgeschrieben werden kann. Auch die erziehungsdiagnostischen Anteile im Ansatz einer Pädagogik der Achtung vor dem Kind stehen in einer dem Schutz und der Förderung der kindlichen Individualität verpflichteten Tradition bürgerlicher Pädagogik.

*IV*

Deutlich wird, dass die Tendenz zur Standardisierung nicht notwendig im Gedankengebäude bürgerlicher Pädagogik systematisch angelegt ist. Vielmehr sind ihre Ideen als prekäre Antwort auf die Umbrüche und Erschütterungen zu sehen, die die industriekapitalistische Produktionsweise im Prozess der Ablösung feudalistischer Gesellschaftsverhältnisse hervorbringt. Der rationalistische Wesenszug der bürgerlichen Pädagogik bringt deren Bildungstheorie in eine gefährliche Nähe zur Standardisierung, die von vielen zeitgenössischen Ansätzen jedoch bereits der kritischen Korrektur unterzogen wird. Bei Rousseau, im Zusammenhang der neuhumanistischen Bewegung, später in vielen Ansätzen der Reformpädagogik des 19. und 20. Jahrhunderts, aber auch durchgängig in den Modellen der antiautoritären Erziehung und der Alternativpädagogik wird der Einspruch bürgerlicher Pädagogik nicht nur gegen sich selbst, sondern auch gegen jede Form der aus ökonomisch-gesellschaftlichen Reproduktionszwängen abgeleiteten Standardisierung menschlicher Entwicklung und Subjektivität mit äußerstem Nachdruck formuliert. Hegemonial werden in der sich in allen Dimensionen des gesellschaftlichen Lebens durchsetzenden kapitalistischen Produktionsweise allerdings nur diejenigen Ideen, die sich als funktional für die ökonomische Weiterentwicklung erweisen, die über das Bestehende hinausweisenden pädagogischen Vorstellungen aber bleiben Ideengeschichte oder werden bewusst als Ideologie zur Aufrechterhaltung der bestehenden Hegemonie genutzt.[13] Wo sie nicht genutzt werden können, wo sie nach wie vor ein provokatives kritisches Moment enthalten wie bei Rousseau, Schiller oder Humboldt, werden sie auch heute noch bekämpft. Unabhängig davon, ob in den Bildungsplanungen eine materiale oder eine formale Orientierung im Bildungsverständnis vorherrschend ist – hartnäckig hat sich in der Realgeschichte der Erziehung und Bildung das utilitaristische Bildungsprinzip gegen alle Einsichten einer entwickelten, sich nicht funktional auf gesellschaftliche Reproduktionserfordernisse sich positionierenden Pädagogik der Moderne durchgesetzt. Das Gemessene, das auf der normativen Setzung von Standards beruht, die noch dazu geflissentlich verschleiert werden, gilt als das Maß eines fragwürdigen Erfolgs, der weder mit sittlich-moralischen Selbstvergewisserungen noch mit individuellen Glückserwartungen korrespondiert. Eingegossen in Leistungsdiagnostik, Vermessungsinstrumente, Bildungsstandards, Leistungstests etc. bestimmen die „eisigen Strahlen" der „kalkulierenden Vernunft" (Horkheimer/Adorno 1971, S. 32) das Lernen und die Subjektwerdung, verleihen ihnen ihren barbarischen Charakter, der die offene Entwicklung verstellt. Das stolze Bekenntnis einer Gesellschaft, kein Kind zurücklassen zu wollen, erweist sich als zynisch angesichts des Konkurrenzkampfes, den sie durch Vermessungs- und Standardisierungsverfahren unter Kindern anzettelt bzw. verschärft. Die ‚Fast track kids' sind ebenso Indizien dieses bildungspolitischen Zynismus wie die Ritalinapplikation zur Steigerung der Lernleistungen, Symptome einer Gesellschaft, die in der Bildung nur noch das Gesetz der Selektion, der Auslese, der Exklusion wahrnimmt. Rücksichtslos wird ausgestoßen, was den Messinstrumenten sich nicht fügt, Individualität anzeigt. Auf der Basis der Logik instrumenteller Rationalität bleibt von Pädagogik nur noch Sozialtechnologie übrig, die den entwickelten Modellen hochbürgerlicher Pädagogik deshalb fremd war, weil sie Bildung an die eigensinnige Subjektivität des Menschen band.

Von den Selbstzweifeln bürgerlicher Pädagogik im Zenit ihrer Entwicklung ist die gegenwärtige Vermessungs- und Standardisierungswissenschaft kaum geplagt. Die Forderung, dass kein Kind im Bildungswesen zurückgelassen werden soll, kann sie durchaus mit ihren Versuchen im Einklang sehen, etwa mit Hilfe von „Bildungs"standards, die nichts anderes als Leistungsstandards sind, gerechtere Bedingungen für den gesellschaftlichen „Bildungs"erfolg herzustellen. Der Eindruck ist nicht von der Hand zu weisen, dass, je mehr in der bildungspolitischen Sprache die Wörter „Diversität" oder „Heterogenität" in den Mund genommen werden, umso nachhaltiger auf Standardisierung und damit auf die Gleichförmigkeit menschlicher Subjektivitäten gesetzt wird. Ihre Unvergleichlichkeit wird damit dispensiert, obgleich sie doch, wie es der Schweizer Pädagoge Pestalozzi in seiner volkspädagogischen Schrift von 1781 ausdrückt, „unauslöschlich" ist (Pestalozzi 1961, S. 173), aber, indem sie unterdrückt wird, als barbarisches Element der Subjektwerdung in Form von Gewalt auf die Gesellschaft zurückschlagen kann. An den in der bürgerlichen Pädagogik enthaltenen Selbstzweifeln ihr eigenes Programm betreffend hätte eine in emanzipatorischer Absicht konzipierte Bildungspolitik anzusetzen, an der Alternative, die in dieser Pädagogik angezeigt ist, schließlich ging es in ihr doch um die aktual zu realisierende Utopie einer „Verwirklichung des Allgemeinen in der Versöhnung der Differenzen", um die Verwirklichung eines Zustandes, „in dem man ohne Angst verschieden sein kann." (Adorno 1951, S. 131) Im Hinblick auf diesen Anspruch ist die auf Vermessung und Standardisierung hin orientierte, sich modern gerierende Bildungswissenschaft hoffnungslos veraltet.

*Anmerkungen*

1 In eine geradezu absurden Weise wird Rousseaus Philosophie vom Präsident des Deutschen Lehrerverbandes, Josef Kraus, in einen Zusammenhang mit den PISA-Studien und dem so genannten Bologna-Prozess gestellt und damit der Abschied von Rousseau nahe gelegt: „ Im Grunde stecken hinter dem PISA-Missbrauch und unter der BOLOGNA-Euphorie die ‚Religion' eines radikalen Egalitarismus und deren Prophet Jean-Jacques Rousseau. Er hat nicht nur die Französische Revolution nachhaltig beeinflusst, sondern er steht unausgesprochen heute noch Pate für politische Entwürfe, die sich als gerecht geben, aber nichts anderes tun als einzuebnen." (Kraus 2009, S. 865)

2 Das „je pense, donc je suis", bekannt unter dem lateinischen „Ego cogito, ergo sum, sive existo" (Descartes 1961, S. 31 f.), impliziert mehr als nur die Rationalität, sondern auch die Empfindsamkeit und das Gefühl, umfasst also weit mehr als die gegenwärtige Auffassung von Rationalität. Auch in Lessings „Erziehung des Menschengeschlechts" (1777) werden das Vernünftige und das Gute noch zusammen gedacht (Lessing 1965, S. 28 ff.).

3 Dokumentiert sind die wichtigsten Schulpläne in dem von Robert Alt herausgegebenen und eingeleiteten Band: Erziehungsprogramme der Französischen Revolution (Alt 1949)

4 Auf die Gefahren einer von Max Webers Untersuchungsansatz hervorgerufenen Engführung weist Göing in ihrer Studie zur Rationalisierung des Bildungssystems im 16. Jahrhundert hin (Göing 2006, S. 79 f.)

5 Vgl. Koneffke 1987

6 Diese Anlage steht zu Konzeptionen bürgerlich-neuzeitlicher Pädagogik im Widerspruch, vgl. Schaller 1965, S. 503

7 So schreibt Komenský in seiner Pampaedia: „Ferner ist eine strenge Ordnung in allen Dingen eine große Erleichterung. Das ganze Schulwesen soll wie eine Kette sein, wo ein Glied das andere hält und so ein zusammenhängendes Ganzes entsteht – wie eine Uhr, in der ein Rädchen so in das andere greift, daß durch die Bewegung das ganze Uhrwerk leicht und harmonisch bewegt wird. Jede Schule hat ebenso ein bestimmtes Ziel, Anfang und Ende mit den entsprechenden Zwischenabschnitten, die man durchlaufen muß, um zum Ziele zu kommen." (Comenius 1965, S. 135)

8 Zur Kritik an der comenianischen Didaktik in dieser Hinsicht vgl. Dammer 2008 S. 80 ff.

9 Die Erziehungsprinzipien sind sehr prägnant in der „Nouvelle Héloïse" (1761) niedergelegt. Hier formuliert Julie: „Außer der der ganzen Gattung gemeinsamen Beschaffenheit erhält jedes Kind nämlich bei der Geburt noch besondere Anlagen, welche seine Geistesrichtung und seinen Charakter bestimmen, und es gilt nun, dieselben weder zu verändern noch einzuschränken, sondern zu bilden und zu vervollkommnen." (Rousseau 1967, S. 204 f.)

10 Die Erziehung zur Industriosität „bringt Integration und Funktionalisierung der Individuen im Zusammenhang der Formation bürgerlicher Gesellschaft in die vergleichsweise engste Verbindung" (Koneffke 1973, S. 127). Koneffke bezieht sich in seiner Auseinandersetzung auf den Pädagogen Campe, der sowohl der Industrieschulpädagogik wie auch der philanthropischen Pädagogik zuzuordnen ist.

11 Ein sehr „modernes" Verständnis vom Menschen lässt sich bei Humboldt feststellen, für den der Mensch keineswegs nur ein Bündel von Naturkräften ist, die sich gemäß einem entelechialen Prinzip von innen nach außen entfalten. In die menschliche Subjektwerdung gehen sowohl die Natur wie die Gesellschaft, vor allem aber die Verknüpfung zwischen beiden Polen ein.

12 Siehe hierzu Bernhard 1999, S. 139 ff.

13 Die Staaten des „real existierenden Sozialismus" kopierten im so genannten „Systemwettstreit" dieses utilitaristische Bildungsprinzip. Wo Produktivitätsfortschritt zur gesellschaftlichen Leitlinie erklärt wird, lässt eine auf Effizienz hin angelegte, standardisierte Bildung nicht lange auf sich warten.

## Literatur

Adorno, Theodor W.: Minima Moralia. Reflexionen aus dem beschädigten Leben, Frankfurt/Main 1951

Bernhard, Armin: Demokratische Reformpädagogik und die Vision von der neuen Erziehung. Sozialgeschichtliche und bildungstheoretische Analysen zur Entschiedenen Schulreform, Frankfurt/Main 1999

Blankertz, Herwig: Die Geschichte der Pädagogik. Von der Aufklärung bis zur Gegenwart, Wetzlar 1982

Borst, Eva: Theorie der Bildung – eine Einführung, Baltmannsweiler 2009

Brückner, Peter: Anthropologische Nachbemerkungen, in: Agnoli, Johannes/Peter Brückner: Die Transformation der Demokratie, Frankfurt/Main 1978, S. 173-191

Comenius, Johann Amos: Pampaedia. Lateinischer Text und deutsche Übersetzung, Heidelberg 1965 (2. Auflage)

Comenius, Johann Amos: Große Didaktik, Donauwörth 2000 (9. Auflage)

Dammer, Karl-Heinz: Zur Integrationsfunktion von Erziehung und Bildung. Historisch-systematische Studie zu einem „blinden Fleck" der bürgerlichen Gesellschaft und ihrer Pädagogik, Hamburg 2008

Descartes René: Abhandlung über die Methode des richtigen Vernunftgebrauchs, Stuttgart 1961

Erziehungsprogramme der Französischen Revolution: Mirabeau – Condorcet – Lepeletier. Erziehung und Gesellschaft. Materialien zur Geschichte der Erziehung, Berlin/Leipzig 1949 (Hrsg.: Robert Alt)

Gamm, Hans-Jochen: Die Hinterlassenschaft des Johann Amos Comenius – ein Beitrag zum Aufbau europäischer Pädagogik, in: Keim, Wolfgang (Hrsg.): Vom Erinnern zum Verstehen. Pädagogische Perspektiven deutsch-polnischer Verständigung, Frankfurt am Main u.a. 2003, S. 19-36

Gamm, Hans-Jochen: Lernen mit Comenius. Rückrufe aus den geschichtlichen Anfängen europäischer Pädagogik, Frankfurt am Main 2008

Göing, Anja-Silvia: „Protestantische Arbeitsethik": Rationalisierung des Bildungssystems im 16. Jahrhundert, in: Oelkers, Jürgen u.a. (Hrsg.): Rationalisierung und Bildung bei Max Weber. Beiträge zur Historischen Bildungsforschung, Bad Heilbrunn 2006, S. 79-92

Horkheimer, Max/Theodor W. Adorno: Dialektik der Aufklärung. Philosophische Fragmente, Frankfurt/Main 1971

Humboldt, Wilhelm von: Werke in fünf Bänden. Band IV: Schriften zur Politik und zum Bildungswesen, Darmstadt 1993 (4. Auflage)

Koneffke, Gernot: J. H. Campes Schrift „Über einige verkannte, wenigstens ungenutzte Mittel zur Beförderung der Industrie, der Bevölkerung und des öffentlichen Wohlstandes" (Wolfenbüttel 1786) und die pädagogische Erzeugung ökonomischer Qualifikation im strategischen Konzept bürgerlicher Durchsetzung, in: Heydorn, Heinz-Joachim/Gernot Koneffke: Studien zur Sozialgeschichte und Philosophie der Bildung I. Zur Pädagogik der Aufklärung, München 1973, S. 83-130

Koneffke, Gernot: Widersprüche im frühbürgerlichen Bildungsbegriff, in: Drechsel, Reiner u.a. (Hrsg.): Ende der Aufklärung? Zur Aktualität einer Theorie der Bildung, Bremen 1987, S. 131-148

Korczak, Janusz: Der kleine König Macius. Eine Geschichte in zwei Teilen für Kinder und Erwachsene, Freiburg 1994

Korczak, Janusz: Sämtliche Werke Band 4, Gütersloh 1999

Korczak, Janusz: Das Recht des Kindes auf Achtung und Fröhliche Pädagogik, Gütersloh 2002

Kraul, Margret: Das deutsche Gymnasium 1780-1980, Frankfurt/Main 1984

Kraus, Josef: Bildungspolitik als Religionsersatz, in: Forschung & Lehre, Jg. 16, 2009, H. 12, S. 865

Lessing, Gotthold Ephraim: Die Erziehung des Menschengeschlechts und andere Schriften, Stuttgart 1965

Oelmüller, Willi: Die unbefriedigte Aufklärung. Beiträge zu einer Theorie der Moderne von Lessing, Kant und Hegel, Frankfurt/Main 1969

Oestreich, Paul: Die Erziehungsnot und die notwendige Schule, in: ders. (Hrsg.): Menschenbildung. Ziele und Wege der Entschiedenen Schulreform, Berlin 1922, S. 1-28

Patočka, Jan: Die Philosophie der Erziehung des J. A. Comenius, Paderborn 1971

Pestalozzi, Johann Heinrich: Lienhard und Gertrud. Ein Buch für das Volk, Bad Heilbrunn 1961 (Hrsg.: Albert Reble)

Rousseau, Jean-Jacques: Gespräch zwischen Julie, St. Preux und Wolmar über Erziehung, in: Röhrs, Hermann (Hrsg.): Bildungsphilosophie 1. Band, Frankfurt/Main 1967, S. 200-227

Rousseau, Jean-Jacques: Emile oder Über die Erziehung, Paderborn 1971 (5. Auflage)

Schaller, Klaus: Über die Stellung der Pampaedia im pansophischen Gesamtwerk des Comenius, in: Comenius, Johann Amos: Pampaedia. Lateinischer Text und deutsche Übersetzung, Heidelberg 1965 (2. Auflage), S. 498-507

Trepl, Ludwig: Geschichte der Ökologie. Vom 17. Jahrhundert bis zur Gegenwart, Frankfurt/Main 1987

Vorsmann, Norbert: Condorcet und Lepeletier – Zwei Schulprogramme der Französischen Revolution, in: Flessau, Kurt-Ingo/Fiedhelm Jacobs (Hrsg.): Erziehungsdenken im Bannkreis der Französischen Revolution, Bochum 1998, S. 34-53

Weber, Max: Die protestantische Ethik und der „Geist" des Kapitalismus, Bodenheim 1993 (Textausgabe auf der Grundlage der ersten Fassung von 1904/1905 mit einem Verzeichnis der wichtigsten Zusätze und Veränderungen aus der zweiten Fassung von 1920; Hrsg.: Klaus Lichtblau und Johannes Weiß)

*Karl-Josef Pazzini*

# Das nicht messbare Individuum.
## Überlegungen auspsychoanalytischer Perspektive

### Norm und Individuum

Laien entsprechen nicht den Normen der Professionalität. In seiner Auseinandersetzung mit dem Realitätsmaßstab für die Übertragung und deren spezifischer Form, der Übertragungsliebe, schreibt Freud: „Für den wohlerzogenen Laien – ein solcher ist wohl der ideale Kulturmensch der Psychoanalyse gegenüber – sind Liebesbegebenheiten mit allem anderen inkommensurabel; sie stehen gleichsam auf einem besonderen Blatte, das keine andere Beschreibung verträgt."[1] Liebesbegebenheiten sind inkommensurabel, sie finden nirgendwo einen gemeinsamen Maßstab, sie sind nicht messbar. Für den wohlerzogenen, den gebildeten Laien ist das so, schreibt Freud. Das klingt paradox, so wie auch seine Rede vom unmöglichen Beruf.[2] In diesem unsicheren Feld bewegt sich nicht nur die Psychoanalyse, sondern die Pädagogik ebenso. Messbarkeit, Normierung und Standardisierung sind selber paradoxe Versuche, der Ungewissheit zu entkommen. Insoweit sie diese Paradoxalität nicht mehr bemerken, muss man sagen, dass sie wahnhaft geworden sind. Der Wahn ist das, was fast unverbrüchliche Gewissheit produziert.[3]

Ein Ziel der Normierung in der Pädagogik ist auch die Zähmung dessen, was man als die menschliche Natur bezeichnet hat.[4] Mit dem Wissenschaftsverständnis der Neuzeit und der Moderne glaubte man, Instrumente in der Hand zu haben, wenn schon nicht eine tatsächliche Bezähmung durchzuführen, so doch rational und beweisbar Normen aufzustellen, die zumindest ein Maß abgeben und dessen Verfehlen mit Zwang und Moralisierung sanktionieren könnten. Skinner meinte tatsächlich, Verhalten programmierend herbeiführen oder verändern zu können.

Eine Voraussetzung von Standardisierung, Normierung und Messbarkeit war die Herausschälung eines individuell als abgrenzbar und prinzipiell autonom gedachten Menschen. Nur so konnte für die Sozialwissenschaften insbesondere dann, wenn sie sich an die ungeheuer erfolgreich scheinenden naturwissenschaftlichen Methoden anlehnen wollte, ein konturierbares, einigermaßen konstantes Objekt geschaffen werden.

Bis heute, so behaupte ich in diesem Versuch einer Zusammenhangsbeschreibung, ist zumindest das alltägliche und das politisch entscheidende pädagogische, aber auch das erziehungswissenschaftliche Denken metaphorisch und konzeptionell auf dem Stand der Makrophysik und einer ihrer ursprünglichen Teilwissenschaften, der Ökonomie,[5] hängen geblieben. Kaum rezipiert wurden die konzeptionellen Erfindungen und strukturellen Problemstellungen, die sich etwa aus der Quantenphysik[6] oder der modernen Mathematik[7] ergeben. Mit diesen Mitteln könnte man die entsprechenden Topologien, aber auch Temporalitäten denken, die sich gegenseitig definierende Zustände und Formen mindestens dreiwertig, also nicht nur mit Kennzeichen wie Innen-Außen konzipieren. In einem solchen Feld wäre es möglich, zu verstehen, dass die Messung selber und die vorausgesetzten Standardisierungen mit zu dem gehören, was man unabhängig, objektiv zu messen meint. Objektivität als Stil entstand erst im 19. Jahrhundert.[8] – Soweit einige Andeutungen, die als Angriff auf die als „wissenschaftlich" sich ausweisenden Erziehungswissenschaftler gelesen werden können.

Der Kern für die konzeptionellen Herausforderungen für eine moderne Naturwissenschaft und Mathematik geht auf den Beginn des letzten Jahrhunderts zurück.[9] Zu dieser Zeit entsteht auch die Psychoanalyse: Ein naturwissenschaftlich orientierter Nervenarzt, Sigmund Freud, sieht sich konfrontiert mit Symptomen, Problemstellungen und Effekten in der medizinischen Praxis, die sich trotz großer Anstrengung in dieser weder heilen noch beschreiben lassen. Gerade die Tatsache, dass Freud seine Sozialisation und die damit verbundenen Herausforderungen nicht aufgab, lässt deutlich hervortreten, wie hart die Norm ist, gegen die zu verstoßen er und damit der Diskurs der Psychoanalyse im Begriff waren und immer noch sind. Man könnte das an verschiedenen Zügen seines Theoretisierens verdeutlichen. So gibt er die Hoffnung nicht auf, dass sich eines Tages das, was Trieb genannt wird, auch (natur)wissenschaftlich bestimmen ließe. Erst nach einiger Zeit erkennt Freud, dass es sich bei der Konzeption der Triebe um eine Mythologie[10] handelt. Dies versteht er aber nicht als eine Abkehr von der Wissenschaft, sondern als ein produktives Widerstandspotential in der Sache selbst, als eine prozessierende Kritik und Herausforderung der Wissenschaft. Allerdings sind ihm darin nicht alle Psychoanalytiker gefolgt, sondern holten die Psychoanalyse sozusagen als Hermeneutik heim oder landeten beim Obskurantismus.

Von der Psychoanalyse her lässt sich heranführen an eine Ungewissheit aller Bemessungsgrundlage für pädagogische Prozesse: Problematisch ist die Annahme eines autonomen, abgrenzbaren Individuums. Dieses ist ein historisches Produkt, eine Fiktion im Sinne einer notwendigen und dann tatsächlich auch wirksamen Annahme. Diese Fiktion – das ist überhaupt nicht denunziatorisch gemeint, schon alleine deswegen, weil ich hier mit anderen Fiktionen arbeite – hatte aber Folgen, die kaum noch durch eine Erweiterung oder sonstige Modifikation dieser Realabstraktion gemildert werden konnten.[11]

## Übertragung

Bei dem Versuch zu begreifen, was durch Freud und Lacan mit dem Konzept der Übertragung ausgelöst wurde, bin ich immer wieder auf etwas Unheimliches gestoßen: Es machte sich etwas bemerkbar, das da nicht hätte sein sollen. Stößt etwas Unheimliches auf,[12] dann hat man es immer auch mit einer Norm zu tun, gegen die blitzschnell ein Verstoß registriert wird: Normalerweise begegnet so etwas nicht. Im Moment der Begegnung mit dem Unheimlichen steht keine symbolische Darstellung zur Verfügung, da gleitet etwas ab. Mit dem Konzept der Übertragung gibt Freud eine Formulierung für etwas, das es auch vorher schon gab: für eine immer schon sich spinnende Verbindung zwischen Menschen, die aus der unabweisbaren Liebesbedürftigkeit stammt, insbesondere des *infans*. In der Vorzeit, in der frühen Kindheit und immer weiter müssen Signifikanten gefunden werden, um der Gefahr der Unmittelbarkeit zu entgehen. Die Gefahr der Unmittelbarkeit ist der Tod. Es muss also eine Fiktion errichtet werden, eine Art Befestigung in einem sozialen Gefüge. Hier muss dieses hilflose, vielleicht imaginär schon von den Eltern bewünschte Lebewesen umschrieben werden, muss Eigenständigkeit, die es noch nicht hat, in Relation gesetzt werden zum symbolischen und imaginären Vorrat der Gesellung, in die es hineingeboren wurde. Wird es in Zukunft als einzelnes, zurechenbares, strafmündiges, verursachendes, autonomes Individuum angesprochen werden? Oder als einer der Kreuzungspunkte vieler Beziehungen, die sich je neu und anders nach Zeit und Ort definieren? Oder wie ehedem als Mitglied einer Familie, eines Standes, zu denen es (uniformiert) zunächst einmal gehört und in denen es eine Stimme hat?

In Konfrontation mit einem Menschen, der sich noch nicht sprechend artikulieren kann, wird deutlich, dass es eine Art Anforderungsstrom gibt, ausgelöst etwa durch lärmendes Schreien, das am Ohr ankommt, das mit der Zeit interpretiert werden kann, eine Suche im Antwortspeicher auslöst. Der dabei auftretende Affekt macht eine Unterstellung notwendig, gerade weil eine sprachlich artikulierte Antwort vom *infans* nicht erwartet werden kann, die Befriedung einer unangenehmen Begierde, eines Hungers, Schmerzes aber dennoch erfolgen soll. Auch das *infans* beginnt mit der Zeit, artikulierbare Erwartungen zu produzieren.

Den Übertragungsprozess als einen entweder symbolischen oder eher doch affektiven anders als logisch zu unterscheiden, scheint mir nicht sehr aussichtsreich. Immer handelt, spricht, fühlt man aus der Übertragung heraus und in diese eingelassen. Kerne und Energien vorangegangener Übertragungen werden Ausgangspunkt für neue. In dieser Wiederholung zeichnet sich, wie Lacan herausgearbeitet hat, das strukturelle Moment der Übertragung ab. So ist jedes Individuum dauernd auf Sendung und auf Empfang zugleich, und es kann sich nur so imaginär als eine Einheit konstruieren, indem es aus sich heraustritt.

Wie ist denn ein Individuum begrenzt? Hört ein Individuum an der Hautoberfläche auf, oder gehört der umgebende Raum bis dahin, wo die Arme reichen, oder etwa die Hülle des Geruchs, des Duftes mit dazu? Gehört (!) das Schreien und Sprechen dem Hörer oder dem Sprecher? Ist das Individuum ein anderes, wenn es spricht oder wenn es hört? Ist es dann angeschlossen, gesellt es sich. Gesellung hängt mit dem gemeinsamen Saal zusammen. Muss man nicht den interindividuellen Raum hinzunehmen, der etwa in der Übertragung entsteht? Wem gehört dieser Raum, wer besitzt ihn, wessen Eigentum ist er? Von der Wortbedeutung her heißt Individuum das Unteilbare. Dies ist das kleinste Element eines Ganzen, das sinnvoll nicht mehr geteilt werden kann. Es ist auch verstanden als die besondere Ausprägung eines Ganzen. Individuen können durch Wesensbestimmungen nicht unterschieden werden. Die Bestimmungen des Individuums sind kontingent, als Schicksal aber unausweichliche Voraussetzung. Diese jedoch variiert in der Härte ihrer Fixierung, je nach dem, welcher Anspruch möglich ist und welche Antwort das Individuum in der Umgebung findet. Das bürgerliche Individuum wird als wohl definiert und autonom gedacht, es wurde über Jahrhunderte so konstruiert – angefangen bei der Zentralperspektive als symbolischer und imaginärer Struktur,[13] fortgeführt in der Reformation durch Luther – und derart zur Norm, dass es zum Erziehungs- und zum Therapieziel werden konnte. Erziehend soll ein starkes Ich als Steuerungszentrale des Individuums pädagogisch hergestellt oder in Therapien wiederhergestellt werden. Das starke Ich wird Repräsentanz des Individuums.

Das so konzipierte Individuum ist mit der Einsamkeit der Differenz (auf der Grenze zur Singularität) herausgefordert, insbesondere dann, wenn es zur notwendigen, „getriebenen" Überschreitung der Grenzen des Individuums (vom Anderen her oder zum Anderen hin) kommt, etwa bei der Kooperation, bei der Freundschaft, der Liebe oder der Sexualität im engeren Sinn. Diese Schwierigkeiten ließen sich mit den naturwissenschaftlich orientierten Methoden – mit Rekurs auf Sichtbarkeit, Messbarkeit und Zählbarkeit – kaum begreifen, als geronnene Konflikte nicht wieder in Bewegung setzen, führten sogar dahin, die Symptome, etwa einer Lähmung, sonstiger Schmerzen, Melancholien usw. für eingebildet zu halten.

Freud versucht es anders und entdeckt dabei die Übertragung. Er entdeckte sie wieder, würde ich sagen, nun aber unter den Vorzeichen einer naturwissenschaftlichen und vom Konzept einer autonomen Individualität geprägten Welt. Er hat sich zeitlebens damit herumgeschlagen, dass er das in sein naturwissenschaftlich geprägtes Forschen nicht integrieren konnte[14]. Dass da etwas unheimlich ist, lässt sich am Konzept der Gegenübertragung ablesen. Es wird oft fast wie ein

Kampfbegriff gegen den der Übertragung benutzt.[15] Die Übertragung wird durch das Konzept der Gegenübertragung eingrenzbar und der verstörenden Momente beraubt. Es werden wieder eine Grenze und eine Richtung eingeführt, die Orte von Ursache und Wirkung separiert, die zeitliche Reihenfolge klargestellt. Selbst wenn wir es phänographisch – vom gestalthaften Sehen her – mit Entitäten, mit Individuen als abgeschlossenen Einheiten zu tun zu haben glauben, müssen wir feststellen, dass sie wesentlich und nicht zufällig Öffnungen haben, Kanäle, die mitten hindurch gehen und Bedingungen sind dafür, dass Übertragungen laufen. Dazu kommen noch die Mechanismen der Projektion, Introjektion und Identifikation, die eine Dauerverbindung zur Umgebung des Individuums herstellen, die so genannten Abwehrmechanismen. Diese Mechanismen können aber auch gesehen werden als Zeugen der Verbindung – einer existentiellen Verbindung – zur Umwelt und den Nebenmenschen. Sie sind Verbindungen, die nur, wenn sie zu Dauerrelationen, gewissermaßen zu Standleitungen gemacht werden sollen, damit zugleich ein autonom scheinendes Individuum konstituieren. Solche festgefahrenen Relationen sind Bestandteil eines Gewissheit produzierenden Wahns. Sie sind dann Abhängigkeit, aber Sicherheit schaffende Verbindungsmechanismen.

Es gibt schon in einer frühen Schrift Lacans eine Äußerung, die man als Ermutigung auffassen kann, in diese Richtung zu denken. Im Hinblick auf die Anerkennung des Unbewussten, der Psychoanalyse bzw. der Übertragung heißt es: „Wir sähen uns jedoch einer höchst überraschenden Ausnahme von den für die Entwicklung jeden ideologischen Oberbaues geltenden Gesetzen gegenüber, wenn diese Tatsachen so bald erkannt wie festgestellt, so bald bejaht wie erkannt worden wären." Die implizite Anthropologie der Psychoanalyse relativiere „die Postulate der rationalistisch verfahrenden Physik und Moral zu sehr. Nun sind aber diese Postulate so hinreichend in den allgemeinen Sprachgebrauch integriert, daß der Arzt, der sich unter allen Typen von Intellektuellen am hartnäckigsten durch eine leichte dialektische Rückständigkeit auszeichnet, naiverweise glauben konnte, sie in den Tatsachen selbst wiederzufinden[16]. Außerdem darf nicht verkannt werden, daß das Interesse für die Geisteskranken historisch aus Bedürfnissen juristischer Art hervorgegangen ist[17]. Diese Bedürfnisse sind anläßlich der auf der Grundlage des Rechtes formulierten Einführung der bürgerlichen philosophischen Auffassung des Menschen als eines mit absoluter moralischer Freiheit und der dem Individuum zukommenden Verantwortlichkeit Begabten in Erscheinung getreten".[18]

Die Übertragung öffnet ein Spannungsfeld zwischen mindestens zwei Polen: der tendenziell paranoischen Festungsidentität des Individuums und einer Nähe zum Autismus[19] auf der einen, die Befürchtung oder Hoffnung, dass es nunmehr um ein geheimnisvolles Einswerden gehe, um eine Kommunikation von Unbewusst zu Unbewusst, auf der anderen Seite. Individualität lässt sich dann nur mehr als eine Bewegung denken, eine Bewegung dauernder Entscheidungen und Verbindungen, die in einem Spektrum zwischen bewusst und unbewusst ablaufen. Dieses wird nur erträglich und produktiv, wenn es gelingt, die Trennungs- und Bindungsbewegungen durch ein unabschließbares Wünschen, eine Begierde, eine Lust ins Gleiten zu bringen, die aus der Energie der Angst gespeist werden. Diese Bewegung als Komposition aus der Enge der Angst, der Ausweitung und Zukünftigkeit des Begehrens schafft Konturen. Damit das hält, wird eine Fiktion konstruiert werden müssen, eine Fiktion von Schicksal, von bisheriger Geschichte und des Rechtes, das Zuordnungen, Verankerungen, Ausgangspunkte schafft, die so, aber auch anders, die aber nicht alle und gleichzeitig sein können. Das ist der Unterschied der Fiktion zu einer als unbezweifelbar unterstellten Natur.

Deutlich erkennbar wird am Konzept der Übertragung, dass Individuen nicht jederzeit (vielleicht sogar meistens nicht) als fein separierbar gedacht werden können, dass es sich bei der Vorstellung von einem autonomen, gestalthaft geschlossenen Individuum vielmehr um eine imaginäre Größe handelt, die im Kontrast zum Sprechen eine spezifische Form der Übertragung auslöst, die anknüpfend an die ursprüngliche Liebesbedürftigkeit, dem anderen ein Wissen (oder Fertigkeiten und Mittel) unterstellt, den eigenen Mangel zu überbrücken. So lässt sich auch verstehen, was gerade fürs Pädagogische interessant ist: Dass es Gruppen oder Klassen gibt, die man zeitweilig wie ein Individuum ansprechen kann, die eine gemeinsame Stimmung und Geschichte haben.

Gleichzeitig gehört diese Symbolisierung aber niemandem, bzw. jedem. Sie ist Gemeineigentum, Teil der *res publica*. – Man ahnt hier die juristische Dimension, die Erfindung eines geschriebenen Gesetzes, Zuschreibung von Verantwortung, von *causa*, Ursache. Die Fiktion der Zuschreibung der Verursachung von Taten lässt die Tragödie entstehen, die Komödie ebenso.[20] Die Worte entfliehen als Sprache dem Zaum der Zähne und erreichen das Innenohr des Anderen, schaffen eine unsichtbare Bindung und Unterbrechung der Geschlossenheit. Dies verleiht den Individuen qualitative Lebenszeit. Die Individuen geraten in Bewegung. Von da an sind sie aus dem Häuschen, nicht mehr als Herren darin und draußen vom Anderen konturiert.[21] Autonomie, Abgegrenztheit, Unteilbarkeit ergeben sich reflexiv als eine dauernde Arbeit und als ein Resultat der bisherigen menschlichen Geschichte, als Fiktion, die erst durch dauernde Umformulierung und übertragende Öffnung lebensfähig gehalten werden kann. Autonomie kann auch zuweilen nicht sein, sie erscheint eigentlich nur dann, wenn man die kostbaren Imaginationen einer Selbständigkeit und Selbstbestimmtheit fahren lassen kann – im ethischen Akt.

Die Übertragung ist eine der möglichen Verbindungen zwischen Menschen. An ihren jeweiligen Polen lässt sie die Form eines Individuums als Sediment entstehen und lässt es dort zurück. Übertragung spielt den *status quo ante* an, vor der Einbildung der Selbstständigkeit. Das ist das lustvoll Beängstigende, manchmal Widerstand oder Verstocktheit Generierende daran. Insofern richtet sich die Übertragung in der Gegenwart an die Vorzeit und generiert einen Ausgriff auf die Zukunft. Sie kreiert nicht nur einen Umschlagplatz im Moment der Gegenwart (sozusagen einen Marktplatz der Subjekte, auf dem die Unterhändler, die den Preis bestimmen, tätig werden müssen), sondern sie ist die Formulierung eines Zwischenbereichs, der aber nicht eine Auflösung der Grenzen bewirkt, sondern ein mindestens dreiwertiges Dispositiv etabliert, das Verbindung und Widerstand zugleich ist[22]. Übertragung bewirkt in und zwischen Individuen eine Arbeit an der Struktur, sie schafft ein Hier und Dort als Verbindung und Bewegung und generiert mit dieser Energie ein Innen und ein Außen, und zugleich ist sie der Modus, die Unterscheidung in Erscheinung treten zu lassen. Die Verbindung in der Übertragung schafft die Unterscheidung bei einer Unterbrechung.

*Norm und Bewegung*

Was nun hat das mit Norm zu tun oder mit Normalität? Ich benutze hier ‚Norm' als die Kristallisationsform von Gewohnheit (vielleicht einer zeitweilig notwendigen Bequemlichkeit, eines Bezugspunktes der bürgerlichen, von der Wahrnehmung, auch wörtlich verstanden, der permanenten Verbindung abgeschnittenen Individuen) – eine Kristallisationsform, die im Sinne einer Moral, einer programmatischen Beschreibung der Gewohnheiten am Ort, wo man wohnt, zur Verhaltenvorschrift, zur sanktionierten Richtschnur geworden ist und so für die Zukunft wirkt. In der Einführung der Norm als Gewissheit hat diese Teil an den Strukturen eines Wahns.

Bewegung bringt ein Individuum zum Vorschein. Die Aufwendung von Energie, die Verausgabung von Kraft ergibt Kontur, die wiederum in der Bewegung flüchtig ist – vom Anderen her gesehen. Übertragung ist auch eine Bewegung. Entweder andere laufen mit oder die Wahrnehmung muss in geeigneter Weise konserviert, d.h. ontologisiert, zum Abbild gemacht werden. Erst in der Bewegung gibt es den Kontrast zum Hintergrund; je mehr Ruhe, umso mehr wird das eintreten, was man Einsamkeit nennen kann, die auch auftritt als Gefahr, in der Umgebung aufzugehen.

Normen bringen Ruhe ins Spiel. Es lässt sich wohl sagen, dass alle Normierung und Standardisierung auch etwas mit einer Stillstellung, einer Fixierung, einer auf dauernde Geltung gestellten Momentaufnahme zu tun hat. Diese Effekte sprechen nicht prinzipiell gegen Normen, sondern nur dann, wenn sie selber nicht mehr als Moment der Orientierung in der Bewegung gesehen werden können, als eine Fiktion, die man betrachten kann. Dann mutiert sie zum mehr und mehr ineffektiv werdenden Teil dessen, dem sie zur Orientierung dienen sollte, und wird zum Gestaltungsmittel, dass das zum Verschwinden bringt, unsichtbar macht, was beunruhigt hatte.

Aber selbst das spricht noch nicht gegen Normen und Normierung. Normierung und Norm erscheinen jedoch umso gewaltsamer, als sie als Voraussetzung individuelle Einzigartigkeit als Ideal fordern. Dann werden sie zur notwendigen, produktive (aber vielleicht lästige) Paradoxie auslöschenden Verbindung zwischen den isolierten – und keine gemeinsame Bewegung mehr vollziehenden und damit keine gemeinsame Zeitlichkeit und Räumlichkeit mehr generierenden – Einzelnen.

Bei der Analyse im Liegen kommt es der Tendenz nach, bis auf das Sprechen, zu einem Ausfall von Bewegung, die eine Kontur geben könnte. Bewegung kommt nur über die Erinnerung aus der Propriorezeption, der Eigenbewegungsempfindung, und aus den gespeicherten Bildern vor. Übertragung, Phantasien, Vorstellungen, Erinnerungen übernehmen die Konturbildung. Hier werden als Bildungen des Unbewussten die persistierenden Verbindungen der Möglichkeit nach deutlich und deutbar, die als unbewusste den Kontakt herstellen, aber keine erlaubten Darstellungsmöglichkeiten fanden (oder überhaupt noch keine haben). Die Übertragung wird dabei verstärkt – auch durch die suggestiven Thematiken der Couch: liegen, schlafen, krank sein, Kind sein, versorgt werden, Sexualität haben, sterben. Sie stellt hierbei gleichzeitig eine Verbindung her zu Anderen, zu anderen Orten und Zeiten und bestärkt im Effekt die Präsenz des Sprechens, aber als eine ungewisse. Es ist vielleicht eine reinere Übertragung in der Ruhe des Liegens, die die dauernden Sendungen deutlicher und nicht durch Bewegung verwischt hervortreten lassen. So imitiert die Psychoanalyse Normierungsverfahren, und wenn sie Glück hat, bringt sie sie dadurch zum Tanzen.[23] Übertragung und die diversen Abwehr- und gleichzeitig Verbindungsmechanismen erzeugen Bewegung als einen Differenzgeneratoren. So erzeugt die Einsamkeit der Individualisierung als Norm in der Notwehr fast wie von selbst eine Verdoppelung – als intern empfundenes Geschehen, als Ich-Ideal oder auch als Über-Ich, dessen Stimme sich leicht zum Stimmenhören verselbständigen kann.

### Doppelexistenz und Aufteilung

Das Individuum hat aber noch eine andere Doppelexistenz, die unter der Norm einer autonomen Individualität besonders brisant wird und sich in den unterschiedlichen Dimensionen von Sexualität äußert, die zugleich auch die Normen subvertieren kann. Hier findet sich der Ansatz einer unaufhaltbaren praktischen Kritik aller Normierung.

Freud spricht in „Zur Einführung des Narzissmus" dem Individuum eine Doppelexistenz zu. Das nun ist ein Merkmal des Unheimlichen. „Denn der Doppelgänger war ursprünglich eine Versicherung gegen den Untergang des Ichs, eine ‚energische Dementierung der Macht des Todes' (O. Rank), und wahrscheinlich war die ‚unsterbliche' Seele [als Schutz gegen den Zerfall] der erste Doppelgänger des Leibes. Die Schöpfung einer solchen Verdopplung zur Abwehr gegen die Vernichtung hat ihr Gegenstück in einer Darstellung der Traumsprache, welche die Kastration durch Verdopplung oder Vervielfältigung des Genitalsymbols auszudrücken liebt; sie wird in der Kultur der alten Ägypter ein Antrieb für die Kunst, das Bild des Verstorbenen in dauerhaftem Stoff zu formen. Aber diese Vorstellungen sind auf dem Boden der uneingeschränkten Selbstliebe entstanden, des primären Narzißmus, welcher das Seelenleben des Kindes wie des Primitiven beherrscht, und mit der Überwindung dieser Phase ändert sich das Vorzeichen des Doppelgängers, aus einer Versicherung des Fortlebens wird er zum unheimlichen Vorboten des Todes".[24]

In diesem Zitat begegnet uns neben der räumlichen Grenze des Individuums, die bisher im Vordergrund stand, auch eine zeitliche. Übertragung fällt aus der linearen Zeit heraus. Bildungseffekte haben genau diese Zeit: In der Übertragung kreuzen sich Diachronie und Synchronie. Vervielfältigung ist Schutz gegen den Tod. Dabei ist der vielzellige, der konglomerierte Organismus der, der (im Unterschied zum Einzeller) sterblich wird. Nur beim Einzeller sind Fortpflanzungszelle und Individuum identisch.[25]

Das Motiv des Doppelgängers kann auch zur Beschreibung einer inneren Aufteilung des Ichs, des Individuums in Instanzen herangezogen werden: „Im Ich bildet sich langsam eine besondere Instanz heraus, welche sich dem übrigen Ich entgegenstellen kann, die der Selbstbeobachtung und Selbstkritik dient, die Arbeit der psychischen Zensur leistet und unserem Bewusstsein als ‚Gewissen' bekannt wird. Im pathologischen Falle des Beachtungswahnes wird sie isoliert, vom Ich abgespalten, dem Arzte bemerkbar. Die Tatsache, daß eine solche Instanz vorhanden ist, welche das übrige Ich wie ein Objekt behandeln kann, also daß der Mensch der Selbstbeobachtung fähig ist, macht es möglich, die alte Doppelgängervorstellung mit neuem Inhalt zu erfüllen und ihr mancherlei zuzuweisen, vor allem all das, was der Selbstkritik als zugehörig zum alten überwundenen Narzißmus der Urzeit erscheint".[26] Auch hier erscheint die Einheit als prekäre, instabile, gefährdete – und das im Normalfall.

In Freuds Schrift „Zur Einführung des Narzissmus" heisst es: „Das Individuum führt wirklich eine Doppelexistenz als sein Selbstzweck und als Glied in einer Kette, der es gegen, jedenfalls ohne seinen Willen dienstbar ist. Es hält selbst die Sexualität für eine seiner Absichten, während eine andere Betrachtung zeigt, dass es nur ein Anhängsel an sein Keimplasma ist, dem es seine Kräfte gegen eine Lustprämie zur Verfügung stellt, der sterbliche Träger einer – vielleicht – unsterblichen Substanz, wie ein Majoratsherr nur der jeweilige Inhaber einer ihn überdauernden Institution".[27] Das einzelne, je besondere Individuum, als Teil der Gattung, wird damit in der eigenen Negation Teil der unsterblichen Gattung. Diese Teilhabe geschieht durch Verlockung, Verführung, durch eine Lustprämie, die zur Vereinigung führt, zu Überschreitungen. Gleichzeitig geschieht dies unwillkürlich. Es gibt demnach dauernd einen Abzug des Individuums zum Keimplasma hin. Das repräsentiert sich im Grenzgeschehen der Triebe zwischen Soma und Psyche.

## Überschreitung

Um das ins Werk zu setzen, wird eine abweichende Geschichte erzählt, die die Individuation zum Gegenstand hat: eines Individuums, das etwas Bestimmtes will und dazu auch die Kommandogewalt zu haben scheint, die ihm pädagogisch gegeben, therapeutisch wiedergegeben werden soll. Die Biologie aber erzählt eine andere Geschichte: Sie „lehrt, dass die Sexualität nicht gleichzustellen ist den anderen Funktionen des Individuums, da ihre Tendenzen über das Individuum hinausgehen und die Produktion neuer Individuen, also die Erhaltung der Art, zum Inhalt haben".[28]

Nun ist heutigentags zwar die Prämie geblieben, aber es ergibt sich daraus nicht unkontrollierbar Nachwuchs. Eine hohe Prozentzahl der Kinder werden Wunschkinder (auch hier eine Tendenz zur Normierung von Zeitpunkt, Ort, Lebenssituation, Partnerschaft, Gesundheit des Embryos (Pränataldiagnostik), usw.) und schüren damit die Illusion der Autonomie, der Macht, der Freiwilligkeit und der Selbstständigkeit. Für diese Planbarkeit muss dann in der weiteren Entwicklung das gelungene Kind stehen, das sein Soll erfüllt an Leistung, an Schönheit, Individualität. Es muss vor den unerwünschten Kindern geschützt werden durch maximal vier Jahre gemeinsame Grundschulzeit. Gleichzeitig schwindet also die Gefahr, dass die Lustprämie unkalkulierbare Folgen hat. Wahrscheinlich geht auch damit ein Moment der Lust verloren, dann muss ein anderes erfunden werden. Das Dilemma aber ist, dass dazu meist Andere gebraucht werden, dass Autonomie in Gefahr ist, es sei denn, man richtet sich auf perverse Praktiken ein. Sie sind gekennzeichnet durch Rituale und Lückenfüller, die zum gewünschten Ergebnis führen. Dazu braucht es Kompetenzen und Standards.

Die Individualität ist bei aller Bewegung und aller Relationalität gebunden an einen Körper, er ist das Substrat auch der Täuschung der Eigenständigkeit. Dennoch ist hier der Punkt der Verbindung im Hier und Jetzt eines Begehrens, eines immer weiteren Wünschens. Der Körper wird gerade auch in der Pädagogik (und ihren Derivaten, der Ratgeberliteratur) zum bevorzugten Gegenstand der Normierung, der Gewissheit, der wünschbaren Gestaltung, obwohl gerade der Körper es ist, der jeder Normierung irgendwann ganz oder partiell entweicht. Der Körper wird zur unbeherrschbaren Gewissheit, im Leid, wie im Schmerz. Erscheint Körperlichkeit beherrschbar, nährt sie den Wahn. Das Individuum ist jene Kontingenz, die sich vom Anderen her realisiert. Für das Individuum bieten Beziehungen Orientierung und Energie. Das Individuum ist nur durch Überschreitung. Das hat es mit der Norm gemeinsam.

*Anmerkungen*

1   Freud, Sigmund: Übertragungsliebe (1914/15). Studienausgabe Ergänzungsband, S. 219. Einige Inhalte des Folgenden wurden zunächst formuliert für einen Vortrag zum Kongress der Assoziation für die Freudsche Psychoanalyse (AFP): Norm – Normalität – Gesetz. 5. bis 7. März 2010, Hochschule für Gestaltung, Karlsruhe.

2   Freud schreibt 1925 in seinem Vorwort zu Aichhorn, *Verwahrloste Jugend, Die Psychoanalyse in der Fürsorgeerziehung:* „Ich hatte mir früh das Scherzwort von den drei unmöglichen Berufen – als da sind: Erziehen, Kurieren, Regieren – zu eigen gemacht, war auch der mittleren dieser Aufgaben hinreichend in Anspruch genommen." GW XIV, S. 565 .

3   Wimmer, Michael: Wahnhaftes Wissen und gewusster Wahn im pädagogischen Diskurs, in: Pazzini, Karl-Josef; Schuller, Marianne; Wimmer, Michael (Hg.): Wahn, Wissen, Institution. Undisziplinierbare Näherungen, Bielefeld: transcript 2005, S. 57-90

4   Unter den Vorzeichen einer Rede vom Naturschutz denkt man oft nicht mehr daran. – Rutschky, Katharina (Hg.): Schwarze Pädagogik. Quellen zur Naturgeschichte der bürgerlichen Erziehung, Frankfurt, Berlin, Wien: Ullstein 1977. Hier findet sich eine Sammlung von Abwegen, die auch Auskunft von der Bedrohlichkeit gibt.

5   Vgl. hierzu Gourgé, Klaus: Ökonomie und Psychoanalyse. Perspektiven einer Psychoanalytischen Ökonomie, Campus-Verlag; Frankfurt/M, New York 2001

6   Eine Ausnahme findet sich z.B. bei Görnitz, Thomas; Görnitz, Brigitte: Das Bild des Menschen im Lichte der Quantentheorie, in: Buchholz, Michael B.; Gödde, Günter (Hg.): Das Unbewusste in aktuellen Diskursen. Anschlüsse, Psychosozial-Verlag; Gießen 2005 (Bibliothek der Psychoanalyse 2), S. 720-745; ders.: Menschenbilder und Konzepte des Lehrens. In: Karl-Josef Pazzini, Marianne Schneller, Michael Wimmer (Hg.): Lehren bildet? Vom Rätsel unserer Lehranstalten. Bielefeld: transcript (2010), S. 147 – 162. Thomas Görnitz arbeitet auch als Physikdidaktiker.

7   Vgl. Heinz von Foerster: Die Gesetze der Form. In: Dirk Baecker (Hg.): Kalkül der Form. Frankfurt am Main: Suhrkamp 1993, S. 9 – 11, oder Fritz B. Simon: Mathematik und Erkenntnis: *Eine* Möglichkeit, die ‚Laws of Form' zu lesen. In: Dirk Baecker (Hg.): Kalkül der Form. Frankfurt am Main: Suhrkamp 1993, S. 38 – 57, S. 50. Und Georg Spencer-Brown selbst: Laws of Form. Leipzig: Bohmeier 2008 (engl.-dt.)

8   Zimmermann, Anja: Ästhetik der Objektivität. Genese und Funktion eines wissen-
    schaftlichen und künstlerischen Stils im 19. Jahrhundert. Bielefeld: transcript (2009)
9   vgl. Mehrtens, Herbert: Moderne – Sprache – Mathematik: Eine Geschichte des
    Streits um die Grundlagen der Disziplin und des Subjekts formaler Systeme, Frank-
    furt: Suhrkamp 1990
10  „Die Trieblehre ist sozusagen unsere Mythologie. Die Triebe sind mythische Wesen,
    großartig in ihrer Unbestimmtheit." Freud, Sigmund: „Neue Folge der Vorlesungen
    zur Einführung in die Psychoanalyse". In: *Studienausgabe*, Frankfurt a. M.: Suhr-
    kamp, Bd. I, S. 529
11  Zur Konzeption des Individuums vgl. Schroer, Markus: Das Individuum der Gesell-
    schaft. Synchrone und diachrone Theorieperspektiven, Frankfurt/M.: Suhrkamp 2001
    – Eine mit ironischen Blick zu sehende, präzise Darstellung der mit der Konzeption
    „autonomes Individuum" verbundenen Phantasmen findet sich in James Camerons
    Film „Terminator" (1984).
12  vgl. Freud, Sigmund: Das Unheimliche (1919), in: Studienausgabe IV, Frankfurt: Fi-
    scher 1970, S. 241-274
13  vgl. Pazzini, Karl-Josef: Von Meister Eckharts „Bildung" zu Brunelleschis „Abbil-
    dung". In: Rittelmeyer, Christian (Hg.): Bild und Bildung. Wiesbaden: Harrassowitz
    1991, 187-214; ders.: Geradhalter – Innen und Außen. Apparate für Körper, Blick
    und Seele. Von Dürer über Schreber zu Freud. In: Arbeitshefte Kinderpsychoanalyse.
    Hg. vom Wissenschaftlichen Zentrum II der Gesamthochschule Kassel, Nr. 11 / 12
    (August 1990), 175-222
14  Das war Freuds Aufrichtigkeit. Und die gewagten riskanten Manifestationen dieser
    Auseinandersetzung sind für mich das Produktivste und Lustvollste bei der Lektüre
    Freuds.
15  vgl. die Beiträge in Michels, André et al. (Hg.): Jahrbuch für klinische Psychoanalyse
    4: Übertragung, Tübingen: Edition Diskord 2002, insbesondere: Samson, Francoise:
    Es war einmal ... die Gegenübertragung Freud und Ferenczi, S. 36-53, und Michels,
    André: Übertragung und Überlieferung, S. 178-193.
16  siehe DSM IV und ICD 10; KJP.
17  z.B. Zurechenbarkeit, Schuldfähigkeit; KJP.
18  Lacan, Jacques: Das Problem des Stils und die psychiatrische Auffassung para-
    noischer Erlebnisformen (1933), hg. von Matthes, Axel; Stegmann, Tilbert Diego,
    München: Rogner & Bernhard 1974, S. 353
19  Beides lässt sich in Spuren in den Schriften von Descartes leicht isolieren.
20  Diesen Hinweis verdanke ich Marianne Schuller.
21  „Aber die beiden Aufklärungen, dass das Triebleben der Sexualität in uns nicht voll
    zu bändigen ist, und dass die seelischen Vorgänge an sich unbewußt sind und nur
    durch eine unvollständige und unzuverlässige Wahrnehmung dem Ich zugänglich und
    ihm unterworfen werden, kommen der Behauptung gleich, dass das Ich nicht Herr sei
    in seinem eigenen Haus." Freud, Sigmund: Eine Schwierigkeit der Psychoanalyse. In:
    GW XII, S. 11.
22  Mit dem Mathematiker George Spencer-Brown lässt sich das so charakterisieren: „Ei-
    ne ‚Form' enthält *beide* Seiten der Unterscheidung *und* die Operatoren ihrer Un-
    terscheidung. Wir haben es mit einer dreiwertigen Zweiseitenform zu tun". Siehe:
    Baecker, Dirk: Die gesellschaftliche Form der Arbeit, in: Ders. (Hg.): Archäologie der
    Arbeit, Berlin: Kadmos 2002, S. 203 – 248, S. 207.

23 Marx wählte eine ähnliche Metaphorik: „Man muß jede Sphäre der deutschen Gesellschaft als die *partie honteuse* (den Schandfleck) der deutschen Gesellschaft schildern,
man muß diese versteinerten Verhältnisse dadurch zum Tanzen zwingen, daß man ihnen ihre eigne Melodie vorsingt!" (MEW 1, S. 331)

24 Freud, Sigmund: Das Unheimliche, (1919) in: Studienausgabe IV, a.a.O., S. 258

25 Vgl. Freud, Sigmund: Jenseits des Lustprinzips (1920), in: Studienausgabe, , III/1975,
S. 213-272, S. 255

26 Freud, Sigmund: Das Unheimliche, S. 258f

27 Freud, Sigmund: Zur Einführung des Narzißmus. Frankfurt am Main: Fischer 1975
(Studienausgabe III), S. 37-68, S. 45f

28 Freud, Sigmund: Triebe und Triebschicksale, (1915) Frankfurt: Fischer (Studienausgabe III), S. 75-102, S. 88

# Internationale Entwicklungen als aktuelle Katalysatoren

*Florian Waldow*

# Die internationale Konjunktur standardisierter Messungen von Schülerleistung in der ersten Hälfte des 20. Jahrhunderts und ihr Niederschlag in Deutschland und Schweden

*Einleitung: Internationale Konjunkturen der standardisierten Messung von Begabung und Schülerleistung*

Standardisierte Messungen von Schülerleistung (vgl. Heller/Hany 2001) haben gegenwärtig international Konjunktur. Dies schlägt sich auch im deutschen Schulsystem nieder, etwa in Gestalt der Einführung länderübergreifender Vergleichsarbeiten. Für die Übernahme dieser internationalen Konjunktur in Deutschland spielten internationale *large-scale-assessments* (und die Wahrnehmung des deutschen Abschneidens in ihnen) eine gewisse Rolle als Katalysator (vgl. Lundahl/Waldow 2009).

Die gegenwärtige Welle der Einführung von standardisierten Messinstrumenten im deutschen Bildungswesen steht im Kontext einer umfassenderen Reform der Steuerung von Bildungssystemen im Sinne einer „standards-based reform" und einer verstärkten Hinwendung zur „Output-Steuerung" (vgl. Bellmann 2006; Hopmann 2007). Die Art und Weise, wie sich die internationale Konjunktur derartiger Konzepte und Steuerungsregime in unterschiedlichen Bildungssystemen niederschlägt, unterscheidet sich jedoch erheblich (vgl. Maroy 2009). Internationale bildungspolitische Konjunkturen werden selektiv verarbeitet und interagieren mit bereits existierenden Strukturen. Es entstehen jeweils unterschiedliche Hybridbildungen aus dem neu Übernommenen und dem bereits Existierenden (zu derartigen Selektions- und Hybridisierungsprozessen vgl. Schriewer 1990).

Standardisierte Verfahren zur Messung von Schülerleistung erleben gegenwärtig nicht zum ersten Mal eine internationale Konjunktur, auch wenn es aus deutscher Perspektive manchmal so scheinen mag. Die Herausbildung einer erfahrungswissenschaftlich basierten Pädagogik und Psychologie, insbesondere der Psychometrie, verschafften der standardisierten Messung von Schülerleistung und Begabung einen massiven Entwicklungsschub, der im späten 19. und frühen 20. Jahrhundert zur Erprobung und später zur Übernahme von derartigen Verfahren in vielen Bildungssystemen führte, zumal dies die Lösung verschiedener drängender Probleme zu versprechen schien (siehe unten).

Wie dies im Einzelnen geschah (oder nicht geschah), unterschied sich von Kontext zu Kontext jedoch massiv. Im Folgenden soll vergleichend betrachtet werden, wie zwei nationale Systeme, nämlich das deutsche und das schwedische, auf die Herausforderungen und Verheißungen der neuen Konzepte und Verfahren der standardisierten Messung von Schülerleistung reagierten. In Schweden wurde bereits seit den 1940er Jahren ein System landesweiter Tests zur Normierung der Schulleistungsmessung installiert. Ganz anders in Deutschland: Trotz der wichtigen Rolle deutscher Wissenschaftler bei der Entwicklung der entsprechenden Messverfahren, konnten diese sich in den Schulsystemen der deutschen Länder so gut wie gar nicht durchsetzen. Erst jetzt, gut 60 Jahre nach Einführung derartiger Instrumente in Schweden, werden ähnliche Messverfahren in Deutschland in größerem Umfang eingesetzt. In dem einen Fall (Schweden) schlug eine internationale bildungspolitische Konjunktur also massiv auf das nationale System durch, im anderen so gut wie gar nicht (bzw. allenfalls in Form einer besonders scharfen Abgrenzung).

Das Thema ist komplex und hat verschiedenste Dimensionen, die von der politischen Ausrichtung von Schlüsselakteuren über professionssoziologische Aspekte bis zum Repertoire der kulturellen Repräsentationen von Bildung und Ausbildung reichen. Ich werde mich im Folgenden auf die Institutionalisierung der Pädagogik als wissenschaftlicher Disziplin in Interaktion mit ihrem politischen, sozialen und ideologischen Umfeld und die Rolle der neuen Disziplin bei der Einführung bzw. Abwehr standardisierter Tests konzentrieren.

## *Das Selektionsproblem und seine „wissenschaftliche" Lösung*

Mit der Ablösung der ständischen Reproduktion der Gesellschaft durch die „Bildungsselektion" , also der gesellschaftlichen Zuweisung von Bildungs- und Lebenschancen über Bildung (Titze 1998), und dem steigenden Zustrom zu den höheren Schulen gewann im frühen 20. Jahrhundert in vielen Bildungssystemen die Frage an Brisanz, wie denn die Schüler für den Besuch der höheren Schulen ausgewählt werden sollten (vgl. Lawn 2008, S. 7). Deutschland und Schweden bildeten hier keine Ausnahme. In beiden Ländern konzentrierte sich die Auswahlproblematik seit Einführung der gemeinsamen Grundschule (in Deutschland 1919/1920, in Schweden endgültig mit der Schulreform von 1927) wenigstens für die ersten Jahre des Schulbesuchs besonders auf die Frage des Übergangs von der gemeinsamen Grundschule auf die höheren Schulen.

Die neu entwickelten bzw. in der Entwicklung befindlichen standardisierten Messverfahren von Begabung und Schülerleistung schienen hier eine Lösung zu bieten, indem sie eine Auswahl auf objektiv-wissenschaftlicher Grundlage zu ermöglichen schienen. Die Entwicklung derartiger Messverfahren ordnet sich in eine umfassendere Verwissenschaftlichung der Pädagogik ein. Neben der „wissenschaftlichen" Lösung des Selektionsproblems schien diese Verwissenschaftlichung auch eine Lösung für ein zweites, als drängend empfundenes Problem zu versprechen, nämlich eine neue, solide Basis für das Professionswissen der Lehrer bereitzustellen, das in diesen Jahren in Deutschland wie in Schweden zunehmend als ungenügend empfunden wurde (vgl. Tenorth 2003; Dahllöf 2003). Dies galt ganz besonders für die Volksschullehrer, die ihre professionelle Identität nicht wie die Lehrer der höheren Schulen primär auf ihren Status als „Fachgelehrte" gründen konnten. In dieser Situation schien die moderne Erfahrungswissenschaft den Volkschullehrern „Orientierung, Legitimation und Reputation zugleich" zu versprechen (Tenorth 2003, S. 191).

*Die Institutionalisierung der Pädagogik als wissenschaftliche Disziplin und die Einführung von standardisierten Tests*

Die Jahre zwischen 1910 und 1920 waren für die Institutionalisierung der Pädagogik als wissenschaftliche Disziplin in Deutschland wie in Schweden prägend. Die jeweilige Prägung der Disziplin und das von ihr produzierte pädagogische Wissen unterschieden sich in den beiden Vergleichsländern jedoch erheblich.

*Schweden: Lösung des Selektionsproblems durch standardisierte Leistungsmessung*

Beginnend mit der Universität Uppsala wurden ab 1910 an den schwedischen Universitäten Lehrstühle für Pädagogik eingerichtet. Ein wichtiger Hintergrund für diese Maßnahme war die erwähnte Krise des Professionswissens der Lehrer. Durch die Einrichtung von Pädagogiklehrstühlen sollte die Ausbildung der Seminarlehrer verbessert werden, die dann wiederum die werdenden Volksschullehrer an den Lehrerseminaren unterrichten sollten (Dahllöf 2003). Der Antrag auf die Einrichtung der ersten Professur in Uppsala wurde im Reichstag u.a. von Fridtjuv Berg eingebracht, einem ehemaligen Volksschullehrer, Vorkämpfer einer gemeinsamen Grundschule für alle Kinder und zeitweiligem liberalen Kultusminister (Lindberg/Berge 1988).

Von Anfang an sahen die neu berufenen Pädagogikprofessoren den Schwerpunkt ihrer Arbeit in einer Art angewandter Psychologie (vgl. Lindberg/Berge 1988); die universitäre Pädagogik „entstand als eine Disziplin, die sich mit pädagogisch-psychologischen Fragen beschäftigt, die Bedeutung für die Lehrerbildung haben" (Lundgren 2002, S. 236). Diese frühe disziplinäre Prägung der

Pädagogik als angewandter Psychologie bestimmte den Charakter der Disziplin in Schweden für eine lange Zeit (vgl. Englund 1996).

Ihre starke Anwendungsorientierung und ihre Orientierung auf die Produktion direkt verwertbaren Wissens teilte die schwedische Pädagogik mit den anderen Sozial- und Humanwissenschaften (vgl. Fridjonsdottir 1991). Verstärkt seit den 1940er Jahren fragte die schwedische Bildungspolitik die Art pädagogischen Wissens als Steuerungswissen nach, das eine empirisch und psychologisch ausgerichtete Pädagogik liefern konnte, was seinerseits diese disziplinäre Prägung weiter verstärkte. Insbesondere im Zuge der großen Schulkommissionen der 1940er Jahre, die u.a. die Einführung der Einheitsschule vorbereiteten, bildete sich ein enges Verhältnis zwischen pädagogischer Forschung, Bildungspolitik und Bildungsadministration heraus: „Schulpolitik sah man als angewandte Pädagogik an, und Pädagogik als angewandte Psychologie" (Richardson 2004, S. 103). Auch in anderen Bereichen wurde eine „verwissenschaftliche" politische Kultur bestimmend, die in vielen Bereichen das Ideal einer „sozialen Ingenieurskunst" verfolgte (Etzemüller 2006; Hirdman 2000). In einem in dieser Weise geprägten Umfeld war eine empirisch-psychologisch geprägte Pädagogik prädestiniert, politisches Handlungswissen bereitstellen zu können.

Die neuen Formen des pädagogischen Wissens stießen bei den schwedischen Volksschullehrern und an den Lehrerseminaren auf großes Interesse. Die ersten standardisierten Tests wurden so auch an einem Lehrerseminar entwickelt. Zentrale Figuren in diesem Zusammenhang waren Carita Hassler-Göransson und vor allem der Psychologe, Pädagoge und Mathematikdidaktiker Frits Wigforss, tätig am Lehrerseminar Rostad in Kalmar/Südschweden (vgl. Kilpatrick/Johansson 1994; Lundahl 2009). Von zeitgenössischen Forschungen aus England und den USA beeinflusst (Andersson 1991), entwickelten Hassler-Göransson und Wigforss die ersten standardisierten Leistungstests in Schweden.

Ende der 1930er Jahre erhielt Wigforss den Auftrag, ein System von Leistungstests mit dem Zweck der landesweiten Standardisierung der Benotung in der Volksschule zu entwickeln. Ein derartiges System erschien notwendig, da man plante, die Aufnahmeprüfungen der höheren Schulen durch eine Auswahl auf Grundlage der Noten der Volksschule zu ersetzen; Hintergrund war vor allem die Kritik, dass sich der Unterricht in der Volksschule zu stark an den Inhalten der Aufnahmeprüfungen ausrichte, also *teaching to the test* betrieben wurde, und zwar für einen Test, den nur eine Minderheit der Schülerschaft überhaupt ablegte, da die meisten Schüler der Volksschule nicht auf eine höhere Schule übertraten (Andersson 1991). Die Lehrer der höheren Schulen waren mit dem existierenden System der Auswahlprüfungen in ihrer Mehrzahl zufrieden, während die Volksschullehrer mehrheitlich eine Veränderung wünschten (Lundahl 2006, S. 182).

Ein normbasiertes Benotungssystem in der Grundschule mit standardisierten Tests zur Notenkalibrierung sollte also die alten Aufnahmeprüfungen der höheren Schulen ersetzen. Als Referenzgruppe sollte die gesamte Altersgruppe, die in dem jeweiligen Fach in der Volksschule unterrichtet wurde, dienen. Nach einer Versuchsphase wurde das System nationaler Tests 1949 in den Fächern Schwedisch und Mathematik in den Klassen 4 und 6 der Volksschule eingeführt, da nach diesen Jahrgangsstufen jeweils der Übergang auf die höhere Schule möglich war. Wigforss selbst legte Wert darauf, dass die Tests „eine Messlatte in der Hand des Klassenlehrers und nicht einer kontrollierenden Schulverwaltung" sein sollten (zitiert nach Lundahl 2009, S. 19); in den folgenden Jahrzehnten entwickelten sie sich jedoch durchaus auch zu einem Kontrollinstrument der Schulverwaltung (vgl. Lundahl/Waldow 2009). Das System der nationalen Tests wurde später auch auf weitere Fächer und andere Schulformen ausgedehnt. Es existiert weiterhin, wenn auch mit erheblichen Veränderungen seit Wigforss' Zeiten, etwa dem Ersatz des normorientierten Benotungssystems durch ein kriterienorientiertes Anfang der 1990er Jahre (Lundahl 2009).[1]

Bei der Einführung der Tests stand eindeutig die Selektionsfunktion der Benotung im Vordergrund (Andersson 1991, S. 26-27). Die neuen Verfahren rationalisierten den Auswahlprozess für die höheren Schulen und schienen ihm eine objektiv-naturwissenschaftliche Grundlage zu verleihen. Die meritokratisch-demokratische Auswahl der Schüler der höheren Schulen schien nun wissenschaftlich abgestützt. Ein derartiges Verfahren passte bruchlos in eine politische Kultur bzw. ein Gesellschaftsmodell, die, seit Anfang der 1930er Jahre unter sozialdemokratischer Führung, von Idealen der „Verwissenschaftlichung" aller gesellschaftlichen Teilbereiche und Funktionen und einer „sozialen Ingenieurskunst" geprägt waren.

*Deutschland: Die (Um-)Definition des Selektionsproblems blockiert die Einführung standardisierter Messungen*

Bezüglich der Ausgangsbedingungen für die Einführung standardisierter Tests ähnelte die Situation in Deutschland im frühen 20. Jahrhundert derjenigen in Schweden in manchen Hinsichten. Um 1900 waren die Forschungsrichtungen der „experimentellen Pädagogik" und empirisch arbeitenden pädagogischen Psychologie an deutschen Universitäten sehr aktiv. Disziplinär waren sie meist in der Philosophie verortet (Ingenkamp 1990; Drewek 1996). Wie in Schweden bestand seitens der Volksschullehrer starkes Interesse an diesen neuen Formen pädagogischen Wissens, und es entwickelte sich vielerorts eine intensive Zusammenarbeit zwischen Lehrern bzw. Lehrerverbänden und Forschern in diesem Bereich; teilweise gründeten Lehrerverbände auch selbst pädagogisch-psychologische Forschungsinstitute (Laux 1990, S. 19). An verschiedenen Orten fanden sich auch Bestrebungen und Versuche, Schülerauslese mit Hilfe von Tests zu betreiben (Bobertag 1932a; Ingenkamp 1989; 1990). Bereits ab dem frühen 20. Jahrhundert gewann jedoch eine Gegenbewegung zu diesen Bestrebungen an Kraft: die sogenannte „geisteswissenschaftliche Pädagogik". Diese war nicht empirisch und psychologisch, sondern historisch und philosophisch orientiert und suchte die Grundlage für die Lösung pädagogischer Probleme nicht in ihrer empiriebasierten wissenschaftlichen Untersuchung, sondern in der historisch-philosophischen Reflexion (Oelkers 2006; Schriewer 2000). Der geisteswissenschaftlichen Pädagogik korrespondierte eine „geisteswissenschaftliche Psychologie" (Schubeius 2002), die sich gegen die „Seelenlosigkeit" der empirischen Psychologie wandte und eine „holistische" Orientierung propagierte.

Mit dieser „ganzheitlichen" Ausrichtung war die „geisteswissenschaftliche Psychologie" Teil einer umfassenderen Zeitströmung. Holistische Weltdeutungen griffen um 1900 speziell unter deutschen Akademikern Raum (Raphael 2001; Ringer 1990), wobei sich oft die „Ganzheitsansprüche mit der Artikulation eines ausgeprägten Krisenbewußtseins, dem vielbeschworenen Unbehagen an der modernen Kultur" (Raphael 2001, S. 32) verbanden. Dies schloss die Ablehnung einer demokratischen Gesellschaftsverfassung ein.

Das Ganzheitlichkeitspostulat stand in einer gewissen Spannung zu Testverfahren, die einzelne Merkmale auf standardisierter Grundlage messen. Geradezu exemplarisch findet sich die Verknüpfung von Ganzheitlichkeitsforderung, Demokratieskepsis und Ablehnung von „rationalen" Schulleistungs- bzw. Begabungstestverfahren zum Zwecke der Allokation von Schülern auf verschiedene Bildungsgänge bei Eduard Spranger, einem der Hauptvertreter der geisteswissenschaftlichen Pädagogik bzw. Psychologie. Spranger äußerte sich 1921 in einem Artikel wie folgt:

Ein [...] Symptom für den Zusammenhang zwischen Demokratie und Rationalismus sehe ich in dem Anwachsen technischer Methoden, um die geistigen Anlagen zu prüfen und danach die Wahl des Bildungsweges organisatorisch zu regeln. Denn auch hier wieder zeigt sich der Glaube, daß man das Lebendige kanalisieren und das Wünschenswerte „machen" könne. Die Intelligenzprüfungen, soweit sie von dem Faktor des Charaktergrundes absehen [...], gehören in den Umkreis demokratischer Aufklärungsideen. Denn die Individualität wird hier zuletzt als etwas Meßbares und in Zahlen Faßbares, nicht als ein Strukturprinzip der Seele angesehen (Spranger 1921, S. 267).

Drei Jahre zuvor hatte Spranger über die neuen, intelligenzdiagnostisch basierten Methoden der Übergangsauslese für die höheren Schulen geschrieben, man sei

„im Begriff ein [...] intellektuelles Parvenütum geradezu zu züchten. Denn unsere neuesten Intelligenzprüfungen richten sich ausschließlich auf diese seelenlosen Eigenschaften der Seele: auf mechanisches Gedächtnis, auf schnelles Kombinieren und assoziatives Reagieren" (zitiert nach Drewek 2002, S. 133-134).

Das Ideal der „Bildung" als Zentralbegriff insbesondere der höheren Bildung in Deutschland (Ringer 1990; Drewek 2002) bestärkte diese Haltung: „Bildung" wurde verstanden als radikal individualistischer und idiosynkratischer Prozess der Selbst-Kultivierung von Potentialen, die im Individuum bereits angelegt sind (Ringer 2003). Diesem die Individualität betonenden Ideal der Bildung entsprach ein Gesellschaftsmodell, dass die Gesellschaft nicht als aus gleichen Individuen zusammengesetzt verstand, sondern sie als ein organisches Gemeinwesen begriff, zu dem jeder auf seine eigene Weise beiträgt, vergleichbar einem Symphonieorchester. Fritz Ringer hat dies die „symphonische Analogie" genannt (Ringer 2003). Da es sich bei der Bildung um einen so individuellen und idiosynkratischen Prozess handelt und die so Gebildeten in der entsprechend der „symphonischen Analogie" verstandenen Gesellschaft so unterschiedliche „Instrumente" spielen, ist es unmöglich, eine Messlatte zu konstruieren, mit der die Bildung einer Person gegenüber derjenigen einer anderen gemessen werden könnte.[2]

Die Pädagogiklehrstühle an den deutschen Universitäten wurden in ihrer großen Mehrheit mit Vertretern der geisteswissenschaftlichen Pädagogik besetzt. Die Durchsetzung der „geisteswissenschaftlichen Pädagogik" in Deutschland kann als Folge bestimmter Akteurskonstellationen bzw. -koalitionen, die sich in primär sozialkonservativer Absicht und zur Abwehr bestimmter Reformbestrebungen bildeten, interpretiert werden (vgl. Drewek 1996; 1998; 2002; Schriewer 2000). Peter Drewek hat die Institutionalisierungsprozess der universitären Pädagogik in Deutschland so auch als „defensive Disziplinbildung" bezeichnet (Drewek 2002). Geisteswissenschaftliche Pädagogik und Psychologie blockierten den Wunsch der Volksschullehrer nach sozialem Aufstieg durch eine Akademisierung ihrer Ausbildung (Schubeius 2002). Die Ablehnung standardisierter Testverfahren schützte die soziale Exklusivität der Gymnasien, da derartige Verfahren u.U. die Existenz von „Begabungsreserven" in den unteren Schichten aufgedeckt und diesen starke Argumente für die Zulassung zu den höheren Schulen an die Hand gegeben hätte.

Durch die Machtübernahme der Nationalsozialisten wurden standardisierte Tests im Bereich der Schule weiter marginalisiert. Nationalsozialistisch eingestellte Psychologen wie Erich Jaensch lehnten Testverfahren für Begabung wie z.B. Intelligenztests nach dem Vorbild von Binet und Simon ab, da diese angeblich Juden bevorzugten (Laux 1990, S. 128). Auch die vorhandenen Ansätze zur Standardisierung von Leistungsmessung wurden weitgehend abgebrochen. Hermann Laux kommt in seiner Darstellung der Pädagogischen Diagnostik im Nationalsozialismus zu der zusammenfassenden Feststellung, „Messen" sei im Nationalsozialismus durch „intuitives Deuten" ersetzt worden (Laux 1990, S. 247). Auch die nationalsozialistische Diktatur machte sich jedoch wissenschaftliche Expertise in großem Maßstab zunutze, und auch in Deutschland entstand eine Art des „social engineering", d.h. wissenschaftlich basierter Sozialtechnologie (Etzemüller 2009). Gewisse funktionale Auswahlerfordernisse stellten sich zudem auch in der Diktatur, auch wenn diese nicht in gleicher Weise als gerecht auf demokratischer bzw. meritokratischer Grundlage legitimiert werden mussten wie in einer Demokratie wie Schweden. Dies galt nicht zuletzt für den Bereich des Militärs.[3]

Das jeweils verwandte Methodenarsenal unterschied sich jedoch deutlich von dem in Schweden in Anschlag gebrachten: Statt psychometrischer Messtechniken traten „holistische" Methoden wie Interviews, Beobachtungen oder graphologische Studien stärker in den Vordergrund; zudem wurde stärkeres Gewicht auf körperliche Merkmale bzw. die körperliche Leistungsfähigkeit gelegt (oft im Kontext der Kategorie „Rasse"; vgl. Laux 1990; Geuter 1999).

Die Phase der nationalsozialistischen Herrschaft trug insofern stark dazu bei, Deutschland von der internationalen Konjunktur des standardisierten Testens abzuschneiden und entsprechende Ansätze im Schulwesen abzubrechen; wie angedeutet war die Entwicklung jedoch bereits deutlich vor 1933 angelegt. Spätestens zu Beginn der 1930er Jahre waren die Verfechter einer „empirischen Pädagogik" und standardisierter Testverfahren weitgehend marginalisiert und war die universitäre Pädagogik durch Vertreter der geisteswissenschaftlichen Pädagogik dominiert. Auch in Deutschland formte diese disziplinäre Prägung die Disziplin für viele Jahrzehnte. Otto Bobertag, einer der wichtigsten deutschen Testspezialisten der 1930er Jahre, charakterisiert die Situation in Deutschland 1932 im *Pädagogischen Zentralblatt* wie folgt:

Wieweit es möglich sein wird, […] ein Verfahren der objektiven Leistungsfeststellung zu finden und anzuwenden, darüber kann man kaum wagen eine Vermutung zu äußern. Da im deutschen Schulwesen bisher keinerlei Versuche und Ansätze in dieser Richtung vorliegen, so muß man annehmen, daß ein nennenswertes Bedürfnis danach, in eben dieser Richtung vorwärts zu kommen, in den deutschen Schulen nicht empfunden wird. Dieser Zustand wird sich wohl in absehbarer Zeit nicht ändern (Bobertag 1932b, S. 377).

Bobertag sollte mit dieser Einschätzung für viele Jahrzehnte recht behalten.

*Schluss*

Die internationale Konjunktur standardisierter Messungen in der ersten Hälfte des 20. Jahrhunderts schlug sich also in Deutschland und Schweden in sehr unterschiedlicher Weise nieder bzw. hatte sehr unterschiedliche Auswirkungen, und das, obwohl die Ausgangsbedingungen für die Einführung standardisierter Messungen im größeren Maßstab sich in beiden Ländern in mancher Hinsicht zu ähneln schienen. Das Selektionsproblem stellte sich in Deutschland und Schweden. In beiden Ländern existierte eine Forschungstradition in der empirischen Psychologie und Pädagogik, die insbesondere für die an „Demokratisierung" des Zugangs zu den höheren Schulen und Aufwertung ihres professionellen Status interessierte Volksschullehrerschaft großes Interesse barg und von dieser unterstützt wurde.

In Schweden konnte sich diese Tradition durchsetzen; in Deutschland blockierte eine Interessenkoalition aus Vertretern des sich konstituierenden Feldes der universitären Pädagogik, Gymnasiallehrern und der Bildungsverwaltung jedoch Bestrebungen in dieser Richtung mit Erfolg. In Schweden wurde die standardisierte Messung von Schülerleistung als wesentlicher Teil der Lösung bzw. Rationalisierung des Selektionsproblems gesehen und im großen Maßstab institutionalisiert. In Deutschland wurden die Kriterien, auf deren Basis die Selektion erfolgen sollte, hingegen in einer Weise (um-)definiert, die standardisierte Messungen nicht als geeignete Lösung erscheinen ließ.

*Anmerkungen*

1   Normorientierte Bewertung besagt, dass die Leistung einer Person in Bezug zu den Ergebnissen einer Gruppe von Personen bewertet wird. Diese Bezugsgruppe stellt die Norm bereit, anhand derer bewertet wird, die Bewertung der Einzelleistung hängt von der Leistung der Gruppe ab. Kriterienorientierte Bewertung bedeutet demgegenüber, dass die Leistung einer Person im Hinblick auf ein bestimmtes Kriterium wie etwa das Erreichen eines bestimmten, vorab definierten Lernziels oder Kompetenzniveaus bewertet wird.
2   Auch wenn auf Basis des Lehrerurteils ohne standardisierte Hilfsmittel zustande gekommene Ziffernnoten natürlich ebenso die Ergebnisse verschiedener Schüler quantifizieren und miteinander vergleichbar machen.
3   Es ist kein Zufall, dass die Professionalisierung des Berufs des Psychologen – zunächst in der Militärpsychologie – gerade während der NS-Zeit entscheidende Fortschritte machte (vgl. Geuter 1992).

# Literatur

Andersson, Håkan: Relativa betyg: Några empiriska studier och en teoretisk genomgång i ett historiskt perspektiv. Umeå 1991.

Bellmann, Johannes: Bildungsforschung und Bildungspolitik im Zeitalter „Neuer Steuerung". In: Zeitschrift für Pädagogik 52, H. 4 (2006), S. 487-504.

Bobertag, Otto: Anleitung zur Leistungsmessung in der Grundschule. Berlin: Zentralinstitut für Erziehung und Unterricht 1932a.

Bobertag, Otto: Ergebnisse einer Versetzungsstatistik in Preussen. In: Pädagogisches Zentralblatt 12, H. 7/8; 9 (1932b), S. 359-377; 428-439.

Dahllöf, Urban: Uppbyggnadstid, omgiviningsfaktorer och pedagogikämnets forskningsutveckling: Några notiser från nära grannar i väst. (Hrsg.): Kasvatustiede Suomessa 150 Vuotta. Pedagogiken i Finland 150 år. Helsinki (2003),

Drewek, Peter: Defensive Disziplinbildung: Die Akademisierung der deutschen Pädagogik im Kontext der Modernisierungsprobleme des Bildungssystems und der Erziehungswissenschaft am Beginn des 20. Jahrhunderts. In: Hofstetter, R./Schneuwly, B. (Hrsg.): Erziehungswissenschaft(en) 19. – 20. Jahrhundert: Zwischen Profession und Disziplin. Frankfurt a. M. (2002), S. 113-139.

Drewek, Peter: Die Herausbildung der 'geisteswissenschaftlichen' Pädagogik vor 1918 aus sozialgeschichtlicher Perspektive. In: Zeitschrift für Pädagogik Beiheft 34, (1996), S. 299-316.

Drewek, Peter: Educational studies as an academic discipline in Germany at the beginning of the 20th century. (Hrsg.): History of educational studies = Geschichte der Erziehungswissenschaft. Bd. 1 S. Gent (1998), S. 175-194.

Englund, Tomas: Educational research in Sweden – historical perspectives and current trends. In: Scandinavian Journal of Educational Research 40, H. 1 (1996), S. 43-55.

Etzemüller, Thomas: Die Romantik des Reißbretts: Social engineering und demokratische Volksgemeinschaft in Schweden: Das Beispiel Alva und Gunnar Myrdal (1930-1960). In: Geschichte und Gesellschaft 32, (2006), S. 445-466.

Etzemüller, Thomas: Social engineering als Verhaltenslehre des kühlen Kopfes: Eine einleitende Skizze. In: Etzemüller, T. (Hrsg.): Die Ordnung der Moderne: Social engineering im 20. Jahrhundert. Bielefeld (2009), S. 11-39.

Fridjonsdottir, Katrin: Social science and the 'Swedish model': Sociology at the service of the welfare state. In: Wagner, P./Wittrock, B./Whitley, R. (Hrsg.): Discourses on society: The shaping of the social science disciplines. Dordrecht (1991), S. 247-270.

Geuter, Ulfried: The professionalization of psychology in Nazi Germany. Cambridge 1992.

Geuter, Ulfried: Psychologie im nationalsozialistischen Deutschland. In: Knigge-Tesche, R. (Hrsg.): Berater der braunen Macht: Wissenschaft und Wissenschaftler im NS-Staat. Frankfurt a. M. (1999), S. 94-110.

Heller, Kurt A./Ernst A. Hany: Standardisierte Schulleistungsmessungen. In: Weinert, F. E. (Hrsg.): Leistungsmessungen in Schulen. Weinheim (2001), S. 87-101.

Hirdman, Yvonne: Att lägga livet till rätta: Studier i svensk folkhemspolitik. Stockholm 2000.

Hopmann, Stefan Thomas: No child, no school, no state left behind: Comparative research in the age of accountability. In: Hopmann, S. T./Brinek, G./Retzl, M. (Hrsg.):

PISA zufolge PISA – PISA according to PISA: Hält PISA was es verspricht? – Does PISA keep what it promises? Wien (2007), S. 363-415.

Ingenkamp, Karlheinz: Experimentelle Methoden in der Schülerauslese: Beispiele für den Einsatz experimenteller Methoden bei Begabten- und Übergangsauslesen vor 1930. In: Zeitschrift für Pädagogik 35, H. 2 (1989), S. 175-195.

Ingenkamp, Karlheinz: Pädagogische Diagnostik in Deutschland 1885-1932. Weinheim 1990.

Kilpatrick, Jeremy/Bengt Johansson: Standardised mathematics testing in Sweden: The legacy of Frits Wigforss. In: Nordic Studies in Mathematics Education 2, H. 1 (1994), S. 6-30.

Laux, Hermann: Pädagogische Diagnostik im Nationalsozialismus 1933-1945. Weinheim 1990.

Lawn, Martin: Introduction: An Atlantic crossing? The work of the international examination inquiry, its researchers, methods and influence. In: Lawn, M. (Hrsg.): An Atlantic crossing? The work of the international examination inquiry, its researchers, methods and influence. Oxford (2008), S. 7-37.

Lindberg, Leif/Britt-Marie Berge: Pedagogik som vetenskap – vetenskap som pedagogik: Installationsföreläsningar i pedagogik 1910-1982. Lund 1988.

Lundahl, Christian: Varför nationella prov? Framväxt, dilemman, möjligheter. Stockholm 2009.

Lundahl, Christian: Viljan att veta vad andra vet: Kunskapsbedömning i tidigmodern, modern och senmodern skola. Stockholm 2006.

Lundahl, Christian/Florian Waldow: Standardisation and „quick languages": The shape-shifting of standardised measurement of pupil achievement in Sweden and Germany. In: Comparative Education 45, H. 3 (2009), S. 365-385.

Lundgren, Ulf P.: Utbildningsforskning och utbildningsreformer. In: Pedagogisk Forskning i Sverige 7, H. 3 (2002), S. 233-243.

Maroy, Christian: Convergences and hybridization of educational policies around post-bureaucratic models of regulation. In: Compare: A Journal of Comparative and International Education 39, H. 1 (2009), S. 71-84.

Oelkers, Jürgen: The strange case of German „Geisteswissenschaftliche Pädagogik": The mental side of the problem. In: Hofstetter, R./Schneuwly, B. (Hrsg.): Passion, fusion, tension: New education and educational sciences; end 19th – middle 20th century. Bern (2006), S. 191-222.

Raphael, Lutz: Radikales Ordnungsdenken und die Organisation totalitärer Herrschaft: Weltanschauungseliten und Humanwissenschaftler im NS-Regime. In: Geschichte und Gesellschaft 27, H. 1 (2001), S. 5-40.

Richardson, Gunnar: Svensk utbildningshistoria: Skola och samhälle förr och nu. Lund 2004.

Ringer, Fritz K.: The decline of the German mandarins: The German academic community, 1890-1933. Hanover 1990.

Ringer, Fritz K.: Felder des Wissens: Bildung, Wissenschaft und sozialer Aufstieg in Frankreich und Deutschland um 1900. Weinheim 2003.

Schriewer, Jürgen: Educational studies in Europe. In: Sherman Swing, E./Schriewer, J./Orivel, F. (Hrsg.): Problems and prospects in education. Westport, CONN (2000), S. 72-95.

Schriewer, Jürgen: The method of comparison and the need for externalization: Methodological criteria and sociological concepts. In: Schriewer, J./Holmes, B. (Hrsg.): Theories and methods in comparative education. Frankfurt am Main (1990), S. 25-83.

Schubeius, Monika: Institutionalisierungsgeschichte der Psychologie und ihre Verbindung zur Pädagogik im Kontext von Schul- und Gesellschaftspolitik im Deutschen Kaiserreich und der Weimarer Republik. In: Hofstetter, R./Schneuwly, B. (Hrsg.): Erziehungswissenschaft(en) 19. –20. Jahrhundert: Zwischen Profession und Disziplin. Frankfurt a. M. (2002), S. 367-382.

Spranger, Eduard: Die drei Motive der Schulreform. In: Monatsschrift für höhere Schulen 20, (1921), S. 260-274.

Tenorth, Heinz-Elmar: Erziehungsutopien zwischen Weimarer Republik und Drittem Reich. In: Hardtwig, W. (Hrsg.): Utopie und politische Herrschaft im Europa der Zwischenkriegszeit. München (2003), S. 175-198.

Titze, Hartmut: Der historische Siegeszug der Bildungsselektion. In: Zeitschrift für Soziologie der Erziehung und Sozialisation 18, H. 1 (1998), S. 66-81.

*Juliane Hammermeister*

# Die Sache mit den Schlüsselkompetenzen
## *Kritische Anmerkungen zum OECD-Kompetenzmodell*

*Das Neue scheint mir, dass die Menschen heute nicht mehr das Leiden am gesellschaftlichen Zustand sich gestatten, sondern das, was ihnen angetan wird, sich selbst zu eigen machen, womöglich es noch selbst unterschreiben.*

Max Horkheimer

Landauf, landab kaum eine Talkshow, kaum eine Rede, in der nach Veröffentlichung der ersten PISA-Studie nicht die Bildungskatastrophe ausgerufen und das schulische Bildungssystem als im Kern verrottet und dringend der Reform bedürftig dargestellt worden wäre. Seither haben die Ergebnisse internationaler Rankings, in der medialen Öffentlichkeit vornehmlich als nationale Blamage rezipiert, in die (inter)national geführten bildungspolitischen Diskussionen Einzug gehalten. Wenngleich von Wissenschaftlerinnen und Pädagoginnen die Verfahren und Ergebnisse kontrovers analysiert und interpretiert werden, scheinen derzeit hier neoliberal gesinnte Kräfte hegemonial. Die Frage, wer da mit wem zu welchem Behufe tanzt, mag verstörte Kritiker bewegen, findet jedoch im öffentlichen Diskurs kaum Widerhall. Der allgegenwärtige Modernisierungsslogan bescheinigt den Schulen, es fehle ihnen an Effizienzorientierung und Wettbewerb, Selbstständigkeit und Eigenverantwortung, Lernende müssten Kompetenzen erwerben, kontinuierlichen Vergleichsarbeiten und zentralen standardisierten Prüfungen etc. unterzogen werden. Der Ruf nach Effizienz legitimiert den Umbau staatlicher Infrastruktur im öffentlichen Bildungssystem, erscheint als sachbezogenes Fortschrittsprogramm und wird gegenwärtig mit der Forderung nach Rücknahme kollektiver sozialstaatlicher Sicherungssysteme verknüpft. Die Wettbewerbsbedingungen einer globalen Wirtschaft diktieren das Maß bildungspolitischer und sozialstaatlicher Ausgaben, führen aber entgegen der geläufigen Diagnose nicht zu einer „Zurückdrängung oder allgemeinen Schwächung des Staates" (Hirsch 1998, S. 36), denn der neoliberale Staat ist „durchaus ein starker Staat, wenn es um die Sicherung der wirtschaftsliberalen Grundsätze und der daraus erwachsenen Machtverhältnisse geht" (Ptak 2005, S. 35). Die Transformationsprozesse des Staates gehen einher mit einem „viel gepriesenen Individualismus" (ebd.), der auch in den Worten der damaligen hessischen Kultusministerin Karin Wolffs anlässlich ihrer Übernahme der Präsidentschaft der Kultusministerkonferenz im Jahre 2003 seinen Ausdruck findet: „Uns helfen [...] keine Debatten über Zuständigkeiten und Systeme" (KMK 2003, S. 5), denn „soziale Ungleichheiten fallen dort schwächer aus, wo deutlich auf Leistung gesetzt wird. Wenn Leistung zählt, setzen sich die durch, die Leistung bringen:" (ebd., S. 9). Wolffs abschließendes Fazit lautet dementsprechend: „Alle Anstrengungen des Staates und der Politik werden wenig bewirken, wenn nicht die ganze Gesellschaft ihr Herz für die Bildung entdeckt, und zwar dauerhaft. Alle Beteiligten sind gefordert, ihren Beitrag zu erbringen. Lehrkräfte durch guten Unterricht und Zuwendung zum Schüler. Eltern durch gute Erziehung und Unterstützung der Schule. Schülerinnen und Schüler durch die Betrachtung der Schule als Hauptsache" (ebd., S. 18). Nicht strukturelle Defizite sind demnach Grund für mangelnde Chancengleichheit, die selektiven Funktionen des Schulsystems werden nicht in Frage gestellt, denn es geht um „internationale Bildungswettbewerbsfähigkeit". Sollte es künftig nicht gelingen, einen der vorderen Plätze in (inter)nationalen Vergleichsstudien wie PISA zu erlangen, falle dies in die Verantwortung von Lehrerinnen, deren Unterricht miserabel sei, von Eltern, die ihrem Erziehungsauftrag nicht nachkämen und natürlich von Schülerinnen, welche Anstrengungen und Mühsal meiden würden (vgl. Feltes 2005, S. 19). Wenngleich die Aufforderung zu konkurrentem Verhalten – „Wenn Leistung zählt, setzen sich die durch, die Leistung bringen" (KMK 2003, S. 9) – ein konstitutives Moment bürgerlich-kapitalistischer Vergesellschaftung ist, so verweist doch die explizite Hervorhebung auf die „neoliberale Destruktion des Gesellschaftlichen" (Ptak, 2005, S. 133). In einer Gesellschaft „atomisierter Einzelwesen" (ebd., S. 132) kommt der „Erfindung und Förderung von Selbsttechnologien, die an Regierungsziele gekoppelt werden können" (Lemke u. a. 2000, S. 29) besondere Bedeutung zu. Nicht zuletzt zeigt die aktuell geführte Diskussion um die verbindliche Etablierung von Bildungsstandards und Kompetenzen in schulische Curricula wie „Selbsttechnologien in Zwangs- oder Herrschaftsstrukturen integriert werden" (ebd.). Deutlich wird dies m. E. an dem OECD-Kompetenzmodell und den dort geforderten Schlüsselkompetenzen, denen vorliegende Kritik sich widmet. Basis der Analyse ist die als Zusammenfassung herausgegebene Broschüre zum Projekt *Definition and Selection of Competencies* (DeSeCo) (OECD 2005), welche die Grundlagen und den Referenzrahmen der zu erwerbenden Schlüsselkompetenzen nennt und die einer näheren Betrachtung unterzogen werden soll, da sie als Fundament der Expertise *Zur Entwicklung nationaler Bildungsstandards* (Klieme-Expertise) gilt, deren Einfluss auf die schulische Curriculaentwicklung enorm ist. Im Vorfeld werde ich den der Diskussion zugrunde liegenden Kompetenzbegriff in Abgrenzung zum Qualifikationsbegriff skizzieren, um im weiteren Verlauf aufzuzeigen, welche Auswirkungen die Forderung nach Kompetenzerwerb auf Lernende hat.

*Die Konjunktur des Kompetenzbegriffes*

Die derzeit zu beobachtende Konjunktur und der inflationäre Gebrauch des Begriffes „Kompetenz" verweist auf ein sich in unterschiedlichen gesellschaftlichen Kontexten durchsetzendes Modewort. Was ist aber genau mit Kompetenzen gemeint? Kompetenzen ergänzen und ersetzen im Bereich von Bildung und Arbeit zunehmend den Begriff der Qualifikation; die „begriffliche Neubestimmung" und die „Veränderung der damit verbundenen Praxisformen" sind „Symptom gesellschaftlichen Wandels" (Traue 2010, S. 49). Der aktuell in pädagogischen Diskursen verwendete Kompetenzbegriff ist der Motivationspsychologie entlehnt: „Dort bezeichnet das Konzept Ergebnisse von Entwicklungen grundlegender Fähigkeiten, die weder genetisch angeboren noch das Produkt von Reifungsprozessen sind, sondern von Individuen selbst organisiert hervorgebracht wurden" (Epenbeck/ Rosenstiel 2003, S. X). Kompetenz im motivationspsychologischen Sinne „ist eine Voraussetzung von Performanz, die das Individuum auf Grund von selbst motivierter Interaktion mit seiner Umwelt herausbildet" (ebd.) und die über „eine Form von Zuschreibung" (ebd. S. XI) erfolgt: „Dem physisch und geistig selbst organisiert Handelnden [werden] auf Grund bestimmter, beobachtbarer Verhaltensweisen bestimmte Dispositionen als Kompetenzen (zugeschrieben)" (ebd.). Im Unterschied zu Qualifikationen benennen Kompetenzen also nicht nur Kenntnisse, Fertigkeiten und Fähigkeiten, über die Individuen verfügen sollen, „um konvergent-anforderungsorientiert handeln zu können" (ebd., S. XXIX). Vielmehr handelt es sich, wie oben erläutert, um „Selbstorganisationsdispositionen physischen und psychischen Handelns, wobei unter Dispositionen die bis zu einem bestimmten Handlungszeitpunkt entwickelten inneren Voraussetzungen zur Regulation der Tätigkeit verstanden werden" (ebd.). Demnach sind Dispositionen Entwicklungsresultate, folglich beziehen sich Kompetenzen auf „divergent-selbstorganisative Handlungssituationen" (ebd.). Während Qualifikationen also ein Verfügen, ein äußeren Anforderungen entsprechendes, zumeist fachlich bezogenes Können bezeichnen, zielt der Kompetenzerwerb darüber hinaus in unentwegten performativen Akten auf Selbstorganisationsdispositionen.

Die beschriebenen Selbstorganisationsdispositionen werden im Schlüsselkompetenzmodell der OECD aufgenommen und in ein verkürztes Erklärungsmodell integriert, dass auf Überzeugungen, Ein- und Wertvorstellungen, das Verhalten etc., kurz: auf „die ganze Persönlichkeit" der Lernenden zielt. So ist dort in einer ersten Übersicht zu lesen: „Eine Kompetenz ist mehr als nur Wissen und kognitive Fähigkeiten. Es geht um die Fähigkeit der Bewältigung komplexer Anforderungen, indem in einem bestimmten Kontext psychosoziale Ressourcen (einschließlich kognitive Fähigkeiten, Einstellungen und Verhaltensweisen) herangezogen und eingesetzt werden" (OECD 2005, S. 6). Wenig später wird ergänzend in einem Zitat der OECD-Bildungsminister hinzugefügt: „Der Begriff ‚Kompetenzen' (umfasst) Wissen, Fertigkeiten, Einstellungen und Wertvorstellungen" (ebd.). Deutlich wird, dass es nicht mehr um den Erwerb bestimmter Fähigkeiten geht, vielmehr steht hier die Herausbildung „der ganzen Persönlichkeit" im Fokus. Es stellt sich also die Frage, welche Koordinaten und Relevanzkriterien für die Selbstorganisationsdispositionen von Bedeutung sein sollen. Unter dem Aspekt „Individuelle und globale Herausforderungen" (ebd., S. 9) wird die Grundlage der zu erwerbenden Schlüsselkompetenzen genannt: Lernende sollen sich und zwar lebenslänglich unter den Vorzeichen und Erfordernissen der bestehenden Weltwirtschaftsordnung „an eine durch Wandel, Komplexität und wechselseitige Abhängigkeit gekennzeichnete Welt anpassen" (ebd.). Der hier angestrebte Kompetenzerwerb zielt auf Affirmation und Anpassungsleistungen, in dessen Zentrum „z.B. wirtschaftlicher Wettbewerb" (ebd.) und somit das oberste Gebot des „nationalen Wettbewerbsstaates" (Hirsch 1998, S. 33ff.) steht. Die Auswahl der Schlüsselkompetenzen erfolgt nach ihrem „messbaren Nutzen, sowohl in wirtschaftlicher als auch in sozialer Hinsicht" (OECD 2005, S. 9), da „das Humankapital eine entscheidende Rolle bei der wirtschaftlichen Leistung spielt" (ebd.). Leitbild wird so die Inwertsetzung und ihr vermeintlich politisch, ökonomisch, sozial und kulturell quantitativ zu ermessender Ertrag.

Kritisch könnte eingewendet werden, dass bereits die struktur-funktionale Schultheorie der 1970er und 1980er Jahre darauf hingewiesen habe, „dass das Schulsystem gesellschaftlich gesehen die Funktion hat, soziale Strukturen und die damit verbundenen ökonomischen, politischen und kulturellen Herrschaftssysteme zu reproduzieren" (Rolff 1980, S. 21), denn „das Erziehungssystem ist wahrscheinlich in allen stabilen Gesellschaftssystemen eines der bevorzugten Instrumente gewesen, die bestehenden Klassen- und Schichtenstrukturen und Herrschaftsverhältnisse zu konservieren, zu reproduzieren und zu legitimieren" (Hurrelmann 1974, S. 34f.). Das demgegenüber Neue aber ist: Mit der Verschiebung auf individuell herauszubildende outputorientierte Kompetenzen werden die Selbstorganisationsdispositionen selbst dem Kapitalverwertungsprozess unterzogen, Wettbewerbsfähigkeit den Lernenden eingeschrieben und kritisch-emanzipatorische Bildungsvorstellungen ihrer Grundlage beraubt.

Die OECD-Broschüre nennt im weiteren Verlauf einen Referenzrahmen der Schlüsselkompetenzen, welcher scheinbar die oben genannte Anpassungsfähigkeit relativiert: „In den meisten OECD-Ländern wird Wert auf Flexibilität, Unternehmergeist und Eigenverantwortung gelegt. Von den Menschen wird nicht nur Anpassungsfähigkeit, sondern auch Innovationsfähigkeit, Kreativität, Selbstverantwortung und Eigenmotivation erwartet" (OECD 2005, S. 10). Die Forderung flexibel zu sein, ist heute zu einer gesamtgesellschaftlichen Metapher geworden. In seiner ursprünglichen Wortbedeutung meint Flexibilität Beweglichkeit, Biegsamkeit oder aber auch Anpassungsfähigkeit. „Für die heute allgegen-wärtige Wandlungsmetapher steht nicht die Idee des (politisch) mündigen Men-schen Pate, der kraft Vernunft und Reflexion in die Gestaltung der Welt eingreift, indem er sich den Widersprüchen der unterschiedlichen Interessen und Bedürf-nisse stellt" (Ribolits 2006, S. 121), sondern „die sich rasant beschleunigende und globalisierende Ökonomie verlangt den permanent verfügbaren und anpas-sungswilligen Arbeitnehmer, der die geforderte Anpassungsleistung als lebens-lange Lernnotwendigkeit zu seinem ganz persönlichen Projekt macht" (Nonnen-macher 2002, S. 243). Flexibilität als „ungebundene Potentialität der Verände-rung" (Bateson 1994, S. 638) ist zu einem Schlüsselbegriff neoliberaler Moderni-sierungspolitik geworden, der es den Individuen anheim stellt, sich selbst organi-siert schwankenden Marktanforderungen anzupassen, ohne aber die sie vielfach quälenden Verhältnisse selbst in Frage zu stellen. „Wirklich flexibel – im Sinne des optimalen Funktionierens im Rahmen gegebener Vorgaben – kann nur sein, wer aufgehört hat, ein reflektiertes Leben führen zu wollen" (Ribolits 2006, S. 121).

Die gewählte Verantwortungsrhetorik – „Selbst- und Eigenverantwortung" (OECD 2005, S. 1) – korrespondiert unter den gegenwärtigen gesellschaftlichen Bedingungen mit der Rücknahme sozialstaatlicher Absicherung. Mag sie dem unbedarften Leser noch als ein Versprechen auf selbst bestimmte Gestaltung der individuellen Lebensverhältnisse erscheinen, so ist die Eigenverantwortung „nur dann gerechtfertigt, wenn die individuellen und gesellschaftlichen Vorausset-zun-gen gegeben, die materiellen und kulturellen Ressourcen vorhanden sind, um in eigener Verantwortung, gewissermaßen auf eigene (Zu-)Rechnung, handeln zu können" (Lessenich 2005, S. 39). Ferner muss „die Verantwortungsübernahme, das ‚um sich selbst kümmern', von den Subjekten als gedachten Objekten selbst auch gewollt werden, sie muss – um gesellschaftlich verantwortet werden zu können – letztlich selbst Gegenstand freier Wahl sein" (ebd.).

Der Verweis, dass „in den meisten OECD-Ländern […] Innovationsfähigkeit und Kreativität […] erwartet" (OECD 2005, S. 10) werde, findet seine paradoxe Entsprechung im „kreativen Imperativ" (Bröckling 2004, S. 144) des Marktes. Der schöpferische Einfall kann weder erwartet noch verordnet werden. Auch wenn Beharrlichkeit, Zeit und Muße keineswegs Kreativität garantieren, so ist sie doch im Regelfall „das Ergebnis von Reflexion und persönlichem Wachstum" (Fach 2004, S. 231). Der Markt hingegen erzwingt fortwährende Beschleunigung und verlangt zugleich Einfallsreichtum als „ökonomische Ressource" (Bröckling 2004, S. 141). Das „unternehmerische Handeln erfordert permanente Innovation – und folglich unentwegte schöpferische Anstrengung. Jeder hat nicht einfach nur kreativ zu sein, sondern kreativer als die anderen" (ebd. S. 142), um in der Kon-kurrenz zu bestehen. „Seien Sie besonders…oder Sie werden ausgesondert!"

(Peters 2001, S. 8), lautet dementsprechend die Bauanleitung einer Ich-AG, deren Drohpotential sich den Individuen einschreibt, sie zu funktionalen Subjekten werden lässt.

Die auf den ersten Blick im OECD-Bericht genannten positiv klingenden Schlagwörter, welche von Flexibilität über Kreativität bis zu Emotionalität und Sozialität reichen, bisweilen sogar ihren Ursprung in der Reformpädagogik haben, könnten vergessen lassen, dass es um eine möglichst effiziente Produktion von „Humankapital" als entscheidende Ressource zur Generierung von Wirtschaftswachstum geht (vgl. OECD 2005, S. 10). Persönliche Eigenschaften werden dem vermeintlichen Sachzwang Weltmarkt unterworfen und hören so auf, das ganz andere zu sein. „Sie treten den Einzelnen als gesellschaftliche Erwartung, wenn nicht als institutioneller Zwang entgegen" (Lemke 2004, S. 85). Zum „lebenslangen Lernen" (OECD 2005, S. 19) angehaltene Menschen „werden mit der Zumutung konfrontiert, sich als biographisch offene, örtlich ungebundene und unbeschränkt anpassungsfähige Subjekte zu präsentieren" (Lemke 2004, S. 85).

*Employability*

Die skizzierten Grundlagen und der Referenzrahmen des OECD-Berichtes geben das Koordinatensystem der zu erwerbenden Kategorien von Schlüsselkompetenzen an. Betrachtet man die Kategorien im Hinblick auf die eingangs beschriebenen Selbstorganisationsdispositionen, so wird deutlich, dass im Sinne Foucaults von „Selbsttechniken" gesprochen werden kann, die „das Individuum nicht selbst (erfindet)" (Foucault 1985, S. 18). Vielmehr sind es „Schemata, die es in der Kultur vorfindet, die ihm von seiner Kultur, seiner Gesellschaft, seiner sozialen Gruppe vorgeschlagen, nahe gelegt und aufgezwungen werden" (ebd. S. 18f.). Es sei explizit darauf hingewiesen, dass diesen Überlegungen keine Vorstellung eines konstituierenden Subjekts, also eines „vorgängigen eigentlichen Ichs", zugrunde liegt, da „das Subjekt nicht erst eine intakte ontologische Reflexivität (aufweist) und dann in einem zweiten Schritt in einem kulturellen Kontext situiert (ist). Vielmehr ist dieser kulturelle Kontext sozusagen immer schon da als der disartikulierte Prozess der Konstruktion des Subjekts. Genau dieser Prozess wird durch eine Denkstruktur verschleiert, die ein bereits fertiges Subjekt in ein äußerliches Netz kultureller Bedingungen einsetzt" (Butler 1993, S. 44).

Foucault betont, die Subjektivierung von Individuen sei eine Machtfrage. Subjektivierungsmechanismen gelte es als historisch spezifische anzuerkennen. Da es differente Formen von Macht gebe, existierten auch unterschiedliche Typen von Subjektivierung (vgl. Schneider 2000, S. 33ff.). Gegenwärtig finde sich

„innerhalb der politischen Struktur eine [...] komplexe Verbindung zwischen Techniken der Individualisierung und totalisierenden Verfahren" (Foucault 2005, S. 247), die immer massivere Formen der Unterwerfung durch Subjektivierung annehme, zugleich aber keine einseitige Repression sei: „Diese Machtform gilt dem unmittelbaren Alltagsleben, das die Individuen in Kategorien einteilt, ihnen ihre Individualität zuweist, sie an ihre Identität bindet und das Gesetz einer Wahrheit auferlegt, die sie in sich selbst und die anderen in ihnen zu erkennen haben" (ebd., S. 246). Es könne von einer doppelten Kodierung der Subjekte gesprochen werden: „Subjekt" meint sowohl das „Subjekt, das der Herrschaft eines anderen unterworfen ist und in seiner Abhängigkeit steht; und es bezeichnet das Subjekt, das durch Bewusstsein und Selbsterkenntnis an seine eigene Identität gebunden ist. In beiden Fällen suggeriert das Wort eine Form von Macht, die unterjocht und unterwirft" (ebd.).

Die im OECD-Bericht angegebenen drei Kategorien von Schlüsselkompetenzen: „Autonome Handlungsfähigkeit", „Interagieren in heterogenen Gruppen", „Interaktive Anwendung von Medien und Mitteln" (OECD S. 7) können vor diesem Hintergrund analysiert werden. Das Wort „Autonomie" ist dem Griechischen entlehnt und bedeutet soviel wie Selbstgesetzgebung, Selbstsatzung, Selbstbestimmung, welches hier der Hegelschen Bestimmung von der „knechtischen Selbstständigkeit" zu entsprechen scheint, denn nur der selbstständige Knecht ist in der Lage, seinen Herrn wahrhaft zu entlasten, unselbstständige Knechte bedürfen der permanenten Kontrolle. So ist auch nur das selbstständig über entsprechende Schlüsselkompetenzen verfügende Subjekt Herrschafts- und Machtverhältnissen wirklich unterworfen. Die lernenden Subjekte können künftig – sofern sie die sich ihnen eingeschriebenen Schlüsselkompetenzen permanent (re)produzieren, sie auch von anderen attestiert werden und einen „Abnehmer" finden – eigenverantwortlich und flexibel in jedes Arbeitsverhältnis, jedes Projekt, jedes Team einpassen. Den Inhalten der von ihnen zu erfüllenden Aufgaben gegenüber sind sie gleichgültig und für jeden Zweck einsetzbar. Entsprechend der Auftragslage eines Unternehmens können sie eingestellt und entlassen werden. Ihr Leben, ihr Job, ein „generalisiertes Provisorium" (Lemke 2004, S. 86), mit dem sie flexibel umgehen. Ihre Kreativität beschränkt sich auf Effizienzkriterien und den Erhalt eigener Wettbewerbsvorteile, von denen sie sich bei Strafe ihres Untergangs nicht lossagen dürfen.

Das OECD-Schlüsselkompetenzmodell spiegelt hegemoniale neoliberale Vernunft: „Der Versuch eines totalitären Zugriffs auf menschliche ‚Subjektivität' [...] eine sich des Sozialen bemächtigende Machtstrategie gezielter und gesteuerter Vereinzelung, der Zurichtung sozialer Lebendigkeit auf die Erfordernisse politischer Machterhaltung und kapitalistisch marktwirtschaftlicher Rationali-

tät, die Herz und Verstand, aber auch den Körper jedes Einzelnen erfassen"
(Hartmann/ Geppert 2008, S. 8) soll, kann einfach nicht übersehen werden.

## *Vorläufiges Fazit*

Die beschriebenen outputorientierten OECD-Schlüsselkompetenzen sind Ausdruck neoliberaler Hegemonie. Standort- und Wettbewerbspolitik werden zu einem vermeintlichen Sachzwang stilisiert, die u. a. zu einer Privatisierung öffentlicher Daseinsfürsorge und Deregulierung der Arbeitsmärkte führen. Kontinuierliche Erwerbsbiographien erodieren. Menschen finden sich zunehmend in prekären Beschäftigungsverhältnissen wieder, sollen unter den gegebenen gesellschaftlichen Verhältnissen zum „Unternehmer ihrer selbst" werden, flexibel, kreativ sein und handeln, sich selbstverantwortlich die Risiken beruflichen Scheiterns zurechnen. Die Implementierung beschriebener Schlüsselkompetenzen in schulische Curricula ist somit konsequent. Auch wenn das neoliberale Dogma allgegenwärtig, gesellschaftliche Macht- und Herrschaftsverhältnisse das Denken und Handeln formen, so ist doch Globalisierung kein Schicksal und Veränderungen das Ergebnis gesellschaftlicher Kämpfe und politischer Entscheidungen. Geschichte ist ein offener Prozess. Auch wenn die Implementierung entsprechender Kompetenzen in schulische Curricula weit voran geschritten ist, kann sich eine Gegenöffentlichkeit etablieren. Günter Eichs Worte: „Seid Sand, nicht das Öl im Getriebe der Welt!", könnten ein Motto dafür sein. Die Erinnerung an das, was sein könnte, darf nicht verloren gehen.

## *Literatur*

Bateson, Gregory: Die Ökologie des Geistes, Frankfurt am Main 1994
Bröckling, Ulrich/ Krasmann, Susanne/ Lemke, Thomas (Hrsg): Gouvermentalität, Neoliberalismus und Selbsttechnologien. In: Gouvermentalität der Gegenwart. Studien zur Ökonomisierung des Sozialen, Frankfurt am Main 2000, S.7 – 40
Bröckling, Ulrich: Kreativität. In: Bröckling, Ulrich/ Krasmann, Susanne/ Lemke, Thomas (Hrsg): Glossar der Gegenwart, Frankfurt am Main 2004, S. 139 – 144
Bundesministerium für Bildung und Forschung Referat Bildungsforschung (Hrsg.): Zur Entwicklung nationaler Bildungsstandards. Expertise. Bonn, Berlin unveränderter: Nachdruck 2009, *http://www.bmbf.de*
Butler, Judith: Kontingente Grundlagen: Der Feminismus und die Frage der ‚Postmoderne'. In Seyla Benhabib u.a. (Hrsg.): Der Streit um Differenz. Feminismus und Postmoderne in der Gegenwart, Frankfurt am Main, S.31 – 58
Erpenbeck, John/ von Rosenstiel, Lutz (Hrsg.): Handbuch Kompetenzmessung. Erkennen, verstehen und bewerten von Kompetenzen in der betrieblichen, pädagogischen und psychologischen Praxis, Stuttgart 2003, S.IX – XL

Fach, Wolfgang: Selbstverantwortung. In Bröckling, Ulrich/ Krasmann, Susanne/ Lemke, Thomas (Hrsg.): Glossar der Gegenwart, Frankfurt am Main 2004, S. 228 – 235

Feltes, Torsten/ Marc Paysen: Nationale Bildungsstandards. Von der Bildungs- zur Leistungspolitik, Hamburg 2005

Foucault, Michel: Freiheit und Selbstsorge. In: Becker, Helmut/ Lothar Wolfstetter (Hrsg.): Freiheit und Selbstsorge, Frankfurt am Main 1985, S. 7 – 28

Foucault, Michel: Subjekt und Macht. In: Defert, Daniel/ Ewald Francois (Hrsg.): Analytik der Macht, Frankfurt am Main 2005, S. 240 – 263

Hartmann, Detlef/ Geppert, Gerald: Die neue Etappe des Kapitalismus, Berlin/Hamburg 2008

Hirsch, Joachim: Vom Sicherheitsstaat zum nationalen Wettbewerbsstaat, Frankfurt am Main 1998

Horkheimer, Max: Sozialphilosophische Studien. Aufsätze, Reden und Vorträge 1930-1972, Frankfurt am Main 1972

Hurrelmann, Klaus: Soziologie der Erziehung, Weinheim 1974

OECD: Definition und Auswahl von Schlüsselkompetenzen. Zusammenfassung. 2005, *http://www.oecd.org.de*

Lemke, Thomas: Flexibilität. In Bröckling, Ulrich/ Krasmann, Susanne/ Lemke, Thomas (Hrsg): Glossar der Gegenwart, Frankfurt am Main 2004, S. 82 – 88

Lessenich, Stephan: Eigenverantwortung. In Wissenschaftlicher Beirat von Attac (Hrsg.): ABC der Globalisierung, Hamburg 2005, S. S. 38f.

Nonnenmacher, Frank: Schule im „nationalen Wettbewerbsstaat" – Instrumentalisierung der politischen Bildung?. In Butterwegge, Christoph/ Hentges, Gudrun (Hrsg.): Politische Bildung und Globalisierung. Opladen 2002, S. 237 – 250

Peters, Tom: TOP 50 Selbstmanagement. Machen Sie aus sich die Ich-AG, München 2001, zit. n. Bröckling, Ulrich: Kreativität. In: Bröckling, Ulrich/ Krasmann, Susanne/ Lemke, Thomas (Hrsg): Glossar der Gegenwart, Frankfurt am Main 2004, S. 139 – 144

Ptak, Ralf: Neoliberalismus. In Wissenschaftlicher Beirat von Attac (Hrsg.): ABC der Globalisierung, Hamburg 2005, S. 132f.

Rolff, Hans Günter: Soziologie der Schulreform: Theorien, Forschungsberichte, Praxisberatung, Weinheim 1980

Ribolitis, Erich: Flexibilität. In Dzierbicka, Agnieszka / Schirlbauer, Alfred (Hrsg.) Pädagogisches Glossar der Gegenwart, Wien 2006, S.120 – 127

Schneider, Ulrike: Die Dekonstruktion des bürgerlichen Subjekts am Beispiel ausgewählter Werke Jakov Linds (Diss.), Neurid 2001, S. 29 – 40

Ständige Konferenz der Kultusminister: Antrittsrede der hessischen Kultusministerin, Staatsministerin Karin Wolff, anlässlich der Übernahme der Präsidentschaft der Kultusministerkonferenz am 16. Januar 2003, Bonn: Sekretariat der KMK

Traue, Boris: Kompetente Subjekte: Kompetenz als Bildungs- und Regierungsdispositiv im Postfordismus. In: Kurtz, Thomas, Pfadenhauer, Michaela (Hrsg.): Soziologie der Kompetenz, Wiesbaden 2010, S. 49 – 68

*Barbara Dickhaus / Christoph Scherrer*

# Standardisierung von Hochschulbildung durch die Bologna-Reformen

## 1. Einleitung

Der sogenannte Bologna-Prozess geht auf eine in der italienischen Stadt Bologna getroffene Entscheidung der Wissenschafts- und KulturministerInnen der Mitgliedsstaaten der Europäischen Union (EU) im Jahre 1999 zurück, die Hochschulsysteme ihrer Länder anzugleichen. Als Vorbild diente ihnen das angelsächsische Modell, welches damals und auch heute noch vielen als Maßstab einerseits für wissenschaftliche Exzellenz und andererseits für eine qualitätsorientierte Hochschulausbildung gilt. Neben der sichtbarsten Maßnahme, nämlich der Teilung der in der Regel fünfjährigen Magister- und Diplomstudiengänge in zwei insgesamt ebenso lange Phasen mit dem Abschluss Bachelor und Master, wurden unter anderem auch eine Modularisierung der Studiengänge, die Akkreditierung, die Bemessung studentischer Arbeitszeit durch ECTS (*European Credit Transfer System*) und das *Transcript of Records* eingeführt. Wie im Folgenden näher ausgeführt wird, dienen alle diese Elemente zur Standardisierung und Leistungsmessung der besseren Vergleichbarkeit der Studiengänge und Hochschulabschlüsse und damit theoretisch auch der Mobilität von Studierenden zwischen europäischen Hochschulen. Mittlerweile folgen auch viele Staaten außerhalb der EU diesem Modell.

Angesichts des erbitterten und vielfach erfolgreichen Widerstands gegen auf Vergleichbarkeit und Standardisierung von Hochschulbildung ausgelegte Reformen in den 1970er und 1980er Jahren ist die Geschwindigkeit, mit der ,Bologna' durchgesetzt wurde, erstaunlich und somit erklärungsbedürftig. Sicherlich ist dessen Wirkmächtigkeit auch dem ,neoliberalen Zeitgeist' geschuldet, doch bedarf auch dieser Zeitgeist einer Erklärung. Das Beispiel Bologna-Prozess könnte helfen, den politischen Wandel sowie die Rolle neoliberaler Ideen im Hochschulsektor besser zu verstehen. Dabei wollen wir jedoch einfache Zuschreibungen vermeiden und vielmehr die Komplexität und Widersprüchlichkeit der Prozesse darstellen. Dementsprechend ist die Durchsetzung der Bologna-Reformen und neoliberaler Ideen einerseits als Folge der Kompetenzaneignungsstrategien der Europäischen Kommission zu verstehen. Denn obwohl Hochschulpolitik formal nicht in den Kompetenzbereich der Europäischen Kommission fällt, ist die Kommission inzwischen zu einem zentralen Akteur im Kontext des Bologna-

Prozesses und der europäischen Hochschulpolitik insgesamt geworden (Charlier/Croché 2008; Croché 2009; Balzer/Martens 2004; Martens/Wolf 2006; Dickhaus 2010). Andererseits werden wir aufzeigen, dass ‚Bologna' (nationalen) bildungspolitischen EntscheidungsträgerInnen als Reformvehikel dient, mit dem sie sehr unterschiedliche Ziele verbinden.

Gleichfalls unterscheiden wir uns von denjenigen KritikerInnen des Bologna-Prozesses, die diesen vor allem als Manifestation neoliberaler Hegemonie mit dem Ziel der Kommodifizierung von Bildung verstehen (vgl. z.b. Hirsch 2008; Wernicke 2008). Zwar bedingt ‚Bologna' durch Standardisierungsprozesse auch eine Kommodifizierung von Hochschulbildung, doch gleicht der Prozess in weiten Teilen vor allem der traditionellen bürokratischen Harmonisierungsstrategie der EU und weniger der Strategie der Binnenmarktliberalisierung. Zudem sollten Interpretationsspielräume und das Widerstandspotential der jeweiligen Hochschulangehörigen und damit mögliche Brüche in hegemonialen Konstellationen nicht unterschätzt werden. Kurzum, wir wollen zeigen, dass gerade das unklare Ziel des Prozesses und die Widerstände gegen die Reformen den Prozess als solchen bisher hegemonial, d.h. ohne wirkliche Alternativen, erscheinen lassen.

## 2. Der Bologna-Prozess: Forum-Shifting und Kompetenzaneignung

Die Bildungspolitik ist einer der wenigen Bereiche, die bisher noch nicht europäisch ‚vergemeinschaftet' wurden. Die EU-Kommission verfügt über keine Kompetenzen in diesem Bereich. Die EU-Mitgliedsstaaten verteidigten lange die nationale Bildungshoheit. Dies sollte sich Ende der 1990er Jahre ändern. In Bologna traf sich das Interesse der Europäischen Kommission an mehr Kompetenzen im Bereich der Bildung mit dem Interesse vieler WissenschaftsministerInnen der EU-Mitgliedsstaaten an nationalen Reformprozessen. Die nationalen Minister hofften, durch eine Verlagerung hochschulpolitischer Strukturentscheidungen auf die EU-Ebene die Kräfteverhältnisse in den eigenen Ländern zu ihren Gunsten beeinflussen zu können (*Forum-Shifting*). Die EU-Kommission ergriff die Chance, als Forum und Organisator der gemeinsamen Hochschulpolitik der Mitgliedstaaten zu dienen und sich damit weitere Kompetenzen anzueignen.

Der Bologna-Prozess basiert auf einer intergouvernementalen Deklaration, der so genannten Sorbonne-Erklärung, die 1998 von den BildungsministerInnen Frankreichs, Deutschlands, Englands und Italiens verabschiedet wurde. 1999 wurde diese völkerrechtlich nicht verbindliche Deklaration in Italien als Bologna-Erklärung von 29 europäischen BildungsministerInnen unterzeichnet. Mittlerweile sind mehr als 40 europäische Staaten, darunter viele Nicht-EU-Staaten, Teil des Bologna-Prozesses.

Die Reformen für den Hochschulsektor zielen darauf ab, einen europäischen Hochschulraum zu schaffen. Sie sind somit Teil des europäischen Integrationsprojektes. Im Zuge der Bologna-Reformen sollte ein transparentes, international vergleichbares europäisches Hochschulsystem aufgebaut werden. Um dies zu erreichen, wurden unterschiedliche Maßnahmen festgelegt, die auf eine internationale Standardisierung zielen:

- Schaffung eines dreigliedrigen Studiensystems (Bachelor, Master, Promotionsstudium);
- Einführung eines *Europäischen Credit Transfer Systems* (ECTS) und von *Diploma Supplements*, welche eine internationale Transparenz und ‚Lesbarkeit' der Studienleistungen ermöglichen sollen;
- Etablierung eines Systems zur Qualitätssicherung (Akkreditierung) von Studiengängen.

Dabei sind die Zielsetzungen der Bologna-Reformen sehr allgemein formuliert, so dass den beteiligten Ländern ein breiter Gestaltungsspielraum bleibt.

## 2.1 Überwindung nationaler Reformblockaden

Dem Bologna-Prozess ging ein intergouvernementaler Verhandlungsprozess zwischen den BildungsministerInnen der Mitgliedstaaten voraus. Für die ‚Internationalisierung' bzw. Verlagerung der hochschulpolitischen Initiativen waren unterschiedliche Gründe relevant. So sahen sich nationale Regierungen einerseits nicht in der Lage, angestrebte Reformen wie eine Verkürzung von Studienzeiten auf der nationalen Ebene durchzusetzen. Insbesondere im französischen wie auch im deutschen Hochschulsektor stießen zahlreiche Reformen auf Widerstand, sowohl aufgrund spezifischer institutioneller Bedingungen wie beispielsweise dem bildungspolitischen Föderalismus in Deutschland, als auch aufgrund inhaltlicher Vorbehalte (Martens/Wolf 2006: 146, 155; Charlier/Croché 2008: 10-15; Croché 2009: 495 – 496). In diesem Kontext bot eine Europäisierung der Reformagenda die Chance,

„die bildungspolitischen Zuständigkeiten innerhalb ihrer politischen Systeme zu umgehen und auf diese Weise Hindernisse bei der Durchsetzung ihrer eigenen bildungspolitischen Reformziele überwinden zu können" (Martens/Wolf 2006: 146).

Zum anderen verfolgten die Regierungen das Ziel, die Position ihrer Länder im globalen Wettbewerb mittels Schaffung eines gemeinsamen, vom Wettbewerb untereinander geprägten Hochschulraums zu stärken. Sie sahen sich vor allem in der Konkurrenz mit den USA um ‚die besten Köpfe' (Charlier/Croché 2008;

Huisman/van der Wende 2004). Die rasche Zunahme an Unterzeichnerstaaten dürfte auch Folge eines so genannten *Bandwagoneffekts* sein: Länder, die nicht zu den Erstunterzeichnerstaaten gehörten, wollten nicht vom entstehenden europäischen Hochschulraum ausgeschlossen werden (Musselin 2008: 309-10)

Die nationalen BildungspolitikerInnen befürchteten somit nicht mehr, dass eine Europäisierung ihres Sektors zum Souveränitätsverlust führt. Vielmehr erhofften sie sich einen Autonomiegewinn gegenüber nationalen „Blockadekoalitionen". Dabei fand eine erhebliche und möglicherweise in ihrem Ausmaß nicht absehbare Kompetenzübertragung von nationalstaatlicher auf europäische Ebene statt (Martens/Wolf 2006: 151; Croché 2009).

## 2.2 Kompetenzaneignungsstrategien der EU-Kommission

Ein Urteil des Europäischen Gerichtshofes im Jahre 1985 ermöglichte der Europäischen Kommission den Einstieg in die Hochschulpolitik. Dieses Urteil fasste das Konzept der *‚Beruflichen Bildung'*, einem Sektor, in dem die EU-Kommission Handlungskompetenz besitzt, sehr weit, so dass auch universitäre Programme in diesen Bereich fallen. Somit konnte die Europäische Kommission zumindest formal ihren Zuständigkeitsbereich ausdehnen (Corbett 2006: 18-19; Keeling 2006: 204).

Entsprechend begann die Europäische Kommission bereits vor den Bologna-Reformen durch die Thematisierung spezifischer Probleme Einfluss auf den Hochschulsektor zu nehmen (*Agenda-setting*; Corbett 2003). Sie hob die Bedeutung von internationaler Mobilität von Studierenden und Lehrenden hervor, die eine Transparenz von Hochschulabschlüssen notwendig mache. Sie verband dieses Thema mit Fragen der Beschäftigungsfähigkeit von HochschulabsolventInnen sowie mit Ideen einer ‚europäischen Wissensgesellschaft' und nationaler Wettbewerbsfähigkeit. Fehlende Mobilität oder Beschäftigungsfähigkeit von Graduierten sowie international nicht vergleichbare Hochschulabschlüsse stellten sich dementsprechend als Defizite in der Hochschulbildung dar. Im Blick auf die Beschäftigungschancen spiegelte sich auch ein verändertes Verständnis von universitärer Bildung in Europa wider, in der ökonomische Aspekte eine zunehmende Bedeutung gewinnen (vgl. Keeling 2006: 208-211). Der Kommission gelang es so, ihre spezifische Problemsicht in den hochschulpolitischen Diskursen zu verankern. Balzer/Martens bezeichnen diesen Prozess auch als *‚governance by opinion formation'* (2004: 7, 12-14).

Während anfänglich die europäischen Nationalstaaten den hochschulpolitischen Ambitionen der Europäischen Kommission mit Skepsis begegneten, gelang es der Kommission, ihre Vorstellungen von Mobilität im Hochschulsektor mit konkreten, auf europäischer Ebene institutionalisierten und von ihr finanzierten und koordinierten Programmen (z.B. Erasmus) zu verbinden. Die praktische Umsetzung des Mobilitätsprogramms machte den beteiligten Akteuren die fehlende Vergleichbarkeit der verschiedenen Hochschulsysteme bewusst, was eine gemeinsame (Problem-)Sicht beförderte (Corbett 2006; Fejes 2006; Huisman/van der Wende 2004: 351-352). Mithin entstand ein Konsens über hochschulpolitische Probleme, für welche die Bologna-Reformen eine Lösung bieten sollten.

Das Handeln der EU-Kommission entspricht der institutionalistischen Einsicht, dass internationale Organisationen nicht lediglich als Instrument nationaler Regierungen zu sehen sind. Sie sind zudem als Akteure zu fassen, die die eigene Machtposition stärken und ihren Handlungsspielraum erweitern wollen (Barnett/Finnemore 1999). Während die nationalen Regierungen das *forum shifting* als Strategie zur Rückgewinnung von Handlungsfähigkeit entwickelt haben, stellt das *re-scaling* von Hochschulpolitik von der nationalen auf die europäische Ebene das zentrale Ziel der Europäischen Kommission dar. Eine Europäisierung eröffnet ihr Handlungsfähigkeit, die sie formal nicht besitzt.

In den Verlautbarungen der Europäischen Kommission zu Wettbewerbsfähigkeit und Hochschulbildung spiegeln sich veränderte politisch-ökonomische Kontextbedingungen wider (vgl. Robertson 2006). Im Zuge der Abkehr von der fordistischen Industrie zugunsten einer wissensbasierten Ökonomie verwandeln sich die keynesianischen Wohlfahrtsstaaten in so genannte nationale Wettbewerbstaaten. Als solche orientieren sie sich vorrangig an der internationalen Wettbewerbsfähigkeit ihrer Ökonomien (Cerny 1995). Regionale Wirtschaftsräume wie die Europäische Union orientieren sich ebenfalls am Paradigma der internationalen Wettbewerbsfähigkeit, was sich in dem viel zitierten Ziel der Lissabon-Strategie, der wettbewerbsstärkste Wirtschaftsraum der Welt zu werden, niederschlägt (Lisbon Council 2000). Im Kontext eines Wettbewerbs zwischen wissensbasierten Ökonomien wird Hochschulbildung eine neue Rolle für die nationale (und individuelle) Wettbewerbsfähigkeit zugeschrieben (Robertson 2006; Jessop 2008). Diese politisch-ökonomischen Entwicklungen informierten die Verlautbarungen der EU-Kommission zur Hochschulbildung und beförderten zugleich ihre Wirkmächtigkeit. Das Ergebnis waren grundlegende, auf Wettbewerbsfähigkeit ausgerichtete Hochschulreformen auf nationalstaatlicher Ebene, denen sich Verbände von Hochschulen, Lehrenden und Studierenden lange Zeit widersetzt hatten (Martens/Wolf 2006; Charlier/Croché 2008; Croché 2009; Dickhaus 2010).

Während Zeitgeist und Interessenkonvergenz das Zustandekommen der eher unverbindlichen Verlautbarungen von Bologna erklären mögen, bleibt der rasche Implementationsprozess in den einzelnen Ländern erklärungsbedürftig. Die von der Kommission vorangetriebene Institutionalisierung des Bologna-Prozesses dürfte nicht unerheblich die Umsetzung der Ziele befördert haben. Sie bewirkte eine zunehmende Verbindlichkeit der Bologna-Agenda und eine Stärkung der Rolle der Europäischen Kommission (Ravinet 2008).

Nachdem die Europäische Kommission in der Phase der rein intergouvernementalen Verhandlungen lediglich einen ‚Beobachterstatus‘ hatte, ist sie inzwischen in verschiedenen Gremien des Prozesses vertreten (z.B. in Arbeitsgruppen wie der *preparatory group, follow-up group, steering group*) beziehungsweise nimmt zum Teil auch eine entscheidende, koordinierende Rolle ein (Balzer/Martens 2004: 10-12; Ravinet 2008). Die Tatsache, dass ein ‚europäischer Modus‘ von Entscheidungs- und Verhandlungsstrukturen den meisten beteiligten Akteuren bereits bekannt war, führte zudem dazu, dass die institutionellen Strukturen im Bologna-Prozess nach diesem Muster ausgerichtet wurden. Die beteiligten Akteure hielten die Europäische Kommission für die Übernahme koordinierender Aufgaben für besonders geeignet (Ravinet 2008: 358-359). Entsprechend bezeichnen Balzer/Martens diesen Prozess als ‚*governance by coordination*‘, der es der Kommission erlaubt, neuen Handlungsspielraum zu gewinnen. Zugleich erschweren diese Entscheidungsstrukturen den Reformen kritisch gegenüber stehenden WissenschaftlerInnen und Studierenden die Mitsprache.

Als besonders wirksam erwies sich die ‚offene Koordinationsmethode‘ (*Open Method of Coordination*) der EU-Kommission. Sie beinhaltet die Entwicklung von internationalen Vergleichsmaßstäben (*bench-marks*), an denen sich die beteiligten Nationen orientieren sollen. Ein turnusgemäßes Berichterstattungssystem (*follow up*) stellt die beteiligten Länder unter Rechtfertigungszwang, falls sie die vereinbarten Maßnahmen langsamer als der Durchschnitt umsetzen. Der Verweis auf die anderen Ländern erlaubt den jeweiligen Bildungsministerien ihrerseits, auf die nationalen Akteure Druck für eine zügige Umsetzung auszuüben (vgl. Alexiadou 2007; Balzer/Martens 2004: 12).

Im Zuge der Bologna-Reformen entstanden zudem den Prozess unterstützende Akteure. Dazu gehören insbesondere die neu geschaffenen Akkreditierungsagenturen, welche ein ökonomisches Interesse an der Vertiefung und Weiterführung der Bologna-Reformen haben, da sie ihnen ein Tätigkeitsfeld eröffnen. Zudem wurde Hochschultypen mit einer geringeren Reputation die Chance eröffnet, Institutionen mit höherer Reputation nachzuahmen. Im deutschen Fall waren dies insbesondere die Fachhochschulen, denen Masterstudiengänge zugestanden wurden, deren erfolgreicher Abschluss prinzipiell die Möglichkeit einer anschließenden Promotion erschließt. Gleiches gilt für die *hogescholen* in Holland und die *ammattikorkeakoulu* in Finnland (Huisman 2009: 256).

So kann die EU-Kommission auch ohne Gesetzgebungskompetenz die europäische Hochschulpolitik beeinflussen. Insgesamt erfreute sich „[t]he Commission's higher education discourse […] considerable by-in and active involvement from the rest of the European higher education community." (Keeling 2006: 213). Nicht nur die Bildungsministerien, auch einzelne Universitäten und Hochschulverbände hatten ein explizites Interesse an Reformen, die eine Internationalisierung und die Herausbildung ‚exzellenter' Hochschulen ermöglichen (Keeling 2006). Wenngleich die Interessen der Unternehmen durch eine stärkere Ausrichtung an der Beschäftigungsfähigkeit von HochschulabsolventInnen im Bologna-Prozess aufgegriffen werden, wird ihnen jedoch keine entscheidende Rolle in der Entwicklung der Bologna-Reformen zugesprochen (Amaral/Magalhães 2004: 84 – 85).

### 3. ‚Gefühlte' und reale Standardisierung

Auf den ersten Blick kam es in Europa zu einer rasanten Standardisierung der Hochschulstrukturen. Bei genauerem Hinsehen wird allerdings deutlich, dass erhebliche Unterschiede zwischen den Mitgliedsländern bestehen blieben. Einige Beispiele illustrieren diese Vielfalt. So bestehen weiterhin Ausnahmen von der BA/MA-Stufenstruktur. Die französischen *Instituts Universitaires de Technologie* schließen immer noch nach 2 Jahren ab (Musselin 2008: 311). Interessanterweise sind in Deutschland an einigen Hochschulen insbesondere die Studiengänge von der Reform ‚verschont' geblieben, bei denen der Staat einen sehr direkten Einfluss hat, nämlich die Staatsexamensstudiengänge für Lehramt, Jura und Medizin (vgl. Statistisches Bundesamt 2007: 17-18). Auch variiert die Länge der Masterphase bundesweit zwischen einem und zwei Jahren. Zudem führte die Einigung auf ein gestuftes Studiensystem nicht zu einheitlichen Abschlussbezeichnungen. Das Spektrum reicht von ‚BA of …' bis zu ‚licence', von ‚LLM' zu ‚grade'. Hinter dem niederländischen ‚Bachelor of Fiscal Economics' dagegen verbirgt sich ebenso wie hinter dem ‚grade de master' kein wissenschaftlicher Abschluss (Witte 2008: 437-8).

Diese Differenzen belegen eindrucksvoll, wie sehr die bisherigen Strukturen und die jeweiligen politischen Kräfteverhältnisse in den Mitgliedsstaaten den Umsetzungsprozess von Bologna beeinflussen. Dies kann als weiteres Indiz für die These des *Forum-Shiftings* gelten: Die Mitgliedstaaten nutzen Bologna, um eigene Reformziele zu verfolgen (Musselin 2008). Allerdings könnte die noch bestehende Vielfalt auch als Folge einer Durchsetzungsstrategie gedeutet werden, die den umsetzenden Akteuren viel Spielraum beim Anstoßen der Reformen lässt (zumal diese Akteure über ein recht hohes Maß an professionspolitischer Autonomie verfügen, Huisman 2009: 251), damit diese sich mit dem Prozess besser identifizieren können. Sind die wesentlichen Strukturelemente einmal umgesetzt, kann eine weitere Harmonisierung erfolgen. Einige Entwicklungen im deutschen

Hochschulsektor lassen dieses Argument plausibel erscheinen. Den deutschen Hochschulen wurde viel Spielraum bei der Gestaltung ihrer BA und MA gelassen. So konnten Reformkoalitionen an Hochschulen lang gehegte Vorstellungen von guter Lehre umsetzen, die allerdings häufig letztlich daran scheiterten, dass sie für kleine Studierendenzahlen konzipiert wurden, die der Massenuniversität und den wieder ansteigenden Jahrgangsgrößen nicht entsprachen. Die Professorenschaft war insbesondere von der Möglichkeit, fachspezialisierte Studiengänge zu entwickeln, fasziniert. Das Konzept von Masterstudiengängen verbreitete sich rasch. Dieses Interesse nutzten die Wissenschaftsministerien geschickt zur Durchsetzung der Bachelorstudiengänge, indem sie MAs nur unter der Bedingung genehmigten, dass zugleich auch BAs geschaffen werden (eigene Beobachtung).

Sicherlich wurden spürbare Standardisierungserfolge erzielt, doch sind die verbleibenden Variationen von Bedeutung. Von einem in ganz Europa standardisierten Hochschulraum zu sprechen, ist noch verfrüht. Vielleicht wird es dazu auch nicht kommen, und zwar auch aufgrund von Kommerzialisierungsprozessen, welche dazu führen werden, dass Unterschiede auch weiterhin bestehen bleiben bzw. verstärkt werden.

## 4. Standardisierung als Kommodifizierung?

Während die Bologna-Reformen von BefürworterInnen als zentraler Beitrag zur Verbesserung von Lehre und Forschung angesehen werden (BMBF 2007), bringen KritikerInnen diese Reformen mit einer Ökonomisierung des Studiums in Verbindung (Keller 2004; PROKLA 2004; Hirsch 2008; Wernicke 2008; Banscherus et al. 2009; GEW 2009). Zentrales Argument dieser Kritik ist, dass Hochschulbildung durch diese Reformen zunehmend auf ökonomische ‚Verwertbarkeit' ausgerichtet wird.

Die Frage, inwiefern die Bologna-Reformen eine Ökonomisierung des Studiums und eine Ausrichtung auf nationale Wettbewerbsfähigkeit darstellen, kann anhand unterschiedlicher Aspekte exemplarisch analysiert werden: im Bezug auf die Studiendauer und inhaltlichen Neuausrichtungen, die neuen Studienstrukturen und damit zusammenhängenden Zulassungsbeschränkungen, sowie auf die Ausgestaltung der Qualitätssicherungspolitiken (vgl. hierzu z.B. Keller 2003; PROKLA 2004; Banscherus et al. 2009).

In den in Deutschland in der Regel ohne größere Pilotprojekte schnell umgesetzten Reformen wurden vielfach stark verschulte Studiengänge mit oftmals ‚verdichteten' Curricula geschaffen, die den Charakter des Studiums insbesondere in den Buchwissenschaften grundlegend verändert haben. Individuelle Interessen können in vielen Bachelor-Studiengängen inzwischen oftmals nicht realisiert werden, da Wahlmöglichkeiten für Schwerpunktsetzungen im Studium kaum mehr möglich sind. Der Mangel an Wahlmöglichkeiten kann zum Teil als Folge einer zu wenig durchdachten und zu schnell umgesetzten Reform angesehen werden. Doch spiegelt sich in den Reformen auch ein Interesse an verkürzten und damit effizienteren Studienzeiten wider. Diese Sicht wird dadurch verstärkt, dass das Bundesministerium für Bildung und Forschung eine Neuausrichtung der Studieninhalte mit Blick auf Beschäftigungsfähigkeit konstatiert: „Die Bologna-Staaten wollen in Zukunft auch die Beschäftigungsfähigkeit – also employability – der Absolventen stärker in den Fokus rücken." (BMBF 2007). Die Betonung von Beschäftigungsfähigkeit muss dabei nicht an sich Kommerzialisierung bedingen, sondern kann zur Vermittlung von zusätzlichen sog. Schlüsselqualifikationen führen. Dennoch reflektiert auch der Fokus auf *employability* einen veränderten Blick auf Hochschulbildung, die zunehmend in Gefahr gerät, mehr eine Form der ‚Ausbildung' als ein Hochschulstudium darzustellen. Dieser Sichtweise wird von einigen Akteuren ein anderes Konzept des – notwendigen und wichtigen – Praxisbezuges entgegen gestellt, welches sowohl berufliche und gesellschaftliche Praxisbezüge betont als auch die Fähigkeit, gesellschaftliche Entwicklungen und erworbenes theoretisches Wissen wissenschaftlich und kritisch zu hinterfragen (vgl. z.B. GEW 2009).

Die vertikale Mobilität von Studierenden wird durch die Ausgestaltung der Reformen in Deutschland teilweise eingeschränkt, denn das Bachelorstudium wird in Deutschland als ‚Regelabschluss des Hochschulstudiums' angesehen, der Zugang zum Masterstudium ist daher teilweise durch Noten-Vorgaben eingeschränkt. Der Übergang vom Bachelor- zum Masterstudium steht somit nicht allen Studierenden offen (Banscherus et al. 2009: 20-21), was die Konkurrenzsituation von Studierenden um Noten und Studienplätze erhöht.

Die Akkreditierung der Bachelor- und Masterstudiengänge zur ‚Qualitätssicherung' in der Hochschulbildung hat dazu geführt, dass traditionelle Formen der Evaluation und Kontrolle von ‚Qualität' in Lehre und Forschung infrage gestellt und durch bürokratische *New Public Management*-Formen der Evaluierung ersetzt werden. Gleiches gilt für das Einbringen von Marktmechanismen (‚Qualitätssiegel' bzw. erfolgreiche Akkreditierungen zur Schaffung von Transparenz) in die Governance-Strukturen des Hochschulsektors. Amaral/Magalhães (2004) betonen, dass mit den marktförmigen Instrumenten der Qualitätssicherungspolitiken eine Kommodifizierung von Hochschulbildung einhergeht (88-94).

In Deutschland wird diese Aufgabe nicht nur von staatlichen oder öffentlichen Institutionen sondern auch von (teil-)privaten Agenturen durchgeführt (vgl. auch Keller 2003). Die Beteiligung privater Akteure in der Regulierung des

Hochschulsektors trägt zu einem grundlegenden Wandel im Verhältnis zwischen Staat und Universitäten bei.

Hoffnung auf Kommerzialisierung mag eine der Triebkräfte des Bologna-Prozesses gewesen sein, doch gerade durch die Harmonisierungszielsetzung liegt der Ansatz quer zu den üblichen Durchsetzungsmodi zur Schaffung eines liberalisierten Binnenmarktes. Seit dem Urteil des Europäischen Gerichtshofs im Falle Cassis-de-Dijon von 1979 wird die marktwirtschaftliche Freizügigkeit der Europäischen Union vornehmlich mittels der gegenseitigen Anerkennung der jeweiligen nationalen Standards und weniger durch eine Harmonisierung der Standards vorangetrieben (Pletscher 2005). US-Erfahrungen legen zudem nahe, dass ein kommerzialisiertes Hochschulsystem durch Differenzierungen und den Verzicht auf Mobilität innerhalb der jeweiligen Ausbildungsstufen charakterisiert ist. Private Anbieter versuchen, durch Besetzung spezifischer Nischen, Konkurrenz einzuschränken. Einige private Universitäten werden versuchen, sich zu elitären Zirkeln zusammen zuschließen (was aufgrund der hohen Kosten für Spitzenforschung nur Stiftungsuniversitäten gelingen wird), andere werden auf Skalenerträge setzen und dem ‚McDonalds-Prinzip‘ folgen, indem sie einer großen Zahl von Studierenden ein grundständiges Studium ermöglichen. Beide Universitätsformen hätten in so einem Kontext wenig Interesse an Mobilität innerhalb von Ausbildungsstufen, denn sie würden Gefahr laufen, ihre ‚Kunden‘ an andere Universitäten zu verlieren. Es ist daher insbesondere die bereits unter der rot-grünen Bundesregierung angeschobene Exzellenzinitiative, welche die Kommerzialisierung durch die Fragmentierung des Hochschulsektors vorantreibt (Hartmann 2006).

Insgesamt sollte ‚Bologna‘ als ein Prozess verstanden werden, der unter neoliberalen Vorzeichnen entstand, jedoch deutliche Merkmale der fordistischen Epoche der Europäischen Gemeinschaft und damit mehr einer Harmonisierung als einer Liberalisierung gleicht. Dennoch ist es möglich, dass die nächste Reformphase auch im Hochschulbereich eine neoliberale Liberalisierung verstärkt.


## 5. Fazit

Ein Blick auf den Bologna-Prozess zur Standardisierung von Hochschulbildung zeigt uns, dass das wettbewerbsstaatliche Bestreben einzelner Nationalstaaten nach Reformen im Hochschulsektor für die Durchsetzung der Reformen durchaus von Bedeutung war. Das Ausmaß und die Wirkmächtigkeit dieses Internationalisierungs- und Europäisierungsprozesses sind jedoch nicht allein dadurch zu erklären. Die Kompetenzaneignungsstrategien der Europäischen Kommission spielten daher eine zentrale Rolle bei der Umstrukturierung des Hochschulsektors in vielen europäischen Ländern. Aufbauend auf bereits institutionalisierte Dis-

106

kurse über die Wettbewerbsfähigkeit von Hochschulbildung gelang es der Europäischen Kommission, ihre Handlungsmöglichkeiten im Bildungssektor grundlegend zu erweitern. Dieses *re-scaling* von der nationalen auf die europäische Ebene ermöglicht es der Kommission, auf vielfache Weise Einfluss auf die Gestaltung europäischer Hochschulpolitik zu nehmen, womit die Begrenzung der Handlungsspielräume der Mitgliedstaaten einhergeht. Es ist der Europäischen Kommission damit gelungen, in einem Bereich, in dem sie *de jure* kaum Einflussmöglichkeiten hat, zu einem wichtigen Akteur zu werden. Die Kompetenzerweiterung der Europäischen Kommission beruht dabei jedoch nicht lediglich auf einer einseitigen, dominanten Durchsetzungsstrategie der Kommission. Vielmehr hatten unterschiedliche Akteure wie einzelne nationale Regierungen, Hochschulverbände etc. ein Interesse an einer Europäisierung von Hochschulpolitik.

Die nationalen Auseinandersetzungen im Umsetzungsprozess erklären die weiterhin erheblichen Differenzen unter den Hochschulsystemen der EU-Mitgliedstaaten. Das Ausmaß der mit dem Bologna-Prozess einhergehenden Kommerzialisierung von Hochschulbildung wird entsprechend von den Kräfteverhältnissen in diesen Auseinandersetzungen geprägt. Der Bologna-Prozess wird durchaus für eine solche Kommerzialisierung genutzt, doch sein Fokus auf Harmonisierung entspricht mehr der fordistischen als der neoliberalen Phase europäischer Binnenmarktschaffung.

## 6. Bibliographie

Alexiadou, Nafsika (2007). „The Europeanization of Education Policy: researching changing governance and ‚new‘ modes of coordination." *Research in Comparative and International Education 2 (2),*pp. 102-116.

Amaral, Alberto/ Maghalhaes, António (2004): Epidemiology and the Bologna Saga. In: Higher Education 48, 79-100.

Balzer, Caroline/ Martens, Kerstin (2004): International Higher Education and the Bologna Process: what part does the European Commission play? Paper presented to the epsNet 2004 Plenary Conference, 18-19 June 2004. Charles University, Prague.

Banscherus, Ulf/ Gulbins, Annerose/ Himpele, Klemens/ Staack, Sonja (2009): Der Bologna-Prozess zwischen Anspruch und Wirklichkeit. GEW/Max Träger Stiftung. Frankfurt.

Barnett, Michael/ Finnemore, Martha (1999): The Politics, Power, and Pathologies of International Organizations. In: International Organization, 53, 4, 699 – 732.

Bologna-Erklärung 1999: Der Europäische Hochschulraum. Gemeinsame Erklärung der Europäischen Bildungsminister, Bologna, 19.06.1999, abrufbar unter: http://www. bmbf.de/de/3336.php [.2010].

BMBF (2007) Drei für Bologna: Qualität, Mobilität und Transparenz. Pressemitteilung, 18.05.07, *http://www.bmbf.de/press/2050.php* [Zugriff 8.4.2010]

Cerny, Philip (1995): Globalization and the Changing Logic of Collective Action. In: *International Organization*, Vol. 49, no. 4 (Autumn 1995)

Corbett, Anne (2003): Ideas, Institutions and Policy Entrepreneurs: towards a new history of higher education in the European Community. In: European Journal of Education, Vol.38, No. 3, 315 – 330.

Corbett, Anne (2006, December). „Higher Education as a Form of European Integration: How Novel is the Bologna Process?" ARENA Working Paper No. 15.

Charlier, Jean/ Croché, Sarah (2008): The Bologna Process. The Outcome of Competition Between Europe and the United States and the Stimulus to this Competition. In: European Education, vol 39, no 4, 10-26.

Croché, Sarah (2009): Bologna network: a new sociopolitical area in higher education." Globalisation, Societies and Education 7(4), pp. 489-503.

Dickhaus, Barbara (2010): (Internationale) Strategien der Standardisierung von Bildung und ihr politisch-ökonomischer Hintergrund. Zum Regime von PISA, Bologna und GATS. In: Protokolle der Evangelischen Akademie Hofgeismar zur Tagung ‚Bildung = Humankapital?' Mai 2010. Im Erscheinen.

Fejes, Andreas (2006): The Bologna-Process – Governing higher education in Europe through standardisation. In: Revista Española de Educación Comparada. 12 (2006), 203 – 231.

Gewerkschaft Erziehung und Wissenschaft / GEW (2009): Chancengleichheit im Europäischen Hochschulraum. Für einen radikalen Kurswechsel im Bologna-Prozess. Dokumente Hochschule und Forschung. Frankfurt/Main.

Hartmann, Michael (2006): Die Exzellenzinitiative – ein Paradigmenwechsel in der deutschen Hochschulpolitik. In: Leviathan. Nr. 4, 2006, S. 447–465.

Huisman, Jeroen (2009): The Bologna Process towards 2020: Institutional Diversification or Convergence. In: B.M. Kehm, J. Huisman und B. Stensaker (Hg.), The European Higher Education Area: Perspectives on a Moving Target, Rotterdam, Sense Publishers, 245-262.

Huisman, Jeroen / van der Wende, Marijk (2004): The EU and Bologna: are supra- and international initiatives threatening domestic agendas? In: European Journal of Education, Vol.39, No. 3, 349 – 357.

Hirsch, Nele (2008): „Bologna-Prozess" und der Kampf an den Hochschulen. In: Z- Zeitschrift für Marxistische Erneuerung. Jhrg. 19, Heft 74, Juni 2008, 22-27.

Jessop, Bob 2008: A Cultural Political Economy of Competitiveness and its Implications for Higher Education, in: Jessop, Bob/ Fairclough, Norman/ Wodak, Ruth (Hrsg.): Education and the Knowledge-Based Economy in Europe, Rotterdam: Sense Publishers, 13 – 39.

Lisbon Council (2000): Presidency Conclusion. Lisbon European Council. *http://www.europarl.europa.eu/summits/lis1_en.htm* [Zugriff 8.4.2010]

Keeling, Ruth 2006: The Bologna Process and the Lisbon Research Agenda: the European Commission's expanding role in higher education discourse, in: European Journal of Education, 41 (2), 203 – 223.

Keller, Andreas (2003): Von Bologna nach Berlin. Perspektiven eines europäischen Hochschulraumes. In: Blätter für deutsche und internationale Politik. September 2003. S. 1119 – 1128.

Martens, Kerstin/ Wolf, Klaus Dieter 2006: Paradoxien der Neuen Staatsräson. Die Internationalisierung der Bildungspolitik in der EU und der OECD, In: Zeitschrift für Internationale Beziehungen, 13 (2), 145 – 176.

Musselin, Christine (2008): Ten Years After the Sorbonne Declaration – What has Changed in European Study Structures? In: Barbara Kehm (Hg.) Hochschule im Wandel. Die Universität als Forschungsgegenstand, Frankfurt, Campus, 309-318.

Pletscher, Thomas (2005): Handelshemmnisse beseitigen. Zur Diskussion um das Cassis-de-Dijon-Prinzip, Dossierpolitik, Zürich, 6. Jg. Nummer 22/2

PROKLA-Redaktion (2004): Editorial. PROKLA. Zeitschrift für kritische Sozialwissenschaft. Heft 137, 34. Jg., 488 – 496.

Ravinet, Pauline (2008). From Voluntary Participation to Monitored Coordination: why European countries feel increasingly bound by their commitment to the Bologna Process. *European Journal of Education 43 (3),* pp. 353-367.

Robertson, Susan (2006): The Politics of Constructing (A Competitive) Europe(an) through Internationalising Higher Education: Strategy, Structures, Subjects. In Perspectives in Education, Dec 2006, Vol 24, No 4, 29-43.

Statistisches Bundesamt (2007): Hochschulstandort Deutschland. Begleitmaterial zur Pressekonferenz am 12. Dezember in Berlin. Wiesbaden.

Wernicke, Jens (2008): Bildungsreform als Herrschaftsinstrument. In: Z- Zeitschrift für Marxistische Erneuerung. Jhrg. 19, Heft 74, Juni 2008, 9-21.

Witte, Johanna (2008): Von Bologna nach Babylon – und zurück? Abschlusstitel im europäischen Hochschulraum. In: Barbara Kehm (Hg.) Hochschule im Wandel. Die Universität als Forschungsgegenstand, Frankfurt, Campus,429-40

# Zur Kritik der Verfahren und Konzepte

Gerd Steffens / Guido Steffens / Martina Tschirner

# Vom Curriculum zum Bildungsstandard – Implikationen und Folgen einer Umsteuerung der Schulen

Curricula gehören in den Entstehungszusammenhang des modernen Staates, dessen Entstehung wiederum eng mit dem weltgeschichtlichen Übergang von der agrarischen zur industriellen Produktionsweise verknüpft ist. Voraussetzung ist ein langer Prozess der Modernisierung seit dem 14. Jahrhundert, in welchem die Individuen aus der geburtsständischen, jenseitig legitimierten Gesellschaftsordnung nach und nach sich freigesetzt und auf sich selbst verwiesen sahen. Um sich mit einer gewissen Selbständigkeit in der Welt bewegen zu können, mussten sie mehr über sie wissen und mehr können, als sie in der nachahmenden Aneignung ihrer Nahumgebung erwerben konnten. Eine elementare und standardisierte Bildung der Bevölkerung wurde, wie etwa das Allgemeine Landrecht für die preußischen Staaten von 1794 zeigt (v. Friedeburg 1989, S. 36f.), auch von noch absolutistischer staatlicher Herrschaft für unumgänglich gehalten. Denn gelingen musste ja die Umwandlung aus einem Personenverbandsstaat mit gestufter Abhängigkeit in einen Territorialstaat, der auf Fleiß und Initiative seiner Bevölkerung, also ihr Steueraufkommen, angewiesen war.

Weil die Menschen Initiative und Produktivität entfalten, aber doch zugleich Untertanen bleiben sollten, war die Einrichtung eines staatlichen Schulwesens für alle einschließlich seiner Curricula mit dem „Widerspruch von Bildung und Herrschaft" (Heydorn 1970) aufs Engste verknüpft. Und dies trat umso mehr hervor, je deutlicher mit Aufklärung und Französischer Revolution ein alternatives Modell politischer Vergesellschaftung sich abzeichnete, nach welchem der Staat als Republik politische Organisationsform einer selbstbestimmten bürgerlichen Gesellschaft sein konnte. Die preußischen Reformen des frühen 19. Jahrhunderts einschließlich der Bildungsreformen etwa bildeten als Reformen innerhalb eines Obrigkeitsstaats den Widerspruch von Bildung und Herrschaft auf besondere Weise ab: Trotz des schlüssigen Allgemeinbildungskonzepts Wilhelm von Humboldts waren sie ganz auf die Herstellung einer limitierten, auf die persönliche Rechts- und ökonomische Handlungsfähigkeit der Individuen bezogenen bürgerlichen Gesellschaft beschränkt.

Bildung im Sinne einer Entfaltung autonomen Urteilsvermögens kam aus der Perspektive staatlicher Schulorganisation im Deutschland des 19. Jahrhunderts nicht in Betracht. Wohl aber zeigte der Staat ein starkes Interesse, Schule als Instrument der Loyalitätssicherung, also der Sicherung des Einverständnisses der

Untertanen mit dem Untertanenstatus zu nutzen. Während die Stiehlschen Regulative, in Preußen als Antwort auf die Revolution von 1848 erlassen, dies durch eine religiöse Durchdringung des gesamten Unterrichts erreichen wollten, setzte Wilhelm II, „um der Ausbreitung sozialistischer und kommunistischer Ideen entgegenzutreten", darüber hinaus auf die „vaterländische Geschichte ...", um zu zeigen, wie die Monarchen Preußens es von jeher als ihre besondere Aufgabe betrachtet haben, der auf die Arbeit ihrer Hände angewiesenen Bevölkerung den landesväterlichen Schutz angedeihen zu lassen („Allerhöchste Order" v. 1. 5. 1889, zitiert nach Sander 1989, S. 40f).

Neben Religion und Tradition trat ein zunehmend aggressiver völkischer Nationalismus als Loyalitätsressource. Im Wilhelminismus als Reichsideologie des 1871 gegründeten Deutschen Kaiserreichs entfaltet, wurde er zur Grundlage der Massenmobilisierung im ersten Weltkrieg, überdauerte den Zusammenbruch der Monarchie und wurde zur Leitwährung des antidemokratischen Denkens in der Weimarer Republik. Die nationalsozialistische Schulpolitik setzte auf eine massive Durchdringung aller Fächer mit einem dichotomischen Weltbild, welches auf der Grundlage eines nun rassistisch gewendeten völkischen Nationalismus und einer strikt partikularistischen Moral die Heranwachsenden mit einer starken Bindung und Opferbereitschaft nach innen und aggressiver Energie und Tötungsbereitschaft nach außen ausstatten sollte. Mehr noch als die Fachinhalte selbst – insbesondere in Deutsch, Biologie und Geschichte – wirkten die auf erhebende Gemeinschaftserlebnisse zielenden Schulfeiern und die Aktivitäten der Hitler-Jugend in die Richtung eines permanenten emotionalen Ausnahmezustands, der Reflexion und Distanz ausschließen sollte.

Auch die Lehrplangeschichte der Bundesrepublik ließe sich entlang des Spannungsverhältnisses von Loyalitätserzeugung und Teilhabe darstellen oder – spezifischer – entlang der Frage: ob die Erzeugung von Staats- und Institutionenvertrauen oder der Aufbau von Teilhabefähigkeit, insbesondere von politischer Partizipationsfähigkeit, den inneren Orientierungspunkt der Bildungshorizonte der Curricula – nicht nur der politischen Bildung – bildete. Die Impulse der Reeducation-Politik der amerikanischen Besatzungsmacht, deren Kern in der vom amerikanischen Pragmatismus inspirierten Vorstellung von Demokratie als Lebensform bestand, wurden in einigen Bundesländern, darunter in Hessen, entschiedener aufgegriffen. Dies ist einer der Gründe, warum die Geschichte der Lehrpläne als eine Geschichte politischer und gesellschaftlicher Auseinandersetzungen sich vielleicht am besten am Beispiel des Landes Hessen darstellen lässt. Der andere, noch wichtigere Grund besteht darin, dass Hessen in der Reformphase der sechziger, siebziger Jahre nicht nur zu den Ländern gehörte, die den seit der reeducation virulenten Gedanken der Gesamtschule als einer Demokratie angemessenen Schulform aufgriffen und vorantrieben, sondern seine neuen Lehrpläne als „Rahmenrichtlinien" auf der Grundlage einer ganz neuen Curriculum-Konzeption entwickelte. Die besondere Stellung Hessens drückt sich übrigens auch darin aus, dass die Curriculum-Geschichte dieses Landes wie keine andere zum Gegenstand wissenschaftlicher Untersuchungen geworden ist. (Bergmann/Pandel 1975, Haller o.J., Steffens 1984, v. Friedeburg 1989, Schreiber 2005)

Nicht nur weil sich an ihnen eine der wichtigsten kultur- und bildungspolitischen Selbstverständigungsdebatten der Bundesrepublik entfaltete (Köhler 1973, Lübbe/Nipperdey 1974, Bergmann/Pandel 1975), bilden die Rahmenrichtlinien, insbesondere die für Gesellschaftslehre und Deutsch, einen besonders aufschlussreichen Gegenstand, sondern auch weil sie einer neuen Curriculum-Theorie folgten. In deren Verständnis sollten Lehrpläne nicht mehr als Steuerungsinstrument des Staates begriffen werden, sondern als Anwendungsfall diskursvermittelter Selbststeuerung der Gesellschaft. Unter dem programmatischen Titel „Bildungsreform als Revision des Curriculums" hatte Saul B. Robinsohn zuerst 1967 ein Lehrplanverständnis skizziert, dessen Kerngedanke darin bestand, den bisherigen Bildungskanon (von „Bildungsgütern" hatte etwa der hessische Plan von 1956 gesprochen) durch einen institutionalisierten Diskurs zu ersetzen, in welchem Experten und interessierte Öffentlichkeit jeweils klären sollten, was im Horizont sich verändernder Gesellschaft zu lernen wichtig sei, also zu „Lernzielen" werden sollte. Ein über derart mit gesellschaftlicher Selbstverständigung verknüpfte Lernziele gesteuerter Unterricht würde Inhalte nicht mehr nach tradiertem Kanon, sondern nach ihrer Relevanz für Lernziele, die Ergebnis gesellschafts- und bildungspolitischer Diskurse sind, auswählen. Damit erweiterten sich Spielräume und Anforderungen für die Lehrkräfte nicht nur hinsichtlich der Gestaltung des Unterrichts, sondern auch hinsichtlich ihrer Beiträge zur erwünschten Revision des Curriculum. Curriculum, so lässt sich zusammenfassend sagen, war nach diesem Verständnis kein materialisierter Lehrplan, sondern öffentlicher Reflexions- und Erfahrungsprozess der Beteiligten, im Prinzip der Gesellschaft. An der Leidenschaft, mit der diese die insbesondere durch die Rahmenrichtlinien Gesellschaftslehre ausgelösten Fragen über Jahre hinweg debattierte (noch der Kongress „Mut zur Erziehung" 1978 ist Folge dieser Debatte), zeigte sich, dass die Frage, was Schüler lernen sollen, welches also ihr Curriculum sein solle, das Selbstverständnis der Gesellschaft dieser Jahre im Nerv traf.

Auf der Mikroebene der Schulen entsprach dem ein Konflikt- und Debattentypus, in dem sich Ereignisse und Handlungen auf antithetischen Begriffsfeldern möglichst grundsätzlich und abgrenzend ordneten, was sich z. B. in der Demokratisierung der Schule äußerte. In diesen Debatten um „alt" und „neu", „autoritär" und „antiautoritär", „affirmativ" und „kritisch", „konservativ" und „fortschrittlich", so überpointiert sie im einzelnen auch waren, bildeten sich, weil sie sich an konkreten pädagogisch-didaktischen Aufgaben und Problemstellungen entzündeten, erhebliche Fähigkeiten kontroverser Erörterung, selbständiger Planung, der Konstruktion und Legitimation von Unterrichtsprojekten heraus. Von diesen Ressourcen hat die Praxis des politischen Unterrichts in Form von selbst konstruierten Unterrichtseinheiten und schulinternen Curricula lange gezehrt.

Zwar hatte die Auseinandersetzung über die Rahmenrichtlinien in den 1970er Jahren nur Hessen betroffen, sie war aber bundesweit geführt worden, hatte also in den Augen aller Beteiligten für die damalige Bundesrepublik exemplarischen Charakter. Ihr längerfristiges Ergebnis war ein stillschweigender Kompromiss: Zwar hatte das dynamische Curriculum-Konzept Robinsohns, welches Curricula eng mit gesellschaftlichen Diskursen verknüpfen wollte, ausgespielt und Lehrpläne waren nun wieder unstreitig Verordnungen des Staates zur Steuerung des Unterrichts. Doch bleibt auf der Zielebene ein deutlicher Vorrang emanzipatorischer Orientierung, also an Mündigkeit, Urteils- und Partizipationsfähigkeit der Subjekte, erhalten, wie einem Mitte der neunziger Jahre erarbeiteten Überblick für die politische Bildung (Balser/Nonnenmacher 1997) entnommen werden kann. Darüber hinaus blieben gewisse Elemente von Offenheit und Transparenz der Anlage erhalten. Die Lehrpläne dieser Generation (der neunziger Jahre) sind in der Regel in einen Allgemeinen Teil, der Zielbestimmungen, Verknüpfungen mit rechtlichen Grundlagen und didaktische Orientierungen enthält, und einen Besonderen oder unterrichtspraktischen Teil gegliedert, der meist aus Themenblättern besteht, die das jeweilige Thema auf Zielsetzungen hin begründen, nach Aspekten und Erschließungskategorien ausdifferenzieren und methodische Hinweise geben, gelegentlich auch Hinweise auf fächerübergreifende Potenziale.

*Von der Input- zur Output-Steuerung: Lösen Bildungsstandards Lehrpläne ab?*

Internationale Leistungsvergleiche wie PISA, TIMMS u.a. und die Debatte über das schlechte Abschneiden deutscher Schülerinnen und Schüler haben seit der Jahrtausendwende die Frage der Curricula in einen ganz neuen Zusammenhang gerückt. Die Internationalisierung der Horizonte, die Fortschritte der empirischen Bildungsforschung und die Ökonomisierung der Wertvorstellungen haben den Boden für einen Paradigmenwechsel bereitet, der ein im Kern betriebswirtschaftliches Denken schon terminologisch offen legt: Das gesamte Schulsystem wird vom Modus der „Input-Steuerung" auf einen Modus der „Output-Steuerung" umgestellt. Damit ist, wie es in der einflussreichen „Klieme-Expertise" zur Entwicklung von Bildungsstandards (Klieme 2003) heißt, gemeint, dass das Bildungssystem, welches „bislang ausschließlich durch den ‚Input' gesteuert (wurde), d.h. durch Haushaltspläne, Lehrpläne und Rahmenrichtlinien, Ausbildungsbestimmungen für Lehrpersonen, Prüfungsrichtlinien, usw." von nun an „sich am

‚Output' orientieren (soll), d.h. an den Leistungen der Schule, vor allem an den Lernergebnissen der Schülerinnen und Schüler" (ebd. S. 11f). Auch im Verständnis dieser Expertise ist der Paradigmenwechsel hin zur Output-Steuerung Teil eines Wertewandels, nach welchem alle Leistungen, auch die des Staates, ökonomisierbar, d.h. zunächst messbar sein müssen.

Wenn also künftig Bildungsstandards die Lehrpläne ablösen und zum zentralen Steuerungsinstrument werden, dann ist dies „weniger einem pädagogischen als einem politischen Anliegen" zu verdanken, wie der Schweizer Pädagoge Walter Herzog nachweist. (Herzog 2006) Die Definition von Bildungsstandards folge einer industriellen Logik: „Standardisierung ist (…) Normierung im Sinne von Gleichmachung oder (…) der Vergleichbarmachung." (ebd., S. 2) Begründet werde die Notwendigkeit von Bildungsstandards weiter „mit dem Vorwurf der ungenügenden Messqualität der Beurteilungspraxis von Lehrerinnen und Lehrern (…) Bildungsstandards sollen Abhilfe schaffen, indem sie erzwingen, dass die Produktion von Bildung nicht länger durch lokale (handwerkliche) Normen gesteuert wird. Das erfordert die Entwicklung von Messmodellen, die eine metrische Skalierung von Leistung zulassen." (ebd., S. 6) Auch in der Schweiz sollen „Kompetenzen" gemessen werden, wozu Herzog süffisant anmerkt: „Fast alles, was pädagogisch irgendwie von Bedeutung ist, kommt mittlerweile als Kompetenz daher." Und: „Der Begriff der Kompetenz tönt gut. Er suggeriert, endlich einen Weg gefunden zu haben, um die Spaltung zwischen Schule und Leben aufzuheben und – technisch gesprochen – das Transferproblem zu lösen." (ebd., S. 7)

Analytisch am stärksten ist der Aufsatz Herzogs in dem Teil, in dem er aufzeigt, dass pädagogische Prozesse sich nicht technologisieren lassen. Er bezieht sich auf das „Technologiedefizit" der Pädagogik, das Niklas Luhmann bereits konstatiert hat und weist darauf hin, dass der Ausdruck „Defizit" unglücklich insofern sei, als sich ein „Defizit" beheben ließe. Aber genau das sei nicht möglich. „Es geht um ein strukturelles Merkmal pädagogischer Situationen und nicht um ein behebbares Defizit." Er zeigt dann die Komplexität von pädagogischen Situationen, von Schule und Unterricht auf, um zusammenfassend festzustellen: „Das Technologiedefizit der Pädagogik ist nicht überwindbar – auch durch Bildungsstandards nicht." (ebd., S. 10)

Ein weiterer zentraler Einspruch Herzogs bezieht sich auf das Begründungsproblem von Bildung. Aus der Beobachtung, dass seit Jahren bislang im Bildungswesen unbekannte Begriffe, die aus der Betriebswirtschaftslehre stammen, die pädagogische Diskussion dominieren (Benchmarking, Best practice, Effizienz, Humankapital, Globalbudget, Controlling, leadership, Qualitätsmanagement, Leistungsvereinbarung, Outputsteuerung ...) zieht er den Schluss: „Bildungsstandards sind das Kleingeld eines bildungspolitischen Diskurses, der pädagogische Fragen im Wesentlichen als ökonomische Fragen versteht." (ed., S: 15) Über Ziele und Inhalte von Bildung werde kaum noch diskutiert. Das Begründungsverhältnis drehe sich im Extremfall um. Es werde nicht mehr über Inhalte und Ziele definiert, was zum Gegenstand von Unterricht wird, sondern umgekehrt gäben die messbaren Standards vor, was in den Lehrplan aufzunehmen sei, denn die Messtechnik dominiere. Für die Schweiz beobachtet er, dass technokratische Experten über Inhalte nach zweckrationalen Kriterien entscheiden. „Wo Technokraten das Sagen haben, da regt sich der Verdacht, dass nicht eine Bildungstheorie die Selektion der Fächer und Inhalte anleitet, sondern die Frage der Umsetzbarkeit von Standards." (Herzog 2006, S. 12)

Diese Herrschaft des marktorientierten technokratischen Ansatzes in der Folge von PISA zeigt sich auch auf dem Feld der Bildungs- und Unterrichtsforschung. In nahezu allen Bundesländern wurden in den letzten Jahren neue Institute gegründet oder bestehende umgewidmet, deren zentrale Aufgabe im Bereich der Evaluation, des Überprüfens und Bewertens liegt. Zentrale Abschlussprüfungen, Vergleichsarbeiten, Lernstandserhebungen, Schulinspektionen, Wirksamkeitsstudien bilden die Schwerpunkte deren Arbeit. Als „empirische Wende" wurde und wird diese seit PISA herrschende Orientierung in Bildungspolitik und Schulentwicklung bezeichnet. Ihr Kern besteht in technokratischen „Machbarkeitsphantasien, die auf permanente und umfassende Effizienzkontrolle aller Lehr- und Lernprozesse setzen." (Radke 2006, S. 45)

Dem liegt ein Verständnis von „Empirie" zugrunde, das von den Erkenntnissen des Positivismusstreites unberührt ist und „Empirie" als völlig unideologisch begreift. Mit dem Einzug der pädagogischen Psychologen und anderer Messtechniker in die neuen Institute wurde die eher geisteswissenschaftlich ausgerichtete Fachdidaktik unter Ideologieverdacht gestellt und marginalisiert.

Ausdruck findet die Output-Steuerung darüber hinaus in den Beschlüssen der Kultusministerkonferenz (KMK) zur weiteren Teilnahme an nationalen und internationalen Schulleistungsstudien, der Verabschiedung von nationalen Bildungsstandards für die Grundschule (im Jahr 2003) und die Fächer Deutsch, Mathematik, Englisch, Französisch sowie die naturwissenschaftlichen Unterrichtsfächer in der Sekundarstufe 1 (2004). In absehbarer Zeit sollen nationale Bildungsstandards auch für die Sekundarstufe II und alle weiteren Unterrichtsfächer vorliegen.

Daneben wurde und wird in fast allen Bundesländern ein bildungspolitischer Aktionismus entfacht, der dazu führt, dass die alten Curricula/Lehrpläne zunehmend durch kompetenzorientierte Kernlehrpläne und Bildungsstandards ersetzt werden. Je nach politischer Ausrichtung werden diese in jedem Bundesland anders formuliert und weisen nicht ein Mindestmaß an Kohärenz untereinander auf.

Worin sie jedoch übereinstimmen, ist die Enthaltsamkeit gegenüber bildungstheoretischen und gesellschaftspolitischen Begründungen für die neuen Pläne. Waren, wie oben am Beispiel Hessens gezeigt, solche anspruchsvollen Diskussionen in der Vergangenheit oft die Grundlage, auf der dann didaktische Entscheidungen („oberste Lernziele") getroffen und begründet wurden, so fällt diese Debatte bei der jetzt stattfindenden Lehrplanrevision komplett aus. Dabei haben sich neue Curricula, vor allem wenn sie beanspruchen, ein neues „Muster" darzustellen, zunächst immer mit folgenden Fragen auseinandergesetzt: Von welchen Problemlagen und Widersprüchen ist die Gesellschaft geprägt? Welches sind die Herausforderungen für Bildung und Erziehung in diesem Kontext? Welches Bürgerverständnis soll leitend sein? Welche spezifische Aufgabe kommt der öffentlichen Schule dabei zu? Welchen spezifischen Beitrag bringen die Fächer dazu ein?

Hier kann nur knapp und exemplarisch, unter Verzicht auf globale Problemlagen (Umwelt-, Klimakrise z.b.) skizziert werden, um was es dabei heute ginge:

Welche Aufgaben für die Schule ergeben sich aus dem Befund einer Studie der Friedrich-Ebert-Stiftung 2008, dass mittlerweile jeder dritte Bundesbürger glaubt, dass die Demokratie keine Probleme lösen kann? (Walk 2009, S. 23) Welche Aufgabe sollte/müsste die Schule bei einer notwendigen „Revitalisierung der Demokratie" (ebd.) übernehmen? Die sozialen Verwerfungen, die Armut breiterer Teile der Bevölkerung und der öffentlichen Hand bei gleichzeitiger Ansammlung unglaublichen Reichtums in den Händen weniger führen zu einer Erosion des sozialen Zusammenhalts. Heute wird wieder ganz selbstverständlich, wie man es noch vor wenigen Jahren für kaum möglich gehalten hätte, von der „Unterschicht" gesprochen. Ein Begriff, der während der Periode der Konsolidierung des Wohlfahrtsstaates fast aus dem allgemeinen Sprachgebrauch verschwunden war! Welche Konsequenzen für die öffentliche Schule als – noch – dem Ort, an dem Kinder und Jugendliche aller sozialen Klassen, ganz unterschiedlicher Herkünfte und mit ganz verschiedenen Religionen versammelt sind, ergeben sich daraus? Wie geht die öffentliche Schule damit um, dass solidarische und Gerechtigkeitsideen zugunsten neoliberaler Individualwerte in den Hintergrund gerückt wurden? Welchen Beitrag leistet Schule dabei, den auf private Nutzenmaximierung fixierten Ellenbogenmenschen zu produzieren? Welche Werte hätte Schule demgegenüber zu favorisieren?

Die Diskussion solcher grundlegender Fragen und eine begründete Positionierung darin, müsste einen normativen Hintergrund bieten, vor dem sich dann plausibel zentrale Ziele von Schule und Unterricht formulieren lassen. Erst jetzt wird ja verständlich, ob und warum es überhaupt neuer Curricula bedarf. Auf die Organisation einer solchen Diskussion wird gänzlich verzichtet. Die einzige Legitimationsgrundlage der „Bildungsstandards/Kerncurricula" ist eine technokratisch verkürzte Interpretation von PISA und ihr hauptsächliches Interesse scheint zu sein, mit Bildungsstandards endlich über ein Instrument zu verfügen, das empirische Überprüfung ermöglicht.

## *Kompetenzorientierung als neuer Leitbegriff*

Der Kompetenzbegriff spielt in der paradigmatischen Wende zur Output-Steuerung des Schulsystems die zentrale Rolle: Die Bildungsstandards, die nun an die Stelle der Curricula treten, legen nicht mehr die Inhalte des Unterrichts fest (Input-Orientierung), sondern orientieren den Unterrichtsprozess auf einen systematischen Kompetenzaufbau. Kompetenz wird als Problemlösungsfähigkeit begriffen. Dazu bezieht man sich in nahezu allen bislang vorliegenden Bildungsstandards auf die Definition Franz Erich Weinerts, wonach Kompetenzen die bei „Individuen verfügbaren oder durch sie erlernbaren kognitiven Fähigkeiten und Fertigkeiten, um bestimmte Probleme zu lösen sowie die damit verbundenen motivationalen, volitionalen und sozialen Bereitschaften, damit die Problemlösungen in variablen Situationen erfolgreich und verantwortungsvoll genutzt werden können" beschreiben. (Weinert 2001, S. 27f)

Lernprozesse sollen so operationalisiert werden, dass sie sich präzise messen lassen. Unterricht, der sich künftig auf die Abprüfbarkeit von nützlichen Kompetenzen konzentriert, verkürzt Bildung in funktionalistischer Weise. Bildung wird hier mit dem Erwerb operationalisierbarer und überprüfbarer Teilkompetenzen gleichgesetzt. Das Nichtstandardisierbare und Nichtplanbare, das der traditionelle Bildungsbegriff intendiert, spielt keine Rolle mehr. Unabhängig davon können die Kompetenzmodelle, wie die mittlerweile vorliegenden eindeutig zeigen, dem geforderten Anspruch an Präzision nicht genügen und führen zu fachdidaktisch kaum vertretbaren Verengungen. (vgl. die Beiträge in: Buschkühle/ Duncker/Oswalt 2009)

## *Fatale Fehlentwicklungen*

Unabhängig von der fehlenden bildungstheoretischen Fundierung und Fragwürdigkeit des gesamten Umsteuerungsprozesses zeichnen sich bereits jetzt zentrale Fehler bzw. Fehlentwicklungen ab, denn weder die KMK noch die bildungspolitisch Verantwortlichen in den einzelnen Bundesländern sind in zentralen Fragen der Umsteuerung den Expertenempfehlungen (z.B. der Klieme-Expertise) gefolgt bzw. haben sich an den Erfahrungen, die in anderen Ländern mit den neuen Steuerungsinstrumenten gemacht wurden, orientiert. Diese Fehlentwicklungen wurden von mehreren Autoren bereits aufgezeigt (z.B. Müller 2007, Sander 2009) und sollen hier nur angedeutet werden.

### a) Schulformbezogene Regelstandards

So wird in der „Klieme-Expertise" ausdrücklich die Formulierung von Mindeststandards empfohlen: „Sie zielt darauf ab, dass gerade die Leistungsschwächeren nicht zurückgelassen werden. (…) ‚Regelstandards', die ein Durchschnittsniveau spezifizieren, enthalten implizit die Botschaft, dass man eine Art Normalverteilung der Kompetenzen erwartet, bei der es im Vergleich zum Regelfall immer Gewinner und Verlierer gibt. (…) Die für die Stützung leistungsschwächerer Schüler entscheidende Frage, was diese wissen und können müssen, um als erfolgreich gelten zu können, lässt sich mit Regelstandards nicht beantworten – jedenfalls nicht positiv." (Klieme 2003, S. 27f) Weiterhin wird diese Fokussierung auf Mindeststandards plausibel mit Verweis auf die durch sämtliche PISA-Studien zur Genüge belegte Tatsache begründet, „dass unser Bildungssystem, verglichen mit den Systemen anderer Industriestaaten, Schwächen vor allem im unteren Leistungsbereich zeigt" (ebd.).

Mit der Entscheidung für die Formulierung von Regelstandards entlässt der Verordnungsgeber die Schulen aus der Verantwortung, jeder Schülerin und jedem Schüler ein Mindestmaß an Bildung zu garantieren. Diese Entscheidung ist systemlogisch, denn ein selektives Bildungssystem wie das deutsche braucht auch selektive Standards, die die Selektivität wahrscheinlich noch erhöhen werden.

Wie absurd und in hohem Maße fragwürdig die schulformbezogene Standardformulierung sein kann, vermag das folgende Beispiel aus dem Bereich der politischen Bildung zu illustrieren: So werden in dem Kompetenzbereich „Handlungskompetenz" folgende Differenzierungen vorgenommen:

Der Hauptschüler soll am Ende seiner Schulzeit *„undemokratisches Verhalten in der Schulöffentlichkeit erkennen, beschreiben und Lösungsmöglichkeiten abwägen und thematisieren"* können, der Realschüler *„undemokratisches Verhalten erkennen und Möglichkeiten der Abwehr verfassungsfeindlicher Positionen und Fremdenfeindlichkeit in Diskussionen begründend abwägen, formulieren und sich mit Möglichkeiten des Engagements auseinandersetzen"* können und der Gymnasiast soll am Ende der Sekundarstufe I *„undemokratisches Verhalten erkennen und Möglichkeiten der Abwehr verfassungsfeindlicher Positionen und Fremdenfeindlichkeit in Diskussionen formulieren, sich mit Möglichkeiten des Engagements auseinandersetzen und ein historisches Beispiel hiermit in Verbindung bringen"* können.*

Warum die Auseinandersetzung des Hauptschülers mit „undemokratischem Verhalten" auf die „Schulöffentlichkeit" beschränkt wird, ist rätselhaft. Liegt es daran, dass man den Hauptschüler prinzipiell für so begrenzt hält, dass ihm höchstens eine Orientierung in der unmittelbaren Umgebung zugetraut wird? Das Demokratieverständnis, das in solchen Formulierungen zum Ausdruck kommt, bereitet Anlass zu tiefer Sorge.

## b) Erhöhter Leistungsdruck

Die Autoren der „Klieme-Expertise" haben eindeutig davor gewarnt, Standards als Grundlage für Schullaufbahnentscheidungen heranzuziehen und zu einer „deutlichen Trennung zwischen der Verwendung standard-bezogener Tests für Evaluation und Bildungsmonitoring und als Entscheidungshilfe für individuelle Förderung einerseits, Noten und Abschlussprüfungen andererseits" (Klieme 2003, S. 39) geraten. Die schulpolitische Wirklichkeit sieht in den meisten Bundesländern aber anders aus, denn standard-basierte Abschlussprüfungen sind bereits vielfach die Regel. Daneben schleicht sich an den Schulen die Praxis ein, auch die Ergebnisse der zentralen Lernstandserhebungen als Basis zur individuellen Notengebung heranzuziehen. Der Leistungs- und Selektionsdruck wird sich in den Schulen unweigerlich erhöhen.

## c) Schul-Ranking

Der Trend zum Schul-Ranking, der bereits zu beobachten ist, könnte durch die Einführung von Bildungsstandards weiter begünstigt werden. Die Ergebnisse zentraler Tests und Abschlussprüfungen werden vielerorts von den Kultusbehörden veröffentlicht oder von den Schulen zu eigenen Werbezwecken ins Internet gestellt. Dass die von Experten vielfach geäußerten Bedenken gegenüber dem öffentlichen Schul-Ranking berechtigt sind, zeigen zahlreiche Untersuchungen aus Großbritannien, die fatale soziale Folgewirkungen des öffentlichen Schul-Rankings diagnostizieren konnten: So wurden in England und Wales parallel zur Output-Steuerung marktwirtschaftliche Elemente im Schulwesen implementiert. Die freie Schulwahl der Eltern sowie die Finanzierung der Schulen auf der Grundlage von Testergebnissen begünstigten dort einen „Schuldarwinismus", dem vor allem die Schulen in den sozialen Brennpunkten zum Opfer fielen. (Müller 2007). Da der Trend zur freien Schulwahl auch in der Bundesrepublik nicht mehr aufzuhalten ist, steht zu befürchten, dass die Standardorientierung letztlich auch verhängnisvollen sozialpolitischen Entwicklungen Vorschub leisten könnte.

## d) Verengung des Unterrichts

Bereits jetzt ist zu beobachten, dass die Einführung von Lernstandserhebungen und zentralen Abschlussprüfungen zu nicht unproblematischen Veränderungen in der Unterrichtskultur geführt hat, denn nur noch der „Output" in Form von punktuellen Leistungen wird gemessen. Die Ausrichtung des Unterrichts auf prüfungsrelevante Kompetenzen und messbare Leistungen hat zur Folge, dass der eigentliche Lernprozess und damit auch die unterschiedlichen Wege der kognitiven Aktivierung aus dem Blickwinkel der Lehrenden geraten.

Zahlreiche Experten befürchten mittlerweile, dass alle Bemühungen um eine neue Unterrichtskultur durch die Ablösung der traditionellen inhaltsbezogenen Curricula und die Einführung der kompetenzorientierten Lehrpläne zum Scheitern verurteilt sein könnten (z.b. Spinner 2005), wenn nur noch das unterrichtet wird, was auch messbar ist. Ein Blick auf den Lehrmittel- und den so genannten „Nachmittagsmarkt" wird diese Befürchtungen bestätigen. So genanntes kompetenzorientiertes Übungs- und Trainingsmaterial, mit dem sich die Schülerinnen und Schüler auf die Abschlussprüfungen vorbereiten können, ist massenhaft auf dem Markt und mutiert zum heimlichen Lehrplan für den Unterricht. Kaum ein Lehrbuch kommt heutzutage ohne entsprechende „Kompetenzseiten" neu auf den Schulbuchmarkt, auf denen fragwürdige „Kompetenzchecks" z.B. in Form von Multiple-Choice-Aufgaben, Lückentexten oder Rätselaufgaben angeboten werden.

Wie wird es künftig um die Fächer und Lernbereiche bestellt sein, in denen Lernprozesse angeregt werden, die sich einer exakten Messbarkeit entziehen? Werden diese möglicherweise an den Rand gedrängt, wenn Bildung nur noch das ist, was auch testbar ist?

## e) Deprofessionalisierung des Lehrerberufs

Die Einführung zentraler Vergleichs-, Orientierungs- und Abschlussarbeiten wird von vielen Lehrerinnen und Lehrern als Entmündigung erfahren, gehört doch die Überprüfung des Lernergebnisses auf der Grundlage eines didaktisch begründeten Unterrichts zu den Kernaufgaben des Lehrerberufs. Dieser Aufgabe werden die Lehrerinnen und Lehrer zunehmend entbunden. Es steht also zu befürchten, dass mit der Output-orientierten Umsteuerung des Bildungswesens auch eine Deprofessionalisierung des Lehrerberufs einhergehen wird, denn fachwissenschaftliche Expertise und die Fähigkeit zur didaktischen Analyse könnten zunehmend an Bedeutung verlieren, wenn Unterrichtsprozesse immer stärker an der Überprüfung von Kompetenzen und Standardsicherung ausgerichtet werden. (Ausführlicher dazu: Müller 2007)

Die Output-orientierte Umsteuerung des Bildungswesens führt zu einem radikalen Bruch mit der Lehrplantradition. Die Curricula, in denen sich öffentliche Reflexions- und Erfahrungsprozesse widerspiegeln, wurden in vielen Bundesländern durch die Setzung von Bildungsstandards und die Einführung kompetenzorientierter Lehrpläne auf dem Verordnungsweg abgelöst. Ob eine Kurskorrektur, die von vielen Experten im Bildungsbereich vehement eingefordert wird, noch möglich ist, erscheint angesichts der technokratischen Ausrichtung der Bildungspolitik jedoch mehr als fragwürdig.

## Anmerkung

\* Dieses Beispiel ist dem Rohentwurf für die Bildungsstandards für das Fach Politik und Wirtschaft, den das Hessische Kultusministerium im Frühjahr 2010 veröffentlicht hat, entnommen. Die schulformbezogene Differenzierung wurde auf massiven Druck der unterschiedlicher Verbände in der Zwischenzeit rückgängig gemacht. Weitere Beispiele finden sich in den Entwürfen für die hessischen Bildungsstandards: *http:// www.iq.hessen.de/irj/IQ_Internet?uid=44540e7a-7f32-7821-f012-f31e2389e481* (Letzter Zugriff: 31.07.2010)

## Literatur

Balser, Andres/Frank Nonnenmacher (Hg.): Die Lehrpläne zur politischen Bildung. Analyse und Kritik neuerer Rahmenpläne und Richtlinien der Bundesländer für die Sekundarstufe I. Schwalbach/Ts. 1997

Bergmann, Klaus/Hans-Jürgen Pandel: Geschichte und Zukunft. Reflexionen über veröffentlichtes Geschichtsbewußtsein. Frankfurt/M. 1975

Buschkühle, Carl-Peter / Ludwig Duncker / Vadim Oswalt (Hg.): Bildung zwischen Standardisierung und Heterogenität. Ein interdisziplinärer Diskurs. Wiesbaden 2009

Friedeburg, Ludwig von: Bildungsreform in Deutschland. Geschichte und gesellschaftlicher Widerspruch. Frankfurt/M. 1989

Haller, Ingrid: Innovative Politikplanung am Beispiel staatlicher Curriculumentwicklung in Hessen. Curriculum konkret Beiheft 3. o.O. o.J.

Herzog, Walter (2006): Bildungsstandards – Aussichten einer Selbstverständlichkeit. Referat zur Eröffnung der Studientage PH Bern vom 18. Oktober 2006. http://www.bzl-langenthal.ch/medien/HerzogReferatPHBern.pdf (Zugriff am 30.03. 2010)

Heydorn, Hans-Joachim: Über den Widerspruch von Bildung und Herrschaft. Frankfurt/M. 1970

Klieme, Eckhard u.a.: Zur Entwicklung nationaler Bildungsstandards. Eine Expertise. Hg. v. Bundesministerium für Bildung und Forschung, Berlin 2003

Köhler, Gerd (Hg.): Was sollen Schüler lernen? Die Kontroverse um die hessischen Rahmenrichtlinien Deutsch und Gesellschaftslehre. Frankfurt/M. 1973

Lübbe, Hermann / Thomas Nipperdey: Gutachten zu den Rahmenrichtlinien Sekundarstufe I Gesellschaftslehre des Hessischen Kultusministers. In: Nipperdey, Thomas: Konflikt – einzige Wahrheit der Gesellschaft? Zur Kritik der hessischen Rahmenrichtlinien. Osnabrück 1974

Müller, Walter: Die KMK-Bildungsstandards. Ein Lehrstück für das Verhältnis von Politik und Pädagogik,. In: Böhm, Winfried/Walter Eykmann (Hg.): Engagiert aus dem Glauben. Beiträge zu Theologie, Pädagogik und Politik ; für Walter Eykmann zum 70. Geburtstag. Würzburg 2007, S. 225-240

Robinsohn, Saul B.: Bildungsreform als Revision des Curriculum. Neuwied/Berlin 2. Aufl. 1969

Sander, Wolfgang: Zur Geschichte und Theorie der politischen Bildung. Marburg 1989

Sander, Wolfgang: Wie standardisierbar ist Bildung? Chancen und Probleme von Bildungsstandards in Deutschland. In: Buschkühle, Carl-Peter/Ludwig Duncker/Vadim Oswalt (Hg.): Bildung zwischen Standardisierung und Heterogenität. Ein interdisziplinärer Diskurs. Wiesbaden 2009, S. 11–33.

Schreiber, Waltraud: Schulreform in Hessen 1967 – 1982. Neuried 2005

Spinner, Kaspar H.: Der standardisierte Schüler. Rede bei der Entgegennahme des Erhard-Friedrich-Preises für Deutschdidaktik am 27. September 2004. In: Didaktik Deutsch, H. 18 (2005) , S. 4–14

Steffens, Gerd: Der neue Irrationalismus in der Bildungspolitik. Zur pädagogischen Gegenreform am Beispiel der hessischen Rahmenrichtlinien. Frankfurt/M., New York 1984

Radke, Frank-Olaf: Das neue Erziehungsregime. Steuerungserwartungen, Kontrollphantasien und Rationalitätsmythen. In: Frost, Ursula (Hrsg.): Unternehmen Bildung. Die Frankfurter Einsprüche und kontroverse Positionen zur aktuellen Bildungsreform. Sonderheft zur Vierteljahrsschrift für wissenschaftliche Pädagogik 2006, S. 45-49

Walk, Heike: Krise der Demokratie und die Rolle der Politikwissenschaft. In: Aus Politik und Zeitgeschichte (ApuZ) Heft 52 (2009), S. 22-28

Weinert, Franz E.: Leistungsmessung in Schulen, Weinheim, Basel 2001

*Michael Willemsen*

# Normierung in Allgemeinbildenden Schulen: Bildungsstandards im Pädagogikunterricht?

In einem pädagogischen Sammelband, in dem ein kritischer Blick auf Messbarkeit, Normierung und Standardisierung geworfen werden soll, erscheint es fragwürdig, Bildungsstandards in einem Fach zu diskutieren, in dem selbst die zuständigen Behörden keine Bildungsstandards einzuführen gedenken. Kleinmütig fällt der Gedanke aus, mit Bildungsstandards ein Fach retten zu wollen, das es im allgemeinbildenden Schulwesen einiger Bundesländer gar nicht gibt, das unter der Bezeichnung „Erziehungswissenschaft" seine größte Verbreitung in der gymnasialen Oberstufe Nordrhein-Westfalens hat (vgl. Menn 2005, S. 15), das im gesellschaftswissenschaftlichen Aufgabenbereich mit anderen Fächern konkurriert, dessen Lehrerbildung auf Nordrhein-Westfalen konzentriert ist, dessen personelle fachdidaktische Ausstattung sich im Bereich der Professuren auf eine Juniorprofessur beschränkt (vgl. Schützenmeister u. a. 2010, S. 21), das sich trotz „Bestandsgarantie" aus dem nordrhein-westfälischen Ministerium für Schule, Weiterbildung, Wissenschaft und Forschung (MSWWF) (vgl. zuletzt Wienands, zitiert nach Storck 2010) immer wieder mit Gerüchten über seine Abschaffung plagt und das mit Imageproblemen kämpft, sich bisweilen dem schlechten Ruf eines „Laberfachs" ausgesetzt sieht (vgl. Wortmann 2005a).

Die Ständige Konferenz der Kultusminister (KMK) hat den Fächerkanon an den Schulen durch die Beschränkung der Bildungsstandards auf wenige Fächer jedoch in eine erste Kategorie so genannter „Kernfächer" (vgl. Köller 2008, S. 60) – die Fächer Deutsch, Mathematik, erste Fremdsprache (Englisch oder Französisch) und später auch die Naturwissenschaften (Physik, Chemie, Biologie) – und in eine zweite Kategorie von „randständigen, unwichtigen, ‚weichen' oder auch ‚unnützen' Fächern" (Benner u. a. 2007, S. 141) geteilt. Der ohne Frage durch die internationalen Schulleistungsvergleichsstudien wie TIMSS und PISA diktierte Kern schulischer Grundbildung *(literacy)* zeigt hier Wirkung. Damit einhergehende Befürchtungen scheinen sich zu bestätigen, wenn man beispielsweise die Veränderungen der Stundentafeln in der verkürzten Sekundarstufe I der nordrhein-westfälischen Gymnasien (vgl. MSWWF 2008, S. 9) mit der bisher gültigen Stundentafel für die nordrhein-westfälischen Gymnasien vergleicht (vgl. MSWWF 2005, S. 4): Während die gesellschaftswissenschaftlichen Fächer, die künstlerisch-ästhetischen Fächer, Religionslehre und Sport von 68-74 Wochenstunden der insgesamt 179 Wochenstunden in der sechsjährigen Sekundarstufe I (38 % – 41,3 %) auf 57 von 163 Wochenstunden (35 %) in jetzt fünf Jahren gekürzt werden, verändert sich das Stundendeputat in den Fächern Deutsch, Mathematik, Naturwissenschaften und Fremdsprachen von 101-110 von 179 (56,4 % – 61,5 %) auf 100-102 von 163 Wochenstunden (61,3 % – 62,6 %).[1]

Die Einführung von Bildungsstandards in den „Kernfächern" berührt das Lehren und Lernen in den anderen Fächern aber auch dann, wenn durch sie der Bildungsauftrag der Schule geändert wird – etwa indem als Kern der Bildung die Qualifizierung für das spätere (Berufs-)Leben behauptet wird, der durch reflexive und künstlerisch-ästhetische Momente ausgeschmückt werden solle –, wenn durch Bildungsstandards die Motivation und der Wille der Schülerinnen und Schüler verändert werden soll, wenn sich die neue Output-Orientierung in der Ausbildung der Lehrerinnen und Lehrer durch eine Fokussierung auf Bildungsstandards, Kompetenzmodelle, Diagnose- und Fördermöglichkeiten niederschlägt.

Nun müssten die Vertreterinnen und Vertreter der „randständigen" Fächer nicht durch die Formulierung eigener Bildungsstandards auf die Initiativen der KMK reagieren. Die Fachdidaktikerinnen und Fachdidaktiker könnten gemeinsam mit den Lehrerinnen und Lehrern ihrer Fächer eine Allianz wider die Einführung von Bildungsstandards zu schmieden versuchen, sie könnten sich dem Prozess zu verweigern versuchen oder ihn resignativ hinnehmen.

Viele Fachdidaktikerinnen und Fachdidaktiker der gesellschaftswissenschaftlichen und der künstlerisch-ästhetischen Fächer, des Religions- wie des Sportunterrichts haben sich gegen die drohende Randständigkeit ihrer Fächer allerdings nicht durch Protest, Boykott oder Duldung gewehrt, sondern tatsächlich durch die Arbeit an eigenen „Bildungsstandards außerhalb der ‚Kernfächer'" (Tenorth 2008, S. 159). Fachdidaktikerinnen und Fachdidaktiker der gesellschafts- und humanwissenschaftlichen Fächer haben oft – in den fachdidaktischen Gesellschaften und zudem unter dem Dach der Gesellschaft für Fachdidaktik (GFD) – für die Diskussion um das Bildungsverständnis von Schulen und von Standards, für daraus erwachsende Konsequenzen in der Aus- und Weiterbildung der Lehrenden und zu Fragen etwa der Lernmotivation von Schülerinnen und Schülern eigene Beiträge angekündigt (vgl. Oberliesen/Zwergel 2004, S. 221).

Hier hat auch die Gesellschaft für Fachdidaktik Pädagogik (GFDP) mitgewirkt, deren Diskussionsstand um Bildungsstandards für den Pädagogikunterricht Storck und Wortmann 2006 unter dem Titel „Kompetenzfördernder Pädagogikunterricht" veröffentlicht haben. Der Vorschlag wird hier zunächst referiert und in Auseinandersetzung nicht zuletzt mit der Expertise „Zur Entwicklung nationaler Bildungsstandards" (Klieme u. a. 2003) und den von der KMK verabschiedeten Bildungsstandards (vgl. insbesondere KMK 2005a) erläutert. An-

schließend werden notwendige Bedingungen für die Entwicklung von Bildungsstandards (nicht nur) für den Pädagogikunterricht und die damit verbundenen
Chancen und Gefahren diskutiert.

## *Bildungsstandards für den Pädagogikunterricht*

Gegenüber den verbindlichen Bildungsstandards der KMK und den Vorschlägen
der so genannten Klieme-Expertise weisen die Standards für den Pädagogikunterricht einige Besonderheiten auf. Zunächst werden sie für ein Fach formuliert, das
nicht verpflichtend ist, sondern nur eine Option darstellt: Trotz unterschiedlicher
Pflichtbindungen in zehn Fächern bzw. Fachgruppen (den Fächern Deutsch,
Mathematik, einer Naturwissenschaft, einer Fremdsprache und Sport, Geschichte
und Sozialwissenschaften, Kunst/Musik und Religion/Philosophie sowie ggf. einer zweiten Fremdsprache) und einer Pflichtbelegung von i. d. R. neun Kursen
belegen seit Jahrzehnten gut ein Drittel der nordrhein-westfälischen Schülerinnen
und Schüler in der gymnasialen Oberstufe das Unterrichtsfach Pädagogik bzw.
Erziehungswissenschaft. Unter den Leistungskursfächern ist es das Fach, das
nach Deutsch, Englisch, Mathematik, Biologie und Geschichte am häufigsten er-
teilt wird, bei den Schülerinnen rangiert es gar deutlich vor Geschichte. (Vgl.
Wortmann 2005b.)

Dann beziehen sich die Standards auf die Sekundarstufe II, während die
KMK – Bildungsstandards zunächst für den Mittleren Schulabschluss (am Ende
der Klasse 10), den Hauptschulabschluss (am Ende der Klasse 9) und den
Primarbereich (am Ende der Klasse 4) formuliert sind. Für die gymnasiale Oberstufe hat die KMK schon 1979 Einheitliche Prüfungsanforderungen in der Abi-
turprüfung (EPA) vereinbart, die in den letzten Jahren überarbeitet wurden. EPA
Erziehungswissenschaften gab es bereits vor dem Entwurf der GFDP, die neue
EPA Erziehungswissenschaften wurde am 16.11.2006 verabschiedet. Allerdings
sollen die EPAs laut KMK-Beschluss aus dem Jahr 2007 zukünftig durch Bildungsstandards für die Allgemeine Hochschulreife ersetzt werden.

Storck und Wortmann formulieren keine Minimalstandards (wie Klieme u. a.)
oder Regelstandards (wie die KMK), sondern Idealstandards. Die Autoren begründen ihre Entscheidung damit, dass die Bildungschancen der Heranwachsenden nicht durch vom Anspruchsniveau zu niedrig angesetzte Standards zu be-
schneiden seien, sondern einzig im je individuellen Bildungspotenzial der Schülerinnen und Schüler ihre Grenze finden dürften. (Vgl. Storck/Wortmann 2006,
S. 5 f.)

Vom Aufbau folgen die zur Diskussion gestellten Standards für den Pädagogikunterricht in der Sekundarstufe II in etwa dem Vorschlag der KMK zur For-

mulierung von Standards (vgl. KMK 2005a, S. 14 f.): Zunächst wird in einer Präambel der Beitrag des Faches zum allgemeinen schulischen Bildungsauftrag dargelegt (hier: Kapitel 3), dann werden das Kompetenzmodell und die Standards beschrieben (4 und 5) und schließlich durch Aufgabenbeispiele konkretisiert (7). Ein Einschub über Chancen und Risiken obligatorischer Standards für den Pädagogikunterricht (6) und ein eigener Abschnitt über „Probleme der Aufgabenkonstruktion (nicht nur) im Pädagogikunterricht" (Storck/Wortmann 2006, S. 173) am Ende des siebten Kapitels verweisen auf den Vorschlagscharakter der Veröffentlichung.

Das Kompetenzmodell für den Pädagogikunterricht lehnt sich explizit an die KMK-Standards für die Naturwissenschaften an. Darin werden die Kompetenzbereiche „Fachwissen, Erkenntnisgewinnung, Kommunikation und Bewertung unterschieden (vgl. etwa KMK 2005b, S. 7). Storck und Wortmann unterscheiden als Bereiche pädagogischer Kompetenz (A) Fachwissen, (B) Methodenbeherrschung, (C) Kommunikation und (D) Pädagogisches Reflektieren und Handeln. Hierin zeigt sich die grundsätzliche Schwierigkeit, Wissen und Können zueinander in Beziehung zu setzen: Klieme u. a. haben sich ebenso wie die KMK auf einen formalen Bildungsbegriff beschränkt, ihren Fokus auf Kompetenzen, Fähigkeiten und Fertigkeiten gerichtet und inhaltliche Festlegungen zunächst abgelehnt (vgl. Klieme u. a. 2003, S. 64) und sie dann an die Länder, Schulen, Lehrerinnen und Lehrer delegiert (vgl. KMK 2005a, S. 17 f.). Storck und Wortmann weisen dagegen deutlich darauf hin, „dass solides Fachwissen [...] die Basis jeder Kompetenz ist" (Storck/Wortmann 2006, S. 3). Entsprechend werden pädagogische Kompetenzen (Kapitel 4) – in analytischer Absicht – von „kompetenzfundierenden Kenntnissen im Fach Pädagogik" (Kapitel 5) unterschieden. Allerdings wird das Fachwissen auch als eigener Kompetenzbereich bestimmt. Dadurch werden kompetenzfundierende Kenntnisse nicht nur für die Kompetenzbereiche Methodenbeherrschung, Kommunikation sowie Pädagogisches Reflektieren und Handeln aufgelistet. Es werden auch kompetenzfundierende Kenntnisse für den Kompetenzbereich Fachwissen formuliert (vgl. ebd., S. 31 ff.).

Bei den vier Kompetenzbereichen pädagogischer Kompetenz werden keine Teilkompetenzen benannt und diese dann nach Niveaustufen differenziert, wie es Klieme u. a. 2003 fordern (S. 75 f.). Vielmehr werden erst – wie in den KMK-Standards – drei Anforderungsbereiche unterschieden, die explizit den EPAs und den Lehrplänen entliehen sind. Die Anforderungsbereiche werden für die jeweiligen Kompetenzbereiche umformuliert, z. B. bezeichnet B.3 den Anforderungsbereich 3 zur Methodenbeherrschung (B): „Methoden beurteilen, problemorientiert auswählen und selbständig anwenden" (Storck/Wortmann 2006, S. 23). Diesen angepassten Anforderungsbereichen werden danach Teilkompetenzen zugeordnet. Dem Anforderungsbereich I des Kompetenzbereichs Fachwissen (A) ist etwa als zweite Teilkompetenz A.1.2 zugeordnet: „die Differenz zwischen Alltagswissen und wissenschaftlichem Wissen benennen" (ebd., S. 20). Die Autoren kommen dabei auf insgesamt 66 (!) Teilkompetenzen für die vier Kompetenz- und drei Anforderungsbereiche.

Auch die kompetenzfundierenden Kenntnisse werden ausdifferenziert. So sollten Schülerinnen und Schüler im Punkt c.3 zum Kompetenzbereich Kommunikation (C) „allgemeine und spezifische Merkmale pädagogischer Kommunikation" (ebd., S. 37) kennen und eine Ebene tiefer heißt es: „c.3.1 Funktionen pädagogischer Kommunikation (z. B. beraten, verstärken, kritisieren, ermutigen)" (ebd.). Auf diese Weise differenzieren die Autoren noch einmal 85 Kenntnisse. Dabei sind diese Kenntnisse noch nicht einmal auf bestimmte Modelle und Theorien hin konkretisiert. Sie sind vielmehr „aus den Strukturmerkmalen pädagogischen Denkens" (ebd., S. 31) gewonnen. Explizite Anknüpfungen an fachliche, allgemein- oder fachdidaktische Traditionen zur Erklärung, woher die Autoren die „Strukturmerkmale pädagogischen Denkens" beziehen, finden sich ebenso wenig wie ausdrückliche Hinweise auf die EPA Erziehungswissenschaft oder den Lehrplan. Der nach einer Begründung suchende Leser wird immerhin damit vertröstet, dass der Vorschlag „allgemein- und fachdidaktisch wohlbegründete Kompetenzbereiche und Kompetenzen zusammenstellt" (ebd., S. 2). Einzig in einer Fußnote findet sich der Hinweis auf das von der Lehrerbildungskommission der GFDP verfasste Kerncurriculum Erziehungswissenschaft für das Lehramtsmasterstudium bzw. für einen allgemeinen Pädagogik-BA, in dem die Strukturanalyse in Ansätzen durchgeführt wird (vgl. Storck/Wortmann 2006, S. 42, sowie GFDP 2001, S. 6 ff.). Dort findet sich dann seinerseits kein ausdrücklicher Hinweis auf die fachwissenschaftliche und -didaktische Tradition. Die große Ähnlichkeit beider Vorschläge (Bildungsstandards für den Pädagogikunterricht und Kerncurriculum für das Pädagogikstudium) und damit die Gefahr eines „kleinen" Fachstudiums in der gymnasialen Oberstufe werden nicht thematisiert. Der Gedanke, weder den Unterricht noch das Lehramtsstudium an den pädagogischen Teildisziplinen der Universitäten, sondern an einem pädagogischen Grundgedanken, einer Struktur des Pädagogischen auszurichten, wird auf diese Weise nicht gestärkt.

Wie im Lehrplan (vgl. MSWWF 1999) werden abschließend Aufgaben vorgestellt. Diese enthalten neben Bedingungen (Zuordnung zu einem Schulhalbjahr, Kursart, unterrichtliche Voraussetzungen), Aufgabenstellungen und dem zur Verfügung gestellten Material einen Erwartungshorizont und einen Kommentar, der vor allem die Chancen und Schwierigkeiten der jeweiligen Aufgabe hinsichtlich der Kompetenzüberprüfung abwägt. Der Erwartungshorizont ordnet erstens die jeweilige Aufgabe den darin nachweisbaren Teilkompetenzen (z. B. A.2.2, A.2.3 und B.1.1) und kompetenzfundierenden Inhalten (z. B. a.5.3 usw.) zu; er liefert zweitens einen Lösungsvorschlag (Leistungserwartungen) und drittens werden Hinweise für die Benotung der Aufgabenlösungen gegeben, wenigstens „für die Note ‚ausreichend' (Mindeststandard)" und „für die Note ‚gut' (Qualitätsstandard)" (Storck/Wortmann 2006, S. 50). Die Aufgaben werden bescheiden als Diskussionsvorschlag angekündigt: Sie sollen u. a. dazu dienen, die Schwierigkeiten bei der Entwicklung und Überprüfung pädagogische Kompetenzen zu illustrieren; die Autoren bitten darum, die Aufgabenbeispiele nicht als Musteraufgaben mit Musterlösung zu verstehen. (Vgl. ebd., S. 2 u. S. 49 ff.) Gleichwohl heißt es: „Die folgenden Aufgaben [...] können und sollen [...] zur Diagnose der Kompetenzentwicklung, zur Ausbildung und zur Übung der Kompetenzen genutzt werden." (Ebd., S. 49.) Tatsächlich bereiten die Aufgaben, die der fachlichen Tradition anspruchsvoller Klausuren entsprechen, den Autoren nicht zuletzt deswegen große Probleme, weil sie sie erstens zur Kompetenzmessung, zweitens zur Benotung und drittens zur Förderung einsetzen wollen. Wäre das möglich, müssten Lehrerinnen und Lehrer empirische Bildungsforscher werden (oder wären das bereits) und könnten durch das Lösen, Einüben und Wiederholen von Testaufgaben tatsächlich schon die angestrebten Kompetenzen erworben werden. Klieme u. a. hatten 2003 davor gewarnt, die Überprüfung der Erreichung von Standards gleichzeitig zur Benotung zu nutzen. Benner hat den Unterschied zwischen Testaufgaben und didaktischen Aufgaben und die Möglichkeiten ihres Wechselspiels herausgearbeitet (vgl. Benner 2007).

Storck und Wortmann machen 2006 aber nicht nur auf Forschungsdesiderata bei der Formulierung von Kompetenzmodellen, der Bestimmung von Kompetenzstufen, der Entwicklung von Testaufgaben als Messinstrumenten sowie u. a. didaktischen Aufgaben als Teil von Förderprogrammen und dem Aufbau von Unterstützungssystemen für die Lehrerinnen und Lehrer aufmerksam (vgl. S. 173 ff.). Gerade indem sie die Aufgaben auch als mögliche Klausuren betrachten, die zu benoten sind, machen sie implizit auf praktische Probleme der Aufgabenkultur im Unterricht und in Kursarbeiten aufmerksam (vgl. ebd., S. 185). Das berührt auch Fragen der Inhaltsauswahl im Zentralabitur, in den Lehrplänen und im Unterricht, der Möglichkeiten und Grenzen der Operationalisierbarkeit insbesondere von komplexen und von nicht kognitiven Fähigkeiten, des Verhältnisses von Wissen und Können, von Inhalt und Form, des Anspruchs, nicht allein die Planungskompetenz, sondern auch die (außerschulische) Handlungskompetenz befördern zu wollen usw. Hier existiert offensichtlich nicht allein ein Forschungsdesiderat. Es fehlt auch an einem fachdidaktischen Diskurs um Ziele und Inhalte des Pädagogikunterrichts, um seine besondere Ausrichtung. Neuerliche Ansätze dazu (vgl. Bernhard 2005, Storck 2005, Ladenthin 2008, Wigger u. a. 2008, Röken 2009 oder Wortmann 2009) scheinen noch zu verhallen.

Hinsichtlich der Entwicklung von Kompetenz(entwicklungs)modellen und Kompetenzstufen verkennen Storck und Wortmann die Wechselwirkung von normativen Entwürfen und empirischer Überprüfung (vgl. Blömeke 2007). Der Schwierigkeitsgrad einer Aufgabe erweist sich – wie bei der Aufgabeneichung durch das IQB (s. u.) – in qualitativer oder quantitativer Hinsicht (auch für Lehrende) immer erst empirisch. Qualitativ müssten auch die Verfahren bei der Einschätzung offener Aufgaben, die komplexe Lösungen verlangen, sein, so Storck und Wortmann, da hier ein Interpretationsspielraum entstehe. An empirischen Forschungsarbeiten in der Didaktik des Unterrichtsfachs Pädagogik mangelt es aber seit Jahrzehnten.

*Bedingungen, Chancen und Gefahren von Bildungsstandards*
*(nicht nur) im Pädagogikunterricht*

Es liegt nicht allein im Interesse von Technokraten, die Qualität schulischer Arbeit zu steigern. Es sind nicht allein Fragen der Effizienz, Fragen eines zu überwindenden schulischen Technologiedefizits, die zu beantworten wären. Nimmt man die ersten Ergebnisse der PISA-Studie zur Kenntnis, dass ein erheblicher Teil der Schülerinnen und Schüler mit 15 Jahren kaum sinnverstehend zu lesen in der Lage ist (vgl. Artelt u. a. 2001, insb. S. 101 ff.), so erwächst daraus die pädagogische Verantwortung, die Qualität der Schule zu verbessern. Schülerinnen und Schülern auf oder unterhalb der ersten Stufe der getesteten Lesekompetenz wird nicht nur der Weg in das Berufsleben versperrt. Mit der Unfähigkeit, einfachste Texte, Tabellen, Karten, Diagramme, Bilder und Formulare sinnverstehend zu lesen, scheint mir tatsächlich eine wesentliche Voraussetzung für Bildung zu fehlen, für den Prozess der Erschließung der Welt und seiner selbst in der Welt. Wer Texte, Tabellen usw. in einer zunehmend von Medien geprägten Umwelt nicht versteht, kann sich diese Umwelt nicht zueignen. Gleiches gilt ohne Frage für mathematische und naturwissenschaftliche, aber auch für gesellschaftswissenschaftliche Grundkenntnisse und –fertigkeiten. Ein Grundverständnis der demokratischen Lebens-, Gesellschafts- und Staatsform und ihrer Gefährdungen ist unabdingbar, um das soziale Miteinander heute zu verstehen und sich selbstbestimmt und verantwortungsvoll im sozialen Umfeld zu bewegen, es mitzugestalten oder verändernd darauf einzuwirken. In diesem Kontext kann man – unabhängig davon, dass es Pädagogikunterricht als eigenständiges Fach nicht in allen Ländern und allen Schulformen gibt und er in der gymnasialen Oberstufe Nordrhein-Westfalens zwar mit großem Erfolg, aber doch nur als Wahlpflichtfach angeboten wird – fragen, ob und ggf. welcher pädagogischer Grundkenntnisse und –fertigkeiten es bedarf, um die gesellschaftlichen Erziehungs- und Unterrichtsbemühungen, die verschiedenen Institutionen des Bildungswesens und ihre auch medialen Gefährdungen besser zu verstehen und sich vernünftiger zu ihnen zu verhalten.

Ein Vorschlag, das angesprochene schulische Qualitätsdefizit zu beheben, ist die Einführung so genannter Bildungsstandards (vgl. Klieme u. a. 2003, S. 13 sowie KMK 2005a, S. 5). Sie sollen auf dem Gebiet kognitiver fachlicher Leistungen überprüfbare Ansprüche an Schülerinnen und Schüler formulieren, ohne dass die anderen Ziele schulischer Arbeit – etwa überfachliche Ziele, Sozialverhalten, Einstellungen zum (fachlichen) Wissen und übergreifende Ziele wie Mündigkeit – vernachlässigt würden. Durch die Überprüfung dieser Ansprüche in Form von Tests zur Messung der Leistungen der Schülerinnen und Schüler erhoffen sich Befürworter von Bildungsstandards ein Monitoring der Leistungsfähigkeit des Bildungswesens, eine Evaluation der Einzelschulen hinsichtlich des Erfolgs bei der Förderung kognitiver Fachleistungen sowie – mit modifizierten Instrumenten – eine Diagnose des fachbezogenen kognitiven Leistungsstands der einzelnen Schülerinnen und Schüler (vgl. Klieme u. a. 2003, S. 82 f.). Die Überprüfung soll der Ausgangspunkt für Verbesserungen vom System bis zur einzelnen Schülerin bzw. zum einzelnen Schüler sein. Um das Erreichen der Standards durch individuelle Maßnahmen fördern zu können, bedarf es nach Meinung der Expertinnen und Experten allerdings eines Kompetenzstufen-, wenn nicht gar eines Kompetenzentwicklungsmodells (vgl. ebd., S. 75 f.). Allein auf der Basis solcher Modelle könnten Lehrende in die Lage versetzt werden, Testaufgaben zu entwickeln, Diagnosen durchzuführen oder sie wenigstens zu verstehen. Lehrende müssten zudem Vorschläge für die Gestaltung der Schule bis zu Maßnahmen der individuellen Förderung erhalten. Da das Gelingen schulischer Reformen wesentlich von ihnen (den Lehrenden) abhängt, sollten sie ausführlich über die Einführung von Bildungsstandards informiert, darin unterstützt und daran beteiligt werden. Sonst droht die Ablehnung der Bildungsstandards durch die Lehrenden, wie sie Beer 2006 für die Volksschulen in Österreich dokumentiert. Und mit der Ablehnung durch die Lehrenden droht das Scheitern jeglicher Reform.

Ein Kompetenzstufenmodell stellt man sich als ein Modell qualitativer Stufen von Kompetenzen vor (Klieme u. a. 2003, S. 75 f.). Entsprechend können Schülerinnen und Schüler auf einer höheren Kompetenzstufe qualitativ identifizierbare Aufgaben dieses Niveaus mit großer Wahrscheinlichkeit lösen, während Schülerinnen und Schüler auf einer niedrigeren Kompetenzstufe dies mit großer Wahrscheinlichkeit (noch) nicht können. Nach meiner Kenntnis liegen in keinem Fach tragfähige Kompetenzstufenmodelle dieser Art vor. Ob und in welchen Fächern es Kompetenzentwicklungsmodelle geben wird ist ungeklärt (vgl. ebd., S. 77). Statt vergleichbar zu kognitiven Entwicklungsmodellen etwa von Piaget oder Kohlberg je eigene Modelle beispielsweise für die Entwicklung mathematischer

Kompetenz, politischer Urteilskraft und darin jeweils enthaltener Teilkompetenzen entwickeln zu wollen, erscheint es mir daher zur Zeit gangbarer, das Wissen über bestehende kognitive Entwicklungsmodelle zu verbreiten und danach zu fragen, was diese Entwicklungsmodelle für das Denken in einem bestimmten Fach bedeuten. Auch dieser Weg nötigt zu einer unabdinglichen Verständigung darüber, was denn zentrale Kenntnisse und Fertigkeiten, was denn die zentrale(n) Perspektive(n) oder Leitideen eines Fachs sind. Das ist nicht so klar, wie es der recht stabile Fächerkanon an Schulen suggeriert. Die Diskussion um Heymanns Vorschläge zum Beitrag der Mathematik zur Allgemeinbildung (vgl. Heymann 1996) ist ein Beispiel hierfür. Für den Pädagogikunterricht, der mit Imageproblemen zu kämpfen hat, ist es kein vernünftiger Reflex, einen wissenschaftlichen Anspruch in der Schule zu behaupten (schon gar nicht, indem man das Schulfach Pädagogik einfach in „Erziehungswissenschaft" umbenennt). Fachdidaktikerinnen und Fachdidaktiker sollten gemeinsam mit den Lehrerinnen und Lehrern des Faches vielmehr die Diskussion um Bildungsstandards und insbesondere den Vorschlag von Storck und Wortmann aus dem Jahr 2006 zu intensiven Versuchen nutzen, den bildenden Kern des Faches, die pädagogische Perspektive des Fachs zu bestimmen. Schon die für das Zentralabitur festgelegten obligatorischen Themen für den Pädagogikunterricht geben einen Standard vor, in dem ein pädagogischer Kern, eine pädagogische Perspektive kaum erkennbar ist. Immerhin lässt die Formulierung der Themen in den Vorgaben für das Zentralabitur 2011 ein erstes Umdenken hinsichtlich der Perspektivierung des Faches erkennen (vgl. MSWWF o.J.). Inwiefern sich das auch auf die Inhaltsauswahl niederschlagen müsste, wäre eine fachdidaktisch zu diskutierende Frage.

Für den Pädagogikunterricht in der Sekundarstufe II ergibt sich hinsichtlich der Bestimmung eines Kompetenzstufen- und -entwicklungsmodells die zusätzliche Schwierigkeit, dass die Schülerinnen und Schüler sich zumindest gemäß Piaget im Bereich der höheren Stufen kognitiven Denkens befinden müssten und Veränderungen im fachlichen Denken möglicherweise nur in Nuancen auszumachen wären. Zudem handelt es sich um einen Wissensbereich, der den Schülerinnen und Schülern aus eigener Erfahrung (als Tochter oder Sohn und als Schülerin bzw. Schüler) und aus der häufigen Thematisierung von Erziehungs- und Schulfragen in den Medien bekannt ist. Wie im Bereich der politischen Bildung wird es daher schwierig sein, den Anteil der Schule und des Unterrichts an den erbrachten pädagogischen (bzw. politischen) Leistungen von Schülerinnen und Schülern zu bestimmen. Wie in der politischen Bildung sollte das Verhältnis von Alltags- und wissenschaftlichem Wissen zentraler Gegenstand fachdidaktischer Überlegungen sein.

Eine Option zum Umgang mit den genannten Schwierigkeiten könnte die Abwendung von Entwicklungslogiken und die Hinwendung zu Sachlogiken darstellen. Wie beispielsweise im Mathematikunterricht würde man versuchen, Wissen und Können entsprechend aufzubauen, indem man z. B. mit der Diskussion linearer Funktionen beginnt und später zu quadratischen, rationalen, gebrochen rationalen und schließlich logarithmischen und trigonometrischen Funktionen und Funktionenscharen fortschreitet. Eine solche Vorgehensweise lässt die tatsächlichen Lernwege der Schülerinnen und Schüler möglicherweise außer Acht. Dennoch könnten hier Lernhilfen entstehen. Während bei der Diskussion mathematischer Funktionen bestimmte Kriterien die Beurteilung leiten (Nullstellen? y-Achsenabschnitt? Steigung? usw.), könnten im Pädagogikunterricht etwa die Frage der Bedingungen, Ziele, Mittel und Wirkungen pädagogischer Maßnahmen zu deren Beurteilung herangezogen werden. Beyer unterscheidet quer zu diesen Dimensionen analytisch eine Beurteilung nach technologischem und nach axiologischem oder normativem Kriterium (vgl. Beyer 1997 f., Teil I, S. 146). Während die technologischen Bewertungsmaßstäbe empirische Antworten verlangen, sind die axiologischen Kriterien aus der pädagogischen Ideengeschichte zu gewinnen. Storck und Wortmann nennen in Anlehnung an Benner etwa die Bildsamkeit des Menschen oder die mit der Idee der Mündigkeit verknüpfte Aufforderung zur Selbsttätigkeit als Kriterien, gegen die normativ nicht verstoßen werden dürfe (vgl. Storck/Wortmann 2009, S. 44). Um dies an der Beurteilung der Einführung von Bildungsstandards in der Schule kurz zu illustrieren, könnten Schülerinnen und Schüler etwa wie folgt argumentieren: Die Ausrichtung und Beschränkung des schulischen Bildungsauftrags einzig auf messbare kognitive Leistungen in Kernfächern und deren Bewertung mit Hilfe von standardisierten Testverfahren und Sanktionierungen durch Noten könnte technisch erfolgreich gelingen, wie Klieme u. a. und die KMK hoffen. Der Nachweis über die tatsächlichen Wirkungen der Einführung von Bildungsstandards ist zumindest durch die PISA-Studie nicht erbracht, die Nebenwirkungen sind noch unzureichend erforscht. Die Beschränkung auf einen Kernbereich würde aber die unbestimmte Bildsamkeit der Schülerinnen und Schüler auf diesen Kernbereich festlegen und damit unzulässig begrenzen.

Für den Mathematikunterricht ist einsichtig, dass es bestimmte Verfahren (hier der Diskussion von Funktionen) gibt, die gekonnt werden müssen, und dass dies nicht ohne Inhalte (bestimmte Gruppen von Funktionen) geht. Es hat sich zudem ein sachlogischer Aufbau der Inhalte etabliert (s. o.). Ob die von Beyer und im Anschluss an Beyer und Benner von Storck und Wortmann vorgeschlagenen Dimensionen und Kriterien zur Analyse und Planung pädagogischen Denkens und Handelns ebenfalls eine Auswahl bestimmter Inhalte nahelegen, um eigenes pädagogisches Urteilen daran exemplarisch zu erlernen und einen Kernbestand an deklarativem und prozeduralem pädagogischen Wissen aufzubauen (vgl. Klieme u. a. 2003, S. 78), ist noch ungeklärt. Eine große Stärke des Pädagogikunterrichts ergibt sich daraus, dass immer auch soziale, emotionale und volitionale Bedingungen, Mittel, Ziele und Wirkungen pädagogischen Handelns in das Urteil einzubeziehen sind. Inwiefern dies methodisch unterstützt werden kann und beispielsweise eigene emotionale Bedürfnisse und Fertigkeiten der Ausgangspunkt von Lern- und Bildungsprozessen im Pädagogikunterricht sein können und sollen ist fachdidaktisch ebenfalls noch zu diskutieren.

Weil Pädagogikunterricht von Anfang an pädagogische Praxis zum Gegenstand haben muss (vgl. Beyer 2003 f., Teil I, S. 8), ergibt sich nicht nur die Chance neben kognitiven Aspekten auch soziale, emotionale und volitionale Aspekte pädagogischen Denkens und Handelns und pädagogischer Kompetenzen zu thematisieren, sondern auch die engen fachlichen Grenzen zu überschreiten und außerpädagogische Perspektiven u. a. als Bedingungen pädagogischen Denkens und Handelns zu berücksichtigen (vgl. Beyer 1997 f., Teil II, S. 109). Das ist zugleich überaus schwierig, zudem „es für die meisten pädagogischen Probleme keine eindeutigen Lösungen gibt" (vgl. Beyer 2003 f., Teil I, S. 9). Wie im Unterricht zwischen sachlogischem Aufbau und komplexer Praxis zu vermitteln ist, erscheint noch ungeklärt. Häufig drohen Verkürzungen des Verhältnisses von Theorie und Praxis. So könnte im Pädagogikunterricht bei der Behandlung einer Fallstudie zur Magersucht eines Mädchens das „richtige" erzieherische Verhalten von Eltern nur aus systemischer Sicht geplant werden. Oder das Modelllernen nach Bandura könnte als einzige Erklärung jugendlicher Gewaltexzesse herangezogen werden.

Auf die Schwierigkeiten der Aufgabenkultur (nicht nur) im Pädagogikunterricht und der Konzeption von Testaufgaben haben Storck und Wortmann 2006 hingewiesen. Unabhängig von fehlenden Kompetenzstufenmodellen sind vom Institut zur Qualitätsentwicklung im Bildungswesen (IQB) unter der Beteiligung von Fachdidaktikerinnen bzw. Fachdidaktikern Testaufgaben für die jeweils anvisierten Ziel- und Altersgruppen entwickelt und durch die Befragung von Schülerinnen und Schülern getestet worden. Das IQB beispielsweise hat Aufgaben für Grundschülerinnen und -schüler am Ende der 4., Hauptschülerinnen und -schüler am Ende der 9. sowie Schülerinnen und Schüler, die den mittleren Schulabschluss anstreben, am Ende der 10. Klasse entwickelt. Dadurch konnte im Anschluss an die Tests eine Skala mit dem „tatsächlichen" Schwierigkeitsgrad der Aufgaben für die jeweilige Zielgruppe erstellt und die Lösungen der einzelnen Schülerin bzw. des einzelnen Schülers entsprechend eingeordnet werden. Wie bei PISA hat das IQB zunächst die durchschnittlich erzielte Testleistung mit 500 Punkten normiert, die statistische Standardabweichung der erzielten Testleistungen mit 100 Punkten festgelegt und dann fünf Kompetenzstufen angenommen. Während die obere und die untere Stufe nach oben und unten offen waren, wurden die drei mittleren Stufen mit einer Spannbreite von jeweils 80 Punkten festgelegt, wobei die untere Stufe bei 410 Punkten endet. Die Festlegung erfolgte mithin quantitativ, nicht aufgrund qualitativer Anforderungsniveaus der Aufgaben an fachliche Kompetenzen. (Vgl. für den Bereich Mathematik: IQB 2008, S. 21 f.)

Solche Tests haben im Fall ihrer breiten Rezeption trotzdem die Chance, die Unsicherheiten der Lehrerinnen und Lehrer hinsichtlich des Schwierigkeitsgrads der von ihnen selbst formulierten Klassenarbeiten und Klausuren abzubauen – ohne dass die Klassenarbeiten selbst schon den Kriterien psychometrischer Tests genügten.[2] Lehrerinnen und Lehrer könnten dadurch lernen, einen Teil der zu erwartenden Leistungen ihrer Schülerinnen und Schülern realistischer einzuschätzen. Nur in einem öffentlichen Diskurs kann aber verhindert werden, dass Aufgaben im Unterricht und in Klassenarbeiten bzw. Klausuren allein dem Diktat der möglichst einfachen Messbarkeit unterworfen werden.

## Anmerkungen

1   In der neuen Stundentafel sind 10-12 Ergänzungsstunden von den 163 Gesamtwochenstunden den Kernfächern zuzuschlagen. Zwar können diese Stunden nach § 17, Abs. 4 der APO-S I auch „erweiterte[n] Angeboten in den Fächern der Stundentafel" (MSWWF 2008, S. 4) zugeordnet werden. In der Praxis werden sie aufgrund des Drucks durch Vergleichsarbeiten, zentrale Abschlussprüfungen und der Forderung, mehr Schülerinnen und Schüler regulär durch ihre Schulzeit zu geleiten, „für die Förderung in den Fächern Deutsch, Mathematik, den Fremdsprachen oder dem Lernbereich Naturwissenschaften" (ebd.) investiert werden. Verlässliche Daten darüber liegen mir allerdings nicht vor.
Die fehlenden 6-8 (4-6) Stunden sind dem Wahlpflichtbereich II zugeordnet. Das Fach Pädagogik wurde am 20.06.2007 als Fach dieses gymnasialen Wahlpflichtbereichs gestrichen (vgl. MSWWF 2007, S. 3 – VV zu § 17 der APO-S I). Im Wahlpflichtbereich der nordrhein-westfälischen Gesamtschulen ist das Fach weiter wählbar.

2   Würden Klassenarbeiten den Ansprüchen psychometrischer Tests genügen, müssten sie unter anderem in einer hinreichend großen Stichprobe normalverteilte Ergebnisse liefern. Die einzige Stichprobe, die den Lehrenden zur Verfügung steht, ist die jeweilige Klasse. Deren Benotungsspiegel muss keiner Normalverteilung genügen: Eine Klassenarbeit kann gut oder schlecht ausfallen, es können viele gute und viele schlechte Arbeiten geschrieben worden sein.

## Literatur

Artelt, Cordula u. a. (Hrsg.): PISA 2000. Basiskompetenzen von Schülerinnen und Schülern im internationalen Vergleich. Opladen 2001, S. 69-137.

Beer, Rudolf: Bildungsstandards an der Schnittstelle zwischen Grundschule und Sekundarschule I – empirische Befunde. In: Erziehung u. Unterricht (2006), H. 2/3, S. 321-329.

Benner, Dietrich: Unterricht – Wissen – Kompetenz. Zur Differenz zwischen didaktischen Aufgaben und Testaufgaben. In: Benner, Dietrich (Hrsg.): Bildungsstandards. Instrumente zur Qualitätssicherung im Bildungswesen. Chancen und Grenzen – Beispiele und Perspektiven. Paderborn u. a. 2007, S. 123-138.

u. a.: Ein Modell domänenspezifischer religiöser Kompetenz. Erste Ergebnisse aus dem DFG-Projekt RU-Bi-Qua. In: Benner, Dietrich (Hrsg.): Bildungsstandards. Instrumente zur Qualitätssicherung im Bildungswesen. Chancen und Grenzen – Beispiele und Perspektiven. Paderborn u. a. 2007, S. 141-156.

Bernhard, Armin: Pädagogische Bildung: Thesen zu ihrer Notwendigkeit in einer verkehrten Welt. In: Pädagogikunterricht 25 (2005), H. 2/3, S. 2-7.

Beyer, Klaus: Handlungspropädeutischer Pädagogikunterricht. Eine Fachdidaktik auf allgemeindidaktischer Grundlage. 3 Bde. Baltmannsweiler 1997 f.

–: Planungshilfen für den Pädagogikunterricht. 45 Rahmenreihen. 3 Bde. Baltmannsweiler 2003 f.

Blömeke, Sigrid: Literacy, Kompetenzen und Standards versus Bildung? Eine kritische Analyse der Veränderungen im deutschen Schulsystem (und in der deutschen Erziehungswissenschaft). In: Kirchhöfer, Dieter/Gerd Steffens: Infantilisierung des Lernens? Neue Lernkulturen – ein Streitfall. [Jahrb. f. Päd. 2006.] Frankfurt a. M. 2007, S. 211-237.

GFDP: Kerncurriculum Erziehungswissenschaft. Vorschläge für ein Basiscurriculum Pädagogik-Bakkalaureus und ein Curriculum Lehramtsmaster. Erarb. v. d. Komm. f. Lehrerbildung der GFDP. Bochum 2001. http://www.gfdp.org/app/download/1758746350/Kerncurriculum+Erziehungswissen schaft.pdf (Zugriff: 31.05.2010).

Heymann, Hans Werner: Allgemeinbildung und Mathematik. Weinheim 1996.

IQB: Kompetenzstufenmodell zu den Bildungsstandards im Fach Mathematik für den Mittleren Schulabschluss. Berlin 2008.

Klieme, Eckhard u. a.: Zur Entwicklung nationaler Bildungsstandards. Bonn: 2003.

KMK: Bildungsstandards der Kultusministerkonferenz. Erläuterungen zur Konzeption und Entwicklung. [Veröffentlichungen der Kultusministerkonferenz.] München/Neuwied 2005a.

–: Bildungsstandards im Fach Biologie für den Mittleren Schulabschluss. Beschluss vom 16.12.2004. [Veröffentlichungen der Kultusministerkonferenz.] München/Neuwied 2005b.

Köller, Olaf: Bildungsstandards in einem Gesamtsystem der Qualitätssicherung. In: Klieme, Eckhard/Rudolf Tippelt (Hrsg.): Qualitätssicherung im Bildungswesen. Eine aktuelle Zwischenbilanz. [Zeitschr. f. Päd. 54 (2008), 53. Beiheft.] Weinheim/Basel 2008, S. 59-75.

Ladenthin, Volker: Allgemeine Pädagogik und Fachdidaktik Pädagogik. In: Pädagogikunterricht 28 (2008), H. 1, S. 4-14.

Menn, Bettina: Pädagogikunterricht in der Sekundarstufe I. Baltmannsweiler 2005.

MSWWF: Richtlinien und Lehrpläne für die Sekundarstufe II – Gymnasium/Gesamtschule in Nordrhein-Westfalen: Erziehungswissenschaft. Frechen 1999.

–: Verordnung über die Ausbildung in der Sekundarstufe I (Ausbildungsordnung Sekundarstufe I – AO-S I). Vom 21. Oktober 1998 zuletzt geändert durch Verordnung vom 13. Juli 2005 (SGV.NRW.223). Düsseldorf 2005.

–: Verwaltungsvorschriften zur Verordnung über die Ausbildung und die Abschlussprüfungen in der Sekundarstufe I (VVzAPO-S I). RdErl. d. Ministeriums für Schule und Weiterbildung v. 20.06.2007. Aktenzeichen 225.2.02.11.03-51530/07. Düsseldorf 2007.

–: Verordnung über die Ausbildung und Abschlussprüfungen in der Sekundarstufe I (Ausbildungs- und Prüfungsordnung Sekundarstufe I – APO-SI). Vom 29. April 2005 zuletzt geändert durch Verordnung vom 5. November 2008 (SGV.NRW.223). Düsseldorf 2008.

–: Abitur Gymnasiale Oberstufe: Erziehungswissenschaft. http://www.standardsicherung.nrw.de/abitur-gost/fach.php?fach=11 (Zugriff: 31.05.2010).

Oberliesen, Rolf/Herbert A. Zwergel: Konsequenzen aus PISA – Fachdidaktiken der Gesellschafts- und Humanwissenschaften zu Anforderungen an Schule, Unterricht und Lehrerbildung. In: Bayrhuber, Horst u. a. (Hrsg.) : Konsequenzen aus PISA. Perspektiven der Fachdidaktiken. Innsbruck/Wien/Bozen 2004, S. 221-256.

Röken, Gernod: Pädagogikunterricht reloaded. In: Pädagogikunterricht 29 (2009), H. 2/3, S. 12-18.

Schützenmeister, Jörn u. a.: Reform der Pädagogiklehrerausbildung 2010. Positionen und Empfehlungen der Gesellschaft für Fachdidaktik Pädagogik (GFDP) zur Entwicklung der Pädagogiklehrerausbildung in Nordrhein-Westfalen unter besonderer Berücksichtigung des fachdidaktischen Ausbildungsanteils. Münster 2010.

Storck, Christoph: Pädagogische Bildung im Spannungsfeld von Erziehung, Pädagogik und Erziehungswissenschaft. In: Pädagogikunterricht 25 (2005), H. 2/3, S. 13-21.

–: [Brief an die Kolleginnen und Kollegen.] In: Pädagogikunterricht 30 (2010), H. 1, S. 66.

u. Elmar Wortmann: Kompetenzfördernder Pädagogikunterricht. Kompetenzen, Kompetenzbereiche, Leistungsstandards, Aufgaben. Hrsg. v. d. GFDP. Baltmannsweiler 2006.

–: Pädagogik. [Pocket Teacher. Kompaktwissen Oberstufe. ABI.] Berlin 2009.

Tenorth, Heinz-Elmar: Bildungsstandards außerhalb der „Kernfächer“. Herausforderungen für den Unterricht und die fachdidaktische Forschung. – Zur Einleitung in den Thementeil. In: Zeitschrift f. Päd. 54 (2008), H. 2, S. 159-162.

Wigger, Lothar u. a.: Erziehungswissenschaftliche Alternativen im Pädagogikunterricht. In: Pädagogikunterricht 28 (2008), H. 1, S. 15-27.

Wortmann, Elmar: Imageprobleme. In: Pädagogikunterricht 25 (2005a), H. 1, S. 39.

–: Zu jüngsten Entwicklungen des Faches Pädagogik in der gymnasialen Oberstufe. Fakten und Fragen. In: Pädagogikunterricht 25 (2005b), H. 1, S. 45-49.

–: Einführung in den pädagogischen Grundbegriff der Bildsamkeit. Texte und didaktische Hinweise zu einer Unterrichtsreihe für die Jahrgangsstufe 11. In: Pädagogikunterricht 29 (2009), H. 2/3, S. 30-43.

*Torsten Feltes/ David Salomon*

# Zur Kritik der empirischen Grundlagen gegenwärtiger Schulleistungsstudien

Die Existenz der Schule als Institution, die die Integration der nachwachsenden Generationen in den Funktionszusammenhang der Gesellschaft verbürgt, scheint selbstverständlich (vgl. Dammer 2008). Doch nicht nur die Integrationsleistung der Schule zehrt vom Schein des Selbstverständlichen. Auch dass die Heranwachsenden sich aktiv die (soziale) Welt erschließen, indem sie beständig danach streben, ihre Handlungsmöglichkeiten (in ihr) zu erweitern, gilt gemeinhin als gesicherte Voraussetzung schulischen Lernens und nicht als Problematik, der sich Schule und Gesellschaft stets aufs Neue zu stellen haben. Die Kontrolle des Lernerfolgs ihrer Absolventen, die die Schule traditionell ausübt, wird daher auch weniger als Überprüfung ihrer Integrationsfunktion verstanden, d. h. als Überprüfung, inwiefern die Heranwachsenden überhaupt irgendeinen adäquaten Platz in der Gesellschaft finden *können*, sondern die ausgeübte Kontrolle gilt vielmehr als Leistung, den Absolventen einen ihren individuellen Fähigkeiten entsprechenden Platz im (hierarchischen) Strukturzusammenhang der Gesellschaft tatsächlich zuzuweisen. Die allgemeine Befähigung der Schulabgänger zur regelhaften Teilnahme am gesellschaftlichen Leben ist dafür die stillschweigend übergangene Voraussetzung, eine missglückte gesellschaftliche Integration der Individuen schien bisher weitgehend ausgeschlossen. Mit der Diskussion um die empirische Bildungsforschung à la PISA und um die Einführung von Bildungsstandards wird Schule erstmals auch als Sphäre sozialer Desintegration wahrgenommen. Dieser Wandel im Verständnis der Wirkungsweise der Schule verweist auf gravierende Veränderungen im Strukturzusammenhang der Gesellschaft. Wenn bestehende gesellschaftliche Strukturen sich zunehmend als dysfunktional für die gesetzten gesellschaftlichen Zwecke erweisen, dann kann die Integrationsfunktion der Schule nicht länger in der Ermöglichung der bloßen Reproduktion dieser Strukturen bestehen. Von daher gewinnt das abstrakt Allgemeine der Bildung, die Methodik des Lernens, den Vorrang vor dem Besonderen arbeitsteilig-instrumentellen Wissens; Spezialisierung ist fragwürdig geworden. Es sind die Forschungsprogramme der empirische Bildungsforschung, die unter den Bedingungen eines beschleunigten gesellschaftlichen Wandels Aufschluss darüber versprechen, in welchem Maße und auf welche Weise Schulen oder Schulsysteme die gesellschaftliche Integration der Heranwachsenden gewährleisten können. Im Folgenden wird deshalb erörtert, ob bzw. inwiefern die empirische Bildungsforschung ihrer eigenen Aufgabe gerecht werden kann.

### 1. Empirische Bildungsforschung und der Begriff der Kompetenz

‚Bildung' ist für die empirische Bildungsforschung ein Gegenstand, dessen Vorhandensein durch Wissenschaft nachgewiesen werden soll. Dabei geht es nicht dichotom um vorhanden oder nicht vorhanden, sondern ‚Bildung' soll auch mehr oder weniger vorhanden sein können. Die Bildungsforschung hat daher zu bestimmen, in welcher Quantität ‚Bildung' jeweils vorliegt. Durch diese Voraussetzung erscheint ‚Bildung' an und für sich als ein Zählbares. Zu diesem Zählbaren muss der Untersuchungsgegenstand ‚Bildung' jedoch erst gemacht werden. Denn einen den Sinnen unmittelbar gegebenen Gegenstand ‚Bildung' gibt es nicht. ‚Bildung' kann deshalb nur als Eigenschaft von etwas aufgefasst werden, dem sinnlich-unmittelbare Gegenständlichkeit zukommt. Träger der Eigenschaft ‚Bildung' sind daher die Absolventen der Bildungsinstitutionen, deren psychische Dispositionen als mehr oder weniger gebildet charakterisiert werden können müssen. Um aus der Mannigfaltigkeit der Erscheinungen – hier den psychischen Dispositionen und Besonderheiten – etwas Systematisches entnehmen zu können, muss vorher kategorial bestimmt sein, welche verschiedenen Ausprägungen der die Forschung interessierenden Eigenschaft insgesamt vorgefunden werden können; das empirisch ermittelte Wirkliche muss mit einem theoretisch bestimmten Möglichen vergleichbar gemacht worden sein. Die kategorialen Bestimmungen des vorfindbaren Möglichen sind für die Bildungsforschung die verschiedenen Ausprägungen von Wissen und Können. Wissen und Können als theoretische und praktische Momente angeeigneter Fähigkeiten werden von der Bildungsforschung im Terminus der Kompetenz zusammengefasst. Um Kompetenzen messen zu können, muss ihre innere Struktur jeweils als Hierarchie, als stufenweiser Aufstieg vom Einfachen zum Komplizierten bestimmt sein. Werden dann jeder Kompetenz bestimmte Testaufgaben zugeordnet, die innerhalb des jeweiligen Kompetenzbereichs wiederum den einzelnen Kompetenzstufen zugewiesen werden, dann ist damit ein Maßstab für die Messung von Kompetenzen gegeben. Erst die Existenz eines solchen Maßstabs konstituiert – als Menge aller Kompetenzbestimmungen – den Untersuchungsgegenstand ‚Bildung'.

Die Schulleistungsstudien der letzten Jahre (TIMSS, PISA, IGLU, DESI u. a.) haben dazu beigetragen den Begriff der Kompetenz[1] zu popularisieren, er wird zunehmend zum Leitbegriff von schulischer, akademischer und außerschulischer Bildungsarbeit. „Kompetenzorientierung" ist zum omnipräsenten Schlagwort geworden und verbindet sich nicht selten mit regelrechten Heilsversprechen:

Es scheint mitunter, als erhoffe man sich von ihr den Ausweg aus der gegenwärtigen „Bildungsmisere" und als könne sie Debatten um Schulstrukturen ersetzen. Im Kontext von Bildungsstandarddiskursen und Leistungsvergleichen tritt „Kompetenz" an die Stelle von „Lernzielen" und „Qualifikationen", mitunter sogar an die Stelle von „Bildung". Sowohl in der allgemeinen als auch in den Fachdidaktiken mangelt es nicht an begrifflichen Bestimmungsversuchen und Kompetenzstrukturmodellen. Die Einigkeit in der Verwendung des Begriffs sollte indes nicht dazu führen, vorschnell einen Konsens zwischen Bildungsforschern, Bildungstheoretikern und Didaktikern zu vermuten. Bei genauerer Betrachtung wird vielmehr offenbar, dass der Begriff höchst unterschiedliche Ansprüche bezeichnet. Während für empirische Bildungsforscher wie Eckhard Klieme die Frage nach der Messbarkeit von Kompetenzen im Zentrum steht, versprechen sich Bildungstheoretiker wie Dietrich Benner vom Kompetenzbegriff einen Beitrag zu einer klareren Bestimmung normativer Anforderungen an Lehr-Lern-Prozesse. Verfolgt man zunächst die Traditionen des Begriffs und versucht anschließend die divergierenden Ansprüche an ihn im „soziologischen Raum" des gegenwärtigen Kapitalismus zu rekonstruieren, erscheint der Kompetenzbegriff im Bildungskontext als ein Konstrukt voller (gesellschaftlich notwendiger) Ambivalenzen. An ihnen freilich kann zugleich die Kritik der auf psychometrische Verfahren gestützten Grundlagen empirischer Schulleistungsstudien ansetzen.

## 2. Traditionen und Dimensionen: Der soziologische Raum des Kompetenzbegriffs

In einem Beitrag in der „Zeitschrift für Erziehungswissenschaft" benennen Eckhard Klieme und Johannes Hartig drei voneinander unabhängige sozialwissenschaftliche „Wurzeln" des Kompetenzbegriffs: „Die Soziologie Max Webers, die Linguistik Noam Chomskys und die pragmatisch-funktionale Tradition in der amerikanischen Psychologie, die ab Ende der 1950er-Jahre menschliches Handeln jenseits der Kategorien von Behaviorismus und psychometrischer Intelligenzforschung verstehen wollte" (Klieme/ Hartig 2008, S. 14). Wie Klieme und Hartig hervorheben, spiegeln sich in den drei vorgestellten Konzeptionen unterschiedliche Akzentuierungen des Begriffs, der klassischerweise sowohl die Fähigkeit und die Bereitschaft bezeichnet, etwas zu tun, als auch die Zuständigkeit für ein bestimmtes Aufgabenfeld und die Verfügungsgewalt über die zur Erfüllung der Aufgaben erforderlichen Mittel: „Während in der weberschen Theorie der Herrschaft, etwa in der Beschreibung von bürokratischen Organisationsformen, Kompetenz im Sinne von Zuständigkeit und Verfügung über Zwangsmittel verwendet wird, geht es in der linguistischen und der psychologischen Tradition um Kompetenz im Sinne von Fähigkeit und Bereitschaft" (ebd., S. 14). Im Folgenden konzentrieren sich Klieme und Hartig insbesondere auf die linguistische und psychologische Tradition – wohl auch deshalb, weil sie deren theoretische Akzentuierung des Kompetenzbegriffs für relevanter im Hinblick auf die pädagogische Diskussion erachten als die webersche Herrschaftssoziologie.

Die linguistische Theorie Chomskys ist fraglos von herausragender Bedeutung für jede Bestimmung des Kompetenzbegriffs, die den Zusammenhang von Fähigkeit und situativer „Anwendung" fassen will. Chomsky hatte zur Bestimmung dieses Verhältnisses bereits 1957 das Begriffspaar Kompetenz und Performanz in die Debatte eingebracht: „Wir machen somit einen grundlegenden Unterschied zwischen *Sprachkompetenz* (*competence;* die Kenntnis des Specher-Hörers von seiner Sprache) und *Sprachverwendung* (*performance*; der aktuelle Gebrauch der Sprache in konkreten Situationen) [...] Die Grammatik einer Sprache versteht sich als Beschreibung der immanenten Sprachkompetenz des idealen Sprecher-Hörers. Weiter, wenn die Grammatik durchweg explizit ist, wenn sie – mit anderen Worten –nicht auf die Intelligenz des Lesers baut, sondern wenn sie gerade eine explizite Analyse dessen liefert, was dieser von sich aus zum Verstehen der Grammatik beiträgt, dann können wir sie (mit einer gewissen Redundanz) eine generative Grammatik nennen" (Chomsky 1969, S. 14f.). Chomskys Modell einer generativen Grammatik[2], das nicht sosehr von strukturalen Zusammenhängen einer Sprache ausgeht, sondern von einer Sprachkompetenz, als Bedingung der Möglichkeit jener performativen Leistungen, als die Sprache uns begegnet, enthält bereits die Bestimmungen des Kompetenzbegriffs, die in der Bildungsdebatte als situative Anwendung (Performanz) von erlernten Fähigkeiten und Fertigkeiten (Kompetenz) gefasst werden. Chomskys Modell untersucht allerdings – in diesem Sinne dem Kantschen Begriff des Transzendentalen folgend – *die Bedingungen der Möglichkeit* des Generierens von Sätzen in der Primärsprache und ist somit auf Kommunikation schlechthin gerichtet. Indem der Spracherwerb der Primärsprache als selbstverständlich für die Herausbildung sozialer Kontaktaufnahme vorausgesetzt wird, enthält das Modell bestenfalls eine implizite oder passive „Didaktik": Es fragt nicht nach Methoden und Wegen der „Vermittlung" von Kompetenzen, die sich in einer antizipierten, künftigen Performanz bewähren sollen, sondern geht von der lebensweltlichen Erfahrung bestehender (performativer) kommunikativer Interaktionen aus und rekonstruiert Kompetenzen, die längst erworben sind. Ganz in diesem Sinne schreiben auch Klieme und Hartig: „Die Frage nach der Messung von je individuellen Kompetenzausprägungen hat bei Chomsky eigentlich keinen Sinn. Ihm geht es darum, die allen Menschen gemeinsame kognitive Basis des sprachlichen Handelns zu verstehen. Unterschiedlich ausgeprägt ist in diesem Sinne nur die Performanz, also die jeweilige Realisierung der Kompetenz, die von personalen und situativen Faktoren beeinflußt werden kann und theoretisch nicht weiter interessiert. [...] Generative Modelle der Kompetenz und ihrer Entwicklung werden in der Regel nicht durch quantitative Messungen, sondern im weitesten Sinne rekonstruktiv begründet" (Klieme/ Hartig 2008, S. 15). Dies gilt fraglos auch für alle in einer transzendentalphilosophischen Tradition formulierten Modelle „kommunikativen Handelns", die, wie Hartig und Klieme hervorheben, insbesondere von Jürgen Habermas und seinen Nachfolgern ausgearbeitet wurden. In solchen Theorien werde „das Konzept der sprachlichen Kompetenz sensu Chomsky wesentlich verallgemeinert zur kommunikativen Kompetenz als Inbegriff der sozial-kognitiven Regeln und Strukturen, die es Individuen ermöglichen, kommunikative Situationen zu generieren" (Klieme/ Hartig 2008, S. 15).

Gerade in der Frage der Messbarkeit unterscheiden sich kommunikationstheoretische Modellierungen des Kompetenzbegriffs von solchen der funktional-pragmatischen Psychologie: „In der funktional-psychologischen Sichtweise interessiert gerade nicht, das generative situationsunabhängige kognitive System, sondern die Fähigkeit einer Person, situativ geprägte Anforderungen zu bewältigen. Als ‚Kompetenz' wird hier, um es holzschnittartig zu formulieren, gerade das verstanden, was bei Chomsky und seinen Nachfolgern ‚Performanz' ist" (Klieme/ Hartig 2008, S. 16). Wie Klieme und Hartig zu Recht einräumen ist diese Beschreibung tatsächlich etwas holzschnittartig, geht es doch auch in einer „funktional-psychologischen Sichtweise" um *Dispositionen* und *Fähigkeiten*. Entscheidend ist freilich, dass hier – anders als in der Fragestellung Chomskys – der hauptsächliche Akzent auf die Situation und das Verhalten in ihr gelegt wird. Die Kompetenzdiagnostik beerbt folglich in gewisser Weise den Intelligenztest, spezifiziert seine Verfahren jedoch, indem sie „Konzepte und Erhebungsverfahren" entwickelt, „welche der Situierung und Kontextabhängigkeit des menschlichen Handelns Rechnung tragen" (Klieme/ Hartig 2008, S. 16). Da es dieser psychologischen – wie auch einer didaktischen und pädagogischen – Perspektive um andere Kompetenzen geht als die grundlegende Sprachfähigkeit, wird der Unterschied zwischen ihr und der chomskyschen zunächst als ein Unterschied der Argumentationsebene ersichtlich. Chomskys generative Grammatik und die an sie anschließenden Kommunikationstheorien untersuchen eine basale Grundkompetenz, die allen kommunizierenden Menschen gemein sein muss, damit Verständigung – und somit auch andere Kompetenzbereiche – überhaupt erst thematisierbar werden. Klieme und Hartig unterschlagen, dass insbesondere die sozialphilosophische Fortentwicklung des Chomsky-Modells in ihrer Frage nach dem Generieren kommunikativer *Situationen*, gleichzeitig zurückverweisen auf die herrschaftstheoretische Frage nach Zuständigkeiten und der Verfügung über (diskursive) Gewaltmittel. Wenn zutreffend ist, dass – wie in einer funkional-pragmatischen Psychologie gefasst – Kompetenzen „erlernbare kontextspezifische

Leistungsdispositionen" sind, „die sich funktional auf Situationen und Anforderungen in bestimmten Domänen beziehen" (Klieme/ Hartig 2008, S. 17), so wird als gleichermaßen bildungstheoretische wie herrschaftssoziologische Grundfrage gelten müssen: Wer entscheidet über die Domäne?

Es ist diese Frage, die Klieme und Hartig konsequent ausblenden. Dass gerade hier der Grund für die Anschlussfähigkeit von Kompetenzkonzeptionen an heteronom bestimmte Zwecke und die Ökonomisierung von Bildungsprozessen liegt, wird indes deutlich, wenn Klieme, Hartig u. a. an anderer Stelle auf die sozialen Rahmenbedingungen der von ihnen empfohlenen Kompetenzorientierung eingehen: „Infolge der zunehmenden Wissensintensität in vielen Arbeits- und Lebensbereichen und der Globalisierung von Arbeits- und Bildungsmärkten wird die Frage nach der Produktivität des Bildungswesens zu einer gesellschaftlichen Kernfrage. Von der Bildungsforschung wird erwartet, dass sie diese Produktivität messbar macht, Erklärungsmodelle für Verlauf, Effektivität und Effizienz von Bildungsprozessen bereitstellt und Interventionsstrategien wissenschaftlich untersucht. Diese Anforderungen wachsen in dem Maße, in dem das Bildungswesen selbst zum Gegenstand internationalen Wettbewerbs wird, beispielsweise durch die Vergleichsstudien der OECD zu life skills von Jugendlichen am Ende der Pflichtschulzeit (PISA) oder durch einheitliche Regelungen von Studienzulassung, Studienverlauf und Zertifizierung im Rahmen des Bologna-Prozesses. Um zu beschreiben, inwieweit Individuen den Anforderungen in verschiedenen Kontexten gewachsen sind, wird häufig der Begriff der *Kompetenz* verwendet. Über Kompetenzen in einem bestimmten Bereich zu verfügen, bedeutet in diesem Bereich erfolgreich handeln zu können; Inkompetenz heißt, den Anforderungen in einem Bereich nicht gewachsen zu sein" (Klieme u. a. 2007, S. 5). Ein auf Messbarkeit angelegter Kompetenzbegriff droht somit zum technokratischen Modell zu verkommen, das – unabhängig von Fragen nach Persönlichkeitsentfaltung und Emanzipation – der „Globalisierung" die Fähigkeiten und Fertigkeiten zu geben verspricht, die ökonomische Verwertungslogik verlangt.

Präzise beschreibt Julika Bürgin diese Tendenz, wenn sie kritisch anmerkt: „Wir müssen bereit sein, lebenslang zu lernen und bereits Gelerntes wieder zu verwerfen. Wir müssen all das nicht nur einfach tun, sondern unser Lernen auch erfolgreich selbst steuern, was nebenbei mitzulernen ist" (Bürgin 2006, S. 36). Eine so verstandene Kompetenzorientierung – in der Tradition einer nicht an gesellschafts- und kommunikationstheoretische Theorien rückgekoppelten Psychologie – wäre tatsächlich nichts anderes als die Erziehung des sich selbst disziplinierenden „Arbeitskraftunternehmers". Hier würde perpetuiert und verschärft, was Michel Foucault bereits in Überwachen und Strafen ausführt: Die „Schule [wird] zu einem pausenlos funktionierenden Prüfungsapparat, der den gesamten Unterricht begleitet. Es geht immer weniger um jene Wettkämpfe, in denen die

Schüler ihre Kräfte maßen, und immer mehr um einen ständigen Vergleich zwischen dem Einzelnen und allen anderen, der zugleich Messung und Sanktion ist. [...] Die Prüfung begnügt sich nicht damit, eine Lehrzeit abzuschließen; vielmehr ist sie eines von deren ständigen Elementen und begleitet sie in einem dauernd wiederholten Machtritual. Und vor allem gestattet das Examen dem Lehrer, der sein Wissen weitergibt, seinerseits über den Schülern ein ganzes Feld von Erkenntnissen aufzubauen. Während in der Zunfttradition die Prüfung eine Lehrzeit beendete und eine erworbene Fertigkeit bestätigte – das ‚Meisterstück' bezeugte eine bereits vollzogene Wissensübertragung – ist die Prüfung in der Schule ein tatsächlicher und beständiger Austausch zwischen dem einen und dem andern Wissen: sie bestätigt den Übergang der Erkenntnisse vom Lehrer an den Schüler und gleichzeitig erhebt sie am Schüler ein Wissen, das für den Lehrer bestimmt und ihm vorbehalten ist. Die Schule wird zum Ort, an dem die Pädagogik erarbeitet wird. [...] Die Prüfung ist ein Mechanismus, der eine bestimmte Form der Machtausübung mit einem bestimmten Typ der Wissensformierung kombiniert" (Foucault 1994, S. 240 f.). Entscheidend ist, dass der Prüfling keinerlei Einfluss auf den Prüfungsgegenstand hat. Wo quantitative Messverfahren über die Kompetenz oder Inkompetenz eines „Delinquenten" entscheiden, die Domänen bereits unverrückbar feststehen und Wissen an ihm erhoben, statt diskursiv mit ihm entwickelt wird, wird die Rede über „Disposition" zum Herrschaftsinstrument, das Autonomie beschneidet, statt Mündigkeit zu fordern.[3]

Ist damit der Kompetenzbegriff für emanzipatorische Bildungsprozesse erledigt? Dies zu bejahen hieße, das Kind mit dem Bade ausschütten. In Anknüpfung an die zuvor rekonstruierte gesellschafts- und kommunikationstheoretische Perspektive lässt sich auch eine bildungstheoretische und normative Theorie der Kompetenzorientierung formulieren, die sich in Ansätzen bei Dietrich Benner findet: In „Urteils"- und „Partizipationskompetenz" macht er „allgemeine, domänenspezifisch auszulegende Teilkompetenzen" aus: „Die Fähigkeit, die es quer zu allen Domänen schulischen Unterrichts mit Bezug auf die Trias von Unterricht, Wissen und Kompetenz bei der Entwicklung von Bildungsstandards zu stärken gilt, sind Urteils-/ Deutungs-/ Interpretationskompetenz sowie Partizipationskompetenz. Sie setzten bereits erworbene lebensweltliche Erfahrungen und alltägliche Formen des zwischenmenschlichen Umgangs voraus und sind daran zurückgebunden, dass die ihnen vorausgehenden Horizonte von Erfahrung und Umgang verlassen und Formen der Rückkehr in diese parallel kultiviert werden. Urteilskompetenz meint dabei die Fähigkeit, alltägliche Welterfahrungen mit Hilfe von im Unterricht erworbenem Wissen klären und interpretieren zu können, Partizipationskompetenz die Fähigkeit solche Deutungen in außerunterrichtliche Diskurse und Verständigungsprozesse einbringen zu können" (Benner 2007, S. 135).[4] Ein solches Verständnis von Kompetenzorientierung – neben Deutungs-

147

und Partizipationskompetenz könnte noch der in Konzepten des „globalen Lernens" geprägte Begriff der Gestaltungskompetenz (vgl. etwa Riß/ Overwien 2010, S. 212) ergänzt werden – wäre offen für die Debatte um die richtige Fassung der „Domänen" selbst und würde den Lernenden als soziales Subjekt ernst nehmen. Die Frage nach der quantitativen Messbarkeit würde – zugunsten qualitativer und hermeneutischer Formen der „Diagnose" – sekundär, wenn nicht gar unerheblich und als Herrschaftskonstrukt durchschaubar werden. Der Zusammenhang von Messung und Herrschaft soll im Folgenden vertieft werden, indem die Messverfahren selbst diskutiert werden.

### 3. Kompetenzen und Kompetenzstufen als Maßstab der Vermessung

Sollen Kompetenzen als „kontextspezifische kognitive Leistungsdispositionen" (vgl. Klieme u. a. 2007, S. 7) gemessen werden, dann müssen sie in ihrem internen und externen Bedingungsgefüge ausgewiesen sein. Das externe Bedingungsgefüge, das die Kausalbeziehungen zwischen den verschiedenen Kompetenzen bestimmt, wird von der empirischen Bildungsforschung als Kompetenzmodell bezeichnet und dessen Konstruktion als problematisch zugegeben. Das interne Bedingungsgefüge sind die Kompetenz*stufen*. Deren Konstruktion ist die Mindestvoraussetzung für die Durchführung von Studien wie TIMSS oder PISA. Erst die Hierarchie der Kompetenzstufen, die als Standardmenge[5] fungiert, ermöglicht, worauf es der Bildungsforschung von Anfang an ankommt: empirische Daten als Meßdaten auszuweisen.[6] Die empirischen Daten werden zueinander in ein einheitliches qualitatives und daher in seinen Unterschieden nur noch quantitatives Verhältnis gesetzt, indem von den Besonderheiten der Testaufgaben und den Besonderheiten der Performanz der Testpersonen abstrahiert wird. Von der angeleiteten Performanz der Testteilnehmer in einem Abstraktionsprozess auf zuvor erworbene Kompetenzen zurückzuschließen, das ist das Prinzip, dem das für die Testkonstruktion von PISA verwendete Rasch-Modell folgt:

„Es wird angenommen, daß *eine* (= eindimensionale) *latente* (= zugrundeliegende) nicht direkt beobachtbare *Eigenschaft (oder Dimension) ,E'* (latent-trait) das Testverhalten steuert. [...] Auf den Ausprägungsgrad kann aufgrund des Testverhaltens zurückgeschlossen werden. [...] Eine beobachtete Leistung wird *nicht nur durch die Fähigkeit* der Person ,F' (= Personenparameter) und *die Schwierigkeit* ,S' (bzw. Leichtigkeit ,L') der Aufgabe (des Items) (= Itemparameter) bestimmt, sondern auch vom ,Zufall' (= Summe aller unkontrollierbaren Einflüsse). [...] Im Gegensatz zur klassischen Testtheorie wird die Kovarianz zwischen den Items nicht als Abhängigkeit der Items voneinander, sondern ähnlich der Faktorenanalyse [...] als Ergebnis ihrer Abhängigkeit von einer gemeinsamen latenten Variablen angesehen" (Kleiter 1990, S. 350 u. 353).

Für die empirische Bildungsforschung scheint das Rasch-Modell die gesicherten methodischen Schritte zu ermöglichen, mit denen die Struktur hinter der Oberfläche der Performanz bestimmbar wird. Erst die Bestimmung dieser ‚Tiefenstruktur' rechtfertigt die Behauptung, bei der Bearbeitung von Testaufgaben kämen Fähigkeitsdispositionen zum Ausdruck, die über die erfolgreiche Bearbeitung der je vorliegenden Testaufgaben hinausgehen. Würde lediglich anerkannt sein, dass sich in der erfolgreichen Bearbeitung einer Testaufgabe zeigt, dass allein diese Testaufgabe erfolgreich bearbeitet werden kann, dann wäre Kompetenz nur durch das Testen aller bekannten Anwendungssituationen nachzuweisen – also kaum oder gar nicht. Der Kompetenzbegriff im Sinne latenter Fähigkeitsstrukturen verlangt daher, dass die beobachteten Erscheinungsformen sachlogisch unter Kategorien subsumiert werden können, die vor der Untersuchung bereits verfügbar sind. Wären diese Kategorien nicht gegeben, könnte das Beobachtete nicht für etwas genommen werden, was es selbst unmittelbar nicht ist. Latente Fähigkeitsstrukturen nachzuweisen, bedeutet, das hinter den empirischen Erscheinungen liegende Wesen dieser Erscheinungen sichtbar zu machen. Dazu bedarf es der spekulativen Formulierung von Gesetzmäßigkeiten, also von Kausalverhältnissen. Das Rasch-Modell setzt deren Existenz zwar abstrakt voraus, formuliert sie aber nicht.

Die Herstellung der Messfähigkeit des Forschungsgegenstands ‚Bildung' geschieht durch die Reduktion des Mannigfaltigen auf ein Einheitliches. Alles, was sich sachlich einer solchen Reduktion entzieht, stellt sich, wenn es überhaupt als testrelevant gilt, als beliebiges Nebeneinander von Kompetenzen oder Kompetenzbereichen dar. Die in der Naturwissenschaft festzustellende Dynamik des Verhältnisses von Qualität und Quantität gilt daher nicht für die gegenwärtige Bildungsforschung. Würde die Quantifizierung der Daten qualitative Erkenntnisse erlauben, dann müssten die verschiedenen zu messenden Kompetenzen zueinander in wechselseitige Bedingungsverhältnisse gesetzt werden können. Solche Kompetenzmodelle konnten jedoch bisher nicht verifiziert werden, obwohl die gewonnenen Datenmengen gewaltig sind. Daher ergibt sich die Situation, dass die Bildungsforschung zwar auflistet, welche Kompetenzen von Kindern und Jugendlichen erworben werden sollen, aber die innere Dynamik des erwünschten Kompetenzerwerbs bleibt verschlossen. Damit ist jedoch der Technologieanspruch, der mit der exakten Vermessung von Gegenständen in der Naturwissenschaft verbunden ist, nicht zu halten. Kann dieser Technologieanspruch nicht gehalten werden, dann gibt es keinen *wissenschaftlichen* Grund, mit Erziehung technologische Vorstellungen zu verbinden. Technologie soll hier verstanden werden als ein gesichertes, reproduzierbares Verfahren, das es ermöglicht, einen spezifischen gegebenen Zustand in einen intendierten, theoretisch antizipierten zu transformieren.

Weil die Bildungsforschung mit dem konfrontiert ist, was selbst die Voraussetzung von Forschung ist, nämlich mit dem Denken und seinen historisch bestimmten Erscheinungsformen, kann von einer Konstanz der Bedingungen, wie sie die Naturwissenschaft kennt, keine Rede sein. Die in der Sozialwissenschaft Forschenden, zu der auch die Bildungsforschung gehört, haben es mit dem zu tun, was sie prinzipiell selbst sind: zwecksetzende Wesen, die qua Verstand die Mittel zur Realisation ihrer Zwecke wählen und die gewählten Mittel in einem gesellschaftlichen Rahmen betätigen. Während in der Naturwissenschaft das Verhältnis von Forschung und Gegenstand ein Verhältnis von Subjekt zu Objekt ist, sind die Sozialwissenschaften auf ein Verhältnis von Subjekt zu Subjekt verwiesen. Die Gegenstände sozialwissenschaftlicher Forschung sind jedoch objektivierte Subjekt-Subjekt-Verhältnisse, weil die subjektiven Bestrebungen gesellschaftlichen Zwängen unterworfen sind, der gesellschaftliche Lebensprozess historischen, immer schon vorgefundenen Bedingungen unterliegt, denen die Menschen praktisch folgen ohne sie theoretisch zu begreifen, und weil die Gesellschaft in ihrer jeweiligen Verfasstheit zum einen die Instanz der Selbsterhaltung der Gattung ist, zum anderen jedoch durch die Existenz gesellschaftlicher Herrschaft bestimmt wird, deren Selbsterhaltung zur Selbsterhaltung der Gattung in einem Widerspruch steht. Der Widerspruch zwischen der Selbsterhaltung der Gattung und der Aufrechterhaltung gesellschaftlicher Herrschaft erscheint in stets wechselnden, nach soziologischer Aufklärung verlangenden Verlaufsformen.

Die Konstanz der Bedingungen, die für jede Technologie unabdingbare Voraussetzung ist, kann daher hinsichtlich eines gesicherten Verfahrens, das Bewusstsein in einer bestimmten Weise zu bilden, nicht gewährleistet werden. Zu der unkontrollierten Dynamik der Gesellschaft kommen die individuellen, stets verschiedenen Bedingungen des Aufwachsens hinzu. Die gesellschaftlichen ebenso wie die individuellen Voraussetzungen von Bildung werden von der Bildungsforschung übergangen. Deshalb ist der Maßstab der Vermessung – entgegen dem Selbstverständnis der empirischen Bildungsforschung – nicht deskriptiv, durch empirische Analyse gewonnen, sondern präskriptiv, aus den Anforderungen der Gesellschaft abgeleitet und an alle Subjekte als Anspruch in gleicher Weise herangetragen. In die Modellierung dieses Anspruchs als Maßstab der Vermessung sind die objektiven Bedingungen von Bildung nicht eingegangen.

Zu den objektiven Bedingungen von Bildung gehört es, dass die Institution Schule soziale Ungleichheit als ungleiche Leistungsfähigkeit reproduziert. Soziale Ungleichheit ist Voraussetzung und Resultat schulischer Lernprozesse, sie wird durch die Untersuchungen der Bildungsforschung ebenso sichtbar gemacht wie durch die Zeugnisse und Zertifikate der Schule selbst. Indem die Bildungsforschung jedoch den Mechanismus der Reproduktion sozialer Ungleichheit durch schulisches Lernen übergeht und diesen Umstand lediglich registriert, wird dieser Mechanismus auch zur Grundlage des Maßstabs der Vermessung, wie ihn die Bildungsforschung in ihren Untersuchungen verwendet. Hervorgebracht wird die ungleiche Leistungsfähigkeit der Schüler durch ihre formale Gleichbehandlung, die als demokratische Errungenschaft gilt. Die Gleichbehandlung unterstellt Gleichheit. Diese existiert jedoch nur als abstrakte. Alle Schüler haben gemeinsam, dass sie denkende Wesen sind, darüber hinaus sind sie durch ihre sozialen Erfahrungen unterschieden. Diese Unterschiede werden von der Schule übergangen, weshalb die Gleichbehandlung Ungleicher die ursprüngliche Ungleichheit reproduziert.[7] In der Gleichbehandlung Ungleicher eine Verletzung des Leistungsprinzips zu sehen, hieße, strikt zwischen Leistungsermöglichung und Leistungserbringung zu unterscheiden. Einer solchen strikten Unterscheidung stehen jedoch neben der formalen Gleichbehandlung der Schüler auch noch Form und Inhalt des Unterrichts entgegen, der immer schon an den Bedürfnissen des Leistungsvergleichs ausgerichtet ist. Denn in der Schule werden nicht Erkenntnisprozesse nachvollzogen, sondern Erkenntnisresultate individuell angeeignet und somit reproduziert. Im Unterschied zu Erkenntnis- und Reflexionsprozessen lassen sich Erkenntnisresultate als quantifizierbares Maß an Wissen erfassen. Deshalb kann Lernleistung, wenn Lernen als bloße Aneignung von Wissen verstanden wird, gemessen werden. Je mehr Wissen sich der Einzelne aneignet, desto mehr Leistung erbringt er. Aus dieser Struktur kann auch eine auf Quantifizierbarkeit gerichtete Kompetenzdiagnostik nicht ausbrechen – selbst dann nicht, wenn sie betont, die Überprüfung ‚trägen Wissens‘ durch eine Überprüfung handlungsorientierter Anwendungsfähigkeiten ersetzen zu wollen: Das Verhältnis der Vermessenen zu ‚ihren‘ Kompetenzen wäre nicht weniger entfremdet als das zu irgendeinem ‚Stoff‘. Eine Angleichung der unterschiedlichen Lernvoraussetzungen der Schüler, deren Unterschiedlichkeit auf ihren unterschiedlichen sozialen Erfahrungen beruht, wäre nur durch das Erlernen der Fähigkeit zur Reflexion möglich. Da Reflexionsprozesse nicht quantifizierbar sind, sind sie vom schulischen Unterricht weitgehend ausgeschlossen. Die Quantifizierbarkeit der Lernresultate ist die notwendige Bedingung für den von der Schule intendierten Leistungsvergleich, der gerade deshalb die Angleichung von Lernvoraussetzungen in der Schule verhindert. Auch die Untersuchungskonzeptionen der empirischen Bildungsforschung beruhen auf diesem durch die Schule vermittelten Mechanismus und haben ihn gerade nicht zum *Gegenstand*.

## 4. Die in den Voraussetzungen der empirischen Bildungsforschung notwendig angelegte Darstellungsform der Resultate: Ranglisten

Abschließend noch einige Bemerkungen zum Zusammenhang von Forschungskonzeption und Darstellung der Forschungsresultate. Die Darstellungsform der Forschungsergebnisse empirischer Bildungsforschung ist von vornherein in der Untersuchungskonzeption angelegt. Denn die operative Skalierung des jeweiligen Maßstabs der Untersuchung bestimmt, was schließlich als Resultat allein noch sich zeigen kann. Die eindimensionale Rasch-Skala, die in TIMSS und PISA Verwendung fand, kann als Forschungsresultat nichts anderes zeigen als eine Rangfolge von Probanden oder Probanden*clustern*. Über den jeweiligen Rangplatz entscheidet das ausgewählte Leistungsmerkmal oder die Zusammenfassung von mehreren, auch disparaten Merkmalen. Dass die Darstellung der Forschungsresultate als Rangfolge nicht nur eine für die nichtfachliche Öffentlichkeit bestimmte Darstellungsform ist, sondern das Programm empirischer Bildungsforschung konstituiert, darauf hat Joachim Wuttke zu Recht hingewiesen: Um „PISA immanent zu kritisieren, lasse ich mich auf gewisse Prämissen ein, aus denen sich unvermeidlich die Konstruierbarkeit von Ranglisten ergibt. Die *Bewertung* von Ranglisten als ein Spiel [Wuttke bezieht sich hier auf eine Formulierung von Klaus Klemm, T. F.] ist hingegen keine legitime Position für jemanden, der als Mitglied des wissenschaftlichen Beirats für PISA mitverantwortlich ist – umso mehr als die Ranglisten keine Marginalie sind, sondern eine so zentrale Stellung haben, dass es das ganze Unternehmen ohne sie nicht gäbe" (Wuttke 2007, S. 104). Erst die Rangfolgendarstellung ermöglicht die Verwendung der Forschungsresultate als „Prozess- und Ertragsindikatoren" für die „Funktions- und Leistungsfähigkeit" verschiedener nationaler Bildungssysteme, was als „primäre Aufgabe" von PISA angeben wird (Dt. PISA-Konsort. 2003, S. 12).

Trotz der oben umrissenen Probleme, die die Bildungsforschung mit der Erzeugung von Ranglisten hinsichtlich einer konsistenten wissenschaftlichen Darstellung hat, werden solche Programme unbeirrt fortgesetzt – und zwar fortgesetzt ohne sich auf die gezeigten Probleme einzulassen, sie zu bearbeiten und Konsequenzen daraus zu ziehen. Soll für dieses Verhalten nicht allein fachwissenschaftliche Blindheit gegenüber dem gesellschaftlichen Zusammenhang, in den das wissenschaftliche Tun eingebettet ist, verantwortlich gemacht werden, dann muss angenommen werden, dass die empirische Bildungsforschung die eigenen wissenschaftlichen Maßstäbe an äußeren, heteronom bestimmten Zwecken relativiert, sich allein als Mittel für diese Zwecke bewähren will. Solche Zwecke können nur den gesellschaftlichen Sphären der Politik und der Ökonomie entstammen. Dort herrschen Zwecke, die darauf gehen, noch jedem anderen Bereich der Gesellschaft eine ihnen gemäße Funktionalität aufzuprägen. Vor diesem Hintergrund zeichnen sich die Konturen eines ‚Modernisierungsprogramms' im Bildungswesen ab, das sich *scheinbar* auch auf die bürgerlich-aufklärerische Tradition berufen kann:

„Eine Reihung verbindet den Gestus der Objektivität und Unbestechlichkeit mit einer unschlagbaren Weltorientierung: wissen, wo die Besten sind. Die Rangliste bestätigt das Urvertrauen in eine hierarchische Weltordnung, das durch keine Revolution erschüttert werden konnte. Selbst ist die Rangliste allerdings darin vom demokratischen Geist durchdrungen, daß sie treuherzig suggeriert, daß keine Reihung unveränderlich ist. [...] Zumindest ihrer Ideologie nach verkündet die Rangliste, daß jeder es schaffen könne, die Nummer Eins zu werden oder zumindest, wie das Mantra der neuen Religion lautet, im internationalen Spitzenfeld zu landen. Vor allem aber hat sich im Ranglistenwahn ein egalitäres Prinzip in seiner pervertierten Form erhalten: Es gibt nichts, was nicht gereiht werden kann. Vor der Rangliste sind alle gleich" (Liessmann 2008, S. 78).

Hinter dem demokratischen Schein der Rankings – der schon deshalb bloßer Schein ist, weil es in den Debatten über die ‚Qualitätsentwicklung' im Bildungswesen weder um eine inhaltliche Bestimmung von Bildung geht noch um die objektiven, institutionellen Bedingungen, die ein wie auch immer bestimmter Begriff von Bildung für seine Realisierung braucht –, hinter diesem Schein zeigt sich die Idealisierung des die Gesellschaft bestimmenden universalen Tauschprinzips, das nun auch dort den Modus des gesellschaftlichen Verkehrs der Menschen bestimmen soll, wohin es der eigenen Logik nach gar nicht reicht:

„Keine Reihung versteht sich jedoch von selbst, keine Rangliste fällt vom Himmel, gerade die Ideologie des freien Marktes erfährt im Ranking ihren Widerspruch und ihre Korrektur. Funktionierte der freie Markt in der Brutalität, die von vielen beschworen wird, wären Rankings überflüssig, da der Markt ohnehin als jene Instanz fungierte, die über Erfolg und Mißerfolg, Durchsetzungskraft und Schwäche entscheidet. [...] Die unsichtbare Hand des Marktes würde unerbittlich die Reihung vornehmen. [...] Nicht darauf zu warten, wie der Markt entscheidet, sondern diese Entscheidung antizipieren, ja ersetzten zu können, suggeriert die Rangliste ebenso, wie sie den Markt dort nur simuliert, wo dieser gar nicht existiert. [...] Rankings fungieren als ziemlich primitive, aber höchst wirksame Steuerungs- und Kontrollmaßnahmen, die dem Bildungsbereich noch das letzte Quentchen Freiheit austreiben sollen, das ihm als Relikt humanistischer Ideale geblieben ist" (Liessmann 2008, S. 79 f. u. 87).

Ranglisten als Resultate des Vergleichs und des Wettbewerbs versprechen dem Einzelnen Orientierung in einer rational immer weniger zu durchdringenden (sozialen) Welt; sie sind für das Individuum ein wirkungsvolles Instrument, der allzu oft als Last empfundenen, jedoch nach wie vor erhobenen Forderung nach Mündigkeit und Autonomie einerseits nachzukommen, diese ‚Last' jedoch andererseits durch die objektivierte Hierarchisierung von Handlungsmöglichkeiten zu erleichtern – daher ihre Popularität. Gleichzeitig fungieren Rankings auch als Herrschaftsinstrument: Sie erlauben unter den Bedingungen der fortschreitenden Überflüssigkeit einer wachsenden Zahl von Menschen für das ökonomische Wachstum die Fortsetzung der bürgerlichen Konkurrenz mit anderen Mitteln; neben die Konkurrenz um die Produktion und Akkumulation von Mehrwert tritt in einem qualitativ neuen Ausmaß die Konkurrenz um Gratifikationen und um die Vermeidung von Sanktionen. Der enorme organisatorisch-planerische Aufwand, mit dem Rankings heute ins Werk gesetzt werden, bekundet aber gerade das Gegenteil von dem, was er bezwecken soll: Gezeigt wird nicht die Unverzichtbarkeit der in den Ranglisten zum Ausdruck kommenden Konkurrenz, sondern die Planung marktförmiger Anarchie offenbart ihren ganz praktischen Widersinn.

## Anmerkungen

1  Aufschlussreich ist in diesem Zusammenhang die Begriffsbestimmung Eckhard Kliemes: „Zusammenfassend werden Kompetenzen [...] als *kontextspezifische kognitive Leistungsdispositionen*, die sich funktional auf Situationen und Anforderungen in bestimmten Domänen beziehen, definiert. Diese Verwendung des Kompetenzbegriffs deckt sich auch mit der in den großen internationalen Schulleistungsstudien (PISA, TIMSS, PIRLS). Mit dieser Arbeitsdefinition werden zwei wesentliche Restriktionen vorgenommen: Zum einen sind Kompetenzen funktional bestimmt und somit bereichsspezifisch auf einen begrenzten Sektor von Kontexten bezogen. Zum anderen wird die Bedeutung des Begriffs auf den kognitiven Bereich eingeschränkt, motivationale oder affektive Voraussetzungen für erfolgreiches Handeln werden explizit nicht mit einbezogen" (Klieme u.a. 2007, S. 7).

2  „Chomskys Ziel war der Entwurf einer Grammatik, die quasi ein kybernetisches Modell dieser Sprachproduktion darstellte: Mit einer bestimmten Menge präzis formulierter Regeltypen, Regeln und ihrer Verwendungsbedingungen sollte es möglich sein, alle grammatischen richtigen („wohlgeformten") Sätze einer Sprache zu erzeugen, bzw. in ihrer Struktur zu beschreiben. Dieses Erzeugungsmodell (die *generative Grammatik*) sollte in gewisser Weise die Fähigkeit eines native speakers abbilden (bzw. ihr äquivalent sein), mit den begrenzten Mitteln der Grammatik unendlich viele (gramm. richtige) sprachliche Äußerungen zu produzieren. „Für den grammatischen Regelapparat im Kopf eines native speakers führte Chomsky den Begriff der sprachlichen *Kompetenz* ein; diese bezeichnet den individuellen Besitz der Spracherzeugungsregeln, die sich der Mensch im primären Spracherwerbsprozess angeeignet hat. [...] Als Komplementärbegriff zu *Kompetenz (competence)* führte Chomsky den Begriff der *Performanz (performance)* in die Sprachwissenschaft ein und definierte ihn neu: Performanz umfaßt nach Chomsky die Anwendung des inneren Regelapparates, d.h. die Erzeugung von Sätzen, und zwar unter bestimmten situativen Bedingungen. Diese Bedingungen werden vor allem als Störfaktoren bei der Sprachproduktion aufgefaßt: beim Sprecher begrenztes Gedächtnis, Zerstreutheit, Änderung seiner sprachlichen Strategien oder Intentionen; bezogen auf die Situation störende Einflüsse wie

Lärmquellen, Dazwischenreden u.ä. Die Sprachproduktion eines native speakers unterliegt also (im allg.) Performanzbedingungen, die die Anwendung des generativen Regelsystems beeinflussen, stören, verändern. [...] *Kompetenz* bezieht sich also auf Sprache als mentalen Besitz und virtuelle Fähigkeit, *Performanz* auf Sprechen, d.h. auf die Sprachverwendung unter dem Einfluß von individuellen und situativen Bedingungen und (Stör-)Faktoren" (Volmert 1999, S. 16 f.).

3    Vgl. in diesem Zusammenhang Hartmut Rosas These, wonach die Spätmoderne zum Erfolgskriterium im Kampf um Anerkennung perpetuierte Performanz im beschleunigten Wettbewerb statt sicherer sozialer Positionen mache (vgl. Rosa 2009, S. 47 f.).

4    Gerade im Kontext politischer Bildung spielt die Dimension der Partizipationskompetenz eine zentrale Rolle. Freilich darf sie nicht so verstanden werden, dass erst sie über das *Recht* entscheidet, zu partizipieren. Das Recht auf Partizipation allein bleibt jedoch leere Hülle, wenn ihm nicht die reale (auch materielle) Fähigkeit entspricht, tatsächlich zu partizipieren. Die Verweigerung des Rechts auf Partizipation im politischen Kontext wäre ein klassischer Fall von Demokratieeinschränkung, etwa durch Zensus. Der Verzicht auf die reale Befähigung, Partizipationsrechte wahrzunehmen, würde in postdemokratische Lethargie führen.

5    „Messen [...] heißt zählen, wieviel Einheiten einer Standardmenge [...] die zu messende [...] Größe besitzt"; „man [bezieht] die zu zählende Gesamtheit elementweise auf eine andere Menge" (Bernal 1961, S. 25).

6    „PISA ist eine international standardisierte Leistungsmessung" (Dt. PISA-Konsort. 2001, S. 17).

7    Das gegliederte Schulsystem scheint, wenn auch schematisch, die Ungleichheit der Individuen zu berücksichtigen. Das ist jedoch deshalb bloßer Schein, weil die Verteilung auf die Schultypen der Sekundarstufe bereits die Gleichbehandlung Ungleicher in der Primarstufe zur Voraussetzung hat.

*Literatur*

Benner, Dietrich: Unterricht – Wissen – Kompetenz. Zur Differenzierung zwischen didaktischen Aufgaben und Testaufgaben. In: Ders. (Hg.) Bildungsstandards – Instrumente zur Qualitätssicherung im Bildungswesen. Chancen und Grenzen – Beispiele und Perspektiven. Paderborn.2007.

Bernal, John Desmond: Die Wissenschaft in der Geschichte. Berlin 1961.

Bürgin, Julika: Ausflug in die Welt der Kompetenzen. In: Kurzer, Brigitte u. a. (Hrsg.): Bildung ist der Rede wert. Perspektiven gewerkschaftlicher Bildungsarbeit. Supplement der Zeitschrift Sozialismus 9/2006.

Chomsky, Noam: Aspekte der Syntax-Theorie. Frankfurt a. M. 1969.

Dammer, Karl-Heinz: Zur Integrationsfunktion von Bildung und Erziehung. Historisch-systematische Studie zu einem „blinden Fleck" der bürgerlichen Gesellschaft und ihrer Pädagogik. Hamburg 2008.

Deutsches PISA-Konsortium (Hrsg.): PISA 2000. Basiskompetenzen von Schülerinnen und Schülern im internationalen Vergleich. Opladen 2001.

Deutsches PISA-Konsortium (Hrsg.): PISA 2000. Ein differenzierter Blick auf die Länder der Bundesrepublik Deutschland. Opladen 2003.

Foucault, Michel: Überwachen und Strafen. Die Geburt des Gefängnisses. Frankfurt/ Main 1994.

Kleiter, Ekkehard F.: Lehrbuch der Statistik in KMSS. Band 1/2: Niedrig-komplexe Verfahren. Weinheim 1990.

Klieme, Eckart u. a.: Möglichkeiten und Voraussetzungen technologiebasierter Kompetenzdiagnostik. Eine Expertise im Auftrag des Bundesministeriums für Bildung und Forschung. Bonn/ Berlin 2007.

Klieme, Eckart/ Hartig, Johannes: Kompetenzkonzepte in den Sozialwissenschaften und im erziehungswissenschaftlichen Diskurs. In: Zeitschrift für Erziehungswissenschaft, Sonderheft 8/2008.

Liessmann, Konrad Paul: Theorie der Unbildung. Die Irrtümer der Wissensgesellschaft. München/ Zürich: Piper 2008.

Riß, Karsten/ Overwien, Bernd: Globalisierung und politische Bildung. In: Lösch, Bettina/ Thimmel, Andreas: Kritische politische Bildung. Ein Handbuch. Schwalbach/ Ts. 2010.

Rosa, Hartmut: Kritik der Zeitverhältnisse. Beschleunigung und Entfremdung als Schlüsselbegriffe der Sozialkritik. Frankfurt/ Main 2009.

Volmert, Johannes: Grundkurs Sprachwissenschaft. München 1999.

Wuttke, Joachim: Die Insignifikanz signifikanter Unterschiede: Der Genauigkeitsanspruch von PISA ist illuso-risch. In: Jahnke, Thomas/ Meyerhöfer, Wolfram (Hrsg.): PISA & Co. Kritik eines Programms. Hildesheim/ Berlin 2007.

*Sven Kluge*

# Neue Vermessungsstrategien im sozialpädagogischen Feld: Die Potenzierung von Normierungszwängen durch das neosoziale Aktivierungsparadigma

Möglicherweise ist dieser Titel dazu geeignet, spontane Verwunderung hervorzurufen und zu der Rückfrage zu provozieren, ob die in ihm enthaltene Hypothese überhaupt plausibel ist: Transportieren doch die mittlerweile alle Lebensbereiche durchziehenden Aktivierungsappelle auf den ersten Blick emanzipative Botschaften und insbesondere die auf ‚Aktivierung‘ setzenden pädagogischen Modelle versprechen zuvorderst eine „Befreiung von staatlicher Gängelung und Einengung" (Kocyba 2004, S. 20). Folgt man diesen flüchtigen Eindrücken, so liegt die Annahme, dass gerade dieses Paradigma den Protest gegen bürokratische Bevormundungen und nivellierende Verfahren sowie die Parteinahme für individuelle Differenzen und den Pluralismus signalisiert, nicht fern.

In Abwendung von diesem oberflächlichen Erscheinungsbild, dessen Wirkmächtigkeit bereits ein Teil des im Folgenden verhandelten Dilemmas ist, bildet auf den nachstehenden Seiten die Frage nach den negativen Konsequenzen, die das Dispositiv ‚Aktivierung‘ (vgl. Kessl/Otto 2003, S. 64) für die Sozialpädagogik und ihre Adressaten mit sich bringt, das Fundament meiner Ausführungen. Dabei wird die These begründet, dass jene zeitgenössischen Konzepte einer aktivierenden Sozialen Arbeit – in Relation zu den in den siebziger und achtziger Jahren vorherrschenden Ansätzen – unter Nutzung subtiler Strategien der (Selbst-)Regierung in einem gesteigerten Maße auf eine Normierung und Standardisierung der Subjekte hinwirken.

Für eine detaillierte Betrachtung dieses Phänomens ist es zunächst unerlässlich, diese Aktivierungsprogramme in den *Kontext der gesellschaftlichen und sozialpolitischen Veränderungsprozesse* einzuordnen, welche den entscheidenden Hintergrund für die Neujustierungen im sozialpädagogischen Feld darstellen. Hieran anknüpfend werden in einem zweiten Schritt die unter Bezug auf abgewandelte sozialstaatliche Funktionslogiken konstituierten *Handlungsorientierungen im Umkreis der aktivierenden Sozialen Arbeit* analysiert. Diese Analyse erfolgt von einer *Metaebene* aus: Ich konzentriere mich also nicht auf ein bestimmtes Praxisfeld, sondern auf umgreifende Charakteristika; erstrebt wird mithin eine Herausstreichung zentraler Aspekte, welche die Kernthese untermauern und konkretisieren. Zum Ende des Beitrags werden schließlich unter Rückgriff auf sozialpädagogische Bildungstheorien, die eine alternative Interpretation des

Aktivitätstopos bereithalten, *Perspektiven für eine konstruktive Kritik der skizzierten Tendenzen* aufgezeigt.

*1.*

Als Ausgangspunkt der sozialstaatlichen Transformationen benennt die einschlä-
gige Literatur die in den frühen siebziger Jahren einsetzende Krise der fordistischen Produktionsweise. Diese bildet, so Joachim Hirsch, zugleich den aus-
schlaggebenden Anlass „für die als ‚Globalisierung' bezeichnete neoliberale Re-
strukturierung des globalen Kapitalismus" (Hirsch 2005, S. 114). In jener ‚Um-
bruch'-Phase assoziiert sich indessen zu den *ökonomischen Einbrüchen*, welche
die für das fordistische Zeitalter typische, auf die „Massenproduktion standardisierter Konsumgüter" (ebd., S. 116) zugeschnittene Arbeitsorganisation sowie
eine auf der Expansion kollektiver Schutzmaßnahmen und sozialstaatlicher
Leistungen beruhende Regulationsform unter Druck setzen, ein massiver *Hege-
monieverlust*. Dieser sorgt in der Folge dafür, dass der während der Dekaden zuvor dominante ideologische Konsens erheblich ins Wanken gerät; attackiert wird
von den Repräsentanten der Kulturkritik vornehmlich der dem Fordismus eigene
technokratische Geist, d.h. die durch autonomielose Arbeitsbedingungen und eine
Konservierung traditional-hierarchischer Autoritätsverhältnisse vorangetriebene
„Mechanisierung der Welt (...) und die Zerstörung von Lebensformen (.), die der
Ausschöpfung der eigentlich menschlichen Potentiale und insbesondere der
Kreativität förderlich sind" (Boltanski/Chiapello 2003, S. 257). In Analogie zu
dieser Kritik häufen sich im Hinblick auf die ausgeweitete Interventionstätigkeit
des (Wohlfahrts-)Staates die Einwände gegen den „hohe(n) Grad an zentralisier-
ter Normierung und Steuerung, eine fortschreitende ‚Durchstaatlichung' vieler
Lebensbereiche und ein erhebliches Maß an bürokratischer, partei- und ver-
bandsmäßiger Kontrolle der Lebensweisen" (Hirsch 2005, S. 119). Es ist demnach nicht allein die ‚Dysfunktionalität' jenes Akkumulationsregimes, welche zur
Erodierung der Liaison von Massenkonsum, Sozialstaat und Kapitalverwertung
führt, sondern darüber hinaus der zunehmende Loyalitätsverlust eines vom Gros
der Bevölkerung als bürokratisch, normierend und autoritär empfundenen Insti-
tutionengefüges.

Aus der Retrospektive entsteht nun leicht der Eindruck, dass der sich bis dato
vollziehende Übergang zu einem postfordistischen bzw. flexiblen Kapitalismus
mit gewichtigen Motiven dieser etwa innerhalb der studentischen Protestbewe-
gung oder des Spektrums der sozialen Bewegungen kultivierten „Künstlerkritik"
(Boltanski/Chiapello 2003) harmoniert – in der Tat macht es den Anschein, dass
einige der hier kursierenden ‚entfremdungskritischen' Topoi rasch von einer ka-

pitalistischen Verwertungslogik inkorporiert wurden und die Schübe einer weitgehend unter neoliberalen Vorzeichen verlaufenden ‚inneren Landnahme' mit forciert haben: „Antriebskraft ist ein neuer Geist des Kapitalismus, der, ganz im Sinne der (...) Marktorthodoxie, den Primat der Marktvergesellschaftung gegenüber hierarchischer Steuerung und bürokratischer Verkrustung proklamiert. Hegemoniefähig ist dieser neue Geist (.) nur, weil er sich als Befreiungsprojekt präsentiert" (Dörre 2009a, S. 63). Die in der jüngeren Vergangenheit vermehrt proklamierten, von beträchtlichen Teilen des sozialpädagogischen Mainstreams adaptierten Ideen einer „Aktivgesellschaft" (Lessenich 2008, S. 16) und eines aktivierenden (Sozial-)Staates zehren unübersehbar von einem Freiheitspathos, das entgegen den überkommenen Formen einer heteronom-außengeleiteten Lebensführung Maximen á la ‚Flexibilität', ‚Selbstsorge' und ‚unternehmerisches Engagement', welche eine Aufbruchstimmung signalisieren (sollen), in Stellung bringt. Im Unterschied zur klassischen fordistischen Ära stehen im Rahmen der neuen kapitalistischen Formation vordergründig die ‚freien Individuen' im Mittelpunkt; das Autonomieversprechen des Marktliberalismus scheint eng mit Widerständen gegen bürokratische Standardisierungen und paternalistische Fremdbestimmungen verwoben zu sein.

Freilich ist keine tiefschürfende ideologiekritische Untersuchung erforderlich, um zu erkennen, dass jene einflussreiche Freisetzungsrhetorik letztlich vollständig von den Parametern einer instrumentellen Rationalität erfüllt ist. Jene hat nüchtern betrachtet primär eine verschärfte Durchkapitalisierung gesellschaftlicher Beziehungen und marktbegrenzender Institutionen – hierzu zählt vornehmlich der sozialstaatliche Sektor –, d.h. eine Erschließung weiterer Sphären für die Profitmaximierung zum Ziel. Vor allem aus diesem Grund ist die von den Propagandisten der ‚Aktivgesellschaft' erhobene Normierungs- und Bürokratisierungskritik mit größter Vorsicht aufzunehmen.

Die vertraute Titulierung der sich im sozialpolitischen Bereich ereignenden Umwälzungsprozesse als *neoliberale Ökonomisierung* wirft allerdings, obwohl diese Tendenz fraglos eine bedeutende Rolle spielt, einige Schwierigkeiten auf; ein solches Vorgehen erschwert möglicherweise eine unverkürzte Offenlegung des akzentuierten Phänomens und anderer Dimensionen der Gesamtentwicklung. Genau deshalb meidet der Jenaer Soziologe Stephan Lessenich, an dessen instruktive Diagnosen in diesem Abschnitt angeknüpft wird, mit Bezug auf die Analyse dieser Wandlungsdynamik den nicht selten unscharf verwendeten Terminus ‚neoliberal' und spricht stattdessen von einer ‚neosozialen' Metamorphose: „Statt sich zurückzuziehen, ändert der Staat die Logik und Gestalt seiner Interventionen; und statt damit die individuellen Chancen autonomer Lebensführung zu erhöhen, ergibt sich im Effekt eine neue Form der Vergesellschaftung von Subjektivität, der Unterwerfung der Subjekte unter ‚die Herrschaft des sozialen Gesichtspunktes'" (Lessenich 2008, S. 14). Unter keinen Umständen dürfe die zu Missverständnissen Anlass gebende Liberalisierungsphraseologie[1] davon ablenken, dass die Maßnahmen des aktivierenden Sozialstaates in erster Linie auf das Wohl der „gesellschaftlichen Gemeinschaft" (ebd., S. 17) fokussieren. Lessenich zufolge wird die Beförderung des ‚Sozialen' keineswegs abgebaut oder gar ausgesetzt – dies wäre im Übrigen prinzipiell kaum vorstellbar[2] –, sondern vielmehr verstärkt. Was sich derweil signifikant wandelt, ist das die sozialstaatlichen Interventionen tragende Leitbild des vergesellschafteten Subjekts sowie der angestrebten ‚Gemeinschaftlichkeit'; wir sind also Zeugen einer *Neuvermessung des Verständnisses von Bürgerrechten, Leistungserwartungen und Verantwortlichkeiten.*

Symptomatisch ist in diesem Zusammenhang, dass der zu einem Schlüsselbegriff aufgestiegene Terminus ‚Aktivierung', welcher noch in den siebziger Jahren vorrangig mit emanzipatorischen Inhalten verbunden war, jetzt von einer instrumentell-funktionalistischen Denklehre vereinnahmt wird. Diese weicht wiederum insofern von technokratischen Argumentationsmustern fordistischer Prägung ab, als sie überwiegend auf unverhohlene Fremdzwang-Botschaften verzichtet und bei der ‚Anrufung' der Subjekte in moralisierender Manier zweckentfremdete Emanzipationspostulate zum Einsatz bringt. Insgesamt avanciert binnen des neosozialen Diskurses die ‚Selbstsorge' anstelle der ‚Versorgung' zum bestimmenden Thema; die Generierung einer aktiven Lebensführung gilt dabei auch hinsichtlich der zu erstrebenden Optimierung des gesellschaftlichen Lebens als Dreh- und Angelpunkt: „Wir stehen (...) vor einer grundlegenden Reorientierung sozialstaatlicher Politik, vor der Verlagerung der *promotion of the social* in das Individuum – und damit vor einer individualisierenden Neuerfindung des Sozialen" (ebd., S. 72). Das alte wohlfahrtsstaatliche Arrangement habe, so der Tenor im Kreis der Aktivierungsbefürworter, die Subjekte in eine passive Position manövriert, entwürdigende Wirkungen gezeitigt sowie der Expansion inaktiver, d.h. unsozialer Haltungen Vorschub geleistet. Moniert wird außerdem die (vermeintliche) Ineffizienz der ‚traditionellen' Maßnahmen.

Im Gegenzug gibt man die massenhafte Stärkung bzw. Erzeugung von ‚aktiven Subjekten' als Zielperspektive aus, wobei von Vornherein mitzubedenken ist, dass nur ein exakt umrissener Zustand von Aktivität als positiv eingeschätzt wird. Individuelle Mobilität und Initiative bewähren sich nämlich allein dann, wenn sich diese im Einklang mit sozialen Absichten befinden. Zum Vorschein gelangen auf diesem Wege die Umrisse einer *neo-sozialen Gouvernementalität*, „einer (im Doppelsinne) neuen Regierung der Gesellschaft, die zugleich eine Regierung des Selbst ist" (Lessenich 2009, S. 166). Charakteristisch für dieses Konzept von ‚Regierung' ist eine eigentümliche *Vermengung ökonomistischer und moralischer Aspekte*, die eigens in den nachdrücklichen Appell an die ‚Verantwortung' eingelassen sind.[3] Affinitäten zu kommunitaristischen Debatten und jenen um eine Vitalisierung der ,Bürgergesellschaft' sind hier vorhanden; diese intensivieren sich dadurch, dass die sozialen Nahräume als bevorzugter Ort für eine Realisierung der Sorge um das Gemeinwohl auserkoren werden (s.u.). Die moralische Verurteilung eines inaktiven Lebensstils erstreckt sich derweil unisono auf die Sphäre der Lohnarbeit: Erst die dank der (Wieder-)Herstellung von ,employability' möglich gewordene Integration in den Arbeitsmarkt hebt den Verdacht eines auf Kosten der Gesamtheit ausgebildeten Mangels an Aktivierungsbereitschaft (für den Moment) auf. *Generell* lässt sich nach Lessenich keine Grenze mehr ausmachen, an der die Forderungen nach einer produktiven Existenzweise enden würden; der ,investiv' verfahrene Sozialstaat hält die Menschen permanent zur „Eigenaktivität im Interesse der gesellschaftlichen Gemeinschaft (an). Tätige Selbsthilfe, private Vorsorge, eigeninitiative Prävention – sämtliche Varianten der Aktivierung von Eigenverantwortung sind im Rahmen dieser Programmatik zugleich Zeichen persönlicher Autonomie und Ausweis sozialer Verantwortlichkeit (...)" (Lessenich 2008, S. 83).

Auffällig ist des Weiteren zum einen, dass die sozialen Bürgerrechte (vgl. Marshall 1992, S. 65ff.) insgesamt kaum auf Beachtung stoßen. Stattdessen dominieren die Aufzählung von ,Bürgerpflichten' und das Verfahren einer Individualisierung sozialer Missstände. Insbesondere die grassierende Praktik einer Hineinverlagerung soziökonomischer Widersprüche in die Subjekte (vgl. Freytag 2008, S. 106) gerät unweigerlich in einen offenen Widerspruch zu diesen sozialen Rechten. Zum anderen sticht hervor, dass eine Kritik an dem etablierten ökonomischen und gesellschaftlichen System innerhalb der Bahnen dieser Argumentationsstruktur, die allen moralischen Aufladungen zum Trotz ihre technokratischen Wurzeln keineswegs verbergen kann, schlichtweg nicht vorgesehen ist. Jenes wird kurzum als alternativlos akzeptiert und per se als demokratisch ausgewiesen; eine wesentliche Ursache für die bestehenden sozialen Krisen entdeckt man getreu der vorwaltenden „individualisierungstheoretischen Vorstellung einer klassenlosen, meritokratischen Gesellschaft" (Heite et al. 2007, S. 63) in den verfehlten Lebensweisen der zu mobilisierenden Subjekte.[4] Eines der fatalsten Resultate dieser Deutungsmuster besteht schließlich in der *Engführung des Bürgerstatus* mitsamt der an diesen gekoppelten Aussicht auf ,Anerkennung': Den unzureichend Mobilen droht aus dieser Perspektive neben finanziellen Sanktionen die Etikettierung als ,unwürdige Arme'.

Gearbeitet wird in diesem Kontext an passförmigen *Uminterpretationen der Figur des Citoyen* – Lessenich betont zurecht mit Nachdruck, dass die von der neo-sozialen Politik in den Vordergrund geschobenen bürgerlichen Werte Eigenverantwortung und Selbstbestimmung immer unter dem Vorbehalt des *Dienstes am Ganzen* stehen. Jeder einzelne wird von ihren Akteuren „als ein mobilisierbares Subjekt (konstruiert), das einer abstrakten gesellschaftlichen Allgemeinheit ein aktivisches bzw. proaktivisches und präventives, Eigeninitiative zeigendes und die Inanspruchnahme von Fremdhilfe vermeidendes Verhalten schuldet" (Lessenich 2008, S. 120). Diese Abstraktheit ist hierbei ein fester Part des Programms; wir sollen lernen, unsere eigene Lebensführung an Zwecken zu orientieren, die von ,der' Gesellschaft erhoben werden und verstehen, dass eine erfolgreiche Selbstaktivierung mit der Steigerung des ,Gemeinwohls' korrespondiert.

Es liegt jedoch auf der Hand, dass sich eine derartige Regierungsform nicht automatisch ausbilden und etablieren kann. An diesem Punkt ist ein hohes Maß an politischer *und* pädagogischer Formung notwendig (vgl. Lessenich 2009, S. 171); vorzugsweise an die Adresse der Sozialpädagogik ergehen an Intensität zulegende Aufrufe, die umrissene Subjektivierungsform hervorzubringen. Diejenigen Ansätze aus dem Umkreis der Sozialen Arbeit, welche mit den veränderten sozialpolitischen Rahmenbedingungen Schritt gehalten haben, geben mittlerweile denn auch das im Folgenden genauer zu beleuchtende Bild eines „*aktivierungspädagogischen* Transmissionsriemens neo-sozialer Anforderungen" (Kessl 2005, S. 216) ab.

## 2.

Die diversen Entwürfe einer die Kernprämissen neo-sozialer Politik übernehmenden Sozialen Arbeit zeichnen sich zunächst durch jene unlängst thematisierte, emanzipativ eingefärbte Semantik aus: Akzentuiert werden Oberziele wie Mündigkeit/Autonomie, Empowerment, Selbstständigkeit, gemeinnütziges Engagement – auf dieser Ebene liegen Affinitäten zu Sozialstaatskritiken aus den siebziger und achtziger Jahren vor. Der flüchtige Leser könnte daher geneigt sein, sich streckenweise an die Handlungsmaximen des von Hans Thiersch unter Rekurs auf die Habermassche Kolonialisierungsthese (vgl. Habermas 1981, S. 530ff.) und die geisteswissenschaftliche Hermeneutik kreierten Konzepts der ,Lebensweltorientierung' erinnert zu fühlen; das Motto ,Empowerment' könnte dazu verleiten, sich spontanen Assoziationen zur konfliktorientierten Gemeinwesenarbeit oder der Idee einer z.B. von Paulo Freire angestrebten ,Kultur des Lernens' hinzugeben. Allerdings wird recht schnell klar, dass solcherlei Verlinkungen auf einen Holzweg führen; in eine angemessenere Richtung lenken hingegen die tatsächlich vorhandenen Wahlverwandtschaften zur – von den damaligen sozialpädagogischen Hauptströmungen abgewiesenen – Tendenzwendeliteratur *neokonservativer* Couleur (vgl. Dubiel 1985, insbesondere S. 83ff.[5]), deren im Verlauf der neunziger Jahre auch in sozialdemokratischen Kreisen hoffähig gewordenen Grundpositionen hier in erster Linie revitalisiert und in einem weiteren Schritt noch überboten werden.

Schon die unablässig zu vernehmenden Bemühungen darum, die eigenen Tätigkeiten unter stetem Blick auf die von der Bundespolitik verordneten Spar- und Wettbewerbspläne als effizient herauszustellen, zeugen von Tuchfühlungen zu den bekannten Vorwürfen der ‚Verschwendung‘, ‚Leistungsfeindlichkeit‘ und des ‚Staatsversagens‘: Unverkennbar rückt die Disziplin des Marktes (seit den neunziger Jahren) auf breiter Front in sozialarbeiterische Arbeitsfelder und Institutionen ein bzw. wird in diese hineingeholt; verschiedene Managementkonzepte, die meist aus der Betriebswirtschaft stammen, gelangen zur Anwendung und beschleunigen eine Umstrukturierung nach den Maßstäben „vorgegebener, feststehender und standardisierter Nützlichkeitskriterien“ (Dahme/Wohlfahrt 2005, S. 2; vgl. Flösser/Oechler 2006, S. 168). Allmählich wurden und werden alternative Handlungsansätze installiert, die das Leitbild der Wettbewerbsphilosophie verkörpern: Zu diesen gehört das Prinzip der ‚Kundenorientierung‘ und ein an den Richtlinien des ‚New Public Management‘ bzw. des Modells der ‚Neuen Steuerung‘[6] orientiertes Dienstleistungsverständnis; diese Ansätze erfüllen ersichtlich auch die Funktion einer Übertünchung von Asymmetrien und Machtgefällen (vgl. Dahme/Wohlfahrt 2005, S. 16). Die auf Ressourcenorientierung geeichte sozialpädagogische Perspektive soll sich im Rahmen dieser veränderten Organisations- und Arbeitsstrukturen hinsichtlich der Adressaten und ihrer lebensweltlichen Räume auf die Erkundung von *Investitionsmöglichkeiten* konzentrieren; zu aktivieren sind demnach eine unternehmerische Selbsttätigkeit (vgl. Bröckling 2007, S. 74f.) sowie ‚soziales Kapital‘ produzierende Netzwerke. Eine (weitere) Schnittmenge mit neokonservativen Theorien besteht überdies in der Einschätzung, dass eine Rücknahme wohlfahrtsstaatlicher Gewährleistungen mit dem Eigeninteresse der Adressaten und der Gesamtgesellschaft harmonieren kann. Abgesehen vom monetären Gesichtspunkt des Einsparens werden als positiv-freiheitsbefördernde Effekte eines solchen Aktes etwa die Stärkung der bürgerschaftlich-subsidiären Selbstregierung und/oder die nachdrückliche Motivierung zur Einübung einer vorausschauenden (d.h. marktgerechten) Planung des eigenen Lebens ausgegeben. Wenn die Versorgungshaltung des alten wohlfahrtsstaatlichen Arrangements viele Subjekte zu einem Sich-Einrichten in einer abhängig-lethargischen Existenzweise verleitet und Antrieb für eine ‚Anspruchsinflation‘ geboten hat, dann kann, so lässt sich diese Argumentation bündeln, eine von aktivierungspädagogischen Vermittlungen flankierte Reduzierung dieser ‚paternalistischen‘ Komponenten umgekehrt zur Weckung bisher brachliegender Reserven beitragen: „Eine ‚befähigungsorientierte Sozialpolitik‘ wird damit nicht als politische Reaktion auf die Strukturkrise des Fordismus, (...) sondern als Ergebnis eines rationalen politischen Lernprozesses inszeniert“ (Scherr 2006, S. 58).

Dieses ‚Empowerment'-Modell bezieht sich nach dem Muster neo-sozialer Regierungsideale simultan auf die Dimensionen des Selbst und des Sozialen; Interventionen erfolgen in der Regel „bei individuellem Fehlverhalten (der) Klienten (bzw. Kunden) im Namen der Gemeinschaft und des Gemeinwohls" (Dahme/Wohlfahrt 2005, S. 1). Dabei wird die geläufige Praktik einer Individualisierung von sozialen Missständen und Verantwortung vermehrt durch *Territorialisierungs- bzw. Lokalisierungsstrategien*, die diesen Kurs fortsetzen, ergänzt; im Verlauf der vergangenen Jahre kann in diesem Kontext eine zunehmende „Anrufung der Communities" (Kessl/Otto 2007, S. 10) beobachtet werden. Jene Entwicklung wird von einigen Autoren als integrales Element einer sich augenblicklich ereignenden „räumlichen Wende" (Jessop 2007, S. 37) beschrieben, die „Probleme sozialen Ausschlusses, sozialen Kapitals oder die Förderung lokaler Kapazitäten" (ebd.) zuungunsten der bisher Normativität auf sich vereinigenden Vorgabe der Gewährung sozialrechtlicher Integration/Teilhabe mit Priorität behandelt.[7] Diese sich von den nicht in der lokalen Sphäre verankerten Krisenursachen abwendende und (daher) für die Erhaltung der Systemstabilität nützliche *Fixierung auf kleinräumige Integrationskonzepte* ist jedoch mitnichten ein völliges Novum – abermals sind neokonservative Entwürfe, die auf einem affirmativ gelagerten Lebenswelt-System Dualismus (vgl. Kluge 2008, S. 479ff.) fußen, als Vorläufer zu nennen. Deutliche Spuren der vorwiegend von Odo Marquard und Hermann Lübbe entfalteten *Kompensationstheorie* finden sich zudem in etlichen *kommunitaristischen Modellen*, welche die aktivierende Soziale Arbeit z.T. für sich fruchtbar zu machen versucht, wieder.

Zweifelsohne waren es in jüngerer Zeit hauptsächlich die Vertreter des nordamerikanischen Kommunitarismus, die der brennenden Frage nach den sozialen Kohäsionskräften allgemein zu einer erhöhten Aufmerksamkeit verholfen haben – diese ‚Bewegung' lässt sich als direkte Reaktion auf die von einem neoliberalen Wirtschaftssystem verursachten Entbettungen und Fragmentierungen begreifen. Substanzielle kapitalismuskritische Einwände sucht der Leser aber vor allem bei den populären Ansätzen dieses Spektrums vergeblich; diese verweisen vielmehr auf das exakte Gegenteil: Etzioni und Bellah klären in ihren Schriften nachhaltig über die Gefahren auf, die ein ungebremster Marktradikalismus für die Fortexistenz der kapitalistischen Produktionsweise in sich birgt (vgl. Etzioni 1996, S. 421; Bellah et al. 1997, S. 60f.). Dem von dieser Seite proklamierten Urteil, wonach einem ungezügelten Neoliberalismus, welcher die *Relevanz einer intakten moralischen Infrastruktur als Binde- und Schmiermittel der bürgerlich-kapitalistischen Gesellschaftsordnung* missachtet, eventuell noch vor der Legitimität die Produktivitätsgrundlagen wegsacken, ist inzwischen selbst von einigen seiner Protagonisten (partiell) zugestimmt worden (vgl. Jessop 2007, S. 45). An Brücken für diese Annäherung mangelte es keineswegs: Die pragmatischen ‚Ak-

tivisten' Bellah und Etzioni skizzieren eine Reihe von Verbesserungsvorschlä-
gen, die nicht in toto auf das Plädoyer für eine kompensatorische Sozialkitt-
Produktion hinauslaufen, sondern außerdem eine Art *Moral mit Dividende* in
Aussicht stellen. Für diese ,sozialwirtschaftliche' Option hat sich hierzulande in
Anlehnung an die kommunitarismusnahen Studien Robert Putnams der Terminus
*Sozialkapital* eingebürgert.[8] Aus der Wahrnehmung einer neo-sozialen Politik
bzw. Pädagogik sind indes der für die Kritik am fordistischen Sozialstaat verwertbare kommunitaristische Appell an die Eigenverantwortung[9] und die Bevor-
zugung subsidiärer Selbsthilfenetzwerke besonders belangvoll: Soziale Probleme
sollen demnach möglichst direkt vor Ort durch die Mobilisierung bürgerschaftli-
cher Energien bewältigt werden; der über diesen Einsatz erlangte Unabhängig-
keitsgrad von staatlichen Transfers und bürokratischen ,Einmischungen' wird
von Etzioni et al. als Fortschritt in Sachen sozialer Autonomie verbucht.[10]

Etliche der aktuellen Modelle einer aktivierenden Sozialen Arbeit repräsentieren gleichsam das Ergebnis eines Ineinandergreifens neoliberaler Regierungs-
formen mit solchen, die für jene kommunitaristische Strömung signifikant sind
(vgl. Kessl/Otto 2003, S. 60ff.; Wohlfahrt/Zühlke 2005, S. 56f.). Vornehmlich
die in Mode gekommenen Methoden der Sozialraumorientierung und des Quartiersmanagement messen – nicht selten begleitet von staatskritischen Implikationen – der sektoralen Inklusion sowie der Konstituierung von sich selbst tragen-
den zivilgesellschaftlichen Strukturen höchsten Wert bei. Diese zielen „auf veränderte Formen der Erzeugung und Regulation sozialer Ordnungen insgesamt
(...). (...) Im Zusammenhang mit dieser Neuausrichtung geht es um ,ermunternde'
Formen politischen Steuerns und kooperativen Ermöglichens, aber auch um Fragen der ,Sozio-Kultur', des ,bürgerschaftlichen Engagements' und der richtigen,
verantwortungsvollen und zivilen Gesinnung der betroffenen Akteurinnen und
Akteure" (Kessl et al. 2006, S. 196f.). Mit diesem Projekt einer *Mobilisierung
der Communities* verbindet sich allerdings kein Aufbegehren wider individuali-
sierende Zuschreibungspraktiken. Jene Vorgehensweisen werden durch die „die
ökonomisch-gesellschaftliche Dialektik außer Kraft setzenden" (Böhnisch/
Schröer 2002, S. 131) Lokalisierungsstrategien gerade gestützt oder sogar vertieft (vgl. ebd., S. 50).

Ein Interesse an *soziologischer Aufklärung* sowie der Anregung von *sozialpädagogischen Bildungsprozessen* besteht unter der Ägide dieser Strategien deshalb nicht, weil die Förderung einer auf Anerkennungsverhältnissen basierenden
Solidarität eine unerwünschte Spielart von Aktivität verkörpert, welche die Intentionen des Effizienzpostulats durchkreuzen würde. Ergo verwundert es nicht,
dass hier mit Bezug auf die Domänen des ,Selbst' und des ,Gemeinwohls' vergleichbare manageriale Logiken vorherrschen: *Das proklamierte Ideal einer bür-
gerschaftlichen Selbstregulation dockt relativ reibungslos an die bei der Einzel-*

*fallorientierung anvisierte Haltung einer ,selbstsorgenden Lebensführung' an.* Kolportiert wird letzten Endes die Auffassung, dass die vielfältigen Phänomene des sozialen Ausschlusses durch eine Vitalisierung lokaler Netzwerkkapazitäten und die Eingliederung der einzelnen in den Arbeitsmarkt gelöst bzw. abgemildert werden können.

Obwohl sich die hiesigen Ansätze einer sozialräumlichen Aktivierung vom originären Kommunitarismus u.a. dadurch unterscheiden, dass es ihnen an der Aura einer ,sozialen Bewegung' ebenso mangelt wie an einer romantisch infiltrierten Kulturkritik (diese beiden konstitutiven Aspekte sind jedoch just bei Etzioni bereits abgeschwächt), wäre es verkürzt, sie als durch und durch technokratisch zu titulieren. In diesen pulsiert durchaus ein moralischer Standpunkt neosozialen Zuschnitts (s.o.), der auf die verzahnten Leitbegriffe ,würdige Lebensführung' und ,Bürgerlichkeit' festgelegt ist. Diese werden allerdings erst vor dem Hindergrund des durchgängig anwesenden Gegensatzpaares *selbstbestimmt/verantwortungsbewusst/engagiert* versus *abhängig/parasitär/inaktiv* restlos transparent; als „diskursive Antipode zum Idealbild des aktiven Bürgers" fungiert generell die mit Stigmatisierungen belastete Imago der sogenannten „neuen Unterschicht" (Kessl et al. 2007, S. 11). Latent oder manifest erhobene Drohungen des *Ausschlusses aus dem Kreis der ,würdigen' Gesellschaftsmitglieder* verschmelzen binnen der Ordnung dieses moralischen Diskurses mit einer Kulturalisierung von Klassen- und Ungleichheitsproblematiken und einer nahezu totalen Verengung des sozialarbeiterischen Blicks auf das Ansinnen einer *Veränderung von Lebensstilen.*

Gleichwohl macht sich fortdauernd das *Übergewicht der ökonomistischen Perspektive* bemerkbar, welche die moralische offenbar in Dienst zu nehmen scheint. Allein das hegemoniale Management-Vokabular kündet von Differenzen, die zur kommunitaristischen *und* neokonservativen Kulturkritik, deren Hauptrepräsentanten für die inhumanen Auswirkungen einer *unbegrenzten* ,sachweltlichen' Modernisierung sensibel waren[11], bestehen. So erschöpft sich das Projekt einer Aufforstung von sozialen Netzwerken eben mitnichten in einer ,lebensweltlichen Kompensation und Entlastung' (vgl. Marquard 1986, S. 102ff.), sondern es hebt darüber hinaus oder sogar primär auf die Produktion eines zählbaren Mehrwerts ab. Auch die in der ,lebensweltlichen Sphäre' angesiedelten sozialen Beziehungen werden von den Aktivierern als Ressource aufgefasst, aus der sich zusätzliche Profite schlagen lassen; demgemäß verschiebt sich das von ihnen beanspruchte Subsidiaritätsverständnis (vgl. Dahme et al. 2008, S. 82). Der Terminus ,Anerkennung' ist de facto in den gängigen Aktivierungskonzepten bis ins Innerste von einer ,Sozialkapital-Semantik' durchdrungen; beibehaltene Termini aus der ,Alltagswende' (Hierarchie-/Bürokratieabbau, Lebensweltorientierung,

Partizipation etc.) wurden längst vom neuen Geist des Kapitalismus vereinnahmt und damit pervertiert.[12]

Was vielerorts entgegen dem oftmals euphemistischen Jargon drastisch zutage tritt, sind die nicht nur im Hinblick auf das Gemeinwohlprinzip ruinösen Folgen jener Aktivierungs- und Wettbewerbsphilosophie. Mit Bezug auf das Terrain der Sozialen Arbeit offenbaren sich die von ihr angetriebenen Normierungszwänge zum einen darin, dass tradierte sozialpädagogische Methoden entkernt und auf *eindimensionale Zurichtungspläne* zugeschnitten werden. Im Verlauf dieser Transformationsdynamik geht zuvorderst nichts Geringeres verloren als der eigentliche Horizont des ‚Pädagogischen': Der Terminus *Soziale Arbeit* substituiert – wie zu vermuten ist: mit einer gewissen Konsequenz – fast überall den der *Sozialpädagogik*, stellt doch die Initiierung von Bewusstwerdungs- und Bildungsprozessen aus dieser Sicht eine zu unterbindende Variante der ‚Mobilisierung' dar.

Ein weiteres Ergebnis, das von der adaptierten neo-sozialen Regierungsform evoziert wird, zeigt sich in der einseitigen Auflösung des das klassische Doppelmandat kennzeichnenden „Widerspruchs (...) von ‚Hilfe und Unterstützung/Kontrolle und Disziplinierung'" (Kappeler 2007, S. 83) hin zu einer tendenziellen *Verabsolutierung des Kontroll-/Disziplinierungspols*. Zwar empfiehlt sich speziell für die Phase der jüngeren Vergangenheit eine sorgfältige Prüfung der gesellschafts- bzw. staatskritischen Ansprüche etlicher sozialpädagogischer Konzepte (vgl. Böhnisch 1982, S. 51f.) und es ist freilich nicht zu bestreiten, dass die Sozialpädagogik – soweit sie ein Bestandteil des wohlfahrtsstaatlichen Arrangements war – immer *auch* die Aufgabe der Normierung und Standardisierung erfüllt hat. Aber die gegenwärtig unter dem Label einer aktivierenden Sozialen Arbeit firmierenden Ansätze heben sich insofern qualitativ von ‚traditionelleren' ab, als ‚Empowerment' und Kontrolle bei ihnen in eins fallen: Die Sozialdisziplinierung soll gerade über die „Medien der Freiheit, Überzeugung und Selbststeuerung" (Lessenich 2008, S. 124) forciert und intensiviert werden, so dass sich die Anpassung an die Wertmaßstäbe der ‚aktiven Gesellschaft' möglichst aus intrinsischer Motivation heraus vollzieht. *Idealerweise führt diese ‚Durchstaatlichung der Seele' also zur Invisibilisierung der Fremdzwangmechanismen und einer die Heteronomie zementierenden Vereinigung von ‚Wollen' und ‚Sollen'.* Jedoch ist es fraglich, ob dieser ‚Idealzustand' tatsächlich realisiert wird bzw. werden kann: Die Übergänge zum Einsatz von Restriktionen und unverhohlenen Zwangsmaßnahmen verlaufen in der Praxis häufig fließend (vgl. Dahme/Wohlfahrt 2005, S. 16; Völker 2005, S. 84; Raithel/Dollinger 2006, S. 84) – in diesen Momenten bricht der autoritaristisch-repressive Charakter jener Maßnahmen unübersehbar hervor.[13]

Summa summarum ist in den thematisierten Aktivierungsmodellen schließlich die *Erzeugung eines vermessenen Bewusstseins* als *erzieherisches Leitbild* angelegt, das zumindest für die nähere Zukunft die Richtung zu diktieren scheint. Zu verzeichnen ist ein Abbau derjenigen demokratischen Freiräume, die z.b. das ursprüngliche Prinzip der Lebensweltorientierung gewährt hatte: Alternative Auslegungen eines ‚aktiven Lebens' werden entweder von Beginn an ausgeblendet oder, sofern die Subjekte abweichende Wünsche zum Ausdruck bringen, im Nachhinein zu revidieren versucht; überhaupt gehören das *permanente Abstecken und die Überwachung von Grenzlinien* zu den zentralen Merkmalen eines solchen antidialogischen Erziehungsprozesses. Und dies sowohl mit Blick auf das einzelne Subjekt als auch auf die lebensweltliche Sphäre: Sozialräumliche Aktivierungen sollen einerseits stets innerhalb der (errichteten) Schranken zur ‚sozialen Solidarität' verbleiben (vgl. Lorenz 2007, S. 301) sowie Überwachungs- und Steuerungsfunktionen erfüllen (vgl. Eick 2005, S. 119; Sturzenhecker 2005, S. 143); die *Verknappung der Raumdimension auf den Bereich des Lokalen* trägt fernerhin zur Konservierung sozialer Disparitäten und zur Verfestigung eines *politischen Analphabetismus* bei: „Typisch für die unterdrückerische kulturelle Aktion (...) ist es, eine Betrachtungsweise zu fördern, die den Schwerpunkt des Problems isoliert sieht, statt ihn als Dimension der *Gesamtheit* zu erkennen. (...) Solche auf Isolierung zielenden Aktionsformen verhindern, daß die Unterdrückten die Wirklichkeit kritisch begreifen, weil sie den bereits auf Isolierung angelegten Lebensstil der Unterdrückten (...) verstärken und sie von den Problemen unterdrückter Menschen in anderen Gebieten isoliert halten" (Freire 1973, S. 120).

Insgesamt tritt die von Freire begründete Methode einer *problemformulierenden Bildungsarbeit* als überaus prägnante Negativfolie zu den diskutierten Lokalisierungs- und Individualisierungspraktiken, die unter dem Vorzeichen einer Förderung von Subalternität und Entfremdung miteinander übereinkommen, in Erscheinung. Es ist alles in allem nicht abwegig, die umrissene Aktivierungsprogrammatik als eine *subtilere Form der Bankiers-Erziehung* aufzufassen, welche im Kern die Schaffung von *passiven Subjekten* anstrebt, die das vermeintliche Fatum einer „geschlossenen Welt" (ebd., S. 36) stillschweigend akzeptieren.

### 3.

Wenn die These, dass jene Programme Individuen zu erziehungsbedürftigen Objekten einer als zwangsläufig eingestuften gesellschaftlichen Genese degradieren, Stichhaltigkeit für sich beanspruchen kann – und Einiges spricht dafür –, wäre/ist es zunächst geboten, den konformistischen Grundzug der Selbstständigkeits- und Freiheitsverheißungen ebenso rückhaltlos transparent zu machen wie die

Substanzlosigkeit der missbrauchten Postulate aufklärerischer Provenienz: „Der angeblich unmündige Bürger, der sich bislang am Sozialstaat orientiert hat, ist ad hoc verschwunden. Es bedarf eigentlich nur eines einfachen Schaltvorgangs und ‚Mündigkeit' ist da. Allerdings hat dieser entstellte Begriff von Mündigkeit rein gar nichts mit dem entwickelten, historisch geprägten komplexen Begriff zu tun, von dem bei Kant und in Folge bei Adorno und Heydorn die Rede ist" (Freytag 2008, S. 95). Als *Maßstab der Kritik* können bei diesem Vorhaben *humanistische Utopien* fungieren, die in Anbetracht der konstatierbaren Instrumentalisierungen zu verteidigen und (re-)aktualisieren sind. In Opposition zu konformistischen Überzeugungen, die in der „Aktivierung der Menschen für die eigene Lebensführung" eine „Autonomiesteigerung ihrer Klienten bzw. ‚Kunden'" (Lutz 2008, S. 4/7) angelegt sehen, müssen kritische Gegenentwürfe entschieden um eine Rückgewinnung entwendeter Begriffe ersucht sein. Eigens die aufgeführte Befreiungspädagogik Freires, welche das Streben nach (kollektiver) Autonomie in eine dichte Relation zur Ausbildung eines *transitiv-kritischen Bewusstseins* setzt, kann in diesem Kontext erhellende Perspektiven offerieren.

Für Freire, der seine Bildungstheorie unter Rekurs auf existentialistische, christliche und marxsche Ideen erarbeitet, fängt die Emanzipation des Subjekts mit der Überwindung von Vereinzelung (Freire 1973, S. 69), der Erfahrbarmachung und Überschreitung von bis dato als natürlich bzw. normal hingenommenen Begrenzungen sowie der Entwicklung einer „Gesamtschau des Zusammenhangs" (ebd., S. 86) an. Sein Konzept einer demokratischen Bildung enthält ebenfalls eine positiv konnotierte Vorstellung von ‚Aktivität' (vgl. Mayo 2006, S. 66), die allerdings mit gänzlich anderen Inhalten angereichert ist: Richtungweisend ist hier eine von Marx und existenzphilosophischen Reflexionen inspirierte *entfremdungskritische Sicht*; für das Aufsprengen von passiv-subalternen Lebensformen ist nach Freire eine die Entfremdungsursachen systematisch aufdeckende Bewusstseinsbildung unverzichtbar. Obwohl die konkrete Lebenswirklichkeit bei ihm ebenfalls den Ausgangspunkt markiert – es wird zuallererst auf das in der Lebenswelt verankerte thematische Universum und alltägliche Missstände fokussiert – stehen die Absichten seiner Pädagogik denen der aktivierenden Sozialen Arbeit diametral entgegen: „Es geht Freire um die Problematisierung, Aufarbeitung und Strukturierung dieses thematischen Universums mit dem Ziel des Aufbaus eines kritischen Bewusstseins, das die eigene Lebenssituation inklusive ihrer Grundprobleme in den gesellschaftlichen Gesamtzusammenhang einzuordnen vermag" (Bernhard 2006, S. 186f.). Zu erlernen ist also die Fähigkeit, die Welt lesen und verstehen zu können, damit diese den verdinglichten Charakter der Abstraktheit und Naturwüchsigkeit verliert – ein solcher Aufklärungsprozess setzt mit der allmählichen Abkehr von einer fremdbestimmten Wahrnehmung ein. Die Subjekte werden im Verlauf eines vielschichtigen Bildungsvorgangs (vgl. Mayo 2006, S. 61-81) dazu ermutigt, dialogische Praktiken einzuüben und auf diesem Wege eine eigene Sprache zu schaffen, die den (internalisierten) Maßverhältnissen der Dominanzkultur zuwiderläuft.[14] Im Rahmen des kleinschrittigen Prozesses der Problemformulierung ist die *Distanzierung von der unmittelbaren Lebenswelt* bei der gleichzeitigen *Generierung einer Totalitätsschau*, welche zu einer aktiven, d.h. umwälzenden Praxis anregt, der wichtigste Aspekt.

Diese Ausführungen genügen bereits für eine Verdeutlichung der einschneidenden Differenzen zu neo-sozialen Aktivierungsnormen: Der Kampf für die Verwirklichung individueller Freiheit, welche dem Freireschen Humanismus zufolge allein innerhalb von gemeinschaftlich-solidarischen Strukturen erlangt werden kann (Freire 1973, S. 69), entzündet sich just an dem – durch eine pädagogisch angeleitete *Reform des Bewusstseins* bekräftigten – Widerstand gegen „alle Verhältnisse (.), in denen der Mensch ein erniedrigtes, ein geknechtetes, ein verlassenes, ein verächtliches Wesen ist (...)" (Marx 1985, S. 140). Mit dieser normativen Ausrichtung ist der Protest gegen Systemlogiken, die von den entsprachlichten Medien Geld und Macht gesteuert werden, ebenso verbindlich formuliert wie die Negierung des Verständnisses von sozialen Beziehungen als Kapital. Eine Soziale Arbeit, die sich solcherlei entfremdende Vorgaben zu eigen macht, ergreift nach Freire Partei für eine Kreativität und schöpferische Potentiale beschneidende Domestizierung. Sie sorgt mithin „für eine gesellschaftliche Konstellation, in der das Mögliche nicht wirklich wird" (Lessenich 2009, S. 175) und stilisiert die sog. ‚aktive Gesellschaft' zu einem Mythos, der fundamentale gesellschaftliche Widersprüche verschleiert und „jede Darstellung der Welt als Problem ausschließt" (Freire 1973, S. 117).

Seine Theorie lässt sich grundsätzlich einer marginalisierten bzw. verdrängten Tradition der historischen Sozialpädagogik zurechnen, deren Vertreter im Anschluss an Kant und/oder Marx das Ideal einer „‚Gemeinschaft frei wollender Menschen' als regulativen Inbegriff der menschlichen Selbstzwecklichkeit" (Jegelka 1994, S. 186) verteidigt haben. So fordern bspw. der Neukantianer Paul Natorp und der Austromarxist Max Adler in ähnlicher Manier eine Abschaffung des Primats der instrumentellen Vernunft sowie die Aufhebung eines destruktiven Individualismus; der von beiden intendierte *Sozialismus der Bildung* wird derweil als essentielles Element einer noch ausstehenden *solidarischen Gesellschaft* verstanden, in der die „freiheitliche Selbstbildung in freiheitlicher Gemeinschaft" (ebd., S. 212) erst gänzlich topisch werden könne. Natürlich ist angesichts der gegenwärtigen Situation festzuhalten, dass die Sozialpädagogik Natorps, Adlers und Freires nicht in das Gefüge der „Prinzipien sozialstaatlicher Balancepolitik" (Böhnisch 1982, S. 67) eingebettet ist; die heute von einem aufklärerischen Standpunkt aus nicht minder notwendigen Kritiken an Klassenverhältnissen und der kapitalistischen Akkumulationsordnung (vgl. Dörre et al. 2009, S. 295-307; Altvater 2007, S. 177-216) fallen auch aufgrund dieser Vorbedingung radikal aus.

Vice versa drängt sich unweigerlich die Frage auf, inwieweit eine derartige Kritik, die die progressiven Gehalte früh- und hochbürgerlicher Bildungstheorien zugleich bewahrt und modifiziert[15], von einer Position diesseits des vorhandenen Korsetts der Abhängigkeit vorstellbar ist – bringt doch schon der Protest wider die staatlichen Aktivierungsvorgaben die Gefahr eines Verlusts der Finanzierungsbasis mit sich (vgl. Sturzenhecker 2005, S. 148), und es ist ebenso anzunehmen, dass der politisch gewollte Effektivitätswettbewerb zwischen den sozialen Diensten sowohl mit Bezug auf praktische als auch theoretische Ebenen gegenläufige Dynamiken in Gang hält (vgl. Schönig 2006, S. 23-41). Diese handfesten Zwänge sind keinesfalls zu unterschätzen und ihre nüchterne Insichtnahme ist zumal deshalb bedeutsam, da durch diese eine ungetrübte Wahrnehmung der entsolidarisierenden und verzehrenden Effekte des neo-sozialen Regimes unterstützt wird. Dennoch können jene schwerlich zur Rechtfertigung jedweder Form der Anpassung herangezogen werden.

Grundsätzlich zu kritisieren sind – auch bzw. gerade vor diesem Hintergrund – insbesondere die verbreiteten Tendenzen einer pseudoemanzipativen Verklärung der unter dem Schlagwort ‚Aktivierung' versammelten Intentionen: Die Behauptung, eine aktivierende Soziale Arbeit fördere eine Autonomisierung der Subjekte, die „Anerkennung des Anderen" (im Sinne von Axel Honneth) und eine „Ermächtigung" ihrer Klienten (Lutz 2008, S. 6f.) ist im Gedenken an die Ansprüche von nicht-affirmativen Bildungstheorien unredlich; diese und ähnliche Einschätzungen liefern eine weitere Bestätigung für die These, dass Eindimensionalisierungsprozesse auch vor solchen Begriffen und Theoremen nicht halt machen, die eigens vom Widerstand gegen „jene fundamentale Mobilisierungstendenz der Moderne, welche den lähmenden Fremdzwang repressiver Sozialformationen mittels (...) politischer Steuerung unablässig (...) in ruhelosen Selbstzwang verwandelt" (Dörre et al. 2009, S. 297), Zeugnis ablegen.

In diesem Zusammenhang repräsentiert die Freilegung und Zuspitzung dieser Antinomie eine gleichermaßen unerlässliche Aufgabe wie die Entzauberung der in den diversen Selbstsorge- und Individualisierungspamphleten zum Ausdruck gelangenden „Betonung von Vielfalt" (Freytag 2008, S. 188). Denn in der Sensibilisierung für die sich – nicht zuletzt unter dem Einfluss der Aktivierungspropaganda – in praxi ereignenden Progresse einer „Vereinseitigung der (.) Lebenswelten" und ‚Abschleifung' der „Innendimension der Subjekte" (ebd., S. 188/ 193) besteht eine unabdingbare Voraussetzung für die (Wieder-)Eröffnung eines Denkens von Alternativen – speziell im Hinblick auf die bis zur Unkenntlichkeit verzerrten Prinzipien des Gemeinwohls und der Sozialstaatlichkeit.[16]

Die volle Ausschöpfung der in diesem Unternehmen angelegten Potentiale hängt indes wesentlich davon ab, ob dieses systematisch als Bestandteil des *Kampfes um kulturelle Hegemonie* verstanden wird, dessen dekonstruktive Wirkungen sich an den disponiblen bzw. auszulotenden Brüchen zwischen der neosozialen Programmatik, ihrer Rezeption von Seiten der sozialpädagogischen Profession und den bei der Anwendung von Aktivierungsleitlinien gesammelten Erfahrungen ausweiten können.

*Anmerkungen*

1 Die neoliberale Auslegung der Termini ‚Individualismus' und ‚Freiheit' deckt sich nicht mit den Idealen des Frühbürgertums; neoliberale Ansätze legitimieren sich gerade durch diese Abgrenzung (vgl. Ptak 2007, S. 16). De facto wird bei Hayek u.a. „aus dem Menschen ein Objekt der von ihm nicht beeinflussbaren gesellschaftlichen Entwicklung – es ist ein Dasein der Unterordnung unter den permanenten Sachzwang" (ebd., S. 61).

2 „(...) die gesellschaftliche Moderne (ist) als die institutionalisierte (...) Krise des Sozialen zu deuten und zu verstehen. In diesem Interpretationsrahmen kann dann der moderne Sozialstaat als ein wesentliches (...) Moment im modernen Prozess gesellschaftlicher Kriseninstitutionalisierung gelten." (Ebd., S. 55)

3 An dieser Stelle ist darauf hinzuweisen, dass die Protagonisten des Neoliberalismus dem Markt ebenfalls ein über das reine Effizienzparadigma hinausgehendes „werteorientiertes, ethisches Prinzip" (Ptak 2007, S. 32) bescheinigen – gleichwohl stimmen diese nicht in toto mit einer ‚neo-sozialen' Sichtweise überein.

4 „Untersozialisierte, d.h.: arbeitsunwillige, risikopräventionsverweigernde, aktivierungsresistente Subjekte erscheinen (...) als eine Bedrohung des Sozialen – ökonomisch, als Investitionsruinen, wie politisch und moralisch, als Normabweichler und Solidaritätsgewinnler." (Lessenich 2008, S. 95)

5 Der wesentliche Hintergrund der neokonservativen Wirtschaftspolitik, deren Vertreter vornehmlich auf (neo-)liberale Axiome zurückgreifen, besteht nach Dubiel in dem Befund, „daß die gegenwärtige Strukturkrise der kapitalistischen Wirtschaftsordnung nur die Summe a33 akkumulierter Folgeschäden ist – und zwar einer dem Marktsystem nicht angemessenen keynesianistischen Regulierung" (ebd., S. 89).

6 „Dem New Public Management (wie auch dem Neuen Steuerungsmodell) liegt die Grundidee zugrunde, dass Märkte und Wettbewerb nicht nur die bessere Form zur Koordinierung wirtschaftlichen Handelns, sondern auch zur Koordinierung von Handlungen in anderen, nicht profitorientierten Bereichen bestens geeignet seien." (Dahme et al. 2008, S. 61)

7 „Während (.) die Regulierung des Marktgeschehens an vielen Stellen auf eine Ebene des Transnationalen verlagert wird oder mit Bezug auf diese verändert wird, wird das Substitut für diese bisherige nationalstaatliche Integrationspolitik auf der Ebene unterhalb des Nationalstaates ausgemacht." (Kessl/Otto 2007, S. 9)

8 Putnam kehrt in seinem Werk *Bowling Alone* (2000) eingehend die Einspar- und Mobilisierungspotentiale sowie die integrativen Gesichtspunkte intermediärer sozialer Netzwerke, persönlicher Vertrauensbeziehungen und einer intakten Alltagsmoral her-

vor. Ungewissheiten und Misstrauen erzeugen ihm zufolge exorbitante Transaktions- und Kontrollkosten; in ‚unzivilen' Regionen sei daher die Neigung zur quietistischen ‚Hängemattenmentalität' höher und der Ruf nach dem Sozialstaat lauter. Bei der globalen Verbreitung des Sozialkapital-Ansatzes nahm indes die Weltbank eine Vorreiterrolle ein (vgl. Mayer 2002, S. 37).

9  Im Hinblick auf die angetippten Varianten ist eine *besitzindividualistische Basis* Legion: „Wir sollten die gemeinsamen Werte der Amerikaner lehren, zum Beispiel, daß (...) Sparen für einen selbst und für sein Land besser ist, als seinen Verdienst zu verschwenden und sich bei der Vorsorge für zukünftige Bedürfnisse auf andere zu verlassen" (Etzioni et al. 1994).

10 Die inhaltlichen Berührungen mit den hiesigen Formen einer Politik neo-sozialer Prägung sind offensichtlich: „Dabei ist Subsidiarität im Kontext einer neuen Sozialstaatspolitik zu verstehen. Der Staat nimmt sich zurück, baut Regelungen ab und kürzt Leistungen; im Gegenzug ergeht an den Bürger die Forderung, mehr Selbstsorge an den Tag zu legen. (...) Insbesondere der sozialstaatliche Leistungskomplex wird als Einschränkung individueller Freiheiten gesehen" (Wohlfahrt/Zühlke 2005, S. 38).

11 „Modernisierungen bestehen in der – partialen – Ersetzung der Herkunftswelten durch experimentell geprüfte und technisch erzeugte Sachwelten, die ihrerseits (...) den austauschbaren Menschen verlangen auf Kosten seiner traditionellen Verschiedenartigkeiten. Der Mensch wird nun auch lebensweltlich zum Sachverständigen und das, was ist, zur Sache: zum exakten Objekt, zum technischen Instrument, zum industriellen Produkt, zur ökonomisch kalkulierbaren Ware (...). (...) Das aber wäre – unkompensiert – ein menschlich unaushaltbarer Verlust, weil zunehmend der lebensweltliche Bedarf der Menschen nicht mehr gedeckt wäre, in einer farbigen, vertrauten und sinnvollen Welt zu leben." (Marquard 1986, S. 104)

12 Das ‚soziale Kapital' gewinnt zumal deshalb an Relevanz, weil die lokal-regionale Ebene in Relation zur nationalstaatlichen unter den Bedingungen eines ‚globalisierten Marktes' an Bedeutung gewonnen hat. Stadtregionen gelten „inzwischen (.) als zentrale Motoren wirtschaftlichen Wachstums, als essenzielle Akteure für wirtschaftliche und kulturelle Wettbewerbsfähigkeit und Innovation" (Mayer 2003, S. 266). Auch aus diesem Grund besteht ein beträchtliches Interesse an der Stärkung „endogener Potentiale" (Dangschat 2007, S. 257), von der man sich erhofft, dass auch „strukturschwache und desintegrierte Stadtteile und Regionen wieder auf die Schiene der Wettbewerbsfähigkeit" (ebd., S. 264) gebracht werden können.

13 Ferner weist die zeitgenössische Prekarisierungsforschung darauf hin, dass eine solche Internalisierung „allenfalls (bei) Gruppen mit reicher Ausstattung an kulturellen und/oder finanziellen Ressourcen" verbreitet ist: „Bei großen Teilen der Bevölkerung (...) dürfte der stumme Zwang von (...) Marktrisiken indessen die Freiheitsperspektive dominieren" (Dörre 2009b, S. 201).

14 *Sprache* verkörpert aus Freires Sicht ein Produktionsmittel, das „allen drei Ebenen menschlichen Handelns zugeordnet ist: der Ebene der biologisch-physiologischen Körperakte, der Ebene der Interaktion und der Ebene der materiellen Produktion" (Arbeitsgruppe Paulo Freire 1973, S. 34).

15 Von dieser Warte aus könnte vortrefflich über das reduktionistische Bürgerlichkeitsverständnis, welches im Kontext der Debatten um eine unternehmerisch-aktive ‚Bürgergesellschaft' verhandelt wird, diskutiert werden.

16 Einen wichtigen Kontrast, an dem sich auch die heutige Kritik noch orientieren kann, stellt hier Wolfgang Abendroths Interpretation des im Grundgesetz verankerten Sozialstaatsgebots dar (1967, S. 109-139).

*Literatur*

Abendroth, Wolfgang: Zum Begriff des demokratischen und sozialen Rechtsstaates im Grundgesetz der Bundesrepublik Deutschland, In: Antagonistische Gesellschaft und politische Demokratie, Neuwied/Berlin 1967, S. 109-139
Altvater, Elmar: Das Ende des Kapitalismus, wie wir ihn kennen, Münster 2007
Arbeitsgruppe Paulo Freire: Paulo Freires ‚Pädagogik der Unterdrückten' – ein Weg zur Befreiung?, In: b:e (Heft 7/1973), S. 22-39
Bellah, Robert N. et al.: Gegen die Tyrannei des Marktes, In: Zahlmann, Christel (Hrsg.): Kommunitarismus in der Diskussion, Berlin 1997, S. 57-74
Bernhard, Armin: Pädagogisches Denken, Baltmannsweiler 2006
Boltanski, Luc/Eve Chiapello: Der neue Geist des Kapitalismus, Konstanz 2003
Böhnisch, Lothar: Der Sozialstaat und seine Pädagogik, Neuwied/Darmstadt 1982
Böhnisch, Lothar/Wolfgang Schröer: Die soziale Bürgergesellschaft, Weinheim/München 2002
Bröckling, Ulrich: Das unternehmerische Selbst, Frankfurt/M. 2007
Dahme, Heinz-Jürgen/Norbert Wohlfahrt: Sozialinvestitionen. Zur Selektivität der neuen Sozialpolitik und den Folgen für die Soziale Arbeit, In: Dies. (Hrsg.): Aktivierende Soziale Arbeit, Baltmannsweiler 2005, S. 6-21
Dahme, Heinz-Jürgen/Silke Schütter/Norbert Wohlfahrt: Lehrbuch Kommunale Selbstverwaltung und Soziale Dienste, Weinheim/München 2008
Dangschat, Jens S.: Wohnquartiere als Ausgangspunkt sozialer Integrationsprozesse, In: Kessl, Fabian/Hans-Uwe Otto (Hrsg.): Territorialisierung des Sozialen, Opladen 2007, S. 255-273
Dörre, Klaus: Die neue Landnahme. Dynamiken und Grenzen des Finanzmarktkapitalismus, In: Dörre, Klaus/Stephan Lessenich/Hartmut Rosa: Soziologie–Kapitalismus–Kritik, Frankfurt/M. 2009(a), S. 21-87
Dörre, Klaus: Kapitalismus, Beschleunigung, Aktivierung – Eine Kritik, In: Dörre, Klaus/Stephan Lessenich/Hartmut Rosa: Soziologie–Kapitalismus–Kritik, Frankfurt/M. 2009(b), S. 181-205
Dörre, Klaus/Stephan Lessenich/Hartmut Rosa: Landnahme–Beschleunigung–Aktivierung: Eine Zwischenbetrachtung im Prozess der gesellschaftlichen Transformation, In: Dies. (Hrsg.): Soziologie–Kapitalismus–Kritik, Frankfurt/M. 2009, S. 295-307
Dubiel, Helmut: Was ist Neokonservatismus?, Frankfurt/M. 1985
Etzioni, Amitai et al.: Die Stimme der Gemeinschaft hörbar machen, In: FAZ vom 8.3.1994
Etzioni, Amitai: Die faire Gesellschaft, Frankfurt/M. 1996
Eick, Volker: ‚Ordnung wird sein ...' – Quartiersmanagement und lokale Sicherheitspolitik, In: Dahme, Heinz-Jürgen/Norbert Wohlfahrt: Aktivierende Soziale Arbeit, Baltmannsweiler 2005, S. 110-123
Flösser, Gaby/Melanie Oechler: Qualität/Qualitätsmanagement, In: Dollinger, Bernd/Jürgen Raithel (Hrsg.): Aktivierende Sozialpädagogik, Wiesbaden 2006, S. 155-173

Freire, Paulo: Pädagogik der Unterdrückten, Reinbek 1973

Freytag, Tatjana: Der unternommene Mensch, Weilerswirst 2008

Habermas, Jürgen: Theorie des Kommunikativen Handelns (Band 2), Frankfurt/M. 1981

Heite, Catrin/Alexandra Klein/Sandra Landhäußer/Holger Ziegler: Das Elend der Sozialen Arbeit – Die ‚neue Unterschicht‘ und die Schwächung des Sozialen, In: Kessl, Fabian/Christian Reutlinger/Holger Ziegler: Erziehung zur Armut?, Wiesbaden 2007, S. 55-81

Hirsch, Joachim: Materialistische Staatstheorie, Hamburg 2005

Jegelka, Norbert: Paul Natorps Sozialidealismus, In: Holzhey, Helmut: Ethischer Sozialismus, Frankfurt/M. 1994, S. 185-223

Jessop, Bob: Raum, Ort und Maßstäbe. Territorialisierungsstrategien in postfordistischen Gesellschaften, In: Kessl, Fabian/Hans-Uwe Otto (Hrsg.): Territorialisierung des Sozialen, Opladen 2007, S. 25-57

Kappeler, Manfred: Das ambivalente Verhältnis von Unterstützung und Kontrolle in der Sozialen Arbeit am Beispiel der Kategorien Hilfe und Prävention, In: Knopp, Reinhold/Thomas Münch: Zurück zur Armutspolizey?, Berlin 2007, S. 77-99

Kessl, Fabian: Der Gebrauch der eigenen Kräfte, Weinheim/München 2005

Kessl, Fabian/Hans-Uwe Otto: Aktivierende Soziale Arbeit. Anmerkungen zur neosozialen Neuprogrammierung Sozialer Arbeit, In: Dahme, Heinz-Jürgen/Hans-Uwe Otto/Achim Trube/Norbert Wohlfahrt (Hrsg.): Soziale Arbeit für den aktivierenden Staat, Opladen 2003, S. 57-75

Kessl, Fabian/Hans-Uwe Otto: Von der (Re-)Territorialisierung des Sozialen. Zur Regierung sozialer Nahräume – eine Einleitung, In: Dies. (Hrsg.): Territorialisierung des Sozialen, Opladen 2007, S. 7-25

Kessl, Fabian/Sandra Landhäußer/Holger Ziegler: Sozialraum, In: Dollinger, Bernd/Jürgen Raithel (Hrsg.): Aktivierende Sozialpädagogik, Wiesbaden 2006, S. 191-217

Kessl, Fabian/Christian Reutlinger/Holger Ziegler: Erziehung zur Armut? Soziale Arbeit und die ‚neue Unterschicht‘ – eine Einführung, In: Dies. (Hrsg.): Erziehung zur Armut?, Wiesbaden 2007

Kluge, Sven: Vermisste Heimat?, Berlin 2008

Kocyba, Hermann: Aktivierung, In: Bröckling, Ulrich/Susanne Krasmann/Thomas Lemke (Hrsg.): Glossar der Gegenwart, Frankfurt/M. 2004, S. 17-23

Lessenich, Stephan: Die Neuerfindung des Sozialen, Bielefeld 2008

Lessenich, Stephan: Mobilität und Kontrolle. Zur Dialektik der Aktivgesellschaft, In: Dörre, Klaus/Stephan Lessenich/Hartmut Rosa: Soziologie–Kapitalismus–Kritik, Frankfurt/M. 2009, S. 126-181

Lorenz, Walter: Spacing Social Work – zur Ambivalenz der Sozialraumnähe im Zeichen der Globalisierung, In: Kessl, Fabian/Hans-Uwe Otto (Hrsg.): Territorialisierung des Sozialen, Opladen 2007, S. 295-309

Lutz, Ronald: Perspektiven der Sozialen Arbeit, In: APuZ 12-13/2008, Bonn 2008, S. 3-10

Marquard, Odo: Über die Unvermeidlichkeit der Geisteswissenschaften, In: Apologie des Zufälligen, Stuttgart 1986, S. 98-117

Marshall, Thomas H.: Bürgerrechte und soziale Klassen, Frankfurt/M./New York 1992

Marx, Karl: Zur Kritik der Hegelschen Rechtsphilosophie [1844], In: Fetscher, Iring (Hrsg.): Karl Marx – Frühschriften, Gütersloh 1985, S. 131-148

Mayer, Margit: Sozialkapital und Stadtentwicklungspolitik – ein ambivalenter Diskurs, in: Haus, Michael (Hrsg.): Bürgergesellschaft, soziales Kapital und lokale Politik, Opladen 2002, S. 33-59

Mayer, Margit: Das Potential des Regulationsansatzes für die Analyse städtischer Entwicklungen am Beispiel territorialer Anti-Armutspolitik, in: Brand, Ulrich/Werner Raza (Hrsg.): Fit für den Postfordismus?, Münster 2003, S. 265-282

Mayo, Peter: Politische Bildung bei Antonio Gramsci und Paulo Freire, Hamburg 2006

Ptak, Ralf: Grundlagen des Neoliberalismus, In: Butterwegge, Christoph/Bettina Lösch/Ralf Ptak: Kritik des Neoliberalismus, Wiesbaden 2007, S. 13-87

Raithel, Jürgen/Bernd Dollinger: Case Management, In: Dollinger, Bernd/Jürgen Raithel (Hrsg.): Aktivierende Sozialpädagogik, Wiesbaden 2006, S. 79-91

Scherr, Albert: Bildung, In: Dollinger, Bernd/Jürgen Raithel (Hrsg.): Aktivierende Sozialpädagogik, Wiesbaden 2006, S. 51-65

Schönig, Werner: Aktivierungspolitik, In: Dollinger, Bernd/Jürgen Raithel (Hrsg.): Aktivierende Sozialpädagogik, Wiesbaden 2006, S. 23-41

Sturzenhecker, Benedikt: Aktivierung in der Jugendarbeit, In: Dahme, Heinz-Jürgen/ Norbert Wohlfahrt: Aktivierende Soziale Arbeit, Baltmannsweiler 2005, S. 134-150

Völker, Wolfgang: Aktivierende Arbeitsmarktpolitik – auf dem Weg zu mehr Zwang und Existenzdruck, In: Dahme, Heinz-Jürgen/Norbert Wohlfahrt: Aktivierende Soziale Arbeit, Baltmannsweiler 2005, S. 70-88

Wohlfahrt, Norbert/Werner Zühlke: Ende der kommunalen Selbstverwaltung, Hamburg 2005

*Martin Dust*

# EQF, ECVET, DQR und DECVET oder die Formalisierung und Standardisierung des Lernens im Lebenslauf

Im wissenschaftlichen Bereich und in einschlägigen Fachkreisen findet es immerhin schon entsprechende Beachtung, in der öffentlichen Debatte ist davon aber noch keine Rede:[1] Nicht nur der Hochschulbereich richtet sich im Rahmen des Bolognaprozesses immer mehr an europäischen Normen aus, auch im Bereich des Lernens im Lebenslauf und in der Berufsbildung wurde ein solcher Prozess bereits vor mehr als einem Jahrzehnt initiiert. EQF (European Qualifications Framework for Lifelong Learning)[2] und ECVET (European Credit System for Vocational Education and Training) sind die Systemkürzel hinter denen sich dieser Umbau des Lernens im Lebenslauf auf europäischer Ebene verbirgt, DQR (Deutscher Qualifikationsrahmen) sowie DECVET (Deutsches Credit System for Vocational Education and Training) die Entwürfe der nationalen Umsetzung für das Bildungssystem in Deutschland. Einher geht damit eine ungeahnte Formalisierung und Standardisierung des Lernens im Lebenslauf, deren Ausmaß und Auswirkungen in keiner Weise absehbar sind.

Der nachfolgende Artikel hat sich die Aufgabe gestellt, die aktuellen Entwicklungen um diese Formalisierung und Standardisierung – anhand der europäischen Systeme des EQF und des ECVET sowie der deutschen Systeme des DQR und des DECVET – aufzeigen, in ihren möglichen Wirkungen skizzieren und abschließend einer kritischen Würdigung unterziehen.

*Entwicklungen Europäischer Bildungspolitik als Rahmen*

Ähnlich vieler anderer Reformen bildet auch für den Umbau des Lernens im Lebenslauf das EU-Gipfeltreffen in Lissabon vom März 2000 den Ausgangspunkt der aktuellen bildungspolitischen Entwicklungen. Die Repräsentanten/-innen der Mitgliedsstaaten der EU kamen zu diesem Treffen zusammen, um ein neues strategisches Ziel mit enormen Ansprüchen zu verabschieden: „das Ziel, die Union zum wettbewerbsfähigsten und dynamischsten wissensbasierten Wirtschaftsraum in der Welt zu machen – einem Wirtschaftsraum, der fähig ist, ein dauerhaftes Wirtschaftswachstum mit mehr und besseren Arbeitsplätzen und einem größeren sozialen Zusammenhalt zu erzielen" (Europäischer Rat 2000, Abs. 5). Zwar ist in diesem Ziel auch von der gesellschaftspolitischen Vision eines „größeren sozialen Zusammenhalts" innerhalb der Union die Rede, doch ist diese Dimension im weiteren Verlauf der Entwicklung immer mehr in den Hintergrund getreten. Zur Umsetzung des strategischen Ziels von Lissabon sollten für den Bereich des Lernens im Lebenslauf, der bereits seit den 1990er Jahren als eine bildungspolitische Leitidee der Europäischen Union gilt, vier Zielvorstellungen umgesetzt werden: die Förderung von europäischer Mobilität und Zusammenarbeit, die Transparenz der nationalen (Berufs-)Bildungssysteme zur Stärkung des lebenslangen Lernens, die europaweite Anerkennung von Qualifikationen und Kompetenzen sowie die Entwicklung von Qualitätssicherungsinstrumenten in der Berufsbildung (Europäische Kommission 2002, 2f.). Im Wechselspiel zwischen den europäischen Organen und den Mitgliedsstaaten wurden in den folgenden Jahren entsprechende Instrumente zur Umsetzung für den Bereich des Lernens im Lebenslauf entwickelt.

Eines dieser Instrumente ist der Europass, dessen Einführung vom Europäischen Parlament bereits 2004 (Europäisches Parlament 2004, 1ff.) beschlossen wurde. Dieser Pass bietet mit standardisierten Formularen allen Bürgerinnen und Bürgern in Europa die Möglichkeit, ihre im Lebenslauf erworbenen Qualifikationen, Fähigkeiten und Kompetenzen systematisch zu erfassen und europaweit verständlich darzustellen (a.a.O., 1f.). Hierzu stehen ein Lebenslauf, ein Sprachenpass für die Dokumentation von Sprachkenntnissen, ein Mobilitätspass für die Dokumentation von Lern- und Arbeitserfahrungen in Europa sowie Erläuterungen zum Berufsabschlusszeugnis bzw. zum Hochschulabschlusszeugnis zur Verfügung.[3] Im nationalen Kontext in Deutschland hat dieser Europass bisher noch keine große Verbreitung gefunden.

Ein weiteres Instrument ist der EQARF (European Quality Assurance Reference Framework), welcher als Europäischer Qualitätsrahmen für die Aus- und Weiterbildung bisher in Entwurf vorliegt (Europäisches Parlament 2009a). Dieser sieht europaweite, einheitliche Kriterien zur Qualitätssicherung vor und soll zur Transparenz der vorhandenen verschiedenen Qualitätssicherungssysteme führen sowie eine kontinuierliche Qualitätsverbesserung sicherstellen.

Diese beiden Instrumente sind jedoch eher der Vollständigkeit halber genannt, da sie einerseits, wie der Europass bisher keine Wirkung entfaltet haben, und sich andererseits wie der EQARF noch in der Entwicklung befinden. Im folgenden werden der Europäische Qualifikationsrahmen EQF sowie das Europäische Leistungspunktesystem ECVET näher dargestellt.

*Europäische Systeme: EQF und ECVET*

Der im April 2008 vom Europäischen Parlament unterzeichnete Europäische Qualifikationsrahmen EQF soll als Referenzinstrument dienen, „um die Qualifikationsniveaus verschiedener Qualifikationssysteme zu vergleichen und sowohl das lebenslange Lernen und die Chancengleichheit in der wissensbasierten Gesellschaft als auch die weitere Integration des europäischen Arbeitsmarktes zu fördern, wobei die Vielfalt der nationalen Systeme zu respektieren ist" (Europäisches Parlament 2008, Abs. 16 Ziffer 1). Erworbene Qualifikationen und Kompetenzen sollen mit Hilfe des Europäischen Qualifikationsrahmens als Referenzsystem besser vergleichbar und verständlicher gemacht werden, um schließlich europaweit anerkannt und genutzt werden zu können. Doch geht es nicht ausschließlich um eine europaweite Anerkennung und Nutzung erworbener Qualifikationen mittels eine Formalisierung, damit einher geht eine konsequente Standardisierung und „Outcomeorientierung" der Qualifikationen über Lernergebnisse, die Erweiterung des formellen Lernens durch die gleichwertige Einbeziehung informellen und non-formalen Lernens im Lebenslauf sowie die Förderung der Gleichwertigkeit von beruflicher und allgemeiner Bildung. Der EQF umfasst acht Niveaustufen, in denen in den drei Kategorien „Kenntnisse", „Fertigkeiten" und „Kompetenz"[4] auf jeder Stufe die jeweiligen „Lernergebnisse"[5] beschrieben und erfasst werden (a.a.O., Anhang II). Die Mitgliedsstaaten der Union haben nun die Aufgabe, ihre Qualifikationen in den Metarahmen des EQF einzuordnen; hierzu ist in den einzelnen Ländern zunächst ein Nationaler Qualifikationsrahmen (NQR) zu erstellen, in welchen über die Lernergebnisse auch die nationalen Bildungsinstitutionen oder Unternehmen im Rahmen des nationalen Bildungssystems zuzuordnen sind. Dabei ist bisher noch völlig ungeklärt, mit welchen Verfahren die Abbildung im Einzelnen vorgenommen wird und wie die Überprüfung und Objektivierung der Verfahren ablaufen soll. Ebenso offen ist die Frage, wie die in non-formalen und informellen Lernzusammenhängen erworbenen Kompetenzen erfasst werden sollen und wer an dieser Stelle die Analyse, Messung oder Prüfung übernimmt.

Zusammenfassend sind für den EQF folgende Merkmale charakteristisch: acht Niveaustufen, wobei auf diesen Stufen sämtliche Qualifikationen der allgemeinen und beruflichen Bildung einzuordnen sind; 24 Deskriptoren, hier sind auf jeder der acht Niveaustufen jeweils Kenntnisse, Fertigkeiten und Kompetenzen als niveaustufenerfassende Beschreibung definiert; eine konsequente „Outcomeorientierung", denn die jeweiligen Qualifikationen sind über Lernergebnisse zu erfassen, wobei alle Lernergebnisse gleichermaßen aus formalen, non-formalen oder informellen Lernzusammenhängen stammen können. Dabei fordert die Umsetzung des EQF in die nationalen Kontexte keine völlige Übereinstimmung oder

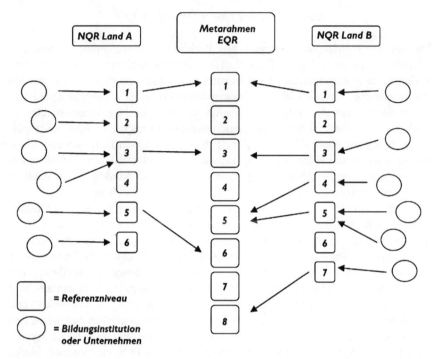

*Zuordnung von Qualifikationen zwischen dem EQF/EQR und den Nationalen Qualifikationsrahmen (NQR) einzelner Länder sowie in den Ländern selbst (Dehnbostel 2009, 28)*

direkte Anschlussfähigkeit, sondern lediglich die Einordnung der jeweils national definierten Qualifikationen in die acht Niveaustufen. Auch die Anzahl der nationalen Niveaustufen selbst ist ebenso den nationalen Bestimmungen vorbehalten wie die Definition und Beschreibung der Qualifikationen.

Die Niveaustufen 6 bis 8 des EQF entsprechen den sogenannten Bologna-Deskriptoren und berücksichtigen die mit dem Bachelor, Master und der Promotion verbunden Qualifikationen und Kompetenzen. Im folgenden sind beispielhaft die höchste und die niedrigste Niveaustufe 1 und 8 des EQF dargestellt (Europäisches Parlament 2008, Anhang II):

|  | Kenntnisse | Fertigkeiten | Kompetenz |
|---|---|---|---|
| **Niveau 1**<br><br>Zur Erreichung des Niveaus 1 erforderliche Lernergebnisse | Grundlegendes Allgemeinwissen | Grundlegende Fertigkeiten, die zur Ausführung einfacher Tätigkeiten erforderlich sind | Arbeiten oder Lernen unter direkter Anleitung in einem vorstrukturiertem Kontext |
| **Niveau 8**<br><br>Zur Erreichung des Niveaus 8 erforderliche Lernergebnisse | Spitzenkenntnisse in einem Arbeits- oder Lernbereich und an der Schnittstelle zwischen verschiedenen Bereichen | Weitest fortgeschrittene und spezialisierte Fertigkeiten und Methoden, einschließlich Synthese und Evaluierung, zur Lösung zentraler Fragestellungen in den Bereichen Forschung und/ oder Innovation und zur Erweiterung oder Neudefinition vorhandener Kenntnisse oder beruflicher Praxis | Fachliche Autorität, Innovationsfähigkeit, Selbständigkeit, wissenschaftliche und berufliche Integrität und nachhaltiges Engagement bei der Entwicklung neuer Ideen oder Verfahren in führenden Arbeits- oder Lernkontexten, einschließlich der Forschung. |

Dabei weisen diese beispielhaften Ausführungen einen großen Spielraum aus, so dass unter diesen Vorgaben sehr unterschiedliche nationale Besonderheiten und Eigenheiten eingeordnet werden können. Wer würde beispielsweise „Grundlegendes Allgemeinwissen" im deutschen Bildungskontext der niedrigsten Niveaustufe als „Kenntnisse" zuordnen? Und was verbirgt sich hinter dem schillernden Terminus „Fachliche Autorität" als Kompetenz der höchsten Niveaustufe? Bereits diese ersten Überlegungen zeigen, dass es schwierig bis unmöglich sein wird, die jeweiligen nationalen Deskriptoren exakt zu bewerten und erst recht durch empirische Verfahren abzusichern. Darüber hinaus ist ebenso noch völlig offen, mit welchen Qualitätskriterien die jeweiligen nationalen Umsetzungen abgesichert werden sollen, um die Einordnungen nicht zufällig oder beliebig werden zu lassen.

Mit der Erarbeitung Nationaler Qualifikationsrahmen (NQR) soll die Einführung des EQF auf der Ebene der Mitgliedsstaaten initiiert und umgesetzt werden. Die NQR sollen die Qualifikationen unter nationalen Gesichtspunkten systematisieren und bis 2010 an den EQF ankoppeln. Die Umsetzung des EQF hat zwar auf juristischer Ebene letztlich nur einen empfehlenden Charakter, doch wird den Mitgliedsstaaten nahe gelegt, bis 2012 in allen neu ausgestellten individuellen Zeugnissen, Zertifikaten, Qualifikations- und Kompetenzbescheinigungen darauf zu verweisen, welchen Stellenwert diese Bescheinigung im Sinne des EQF besitzt.

Das Europäische Leistungspunktesystem ECVET soll sich nach den Vorstellungen der Europäischen Union zu einem europaweit gültigen Leistungspunktesystem für die berufliche Aus- und Weiterbildung entwickeln.

In den Schlussfolgerungen des Europäischen Rates von Barcelona aus dem Jahr 2002 wurde insbesondere diese Entwicklung eines Leistungspunktesystems für die berufliche Aus- und Weiterbildung als gemeinsamer Aufgabenbereich definiert (Europäischer Rat 2002, Abs. 44). Damit wurde der Ansatz des ECTS (European Credit Transfer System) zur Förderung der innereuropäischen Mobilität von Studierenden aufgegriffen und auf den Bereich der beruflichen Aus- und Weiterbildung übertragen. Eine Arbeitsgruppe wurde eingesetzt, die einen Vorschlag für ein ECVET-Modell präsentierte; anschließend wurde dieses Modell weiter entwickelt, bevor es im Juni 2009 vom Europäischen Parlament und Rat als Empfehlung verabschiedet wurde (Europäisches Parlament 2009b). Als Ziele des ECVET-Systems werden die Förderung der Mobilität der Auszubildenden sowie der Arbeitnehmer, die bessere Anpassung von Angebot und Nachfrage auf dem europäischen Arbeitsmarkt, die Förderung des lebenslangen Lernens über die Grenzen hinweg sowie die Berücksichtigung aller Lernergebnisse aus formalen, non-formalen und informellen Lernzusammenhängen genannt (a.a.O., Abs. 1). Das ECVET-System der beruflichen Aus- und Weiterbildung soll langfristig mit dem ECTS-System des universitären Bereichs zu einem integrierten kohärenten Gesamtsystem mit klarem Bezug zum EQF zusammengeführt werden. Dazu soll zunächst die „Kompatibilität, Vergleichbarkeit und Komplementarität" der Systems verbessert werden (a.a.O., Abs. 10).

Mit Hilfe des ECVET-Systems können Lernergebnisse, die eine Person im Bereich der beruflichen Aus- und Weiterbildung erzielt hat, über „Systemgrenzen" hinweg dokumentiert und bescheinigt werden. Qualifikationen sollen dabei – anders als im ECTS für den Hochschulbereich – nicht durch den für ihren Erwerb notwendigen Aufwand, sondern durch die erzielten Lernergebnisse und Kompetenzen beschrieben werden. Das ECVET richtet sich damit als Leistungsanerkennungsinstrument an das Individuum, welches aufgrund schulischer Leistungen und beruflicher Erfahrungen Punkte akkumulieren und in ein individuelles Portfolio einbringen kann, um somit seine persönliche Berufsbiographie auf europaweit anerkannte Art gleichwertig gestalten zu können. Gleichwertig bedeutet in diesem Zusammenhang, dass es einerlei ist, in welchen Lernzusammenhängen und an welchen Lernorten die Lernergebnisse erworben werden und welcher Aufwand dafür nötig ist; ausschlaggebend im Sinne des ECVET ist allein, dass Lernergebnisse auf einem bestimmten Niveau vorhanden sind. Wohl um eine Anschlussfähigkeit mit möglichst vielen auf nationaler Ebene etablierten

Bewertungsverfahren zu erreichen, können in die Definition der ECVET-Niveaus ganz disparate Bewertungskriterien eingehen wie die Dauer, die Art, die Ziele und/oder Ergebnisse der Ausbildung, die erforderlichen Kompetenzen, um bestimmte Tätigkeiten ausüben zu können, die Position einer Qualifikation in der Berufshierarchie oder die Einordnung von bestehenden Niveaus aufgrund von Entsprechungsnachweisen. Mittels dieser Kriterien sollen berufliche Aus- und Weiterbildungen klassifiziert und die jeweiligen Abschnitte mit Leistungspunkten (Credits) versehen werden. Leistungspunkte im Sinne der Europäischen Kommission sind somit „ein Satz von Lernergebnissen einer Einzelperson, die bewertet wurden und die zur Erlangung einer Qualifikation akkumuliert oder in andere Lernprogramme oder Qualifikationen übertragen werden können" (a.a.O., Anhang I). Dabei dient der EQF als Referenzrahmen, um die Vergleichbarkeit von Lernergebnissen auf den verschiedenen Niveaustufen sicherzustellen. Die Leistungspunkte werden dann in zwei Phasen vergeben: zum einen für eine Qualifikation als Ganzes, zum anderen für ihre Teileinheiten. [6]

Die Disparität der Bewertungskriterien für die Leistungspunkte, kann allerdings schnell dazu führen, dass gleiche Berufsqualifikationen auf ganz unterschiedlichen Niveaus eingeordnet werden können. Auch die Entwicklung und Umsetzung des ECVET setzt insofern einen europäischen Konsens zur Überprüfung erworbener Kompetenzen und zur Qualitätssicherung des Systems voraus.

Die Europäische Kommission empfiehlt die Einführung des ECVET-Systems in den Mitgliedsstaaten bis zum Jahr 2012. Es soll auf die berufsbildenden Qualifikationen des EQF schrittweise angewendet und für die Anrechnung, Anerkennung und Akkumulierung von Lernergebnissen genutzt werden, die eine Einzelperson in formalen sowie in nicht-formalen und informellen Lernumgebungen erzielt hat (a.a.O, Empfehlungen Abs. 2).

*Nationale Umsetzungen: DQR und DECVET*

Mit der Empfehlung des Europäischen Parlaments und des Rats zur Einrichtung eines Europäischen Qualifikationsrahmens aus dem Jahr 2008 wurde den Mitgliedsstaaten nahe gelegt, im Einklang mit der nationalen Gesetzgebung und Praxis nationale Qualifikationsrahmen zu erarbeiten, dabei den Europäischen Qualifikationsrahmen als Referenzinstrument zu verwenden, die nationalen Qualifikationssysteme bis zum Jahr 2010 in Relation zum Europäischen Qualifikationsrahmen zu setzen und schließlich bis zum Jahr 2012 alle neu ausgestellten Qualifikationsbescheinigungen mit einem Verweis auf den EQF zu versehen. Zur nationalen Umsetzung dieser Empfehlung verständigten sich bereits im Herbst 2006 das Bundesministerium für Bildung und Forschung (BMBF) sowie die Kultusministerkonferenz (KMK) darauf, einen Deutschen Qualifikationsrahmen (DQR) als Bezugssystem zum Europäischen Qualifikationsrahmen zu entwickeln. Somit wird mit dem DQR erstmals ein nationales, umfassendes und bildungsübergreifendes System zur Einordnung von Qualifikationen erarbeitet, welches die Orientierung im nationalen Bildungssystem erleichtern soll. BMBF und KMK setzten dazu eine „Bund-Länder-Koordinierungsgruppe Deutscher Qualifikationsrahmen" (B-L-KG DQR) mit dem Auftrag ein, den nationalen Prozess in Deutschland zu steuern. Im Februar 2009 legte die Koordinierungsgruppe einen ersten Entwurf für einen Deutschen Qualifikationsrahmen vor, der in einem nächsten Schritt in vier Arbeitsgruppen aus den Berufsgruppen Metall/ Elektro, IT, Handel und Gesundheit in den jeweiligen beruflichen Feldern durch die beispielhafte Zuordnung von Qualifikationen auf seine Funktionalität geprüft werden soll.

Der Entwurf des Deutschen Qualifikationsrahmens enthält ebenso wie der Europäische Qualifikationsrahmen acht Niveaustufen, die die Kompetenzen beschreiben, welche für die Erlangung der entsprechenden Qualifikation erforderlich sind. Der Kompetenzbegriff des Deutschen Qualifikationsrahmens „bezeichnet die Fähigkeit und Bereitschaft, Kenntnisse, Fertigkeiten sowie persönliche, soziale und methodische Fähigkeiten in Arbeits- und Lernsituationen und für die berufliche und persönliche Entwicklung zu nutzen. ... Kompetenz wird in diesem Sinne als Handlungskompetenz verstanden." (Arbeitskreis Deutscher Qualifikationsrahmen 2009, 14). Jede Niveaustufe wird in zwei Kompetenzkategorien „Fachkompetenz" sowie „Personale Kompetenz" unterteilt. Dabei wird die „Fachkompetenz" in die Bereiche „Wissen" und „Fertigkeiten", die „Personale Kompetenz" in die Bereiche „Sozialkompetenz" und „Selbstkompetenz" ausdifferenziert. Damit ergibt sich im Deutschen Qualifikationsrahmen eine Matrix aus acht Niveaustufen und 32 Deskriptoren.

Im folgenden sind auch hier beispielhaft die höchste und die niedrigste Niveaustufe 1 und 8 des Deutschen Qualifikationsrahmens dargestellt (Arbeitskreis Deutscher Qualifikationsrahmen 2009):

| Niveau 1 | | | |
|---|---|---|---|
| Über Kompetenzen zur Erfüllung einfacher Anforderungen in einem überschaubar und stabil strukturierten Lern- oder Arbeitsbereich verfügen. Die Erfüllung der Aufgaben erfolgt unter Anleitung | | | |
| **Fachkompetenz** | | **Personale Kompetenz** | |
| **Wissen** | **Fertigkeiten** | **Sozialkompetenz** | **Selbstkompetenz** |
| Über elementares allgemeines Wissen verfügen. Einen ersten Einblick in | Über kognitive und praktische Fertigkeiten verfügen, um ein- | Mit anderen zusammen lernen oder arbeiten, sich mündlich | Unter Anleitung lernen oder arbeiten. Das eigene und das |

| einen Lern- oder Arbeits-bereich haben. | fache Aufgaben noch vorgegebenen Regeln auszuführen und deren Ergebnisse zu beurteilen. Elementare Zusammenhänge herstellen. | und schriftlich informieren und austauschen. | Handeln anderer einschätzen und Lernberatung annehmen. |
|---|---|---|---|

**Niveau 8**

Über Kompetenzen zur Gewinnung von Forschungserkenntnissen in einem wissenschaftlichen Fach oder zur Entwicklung innovativer Lösungen und Verfahren in einem beruflichen Tätigkeitsfeld verfügen. Die Anforderungsstruktur ist durch neuartige und unklare Problemlagen gekennzeichnet.

| Fachkompetenz | | Personale Kompetenz | |
|---|---|---|---|
| Wissen | Fertigkeiten | Sozialkompetenz | Selbstkompetenz |
| Über umfassendes, spezialisiertes und systematisches Wissen auf dem neuesten Erkenntnisstand in einem oder mehreren Spezialgebieten eines wissenschaftlichen Faches oder über umfassendes berufliches Wissen in einem strategie- und innovationsorientiertem beruflichen Tätigkeitsfeld verfügen. Über entsprechendes Wissen an den Schnittstellen zu angrenzenden Bereichen verfügen. | Über umfassend entwickelte Fertigkeiten zur Identifizierung und Lösung neuartiger Problemstellungen in den Bereichen Forschung, Entwicklung oder Innovation in einem spezialisierten wissenschaftlichen Fach oder in einem beruflichen Tätigkeitsfeld verfügen. Innovative Prozesse auch tätigkeitsfeldübergreifend konzipieren, durchführen, steuern, reflektieren und beurteilen. Neue Ideen und Verfahren beurteilen. | Gruppen oder Organisationen in herausgehobener Verantwortung leiten, dabei ihre Potenziale aktivieren. Die fachliche Entwicklung anderer nachhaltig gezielt fördern. Fachübergreifend Diskussionen führen und in fachspezifischen Diskussionen innovative Beiträge einbringen. | Für neue komplexe anwendungs- oder forschungsorientierte Aufgaben Ziele unter Reflexion der möglichen gesellschaftlichen, wirtschaftlichen und kulturellen Auswirkungen definieren, geeignete Mittel wählen und neue Ideen und Prozesse entwickeln. |

In der Zuordnung von Qualifikationen zum Deutschen Rahmensystem sollen alle formalen Qualifikationen des nationalen, deutschen Bildungssystems der allgemeinen sowie der beruflichen Bildung nebst der Hochschulbildung einbezogen werden. Darüber hinaus sollen in einem späteren Stadium auch die Ergebnisse des non-formalen und informellen Lernens Berücksichtigung finden. Die Zuordnung von Qualifikationen zu den Niveaustufen des DQR soll jedoch das bestehende System der Zugangsvoraussetzungen nicht ersetzen; das Erreichen einer bestimmten Niveaustufe soll auch in keiner Weise automatisch zum Zugang zur nächsten Stufe berechtigen. Gleichzeitig soll dabei jedoch jedes Qualifikationsniveau grundsätzlich auf verschiedenen Bildungswegen erreichbar sein. Die Kommission wies in ihrem Entwurf ferner darauf hin, dass das Erreichen von Niveaustufen von tarif- und besoldungsrechtlichen Auswirkungen entkoppelt ist und rechtliche Aspekte im Kontext des nächsten Erarbeitungsschritts geprüft werden. Im Frühjahr 2010 geriet der Erarbeitungsprozess für den DQR überraschend ins Stocken. Die vier Arbeitsgruppen, die den DQR auf seine Praxistauglichkeit hin überprüfen sollten, haben zunächst ihre Arbeit unterbrochen. Damit ist zwar derzeit offen, wie der Prozess weiter verlaufen wird, doch ist mit einem generellen Abbruch oder einer Abkehr von den formalisierten und standardisierten Tendenzen in keiner Weise zu rechnen.[7]

Gleichlaufende Bemühungen der nationalen Umsetzung der Qualifikationsrahmen gibt es auch im Bereich des Leistungspunktesystems der beruflichen Bildung. Das nationale Pendant zum Europäischen Leistungspunktesystem ECVET trägt in Deutschland das Kürzel DECVET, wobei es sich hier weniger um eine Abkürzung als vielmehr um einen Zusammensetzung sprachlich unterschiedlicher Abkürzungen handelt ("DE" = Deutsches, "CVET" = Credit System for Vocational Education and Training). Die Entwicklung des Systems erfolgt derzeit für den Bereich der beruflichen Bildung in einer BMBF-Pilotinitiative. Ziel ist die "systematische Entwicklung von Verfahren zur Bewertung, Validierung und Dokumentation von Lernergebnissen sowie die Entwicklung von Anrechnungsmodellen für Lernergebnisse auf den jeweils angestrebten Bildungsabschluss" (BMBF 2008). Auf diese Weise soll eine Kompatibilität zum Europäischen Leistungspunktesystem geschaffen werden. Innerhalb der DECVET-Pilotstudie wird das nationale Leistungspunktesystem anhand von 10 Projekten entwickelt und erprobt, welche jeweils in unterschiedlichen Berufsfeldern und Regionen angesiedelt sind. Dabei sollen vier Schnittstellen analysiert werden: die Schnittstelle zwischen Berufsvorbereitung und dualer Berufsbildung, die Schnittstelle gemeinsamer berufsbildübergreifender Qualifikationen in einem Berufsfeld, die Schnittstelle zwischen dualer und vollschulischer Berufsbildung sowie die Schnittstelle zwischen dualer Berufsbildung und beruflicher Fortbildung. Die Pilotprojekte liefen bis zum 30.04.2010, die wissenschaftliche Begleitung bis zum Ende des Jahres 2010. Von daher ist mit Ergebnissen für diesen Bereich erst im kommenden Jahr 2011 zu rechnen.

*Wirkungen und Würdigung*

Obwohl es sich bei den europäischen Initiativen im Bildungsbereich in erster Linie um Empfehlungen handelt, sind diese in der Bildungspolitik in Deutschland durchweg unterstützt und auf nationaler Ebene mit der bekannten deutschen Gründlichkeit umgesetzt worden. Auf institutioneller Ebene sei hier exemplarisch auf die Umgestaltung des Hochschulbereichs im vergangenen Jahrzehnt hingewiesen. Dieses Beispiel macht jedoch auch deutlich, dass hier eine grundlegende Neugestaltung einer Säule des deutschen Bildungssystems auf einer organisatorisch-strukturellen Basis vorgenommen wurde und nicht auf der Basis einer auf Diskurs und Partizipation beruhenden Reform. Die allseits geteilten Reformziele wie Förderung der Mobilität und Durchlässigkeit wurden – wie die Folgen und Wirkungen der Hochschulreform zeigen – geradezu verkehrt, vielmehr gewinnt das Leitbild einer auf Wettbewerb und ökonomischen Verwertungsinteressen ausgerichteten Hochschule immer mehr an Bedeutung.

Ähnliches ist sowohl auf individueller als auch auf gesellschaftlicher Ebene für die nationale Umsetzung des Qualifikationsrahmens wie des Leistungspunktesystems zu befürchten. (Vgl. dazu Koob 2008, 20f. sowie Schöpf 2010, 47f.). So wird die mit den Zielen von Lissabon verkündete gesellschaftspolitische Vision eines größeren sozialen Zusammenhalts in der Union an keiner Stelle in den Reformprozessen aufgegriffen. Vielmehr sind diese auf der individuellen Ebene eingebettet in den kaum mehr hinterfragten politischen Diskurs, in dem jeder Einzelne zunehmend auf seine ökonomisch verwertbaren Kompetenzen reduziert wird. Denn sowohl im Qualifikationsrahmen als auch im Leistungspunktesystem ist der Einzelne dann letztlich nur noch das, war er in den Arbeitsmarkt an verwertbaren und distinktionsfähigem Wissen und Können als Humankapital einzubringen hat. Mit der Einbeziehung der Lernergebnisse des non-formalen und informellen Lernens wird nun auch der letzte Winkel im Leben jedes Einzelnen kompetenzorientiert erhellt und für den Arbeitsmarkt nutzbar gemacht. Desgleichen kann die einseitige Festlegung auf eine konsequente Outcome-Orientierung der Bildungsprozesse auf der gesellschaftlichen Ebene die ökonomisch orientierte Ausrichtung forcieren, denn über die Outcome-Orientierung und die damit verbundenen Bildungsstandards werden im Rahmen von Mittelwertvergleichen schwerpunktmäßig die Leistungsergebnisse bzw. Bilanzen der Bildungsprozesse miteinander verglichen und damit der Versuch unternommen Aussagen zu den Gesamtleistungen des Bildungssystems zu treffen, die unter dem vorherrschenden betriebswirtschaftlich-ökonomischen Paradigma postwendend mit den Fragen des Einsatzes von Ressourcen und der Effektivität von Ergebnissen verbunden werden. So wird beispielsweise in England und Irland als Folge des EQF die finanzielle Förderung der Weiterbildung vorrangig an das Weiterlernen zum nächst höheren Niveau geknüpft. Eine Weiterbildung in die Breite fällt dabei tendenziell aus der Förderung heraus (Vgl. dazu Hanf 2010, 31). Anstelle einer einseitigen Outcome-Orientierung, ist hier von daher vielmehr im Sinne einer ganzheitlichen Gestaltung von Bildungsprozessen und Bildungszusammenhängen eine Gleichzeitigkeit von Input-, Prozess- und Outcome-Orientierung sicherzustellen. So sind beispielsweise Benachteiligte und Geringqualifizierte über eine reine Outcome-Orientierung kaum zu erreichen.

Zu den generellen Reformzielen, die mit der Einführung des Qualifikations-rahmens und des Leistungspunktesystems verbunden sind, wie Erhöhung der Chancengleichheit, Förderung der Durchlässigkeit, Verbesserung der Transparenz, Weiterentwicklung der Qualität und Förderung der Gleichwertigkeit von allgemeiner und beruflicher Bildung dürfte in den meisten Fragestellungen schnell ein gesellschaftlicher Konsens zu erzielen sein. Doch scheinen mit der Reform Rahmenbedingungen geschaffen zu werden, von denen zum jetzigen Zeitpunkt kaum zu sagen ist, ob sie die Reformziele einlösen oder vielmehr sogar eine gegenteilige Wirkung entfalten werden.

So soll durch die Systeme der historisch gewachsene Gegensatz zwischen allgemeiner und beruflicher Bildung weitgehend abgebaut werden. Deshalb sind die Zuordnungen in den DQR nicht abschlussbezogen vorzunehmen; vielmehr sollten die real erworbenen Kompetenzen sowohl in ihrem Outcome als auch in ihrem Erwerb erfasst und über die Deskriptoren in den DQR eingeordnet werden. Doch zeigt ganz aktuell der gegenwärtig stagnierende Entwicklungsprozess des DQR, dass die Gräben zwischen beruflichem Bildungswesen und Hochschulbereich weiter bestehen oder sogar noch vertieft werden.

Des weiteren sollen gerade durch den EQF die Lernergebnisse des non-formalen sowie die informellen Lernens und der in diesen Lernzusammenhängen erworbenen Kompetenzen als gleichwertig zu den Lernergebnissen des formalen Lernens anerkannt werden. Deshalb sind prinzipiell alle in einer Berufsbiographie erworbenen Kompetenzen einzubeziehen. Diese sind über Äquivalenzen als den formal erworbenen Kompetenzen gleichwertig in den DQR einzuordnen, wobei die Anerkennung selbst nicht Gegenstand des DQR ist. Es ist jedoch im Kontext des DQR durch Qualitätskriterien sicherzustellen, dass die Anrechnung bzw. Anerkennung unter wesentlicher Beteiligung öffentlich-rechtlicher Institutionen bzw. Standards erfolgt, wodurch die Stellung dieser Institutionen im Prozess wieder verfestigt wird. In der Entwicklung des DQR werden die Lernergebnisse und Kompetenzen des non-formalen sowie des informellen Lernens derzeit konsequent nicht berücksichtigt. Dies wird vor allem von den Institutionen der allgemeinen und politischen Weiterbildung völlig zu Recht scharf kritisiert (Vgl. dazu die Stellungnahme der Weiterbildung 2009 sowie Gnahs 2010, 7). Die fehlende Berücksichtigung dieser Lernbereiche bildet somit ein deutliches Desiderat im derzeitigen Entwicklungsstand des DQR.

Zwar könnte durch die äquivalente Anrechnung und Anerkennung aller Kompetenzen in entsprechenden Systemzusammenhängen nach festgelegten Bildungsstandards die Gleichwertigkeit der verschiedenen Bildungssysteme gefördert werden, doch möglich ist auch hier die gegenteilige Tendenz, dass über die Zertifizierung in allen Zeugnissen und Bescheinigungen soziale Ungleichheit vielmehr festgeschrieben und vertieft wird.

Unklar und bisher kaum diskutiert sind die möglichen Auswirkungen des DQR für die einzelnen Bildungsbereiche, beispielsweise für den Bereich der allgemeinbildenden Schulen. So werden wesentliche Ergebnisse der Allgemeinbildung im DQR als nicht erfassbar angesehen, was eine mögliche Abwertung allgemeiner Bildung nach sich ziehen könnte. Ungeklärt sind auch die Folgen für das duale System der beruflichen Ausbildung, welches auf Berufe als ein Bündel zusammenhängender Tätigkeiten vorbereitet, das an Qualifikations- und Kompetenzstandards ausgerichtet ist. Das europäische System setzt dagegen auf eine organisatorische Aufgliederung von Berufsqualifikationen in Units und deren Zertifizierung. Wie sich dieses nationale deutsche duale System der beruflichen Ausbildung zu Modulen und Lerneinheiten verhält ist noch völlig offen.

Ferner sind die juristischen Folgen einer Einführung des DQR-Standards bisher kaum absehbar. Ein entsprechendes Rechtsgutachten lässt in diesem Zusammenhang manche Fragen offen (Vgl. dazu Herdegen 2009, 26ff.).

Durch welche Instanzen die neuen Regulierungs- und Steuerungsaufgaben in diesen Systemen wahrgenommen werden sollen ist ebenso noch offen (Vgl. dazu Deißinger 2010, 27f.). Für die Aufgabe der Bewertung und Anerkennung von Fähigkeiten und Kompetenzen ist bereits die Absicht einer Privatisierung von Zertifizierungsaufgaben auf europäischer Ebene erkennbar. Somit zeichnet sich ein europäischer Bildungsmarkt mit den entsprechenden Angeboten und Interessen der Anbieter von Aus- und Weiterbildungsmodulen und dazugehörigen Validierungs- und Zertifizierungsleistungen ab.

Darüber hinaus impliziert das System des Qualifikationsrahmen und der Leistungspunkte eine Vielzahl neuer europäischer und nationaler Regelungen für ihren Bereich. Von einer Deregulierung kann dann in diesem Zusammenhang kaum noch gesprochen werden.

Zu diesen Tendenzen, die sich bei der Einführung der Qualifikationsrahmen sowie des Leistungspunktesystems offensichtlich abzeichnen, sind weder ein breiter Diskussions- noch ein gesellschaftlicher Reformprozess auf europäischer wie nationaler Ebene festzustellen. Allein in Experten- und Fachkreisen finden die Systeme mit ihren möglichen Auswirkungen Beachtung. Dabei kommt dem Qualifikationsrahmen sowie dem Leistungspunktesystem in bildungs- und reformpolitischer Hinsicht eine außerordentliche Bedeutung zu, handelt es sich doch um einen in die europäische Bildungspolitik eingebetteten Weiterentwicklungsprozess des gesamten Bildungswesen mit fundamentalen Aus- und Folgewirkungen für die nationalen Systeme. Der bisherige Verlauf der Reformen, lässt vor allem vor dem Hintergrund der Erfahrungen des Hochschulbereichs, wenig gutes erhoffen. Unter den Schlagworten Bildungsstandards, Output- und Outcomeorientierung, Qualifikationsrahmen, Qualitätssicherung, Akkreditierung und Evaluation wurde der Hochschulbereich – und in manchen Bundesländern in

Teilen auch der Bereich der allgemeinbildenden Schulen – zunehmend umgestaltet, unter Vernachlässigung der öffentlichen Verantwortung für den Bildungsbereich. Dieser Rückzug des Gemeinwesens, der einhergeht mit einer ständig zunehmenden Kommerzialisierung von Bildung, setzt auf eine Steuerung von Bildung, die vorrangig auf Effizienz, Ergebnisse und Marktbedarfe ausgerichtet ist und mehr oder weniger offen gewinnorientierten Mustern folgt. Es bleibt zu hoffen, dass alle Verantwortlichen im Bereich der Aus- und Weiterbildung solchen Tendenzen kritisch und widerständig gegenübertreten. Ein erster Schritt dazu, wäre eine breite gesellschaftliche Debatte.

### Anmerkungen

1 Selbst die damalige Präsidentin der Kultusministerkonferenz, die saarländische Ministerin für Bildung, Familie, Frauen und Kultur Annegret Kramp-Karrenbauer, begann ihre einleitende Eröffnungsrede einer Bund-Länder-Konferenz zum Thema „Der Deutsche Qualifikationsrahmen für Lebenslanges Lernen. Erwartungen und Herausforderungen" im März 2008 mit der Feststellung: „... für die breite Öffentlichkeit verbergen sich hinter EQR und DQR böhmische Dörfer, mit denen wahrscheinlich sehr wenige etwas anfangen können." BBJ Consult AG 2008, 13. Allerdings hat auch diese Feststellung keine erkennbaren Initiativen für eine gesellschaftspolitische Debatte ausgelöst.
Vgl. dazu auch den Beitrag Lueg 2010 mit dem signifikanten Titel „EQR und DQR, die unbekannten Bildungswesen".

2 Im nationalen Kontext in Deutschland ist auch die Abkürzung EQR für „Europäischer Qualifikationsrahmen" gebräuchlich, im folgenden wird weiterhin die internationale Abkürzung EQF verwendet.

3 Vgl. dazu die Homepage des Europasses in der deutschen Version unter URL: http://www.europass-info.de

4 Die Begriffsbestimmungen des EQF führen dazu aus:
Kenntnisse: „das Ergebnis der Verarbeitung von Informationen durch Lernen. Kenntnisse bezeichnen die Gesamtheit der Fakten, Grundsätze, Theorien und Praxis in einem Arbeits- oder Lernbereich. Im Europäischen Qualifikationsrahmen werden Kenntnisse als Theorie- und/oder Faktenwissen beschrieben."
Fertigkeiten: „die Fähigkeit, Kenntnisse anzuwenden und Know-how einzusetzen, um Aufgaben auszuführen und Probleme zu lösen. Im Europäischen Qualifikationsrahmen werden Fertigkeit als kognitive Fertigkeiten (logisches, intuitives und kreatives Denken) und praktische Fertigkeiten (Geschicklichkeit und Verwendung von Methoden, Materialien, Werkzeugen und Instrumenten) beschrieben."
Kompetenz: „die nachgewiesene Fähigkeit, Kenntnisse und Fertigkeiten sowie persönliche, soziale und methodische Fähigkeiten in Arbeits- oder Lernsituationen und für die berufliche und/ oder persönliche Entwicklung zu nutzen. Im Europäischen Qualifikationsrahmen wird Kompetenz im Sinne der Übernahme von Verantwortung und Selbständigkeit beschrieben."
Vgl. dazu Europäisches Parlament 2008, Anhang I

5  Die Begriffsbestimmungen des EQF führen zum Ausdruck „Lernergebnisse" aus: „Aussagen darüber, was ein Lernender weiß, versteht und in der Lage ist zu tun, nachdem er einen Lernprozess abgeschlossen hat. Sie werden als Kenntnisse, Fertigkeiten und Kompetenzen definiert." Vgl. dazu Europäisches Parlament 2008, Anhang I

6  Dabei hat man zur Sicherstellung eines gemeinsamen europäischen Konzepts die Vereinbarung getroffen, dass für die zu erwartenden Lernergebnisse eines Jahres formaler Vollzeit-Berufsausbildung 60 Leistungspunkte vergeben werden. Vgl. dazu Europäisches Parlament 2009b, Anhang II, Ziffer 4, Abs. 1

7  Die KMK wurde aufgefordert, darzulegen und zu begründen, auf welchen Niveaustufen die allgemeinbildenden Abschlüsse eingeordnet werden sollen. Unstimmigkeiten gibt es auch um die Haltung der Hochschulrektorenkonferenz. Diese hatte überraschend in Zweifel gezogen, ob sich die sogenannten Dublin Deskriptoren in der DQR-Matrix wieder finden und damit die Zuordnung von Bachelor, Master und Promotion möglich sei. Vgl. dazu Heimann 2010

*Literatur*

Arbeitskreis Deutscher Qualifikationsrahmen: Diskussionsvorschlag eines Deutschen Qualifikationsrahmens für lebenslanges Lernen. Ohne Ort 2009. URL: http://www. deutscher-qualifikationsrahmen.de/SITEFORUM?t=/contentManager/selectCatalog &e=UTF-8&i=1215181395066&l=1&ParentID=1215772627052&active=no (Zugriff am 04.08. 2010)

BBJ Consult AG (Hrsg.): Bund-Länder-Konferenz. Der Deutsche Qualifikationsrahmen für Lebenslanges Lernen. Erwartungen und Herausforderungen. 5. und 6. März 2008 in der Landesvertretung Baden-Württemberg, Berlin. Tagungsdokumentation. Berlin 2008

BBJ Consul AG (Hrsg.): Der Deutsche Qualifikationsrahmen für lebenslanges Lernen. Internetportal des Bundesministeriums für Bildung und Forschung und der Kultusministerkonferenz. URL: http://www.deutscherqualifikationsrahmen.de (Zugriff am 04.08.2010)

Bohlinger, Sandra: Schluss mit dem Mythos. Gegenrede: Missverständnisse im Zusammenhang mit dem Europäischen Qualifikationsrahmen. In: Weiterbildung. Zeitschrift für Grundlagen, Praxis und Trends. 6/2007, 23-25

Dehnbostel, Peter/ Neß, Harry/ Overwien, Bernd: Der Deutsche Qualifikationsrahmen (DQR) – Positionen, Reflexionen und Optionen. Gutachten im Auftrag der Max-Traeger-Stiftung. Frankfurt am Main 2009

Dehnbostel, Peter/ Meyer, Rita: Gleichwertigkeit beruflicher Kompetenzen stärken. Europäischer und Deutscher Qualifikationsrahmen. In: Weiterbildung. Zeitschrift für Grundlagen, Praxis und Trends. 6/2007, 8-11

Dehnbostel, Peter/ Seidel, Sabine/ Stamm-Riemer, Ida/ Leykum, Bekje. Einbeziehung von Ergebnissen informellen Lernens in den DQR – eine Kurzexpertise. Bonn/ Hannover 2010

Deißinger, Thomas: Von „Berufsprinzip" bis „Zertifizierungshoheit". Spannungsfelder auf dem Weg zum Deutschen Qualifikationsrahmen (DQR). In: DIE. Zeitschrift für Erwachsenenbildung. 2/2010, 25-28

Europäische Kommission: Declaration of the European Ministers of Vocational Education and Training, and the European Commission, convened in Copenhagen on 29 and 30 November 2002. Copenhagen. URL: http://www.ec.europa.eu/education/pdf/ doc125 _en.pdf (Zugriff am 26.03.2010)

Europäisches Parlament: Empfehlung Nr. 2009/C 155/02 des Europäischen Parlaments und des Rates vom 18.06.2009 zur Einrichtung eines europäischen Bezugsrahmens für die Qualitätssicherung in der beruflichen Aus- und Weiterbildung. Straßburg 2009. URL: http://eur-lex.europa.eu/LexUriServ/LexUriServ.do?uri=OJ:C:2009:155: 0001:0010: DE:PDF (Zugriff am 05.08.2010)
Zitiert: Europäisches Parlament 2009a

Europäisches Parlament: Empfehlung Nr. 2009/C 155/02 des Europäischen Parlaments und des Rates vom 18.06.2009 zur Einrichtung eines Europäischen Leistungspunktesystems für die Berufsbildung (ECVET). Straßburg 2009. URL: http://eur-lex.europa. eu/LexUriServ/Lex-UriServ.do?uri=OJ:C:2009:155:0011:0018:DE:PDF (Zugriff am 27.03.2010)
Zitiert: Europäisches Parlament 2009b

Europäisches Parlament: Empfehlung Nr. 2008/C 111/01 des Europäischen Parlaments und des Rates vom 23.04.2008 zur Einrichtung des Europäischen Qualifikationsrahmens für lebenslanges Lernen. Straßburg 2008. URL: http://eur-lex.europa.eu/Lex UriServ/Lex Uri-Serv.do?uri=OJ:C:2008:111:0001:0007:DE:PDF (Zugriff am 27.03. 2010)

Europäisches Parlament: Entscheidung Nr. 2241/2004/EG des Europäischen Parlaments und des Rates vom 15. Dezember 2004 über ein einheitliches gemeinschaftliches Rahmenkonzept zur Förderung der Transparenz bei Qualifikationen und Kompetenzen (Europass). Straßburg. URL: http://www.europass-info.de/de/documents/ratsbeschluss.pdf (Zugriff am 26.03.2010)

Europäischer Rat: Presidency conclusions. Barcelona European Council. 15 and 16 March 2002. Barcelona. URL: http://www.consilium.europa.eu/ueDocs/cms_Data/ docs/pressData/ en/ec/71025.pdf (Zugriff am 26.03.2010)

Europäischer Rat: Europäischer Rat 23. und 24. März 2000. Lissabon. Schlussfolgerungen des Vorsitzes. URL: http://www.europarl.europa.eu/summits/lis1_de.htm (Zugriff am 26.03.2010)

Friedrich-Schiller-Universität Jena/ Otto-von-Guericke-Universität Magdeburg (Hrsg.): Die Ziele der DECVET-Pilotinitiative. Ohne Ort und Jahr. URL: http://www.decvet. net/de/Die_DECVET_Pilotinitiative/site_195/ (Zugriff am 05.08.2010)
Zitiert: DECVET-Pilotinitiative

Gnahs, Dieter: Streitpunkt Deutscher Qualifikationsrahmen. In: DIE. Zeitschrift für Erwachsenenbildung. 2/2010, 7

Haase, Ellinor: Zertifizierungen in der Erwachsenenbildung. Die europäische Dimension von Kompetenznachweisen. In: Hessische Blätter für Volksbildung (57) 2007, 337-344

Hanf, Georg R.: Pioniere von den Inseln. Nationale Qualifikationsrahmen in England, Schottland und Irland. In: DIE. Zeitschrift für Erwachsenenbildung. 2/2010, 29-31

Heimann, Klaus: Deutscher Qualifikationsrahmen (DQR): Arbeiten sind ausgesetzt. Ohne Ort 2010. URL: http://www.bildungsspiegel.de/aktuelles/deutscher-qualifikationsrahmen-dqr-arbeiten-sind-ausgesetzt.html?Itemid=262 (Zugriff am 05.08.2010)

Herdegen, Johannes: Der Europäische Qualifikationsrahmen für lebenslanges Lernen – Rechtswirkungen der Empfehlung und Umsetzung im deutschen Rech – Rechtsgutachten im Auftrag des Bundesministeriums für Bildung und Forschung. Bonn 2009

Hochschulrektorenkonferenz (Hrsg.).: Zur Weiterentwicklung des Deutschen Qualifikationsrahmens (DQR). Empfehlung des HRK-Senats vom 23.2.2010. URL: http://www.hrk.de/de/download/dateien/Empfehlung_DQR.pdf (Zugriff am 03.08.2010)

Koob, Dirk: Stichwort „EQF, DQR und Erwachsenenbildung". In: DIE. Zeitschrift für Erwachsenenbildung. 4/2008, 20-21

Länge, Theo. W.: Nationaler und sektoraler Qualifikationsrahmen im Gespräch. In: DIE. Zeitschrift für Erwachsenenbildung. 4/2008, 22-23

Lueg, Andrea: EQR und DQR, die unbekannten Bildungswesen. Die Berufsbildung wird reformiert. Ohne Ort 2010. URL: http://www.dradio.de/dlf/sendungen/pisaplus/1093033/ (Zugriff am 05.08.2010)

Nollmann, Andre: Der Deutsche Qualifikationsrahmen (DQR) – Ein Analyse im Aspekt der deutschen Berufsbildung. Hamburg 2009

Schöpf, Nicolas: Der Qualifikationsrahmen als Weg in mehr Wettbewerb? Potenziale und Herausforderungen europäischer Bildungspolitik für die Erwachsenenbildung. In: DIE. Zeitschrift für Erwachsenenbildung. 2/2010, 45-48

Sabisch, Werner: Noch viele Fragen offen. Weiterbildung wird im aktuellen Entwurf für den Deutschen Qualifikationsrahmen noch stiefmütterlich behandelt. In: dis.kurs. Das Magazin des Deutschen Volkshochschul-Verbandes. (17) 2/2010, 4-6

Stellungnahme der Weiterbildung zum Deutschen Qualifikationsrahmen. Bundesarbeitskreis Arbeit und Leben (AuL), Bundesverband der Träger beruflicher Bildung (BBB), Deutsche Evangelische Arbeitsgemeinschaft für Erwachsenenbildung (DEAE), Deutschen Institut für Erwachsenenbildung (DIE), Deutscher Volkshochschul-Verband (DVV), Katholische Bundesarbeitsgemeinschaft für Erwachsenenbildung (KBE), Rat der Weiterbildung – KAW, Verband Deutscher Privatschulverbände (VDP) URL: http://www.privatschulen.de/images/stories/PDF/Pressemitteilungen/ab_Aug_2009/stellungnahme_dqr_weiterbildung.pdf (Zugriff am 04.08.2010)
Zitiert: Stellungnahme der Weiterbildung 2009

# Gegenmodelle

*Hartmut Kupfer*

# Lernbeurteilungen im Elementarbereich
## Das neuseeländische Konzept der *learning stories* und sein Schicksal in Deutschland

*Einleitung*

In der deutschen Bildungsdiskussion sind Fragen des Einschätzens und Beurteilens in den letzen Jahren in unterschiedlichen Zusammenhängen zu zentralen Diskussionspunkten geworden. Im Bereich der vorschulischen Bildung sind seit den 90er Jahren vor allem Fragen der Qualitätsmessung und Fragen der Qualitätsentwicklung diskutiert worden. Daneben tritt aber zunehmend auch die Frage nach Möglichkeiten der Dokumentation individueller Lernprozesse in den Vordergrund, ist doch die Anerkennung der Subjektposition der Kinder in ihren Lernprozessen eine Grundlage der in den letzten Jahren in Kraft gesetzten Rahmenprogramme für die vorschulischen Bildungseinrichtungen. In einem Spannungsfeld hierzu steht das wachsende gesellschaftliche Interesse an „objektiven" Daten zu Lernproblemen und Lernerfolgen im Bereich frühkindlicher Bildung, abzulesen etwa an der Einführung von verpflichtenden Sprachstandserhebungen in den Bundesländern.

Im Rahmen der Versuche, praktikable Methoden für eine fortlaufende Beurteilung von Lernprozessen in der frühen Kindheit zu entwickeln, hat das in Neuseeland entwickelte Konzept des *socio cultural* bzw. *narrative assessments*[1] in Form von *learning stories* – Lerngeschichten – international viel Anerkennung gefunden.[2] Dieses Konzept grenzt sich gegen Ansprüche, Lernleistungen „objektiv" zu messen, bewusst ab. Es beansprucht vielmehr für sich, anstelle eines „*assessment about learning*" ein „*assessment for learning*" zu sein, d.h. es fügt sich grundsätzlich ein in eine ressourcenorientierte, motivierende, die vorhandenen Potentiale anerkennende Lernkultur, mit der sich viele Kindertageseinrichtungen in Deutschland – als Teil einer ähnlich argumentierenden Jugendhilfe – identifizieren. Im Rahmen eines Bundesmodellprojekts wurde unter der Regie des Deutschen Jugendinstituts in München die Adaptation dieses Ansatzes seit 2004 kontinuierlich verfolgt.[3] Mittlerweile hat sich das hieraus resultierende Verfahren der „*Bildungs- und Lerngeschichten*" über Deutschland hinweg in beachtlicher Breite fest etabliert, so dass es möglich erscheint, eine Bilanz zu versuchen.

Hierzu soll in einem ersten Teil kurz auf den Stellenwert von individuellen Lernbeurteilungen in den neueren deutschen Bildungskonzepten des Elementarbereiches eingegangen werden. Es schließt sich eine zusammenfassende Darstellung des *socio-cultural assessment* anhand des von Margaret Carr und anderen entwickelten theoretischen Rahmens und anhand von Beispielen aus der Praxis in neuseeländischen Bildungseinrichtungen an, bevor die Adaptation als *„Bildungs- und Lerngeschichten"* im deutschen Kontext untersucht wird.

Im abschließenden Abschnitt wird dann aus dem Vergleich der *learning stories* und der *Bildungs- und Lerngeschichten* heraus ein Fazit gezogen.

### 1. Zum Stellenwert von Lernbeurteilungen in aktuellen deutschen Bildungskonzepten des Elementarbereichs

Die im letzten Jahrzehnt entwickelten länderspezifischen Rahmenprogramme für den Elementarbereich des Bildungswesens nehmen überwiegend Bezug auf ein konstruktivistisches Bildungsverständnis, das anstelle der Vermittlungstätigkeit von Erwachsenen eher die Aneignungstätigkeit von Kindern in den Vordergrund stellt. Eine Reihe von Bildungsprogrammen bezieht sich dabei auf eine von Hans-Joachim Laewen (2002) vorgeschlagene Terminologie, nach der Bildung bzw. „Selbst-Bildung" als aktive Tätigkeit von Kindern, Erziehung hingegen als „Antwort der Erwachsenen" auf diese Bildungstätigkeit zu verstehen sei. Lernprozesse sind in diesem Bildungsverständnis grundsätzlich selbst gesteuert, ein „Lehren" als komplementärer Teil eines dialogischen Bildungsgeschehens findet nicht statt. Erwachsene wirken hier lediglich von außen auf die Selbstbildungsprozesse der Kinder ein, sind an diesen nicht unmittelbar beteiligt.

Diese Positionsbestimmung hat Konsequenzen für die Frage, wie Bildungsprozesse beurteilt werden können. In der Entwurfsfassung von „Bildung als Programm" heißt es hierzu programmatisch (Projektgruppe bildung:elementar 2004, Seite 16f.):

Wenn wir Bildung wesentlich als Aktivität der Kinder begreifen, verändert sich die Rolle der professionellen Erzieherinnen und Erzieher. Ihnen stellt sich die Aufgabe der systematischen Beobachtung jedes Mädchens und jedes Jungen. Nur aus der Analyse ihrer Beobachtungen, einer Auswertung, die professionelle Erzieherinnen und Erzieher individuell und im Team leisten müssen, können sie wiederum ihr Handeln ableiten, das auf die „Bildungsbewegungen" (Laewen) jedes Kindes antwortet.

Diese Aufgabenbeschreibung bildet den Rahmen, innerhalb dessen Funktionen und Vorgehensweisen von *assessment* entwickelt werden: Lernen der Kinder kann nach diesem Verständnis nur verlässlich beurteilt werden, wenn es beobachtet und anhand eines speziellen Fachwissens eingeschätzt wird, und diese Einschätzungsprozesse sind unerlässlich, damit Fachkräfte auf die Bildungsprozesse der Kinder angemessen antworten können.

Die Bildungsprogramme, die durch die Arbeit des Münchener Instituts für Frühpädagogik geprägt sind, verfolgen dem gegenüber eine etwas andere Grundlinie. Die Ausführungen des bayerischen Programms beginnen mit der Feststellung:

Der Bayerische Bildungs- und Erziehungsplan versteht Erziehung und Bildung als ein auf Dialog ausgerichtetes Geschehen zwischen gleichwertigen Personen. (…) Die Rolle der Erwachsenen in bezug auf das Kind ist gekennzeichnet durch *Impulse gebende und unterstützende Begleitung*, durch einfühlsame Zuwendung und reflektierende Beobachtung. (…) Der dialogische Charakter des Erwachsenen-Kind-Verhältnisses kommt darin zum Ausdruck, dass die Erfahrungs-, Lern- und Kommunikationsprozesse gemeinsam getragen werden und *alle Beteiligten Lernende wie auch Lehrende* sein können. (Bayerisches Staatsministerium 2003, S.11; Hervorhebungen im Original)

Hier wird ein anderer Ausgangspunkt deutlich: Erziehung und Bildung werden von allen Beteiligten getragen, Erwachsene beobachten die Prozesse nicht von außen und bewerten sie anhand von gegebenen Interpretationssystemen, sondern nutzen das Instrument der reflektierenden Beobachtung als Teil des dialogischen Bildungsgeschehens. In dieser Grundauffassung liegt ein anderer Ausgangspunkt, um Verfahren von *assessment* zu entwickeln.

Was die weitere Ausgestaltung der Verfahren von „Beobachten und Dokumentieren" betrifft, bleiben die Bildungsprogramme jedoch bei einer allgemeinen Beschreibung ihrer Funktion stehen und entwickeln keine konkreteren Vorgaben.

Mit den unterschiedlichen Positionierungen ist das Spannungsfeld beschrieben, in dem sich die Praxis der Lernbeurteilungen bewegt. Wird sie primär als Ergänzung und Weiterführung von Beurteilungsprozessen verstanden, die Erzieherinnen in der alltäglichen fördernden Interaktion mit Kindern vollziehen? Oder ist sie ein Mittel, um kritische Distanz gegenüber gegebener Praxis des alltäglichen Reagierens und Beurteilens zu erzeugen, und dient einer tiefergehenden kritisch-reflexiven Umorientierung der Bildungsarbeit? Anhand von Beispiele aus der Dokumentationspraxis mit *learning stories* bzw. Bildungs- und Lerngeschichten soll dieser Frage weiter nachgegangen werden Hierzu wird zunächst das neuseeländische *assessment*-Verfahren der *learning stories* im Kontext des neuseeländischen Bildungsprogramms vorgestellt.

## 2. Socio-cultural assessment in Theorie und Praxis: Learning stories und learning dispositions

Das neuseeländische Konzept der *learning stories* wurde in einem jahrelangen, Mitte der 90er Jahre beginnenden Prozess unter Beteiligung akademischer Forschung und pädagogischer Praxis herausgearbeitet. Bronwen Cowie und Margaret Carr (2004, Seite 95) fassen hier den konzeptionellen Rahmen des Verfahrens zusammen:

> We take the view that learning and development, rather than being primarily about individual achievement, is distributed over, stretched across, people, places and things (…). This is a situated or socio-cultural viewpoint about learning and development, one in which the early childhood centre or the classroom is seen as a 'community of learners' (…), and in which teaching will target the learner-plus-surround. (…) To be consistent with this view of learning and development *assessment* needs to be distributed across people, places and things.

Lernen wird grundsätzlich als kultureller Prozess betrachtet, wodurch die Sinngebungsprozesse von vornherein soziale Prozesse innerhalb einer *„community of learners"* sind. Diese Bildungskonzeption geht davon aus, dass *assessment* sowohl als Bestandteil alltäglicher Interaktionen anerkannt werden muss, als auch eine über den Alltag hinausgreifende Praxis des Dokumentierens und Sichtbarmachens von Lernprozessen ausmacht. Dabei wird der grundlegende Interaktionsprozess, der *assessment* ausmacht, als Aufeinanderfolge von

*Noticing – recognizing – responding*

in Alltagssituationen verstanden (Ministry of Education 2004, Heft 1, S. 6). *Responsiveness*, einfühlsames und wertschätzendes Eingehen nicht nur auf das, was Kinder tun, sondern auf das, was Kinder wollen und fühlen, ist zentrales Qualitätskriterium für Tätigkeiten von Erzieherinnen, aber auch für Lernumgebungen im allgemeinen.

Das Dokumentieren wird hier nicht als völlig neuer sinnkonstruierender Handlungskreis betrachtet, sondern es erweitert den Dreischritt des alltäglichen *assessments* zu einer Abfolge von insgesamt fünf Schritten:

*Noticing – recognizing – responding – recording – re-visiting.*

Mir dem letzten Schritt, dem Wiederaufsuchen der Lernerfahrungen in ihrer dokumentierten, vermittelten Form, ist der Zweck des Dokumentierens ausgedrückt. Es geht nicht so sehr um Ableitung von möglichen fördernden Interventionen seitens der Erwachsenen, sondern um eine wertschätzende Rückmeldung über Lernfortschritte, um eine Weiterentwicklung der individuellen Handlungsmöglichkeiten, aber auch der Lernkultur der community, zu ermöglichen. Leitvorstellung ist das Prinzip der „*reciprocal relationships*" zwischen den Mitgliedern der *community of learners*, zu der auch die Erwachsenen gezählt werden (Ministry of education 2004, Heft 2, S. 5).

Lernerfahrungen und Lerneinschätzungen werden festgehalten, um sie zu kommunizieren, um sie aus verschiedenen Sichtweisen heraus zur Sprache zu bringen. Für das soziokulturelle Konzept von *assessment* ist das „Konzert" der unterschiedlichen Stimmen – der Erzieherin, des Kindes, der Familie – konstitutiv. Mit den *learning stories* wird versucht, ein „Format" für die Weitergabe von Erfahrungen und Einschätzungen zu entwickeln, das für die pädagogische Praxis einen hohen Orientierungswert hat und Chancen für die Partizipation von Kindern und Eltern eröffnet, da es nicht kulturspezifisch selektiv ist. An zwei Beispielen aus der neuseeländischen Dokumentationspraxis lässt sich zeigen, zu welchen Ergebnissen eine solche Vorgehensweise führen kann:

*(Beispiel 1):*

Hannah, Rena und ich gingen heute morgen nach Riccarton Bush. Beim letzten Mal musste Hannah über die höher liegenden Bohlenwege getragen werden. Sie ließ erkennen, dass der Grund dafür in den Lücken zwischen den Bohlen lag (und dass sie bis zum Boden hindurch sehen konnte).
Heute allerdings traute sie sich, über die erste Plattform zu krabbeln, nachdem sie gesehen hatte, wie Rena (7 Jahre alt) darüber lief. Sie bewegte sich sehr langsam und schaute dabei durch alle Spalten auf den Boden darunter. Rena und ich unterstützten ihr Wagnis mit viel ermutigendem Zuspruch. Am Ende feierten wir ihren Erfolg.
„Ich hab's geschafft!" sagte Hannah und sie klatschte in die Hände und applaudierte sich selbst.
Als wir zur nächsten ähnlichen Konstruktion kamen, schien sie keine Notiz davon zu nehmen. Sie lief hinter Rena und vor mir. Rena rannte darüber, und Hannah folgte ihr und rannte einfach weiter, ohne zu stoppen. Sie sah ganz erstaunt aus (so wie ich auch), als sie am anderen Ende ankam. Als ich meine Begeisterung äußerte, was sie geschafft hatte, erklärte sie fröhlich: „Is' nicht gefährlich!"
Ich bat sie, das noch mal zu machen, um sie zu fotografieren. Als sie wieder über die Plattform lief, lächelte sie, und wie ihr in diesem Buch sehen könnt, lächelt Hannah normalerweise nicht auf Fotos! (Ministry of education 2004, Heft 6, S. 12; Übersetzung: H. Kupfer)

*(Beispiel 2):*

Ich ging gerade daran, Lys beim Ausziehen zu helfen, aber sie reagierte mit einem ernsthaften Versuch, selbst den Pullover auszuziehen. Ohne weiter nachzudenken, wollte ich ihr helfen und hob den unteren Rand etwas an. Lys hielt inne, schaute mich an um sicher-zugehen, dass ich auch zuhörte und sagte stolz: „Nein, Lys". Natürlich hörte ich sofort auf und war wirklich beschämt, dass ich Lys' Fähigkeiten unter-schätzt hatte. „Tut mir leid, Lys", sagte ich. ... Sie bemühte sich ausdauernd, ihren linken Arm herauszuziehen. Ihr Ellenbogen hing in den Falten des Pullovers fest, und ihr Ge-sichtsausdruck war bei den angestrengten Befreiungsversuchen ganz ernst. Meine Hand zuckte, um ihr zu helfen, aber sie hatte mich gewarnt, sie konnte es selbst. Ich schaute ihr zu, bis ihre Hartnäckigkeit schließlich belohnt war. (Hatherly / Sands 2002, S.12)

In der ersten Geschichte erzählt eine Tagesmutter, wie Hannah ihre Furcht über-windet, einen Bohlenweg zu begehen, durch dessen Zwischenräume man hin-durchsehen kann. Die Episode wird (im Wesentlichen) in chronologischer Rei-henfolge erzählt. Sie schließt die Handlungen Hannahs und die eines weiteren Kindes mit ein. Ferner wird über den die Handlungen begleitenden Dialog und die Gefühle der Beteiligten berichtet. Die Bezugsperson tritt selbst in der Ge-schichte auf, indem ihre das Handeln der Kinder begleitenden und kommentie-renden Äußerungen wiedergegeben werden. Im letzten Abschnitt, dem Zustande kommen des Fotos, tritt die Erwachsene auch als Handelnde in die Geschichte hinein.

In der zweiten Geschichte geht es um die Selbstbehauptung eines Kindes ge-genüber gut gemeinten Hilfsangeboten der erwachsenen Bezugsperson. Auch hier wird das Handeln des Kindes im situativen Kontext, *„stretched across people, places and things"* wiedergegeben. Der Anteil der Bezugsperson am Handlungs-ablauf der Geschichte ist hier noch ausgeprägter als beim ersten Beispiel. Die Gefühle und Intentionen des Erwachsenen werden genau beschrieben und in en-ger Beziehung zu denen des Kindes dargestellt.

### Was macht diese Episoden zu „Lern"- Geschichten?

Die beiden Geschichten sind zustande gekommen, indem die Bezugspersonen aus den vielfältigen Erlebnissen und Ereignissen des Kinderalltages ganz bestimmte Episoden herausgegriffen haben, um an ihnen charakteristische Lernfortschritte der Kinder sichtbar zu machen. Es wäre aber zu kurz gegriffen, würde man in der Hervorhebung von erworbenen Kompetenzen die hauptsächliche Botschaft der Lerngeschichten sehen – etwa: Hannah kann jetzt über Bohlenwege laufen bzw. Lys kann selbständig den Pullover ausziehen. Zu diesem Zweck müsste kei-ne Geschichte erzählt werden, hier reichte ein Satz oder ein Kreuz in einer Checkliste.

In den beiden Beispielen wird über das „Was wurde gelernt" hinaus die Frage des „Wie wird gelernt" thematisiert: Im ersten Beispiel ergänzen sich Wahrneh-mung des Vorbildes des größeren Kindes, eigenes vorsichtiges Ausprobieren und

Unterstützung durch die Interaktionspartner. Die Geschichte hebt diese Elemente als Bestandteile der Lernsituation hervor, fokussiert aber darüber hinaus auf die Selbst-Evaluation des Kindes, die in den Äußerungen „Ich hab's geschafft" und „Is' nicht gefährlich!" enthalten ist. Damit stellt die Erzählerin das erlangte Bewusstsein des Kindes als „powerful learner", der (vorerst noch im Nachhinein) Verantwortung für das eigene Lernen übernimmt, in den Mittelpunkt.

Im zweiten Beispiel wird das Lernen durch eigenes Ausprobieren, durch hartnäckiges Standhalten gegenüber den Tücken des Pullovers betont. Aber auch hier tritt zu dieser Ebene der Aktivität eine weitere, die in der Geschichte einen mindestens ebenso bedeutenden Raum einnimmt: Die Selbstbehauptung von Lys gegenüber der Erwachsenen mit der Äußerung „Nein, Lys" und die Selbstüberwindung der Erzieherin, Lys auch wirklich nicht zu helfen. In der Betonung des Anteils der Erzieherin an der Lernsituation kann diese Geschichte im zweiten Teil auch als Lerngeschichte der Erzieherin gelesen werden.

Hartnäckiges Standhalten, vorsichtiges Ausprobieren, Äußern von Ideen, Übernehmen von Verantwortung für das eigene Lernen – diese Begriffe beschreiben wichtige Lernhaltungen oder Lerndispositionen, die den Orientierungsrahmen für das *noticing* und *recognizing* von Lernen im Bildungsverständnis des neuseeländischen Curriculums für die frühe Kindheit bilden (Claxton/Carr 2004; Ministry of Education 2007 Heft 10 S. 7ff). Mit der Fokussierung auf Lernhaltungen oder Lerndispositionen unterscheiden sich Lerngeschichten von beliebigen Erzählungen aus dem Kita-Alltag. Die Lerndispositionen sind wirksame Bestandteile des bedeutungsvollen Handelns der Akteure der Geschichten. Sie sind keine „hinter" der Performance liegende Kompetenzen. Sie gewinnen ihre Bedeutung nur innerhalb des Zielhorizontes, den die Akteure selbst verfolgen: Den Pullover auszuziehen, über die Brücke rennen. Sie werden nicht durch einen von den Erzieherinnen zu leistenden Analyseschritt im Nachhinein hinzugefügt.


## 3. Bildungs- und Lerngeschichten in Deutschland

Das Konzept der *learning stories* wurde im Rahmen eines mehrjährigen Modellprojekts des Deutschen Jugendinstituts in die deutsche Diskussion um Bildungsprozesse im Elementarbereich eingebracht. In einer ersten Projektphase wurden Materialien gemeinsam mit 25 Kindertageseinrichtungen mehrerer Bundesländer und 120 Multiplikatorinnen und Multiplikatoren unterschiedlicher Träger entwickelt und erprobt. Die hieraus resultierenden Beobachtungsinstrumente und Fortbildungsmodule zu *„Bildungs- und Lerngeschichten"* (Leu u.a. 2007) verstehen sich als eine Adaptation der *learning stories* an die deutsche Bildungslandschaft. Dabei wird der „Dreischritt" von *noticing, recognizing* und *responding* hier mit einer anderen Akzentsetzung aufgegriffen und erweitert: (Leu u.a. 2007, S.55)

Diese Abfolge von Wahrnehmen und Erkennen, was ein Kind gerade tut, und spontan darauf zu reagieren ist das „Alltagsgeschäft" der Fachkräfte, das im pädagogischen Alltag ständig abläuft. Mit dem Verfahren der „Bildungs- und Lerngeschichten" werden nun für wenige Situationen Wahrnehmen und Erkennen aus dem alltäglichen Vollzug herausgehoben und das Dokumentieren und der Austausch mit anderen dem Reagieren im Sinne der Planung nächster Schritte vorangestellt. Diese Distanzierung von eingeschliffenen Abläufen, die sorgfältige, detaillierte Wahrnehmung und ihre Aufzeichnung, das Erkennen aufgrund einer systematischen Auswertung und der Austausch mit anderen eröffnen neue Interpretations- und Handlungsräume und helfen, qualifizierter wahrzunehmen, womit sich ein Kind gerade befasst, und wie es in seinen Bildungs- und Lernprozessen am besten begleitet und unterstützt werden kann.

Hier wird nicht wie in dem Originalkonzept das alltägliche *responding* (das einfühlsame Reagieren) durch die Dokumentation erweitert und bereichert, sondern sozusagen in kritischer Absicht unterbrochen. Dies wird am folgenden Beispiel deutlich:

*Beispiel 3:*

Liebe Paulina,

heute habe ich gesehen, wie Du Dir das rosafarbene Tuch geholt hast und damit in der Gespenstergruppe herumgelaufen bist. Beim runden Tisch bist du stehen geblieben. Da hast Du das Tuch über die Rückenlehne vom Stuhl gehängt. Danach hast Du das Tuch auf die Sitzfläche von dem Stuhl gelegt. Du hast das Tuch auch über die Armlehne gelegt. Als Du das Tuch auf den Tisch gelegt hast, hast Du Dich sehr gestreckt, damit das Tuch auf den ganzen Tisch passt. (Das Tuch ist ja ziemlich groß!) Plötzlich hattest Du eine Idee: Du hast einen Stuhl von dem runden Tisch weggezogen. Dann hast Du das Tuch auf die Sitzfläche gelegt und noch einen Stuhl geholt. Diesen zweiten Stuhl hast Du hinter den ersten gestellt. Das sah aus wie in einem Bus, denn Du hast Dich dann auf den Stuhl mit dem Tuch gesetzt! Später hast Du noch mehr Stühle geholt. Weißt Du noch, wie Du die hingestellt hast? Das hat mich an einen Zug erinnert. Bist Du schon einmal in einem Zug gewesen? Mir scheint, es war Dir wichtig, dass die eine Seite genauso aussieht wie die andere. Als Du einen Moment weggegangen bist, hat Jakob einen Stuhl aus Deiner Reihe weggezogen. Das hast Du gesehen und bist sofort hingelaufen und hast den Stuhl wieder an die richtige Stelle gerückt. Du hast auf Deine Stühle gut aufgepasst.

Später habe ich noch gesehen, wie Du mit dem Tuch auf die Kletterbox geklettert bist. Du hast das Tuch auch geschüttelt und gegen die Wand gehalten. Wolltest Du etwas messen? Du bist dann zu dem Korb gegangen und hast das Tuch dort rein gelegt. Es war gar nicht so einfach, das Tuch glatt in den Korb hinzulegen. Du hast es mehrmals probiert und Dich dabei von den anderen Kindern nicht stören lassen. Magst Du mir etwas erzählen von

204

Deinem Tuch? Du hattest viele Ideen, was Du damit machen kannst, und hast ganz viel ausprobiert. Das habe ich so zum ersten Mal gesehen, und ich habe sehr gestaunt.

Deine Ulrike
(Leu u.a. 2007, Seite 179)

Die Erzieherin berichtet über eine Aktivitätssequenz des Kindes aus einer distanzierten Beobachterposition heraus, d.h. sie unternimmt in der Situation selbst keine Versuche, den Sinngehalt der Aktivitäten mit dem beobachteten Kind zu klären. Sie notiert zunächst, „was sie sieht", analysiert das Gesehene, bespricht es mit ihren Kolleginnen und formuliert daraus dann die „Lerngeschichte".

*Inwiefern kann man bei dieser Episode von einer „Lern"- Geschichte sprechen?*

Diese Episode gibt viele konkrete Einzelheiten aus dem Handeln von P. wieder, integriert sie aber nicht zu einer „Geschichte". Man erfährt letztlich nicht, um was es P. geht, welche Ziele P. verfolgt, und ob sie mit dem, was sie erreicht, zufrieden ist. Die Ebene des „Selbst-Bildungsprozesses" von P. wird nicht erreicht.

Aus der Außenperspektive kann gewissermaßen nur das „Wie" des Lernens (teilweise) erfasst werden, es wird aber nicht im „Was" der konkreten Sinnesgehalte des kindlichen Spiels verankert (was an einigen „Kompromissformulierungen" der Erzieherin ablesbar ist: *Das hat mich an einen Zug erinnert…*). Somit kann dieser Text zwar als Beleg dafür dienen, dass diese Erzieherin ganz genau auf P. geachtet hat, aber er gibt keinen Aufschluss darüber, was P. eigentlich tut, welche Ziele sie verfolgt und wie sie schließlich das, was sie tut, bewertet. Mit der Schlusswendung macht die Erzieherin ihren Text schließlich zur eigenen Lerngeschichte: *Das habe ich so zum ersten Mal gesehen, und ich habe sehr gestaunt.*

Ein weiteres Beispiel für Bildungs- und Lerngeschichten bietet ein etwas anderes Bild:

*Beispiel 4:*

Liebe Ricarda,

ich habe dir bei einigen Spielsituationen zuschauen dürfen. Dabei konnte ich zum Beispiel sehen, dass du dir mit Linda ein sehr gemütliches Plätzchen auf den Matratzen im Ruheraum geschaffen hast. Kannst du dich daran erinnern, wie lieb der Teddy in eurer Mitte kuscheln durfte? Du hattest ihn so weich in die Decken geschmiegt, dass du für eine bestimmte Zeit sogar deine Augen zugemacht hast. Hast du dich ausgeruht? An einem anderen Tag hatte Irma die Möglichkeit, dir im Kreativbereich zuzusehen. Du hast aus Papierstreifen eine Hexentreppe gefaltet. In manchen Momenten konnte sie erkennen, dass dir das Falten Mühe bereitet hat. Doch du hast nach einer kleinen Pause immer wieder daran weitergearbeitet, bis sie fertig war. Damit hast du Ausdauer bewiesen, und darauf kannst du sehr stolz sein! Ich erinnere mich auch an das Spiel in der Bärenhöhle, wo du mit Vanessa, Julius und Eric lange zusammen geknetet hast. Ihr spracht miteinander, und du hast die Idee zu einem „Knete- Rate-Spiel" entwickelt. Die Spielidee war, dass du die Kinder gefragt hast, ob noch Knete an deinem hinter dem Rücken versteckten Finger sei. Alle haben mitgeraten, und Julius hat das Rätsel gelöst. Ihr habt zusammen gelacht.

Und dann war da noch das Spiel mit Mia zusammen im Turnraum. Es sah so aus, als hätte Mia gerne mit dir gespielt! Gemeinsam habt ihr ein großes Haus gebaut. Beim Klettern und Springen an der Kletterwand hast du gezeigt, wie schnell du das kannst und wie sicher du dich bewegst und springst. Es ist noch gar nicht lange her, da hast du dich im Kreativbereich des Vogelnestes sehr genau konzentriert und mit Freude die Ritztechnik ausprobiert und ein schönes Bild geschaffen. Ich fand es ganz toll, dass du von alleine auf diese Idee gekommen bist. Dabei hast du dein Wissen über die Technik eingesetzt und Konzentration und Ausdauer bewiesen.

Ricarda, du hast uns viele deiner Spielideen gezeigt, und wir sehen, dass du auch die anderen Kinder zum Spielen und Basteln einladen kannst. Du schaffst es, mit anderen zusammen gemütliche oder auch lustige Spielsituationen zu gestalten.

Mach weiter so!

Wir freuen uns schon darauf, was du uns noch zeigen wirst!

(aus: Bertelsmann-Stiftung 2007)

Diese Lerngeschichte unterscheidet sich in ihrem Aufbau stark von der in Beispiel drei. War es dort eher die Detailgenauigkeit von Beobachtungen, die die Erzieherin für mitteilenswert hielt, so bemühen sich die beiden Erzieherinnen hier, im kurzen Eingehen auf insgesamt 5 Einzelsituationen ein vielseitiges Bild von Ricardas Fähigkeiten zu erzeugen. Die Wiedergabe der einzelnen Situationen komprimiert diese allerdings so sehr, dass nicht mehr von Geschichten gesprochen werden kann. Es werden kein Handlungsabläufe in ihrer zeitlichen Entwicklung wiedergegeben, sondern Handeln und teilweise auch Fühlen und Denken von R. nur soweit konkret angesprochen, wie es notwendig erscheint, um die jeweils abschließenden Beurteilungen zu untermauern: *Du hast aus Papierstreifen eine Hexentreppe gefaltet. In manchen Momenten konnte sie erkennen, dass dir das Falten Mühe bereitet hat. Doch du hast nach einer kleinen Pause immer wieder daran weitergearbeitet, bis sie fertig war. Damit hast du Ausdauer bewiesen, und darauf kannst du sehr stolz sein!*

In den geschilderten Episoden werden Gefühle und Absichten des Kindes (wenn überhaupt) nur zögernd aufgenommen: *Hast du dich ausgeruht?* Diese Unsicherheit führt hier aber nicht dazu, eigene Lernprozesse anzustoßen, sondern die Erzieherinnen beurteilen R. letztlich unabhängig davon, was R.s eigene Lernperspektiven sind, unter Anwendung von Kriterien, die „von außen" auf das beobachtete Verhalten Rs Anwendung finden: *Damit hast du Ausdauer bewiesen; ... hast du gezeigt, wie schnell du das kannst und wie sicher du dich bewegst und springst; ... hast du dich im Kreativbereich des Vogelnestes sehr genau konzentriert.*

Hierin klingen die Lerndispositionen des neuseeländischen Konzeptes zwar an, aber sie werden hier nicht aufgenommen, um Lernperspektiven des Kindes aufzugreifen und zu erklären, sondern dienen als extern anwendbare Messlatte der Beurteilung von Verhalten. Es scheint so, als seien die Erzieherinnen von Ricarda schon einen Schritt weiter als die Erzieherin von Pauline: In Anerkennung der Tatsache, dass durch Beobachtung allein sich der Sinn der kindlichen Tätigkeit nicht erschließt gehen sie wieder ein Stück zurück zu einer Evaluationspraxis, in der Lernende anhand bereits fest stehender „Lerntugenden" in ihrem Verhalten beurteilt werden.

## 4. Schlussbemerkungen

Das Verfahren des *socio-cultural assessment* zeigt, wie Beurteilungen von Lernprozessen so konzipiert werden können, dass sie ihrerseits das Lernen in einer *community of learners* fördern. Die untersuchten Beispiele zeigten, dass diese Wirkung dann zu erzielen ist, wenn im Rahmen einer konkreten Geschichte die Ebenen des Handelns und des Fühlens und Denkens der Handelnden miteinander verknüpft werden (vgl. hierzu etwa Nelson 1996, S. 185ff.; Nelson 2007, S. 184ff). Dies erfordert, dass sich die Erzieherin in der Lerngeschichte selbst als am Lernprozess Anteilnehmende positioniert. Das sozio-kulturelle Verständnis von Lernprozessen als „verteilt über Personen, Orte und Gegenstände" schafft hierfür eine konzeptionelle Grundlage.

Eine Rollenbeschreibung für Erzieherinnen als äußere Begleiterinnen von in sich bedeutungsvollen kindlichen Selbst-Bildungsprozessen scheint hingegen kein ausreichendes Fundament für narrative Lernbeurteilungen zu sein. Das Dokumentieren mit Lerngeschichten setzt eine dialogische Bildungsauffassung voraus, in der Erwachsene und Kinder in ihren konkreten Anteilen als Lehrende und Lernende anerkannt werden.

Aus dieser Sicht muss der Erfolg der „*Bildungs- und Lerngeschichten*" im deutschen Bildungswesen zwiespältig gesehen werden. So begrüßenswert sie als „offenes" *assessment*-Konzept sind, das nicht mit vorgegebenen Checklisten über das, was Kinder können und wissen müssen, arbeitet, so fragwürdig sind sie aber auch in ihren Ergebnissen, wenn in ihnen die Darstellung, *wie* Kinder lernen getrennt und abgekoppelt bleibt von dem, *was* Kinder *in welchen Zusammenhängen* tun und worin für die Kinder selbst der Sinn ihres Tuns besteht.

Wo der angestrebte Effekt einer Distanzierung der Erzieherinnen von gewohnten Beurteilungsroutinen erreicht wird, geht es dann allerdings eher um

Lerngeschichten der Erzieherinnen als um Lerngeschichten der Kinder, und das Verfahren verfehlt den Zweck, Bildungsprozesse von Kindern in das Bewusstsein der Beteiligten zu rücken.

Zum Schluss bleibt die Frage nach Erklärungsmöglichkeiten für den dargestellten Verlust des narrativen Charakters der Lerngeschichten in Deutschland und ihre Verwandlung in wohlmeinende, aber distanzierte Lernbeurteilungen anhand fachlich vorgegebener Kriterien.

Jerome Bruner (1986, 2002) hat in einigen Arbeiten einen narrativen und einen paradigmatischen Denkstil gegenübergestellt und die prägende Rolle narrativen Denkens in angelsächsischen Rechtssystemen herausgearbeitet, das seine Urteile aus der Fortschreibung ähnlicher Fälle der Vergangenheit gewinnt. Im Gegensatz hierzu steht ein kontinentaleuropäisches Denken, das aus der auf das römische Recht fußenden Tradition heraus eher dazu neigt, Normen in allgemeiner, möglichst dekontextualisierter Form zu kodifizieren, um Einzelfälle dann als unter den jeweiligen Paragraphen fallende Phänomene interpretieren zu können. Diese Unterscheidung von narrativ bzw. paradigmatisch geprägten Kulturen könnte auch im Zusammenhang der hier in Betracht zu ziehenden Erziehungskulturen Bedeutung haben: Die deutsche Tendenz, Lernbeurteilungen auf dekontextualisierte Kriterienkataloge zu beziehen und die im neuseeländischen Konzept vertretene Orientierung an jeweils konkret kontextbezogenen *learning dispositions* damit völlig misszuverstehen spricht hier eine deutliche Sprache.

Es könnte sein, dass eine Praxis des *narrative asessment* im Rahmen einer in diesem Sinne sehr paradigmatisch geprägten deutschen (Erziehungs-)Kultur mit ihrer Fixierung auf Kompetenzen sich nicht entfaltet, weil ihr der Nährboden einer entsprechend orientierten Erziehungskultur fehlt. Es könnte aber auch sein, dass die Lerngeschichten im deutschen Bildungssystem mit der Zeit aus den ersten hier dargestellten Unzulänglichkeiten herauswachsen und ein Beispiel dafür werden, wie sich in diesem System durch Partizipation an einem globalen Austausch neue Lern- und Entwicklungschancen herausbilden.

*Anmerkungen*

1  Der Begriff des assessment ist nur schwer zu übersetzen, und es findet sich auch in den deutschen Bildungsprogrammen des Elementarbereichs kein entsprechender deutschsprachiger Begriff. Man spricht hier vom „Beobachten und Dokumentieren", was den implizierten Bewertungsvorgang tendenziell ausklammert. Ich halte „Lerneinschätzung" bzw „Lernbeurteilung" für adäquate Formulierungen.

2  Den umfassendsten Überblick über das neuseeländische Konzept der Lerngeschichten geben Margaret Carr2001 und als einzigartige kommentierte Beispielsammlung mit vielen konkreten Hinweisen auf die Hintergrundtheorien: Ministry of Education

2004ff. Das neuseeländische Curriculum für die frühe Kindheit, Te Whariki, ist im Internet unter http://www.dji.de/bibs/320_whariki.pdf zugänglich.

3 Orientierung über die Bildungs- und Lerngeschichten geben Hans-Rudolf Leu u.a. 2007, der Film von Kurt Gerwig 2009 und die ebenfalls 2009 erschienen fünf Spezial-Hefte mit DVD zu verschiedenen Einzelaspekten der Umsetzung.

*Literatur*

Bayerisches Staatsministerium für Arbeit und Sozialordnung, Familie und Frauen / Staatsinstitut für Frühpädagogik: Der Bayerische Bildungs- und Erziehungsplan für Kinder in Tageseinrichtungen bis zur Einschulung. Entwurf für die Erprobung. München 2003

Bertelsmann-Stiftung (Hrsg.): Sieh was ich kann! Bildungs- und Lerngeschichten in Kitas – Erfahrungen aus dem Projekt „Kind und Ko". Gütersloh 2007

Bruner, Jerome: Actual Minds, Possible Worlds. Cambridge, London 1986

Bruner, Jerome: Making Stories. Law, Literature, Life. New York 2002

Carr, Margaret: Assessment in Early Childhod Settings. Learning Stories. London 2001

Claxton, Guy / Margaret Carr: A Framework for Teaching Learning: The Dynamics of Disposition. In: Early Years 24 (2004), S. 87-96

Cowie, Bronwen / Margaret Carr: The Consequences of Socio-cultural Assessment. In: Anning, Angela u.a. (Hrsg.): Early Childhood Education. Society and Culture. London, Thousand Oaks, New Delhi 2004, S. 95-106.

Gerwig, Kurt: Bildungs- und Lerngeschichten. Grundlagen – Praxiserfahrungen – Anregungen. DVD: Kaufungen 2009: AV1 Film + Multimedia

Hatherly, Ann / Lorraine Sands: So what is different about Learning Stories? In: The First Years: Nga Tau Tuatahi. New Zealand Journal of Infant and Toddler Education 4, S. 8-12

Laewen, Hans-Joachim / Beate Andres (Hrsg.): Bildung und Erziehung in früher Kindheit. Weinheim 2002

Lee, Wendy: ELP: Empowering the Leadership in Professional Development Communities. In: European Early Childhood Research Journal 16 (2008), S.95-106

Leu, Hans-Rudolf; Katja Flämig, Yvonne Frankenstein, Sandra Koch, Irene Pack, Kornelia Schneider, Martina Schweiger: Bildungs- und Lerngeschichten. Bildungsprozesse in früher Kindheit beobachten, dokumentieren und unterstützen. Weimar, Berlin 2007

Martin, James R. / Peter R. R. White: The Language of Evaluation. Appraisal in English. Houndmills, Basingstoke 2005

Ministry of Education (Hrsg.): Kei Tua o Te Pae Assessment for Learning: Early Childhood Exemplars. Wellington, New Zealand 2004 (Heft 1 bis 9); 2007 (Heft 11 bis 15); 2009 (Heft 16 bis 20)

Nelson, Katherine: Language in Cognitive Development. The Emergence of the Mediated Mind. Cambridge 1996

Nelson, Katherine: Young Minds in Social Worlds. Experience, Meaning, and Memory. Cambridge, London 2007

Projektgruppe bildung:elementar: Entwurf Bildung als Programm für Kindertageseinrichtungen in Sachsen-Anhalt. Halle 2004

Senatsverwaltung für Bildung, Jugend und Sport: Das Berliner Bildungsprogramm für die Bildung, Erziehung und Betreuung von Kindern in Tageseinrichtungen bis zu ihrem Schuleintritt. Berlin 2004

*Jo Moran-Ellis / Heinz Sünker*

# Kinderpolitik und Kinderschutz – Demokratisierung durch Kinderrechte

## *I.*

Kinderschutz ist „in" und Kinderpolitik – basierend auf Kinderrechtsdiskursen – scheint damit eine allgemeinere Verbreitung denn je zu finden. Denn angesichts publizitätsträchtiger Fälle von Gewalt gegen Kinder, deren manches Mal mörderisches Ende sowohl in der Bundesrepublik als auch im United Kingdom zu beklagen war, scheint in Politik, Kinder- und Jugendhilfe sowie einschlägiger Forschung die Einsicht sich durchzusetzen, dass und welche Bedeutung Kinderstimmen für die Einschätzung ihrer Lage zukommt. Zugleich wird aber deutlich, dass mit dem Children Act von 1989 wie dem § 8a des Kinder- und Jugendhilfegesetzes (KJHG) nicht nur über institutionelle Verantwortlichkeiten und praktische Maßnahmen des Kinderschutzes entschieden wird; es wird immer auch über – in den jeweiligen politisch-professionellen Milieus verankerte – Vorstellungen von Kindheit und ‚normalem' Kinderleben – materiellen, kulturellen, psychischen Bedingungen, Fähigkeiten und Verhalten, körperliche Verfassung sowie ‚Unfälle' – befunden. Der Kinderkörper wird für den professionellen Blick zum ‚Text', den es zu interpretieren gilt. Dabei kann davon ausgegangen werden, dass die Entwicklung bürokratischer Maßnahmen und die Standardisierung von Kinderschutzpraxen – häufig mit Messtechniken der Medizin verknüpft – im Rahmen von Interventionen miteinander einhergehen.[1] Der Unbestimmtheit im unbestimmten Rechtsbegriff „Kindeswohl" (vgl. Kotthaus 2008) wird mit dem Versuch begegnet, qua Standardisierung, mit Hilfe von Indikatoren Verallgemeinerungsmöglichkeiten herzustellen. Infolge der Verwechselung von Technik mit Praxis und Poiesis (vgl. Sünker 1989, S. 133 – 159) geraten die so Agierenden zumindest zum einen in die Gefahr, Normierungen nach ‚Schema F' zu nutzen, und zum anderen die gesellschafts- wie bildungstheoretischen Dimensionen von Kinderpolitik, die, wie sich im Anschluss an die UN-Kinderrechtskonvention und zumindest die §§ 1, 8 und 36 des KJHG argumentieren lässt, in einer Vermittlung von Schutz, Versorgung und Partizipation liegen, zu verkennen.

Nicht nur in einer historischen Reminiszenz, sondern systematisch – um des Zusammenhangs von Bildungsarbeit und Kinderpolitik insgesamt – ist im Interesse einer übergreifenden Analyse auf Kant zurückzugehen, der bereits 1803 schreibt: „Der Mechanismus in der Erziehungskunst muss in Wissenschaft verwandelt werden, sonst wird sie nie ein zusammenhängendes Bestreben werden, und eine Generation möchte niederreißen, was die andere schon aufgebaut hätte. Ein Prinzip der Erziehungskunst, das besonders solche Männer, die Pläne zur Erziehung machen, vor Augen haben sollten, ist: Kinder sollen nicht dem gegenwärtigen, sondern dem zukünftig möglich bessern Zustande des menschlichen Geschlechtes, das ist: der Idee der Menschheit, und deren ganzer Bestimmung angemessen, erzogen werden. Dieses Prinzip ist von großer Wichtigkeit. Eltern erziehen gemeiniglich ihre Kinder nur so, daß sie in die gegenwärtige Welt, sei sie auch verderbt, passen" (Kant 1968, S. 704).

Und Kant bestimmt zugleich auch „zwei Hindernisse", die dieser Perspektive gemeinhin im Wege stehen: „1) Die Eltern nämlich sorgen gemeiniglich nur dafür, daß ihre Kinder gut in der Welt fortkommen, und 2) die Fürsten betrachten ihre Untertanen nur wie Instrumente zu ihren Absichten" (ebd.).[2] Beides ist dem entgegengesetzt, was Kant als Zentrum des Aufklärungsproblems sieht: „Der Mensch kann entweder bloß dressiert, abgerichtet, mechanisch unterwiesen, oder würklich aufgeklärt werden. ... es kommt vorzüglich darauf an, dass Kinder denken lernen" (1968, S. 707). Damit ist zugleich die Perspektive des Kindes benannt!

Um humane Überlebensmöglichkeiten unseres Planeten zu sichern, so – in einer leitmotivischen Verlängerung Kants – die Einschätzung von Manuel Castells fast zweihundert Jahre später am Ende seiner dreibändigen Studie „The Information Age", benötigen wir nicht allein verantwortliche Regierungen, sondern zudem eine verantwortliche, gebildete Gesellschaft (Castells 1998, S. 353), d. h. gebildete Bürgerinnen. Eine wesentliche Aufgabe dieser Bürgerinnen besteht darin, aufruhend auf Reflexivität, gesellschaftlicher Urteilsfähigkeit und politischer Handlungskompetenz ihre gesellschaftlichen Beziehungen vernünftig[3] zu strukturieren und zu gestalten – und dies mit Hilfe von Mitteln, die sie selber bestimmen. Eine wesentliche Komponente für diese Perspektive besteht in der Etablierung eines partizipatorischen demokratischen Prozesses, der öffentliche Debatten und Entscheidungsprozesse beinhaltet, die auf der realen Möglichkeit der Beteiligung aller in/an der Gesellschaft beruhen – was die Beschränkungen, die durch die kapitalistische Formbestimmtheit von Gesellschaft, im einzelnen Klasse, Ethnizität, Gender und Generation betreffend, gegeben sind, zu überwinden gestattete. Diese Aufgabe ist besonders herausfordernd angesichts einer gegenwartsbezogenen gesellschaftsanalytischen Einschätzung, die Castells von einem „außergewöhnlichen Bruch zwischen einer technologischen Überentwicklung und einer sozialen Unterentwicklung" (1998, S. 359) sprechen lässt; eine analytische Positionierung, die aus den Diagnosen „Kritik der instrumentellen Vernunft" oder „positivistisch halbierte Vernunft" bekannt ist und Gefahren identifiziert, die der Welt in ähnlicher Weise wie besonders in der ersten Hälfte des 20. Jahrhunderts auch in der Zukunft drohen.[4]

Um die Bedingungen für die Mitglieder einer Gesellschaft, gebildet bzw. gebildete Bürgerinnen zu sein, zu schaffen, bedarf es nicht alleine einer Vorstellung von Bildung, mit der die dialektische Beziehung zwischen Bewusstsein/Wissen und Handeln übergriffen wird, sondern ebenso einer bedingungslosen Ausweitung des Konzeptes von Citizenship. Damit geraten Kinder und Kinderleben jenseits von Normierungsversuchen und Normalisierungsvorstellungen[5] in den Blick; denn unsere Position bezüglich der gebildeten Bürgerinnen[6] besteht auf der Akzeptanz von Kindern als Akteuren in der Gesellschaft, vergleichbar dem Status von Erwachsenen mit den gesamten Berechtigungen und Zugängen zu demokratischer Partizipation in Machtbeziehungen, die ihr Leben direkt und indirekt bestimmen und strukturieren. Dies erfordert einen radikalen Wechsel in der Beziehung zwischen Macht, (politischer) Kultur und Kinderleben – eingeschlossen in Vorstellungen und Konzepte von Kindheit. Dieser Ansatz bezieht sich auf zwei Quellen: Eine Vorstellung von Politik, die Kinder als gesellschaftliche Akteure Erwachsenen vergleichbar betrachtet, und dementsprechend berechtigt an Gesellschaft zu partizipieren; und einen Ansatz, demzufolge durch eine Radikalisierung struktureller Bedingungen von Kindheit und Kinderleben allen Kindern die Möglichkeiten zur Erfahrung mit Partizipation als einem Gesellschaftsprinzip zu ermöglichen sind, wobei dies zugleich die Basis für einen wirklichen, weil wirkungsmächtigen ‚Kinderschutz' darstellt. Diese Erfordernisse – samt der Erkenntnis, dass Partizipation ein performativer Akt ist – lassen sich mit einer Einschätzung Bourdieus zu Bildung, Politik und politischem Engagement insgesamt vermitteln: „Um den Zusammenhang von Bildungskapital und Geneigtheit, auf politische Fragen zu antworten, angemessen zu erklären, genügt nicht der Rückgriff auf die durch den Bildungstitel garantierte Fähigkeit zum Verstehen, zur Wiedergabe oder selbst noch zur Hervorbringung des politischen Diskurses; hinzu kommen muß vielmehr noch das – gesellschaftlich gebilligte oder geförderte – Gefühl, berechtigt zu sein, sich überhaupt mit Politik zu beschäftigen, ermächtigt zu sein, politisch zu argumentieren" (Bourdieu 1984, S. 639).

## II.

Die Bedingungen zu schaffen, in denen Kinder so gestärkt, weil gebildet werden, dass sie sich berechtigt und selbstbestimmt fühlen, an den sozialen und politischen Angelegenheiten zu partizipieren, hängt zum einen davon ab, dass Kinderpolitik real Aufmerksamkeit geschenkt wird, und ist zum zweiten eng mit der Verwirklichung von Kinderrechten im Alltagsleben[7] verknüpft. Es geht mithin um Bedingungen, unter denen eine substantielle demokratische politische Kultur für alle und im Interesse aller existiert – damit würden die „normalen" kapitalistischen Machtbeziehungen, die mit Klasse, Ethnizität, Gender und Generation verknüpft sind, entscheidend herausgefordert.[8]

Ein essentielles Leitmotiv, auf das es in dieser Hinsicht ankommt, haben Bowles und Gintis in ihrer Studie „Democracy and Capitalism" vorgestellt: „Because the growth and effectiveness of democratic institutions depend on the strength of democratic capacities, a commitment to democracy entails the advocacy of institutions that promote rather than impede the development of a democratic culture. Further, because learning, or more broadly, human development, is a central and lifelong social activity of people, there is no coherent reason for exempting the structures that regulate learning – whether they be schools, families, neighbourhoods, or workplaces – from the criteria of democratic accountability and liberty (Bowles/Gintis 1987, S. 204).[9]

Menschliche Entwicklung, Solidarität, Partizipation und Demokratisierung gehören zusammen (Bowles/Gintis 1987, S. 185). Daher müssen Macht- und Kulturanalysen, die davon handeln, die partizipatorischen Bedingungen von Kinderleben zu verbessern, die generationale Strukturierung der Erwachsenen-Kind-Beziehung einschließen. Gegen die „normale" Erwachsenen-Kind-Beziehung, mit der eine bestimmte Normalität gestiftet werden soll(te), hat bereits W. Benjamin argumentiert: „Wer möchte aber einem Prügelmeister trauen, der Beherrschung der Kinder durch die Erwachsenen für den Sinn der Erziehung erklären würde? Ist nicht Erziehung vor allem die unerlässliche Ordnung des Verhältnisses zwischen den Generationen und also, wenn man von Beherrschung reden will, Beherrschung der Generationsverhältnisse und nicht der Kinder?" (Benjamin 1991, S. 147).

Verba, Schlozman und Brady leisten einen wesentlichen Beitrag zu dieser Debatte, wenn sie ihre Studie „Voice and Equality" mit dem Satz beginnen: „Citizen participation is at the heart of democracy" (1995: 1).[10] Diese Verknüpfung von Partizipation mit Demokratie steht im Zentrum einer demokratischen Konzeption von Citizenship und Gesellschaft; aber mit Bezug auf die Situation von Kindern lässt sich diese Verknüpfung alleine dann erreichen, wenn Diskurse zu Kinderpolitik, Kinderrechten, Kinderschutz und Partizipation mit der Frage nach der generationalen Ordnung verknüpft werden (vgl. Bühler-Niederberger/Sünker 2008). Folgt man der Semantik der Bourdieuschen Gesellschaftsanalyse – seine Machtanalyse eingeschlossen – kann man von „generationalem Kapital" sprechen. Wenn die UNICEF herausstellt, „Demokratie beginnt mit den Kindern" (Deutsches Komitee für UNICEF 2003, S. 19), und wenn das EU-Weissbuch zur Jugendpolitik (EU 2002) den Finger in die Wunde der mangelnden Demokratisierung Europas und der Prozesse der europäischen Integration legt und auf die

Bedeutung von Partizipation verweist, dann treten häufig unterbelichtete Verbindungslinien zwischen gesellschaftstheoretischen sowie -politischen Diskursen und der praktisch-politischen Frage nach der demokratischen Zukunft unseres Gemeinwesens, in die auch das Generationenverhältnis eingelassen ist, in neuer Klarheit hervor.

Nicht allein mit Bezug auf Kant und Castells ist festzuhalten, dass Überlegungen zu partizipatorischer Citizenship von Kindern zwei wesentliche Facetten enthalten: Ihre Rechte und Berechtigungen zum einen im Kontext von Citizenship hier und jetzt als Mitglieder einer Gesellschaft und zum anderen ein Bezug auf das Potential für eine Gesellschaftsentwicklung, in der alle Bürgerinnen und Bürger zunehmend gebildete Beteiligte an demokratischen Prozessen werden [11]. In der gegenwärtigen kapitalistischen klassengespaltenen Gesellschaft – und insbesondere vor dem Hintergrund der katastrophalen Geschichte des 20. Jahrhunderts – lautet die entscheidende Frage, wer denn als handelnd in politischen Aktionen zu betrachten ist. Wenn es hier um eine Jede und einen Jeden in der Gesellschaft geht, müssen wir uns mit der Frage auseinandersetzen, über welche reflexiven Kompetenzen in Bezug auf Gesellschaftsanalyse und Handeln alle Bürgerinnen verfügen sollten – und wie diese Kompetenzen erweitert werden könnten. Keine Generation sollte aus diesen Konstellationen ausgeschlossen werden, beginnend mit Kindern bis hin zu den Ältesten; Demokratie ist somit als Prozess zu verstehen, in dem die Stimmen und Entscheidungen aller ver- und gesammelt werden. Diese Perspektive ist wichtig, insbesondere im Rahmen der Forschungen Bourdieus, die den Nachweis dafür erbracht haben, dass partizipatorische Möglichkeiten durch die herrschenden gesellschaftlichen Machtbedingungen wesentlich eingeschränkt werden, indem zwar allen ein gleiches Recht auf persönliche Meinung zuerkannt werde, „aber nicht allen die Mittel an die Hand gegeben werden, dieses formal universelle Recht auch wahrzunehmen" (Bourdieu 2001, S. 89).

Wenn diese Analyse zutrifft, dann steht die Zukunft der Demokratie im Sinne einer Demokratisierung aller Lebensbereiche in Frage. Angesichts von Bedingungen, unter denen die Herstellung von Konformität das Interesse an Partizipation konterkariert, sollte die Debatte über Politik und politisch-gesellschaftliches Engagement erneuert werden[12]. Nimmt man die deutsche Situation als Beispiel, dann ist die Frage der Demokratisierung insbesondere dann bedrückend, wenn man die Resultate der ersten PISA-Studie betrachtet. Der entscheidende, skandalisierungsfähige Satz aus der deutschen PISA-Studie lautet: „Kulturelles Engagement und kulturelle Entfaltung, Wertorientierungen und politische Partizipation kovariieren über die gesamte Lebensspanne systematisch mit dem erreichten Bildungsniveau" (Deutsches PISA-Konsortium 2001, S. 32). Im Klartext bedeutet dies, dass den Benachteiligten und Unterprivilegierten lebensgeschichtlich übergreifend Wesentliches für alle Lebensbereiche – von Kultur bis zu politischem Bewußtsein und Engagement – weitgehend genommen wird; dies hat also entscheidende Konsequenzen für Lebenslage und Lebensqualität. Produziert ist dies immer auch mit Hilfe des Schulsystems, das fälschlicherweise als Bildungssystem ausgegeben wird – infolge der Prozesse der Reproduktion sozialer Ungleichheit und Ungerechtigkeit (Sünker 2003).

Die sich aus dieser Analyse ergebende Aufgabe und Herausforderung lässt sich mit Hilfe einer Vermittlung von zwei Ideen bestimmen: Auf der einen Seite handelt es sich um das Konzept eines „kommunalen Lebens", das Theunissen (1982) aus einer sozialtheoretischen Perspektive als Vermittlung von Allgemeinheit und Selbstverwirklichung betrachtet; auf der anderen Seite geht es um Konzepte von Kinderpolitik, die auf einer pro-aktiven Interpretation von Kinderrechten – ganz entscheidend für das Leben in Gemeinwesen, die tatsächlich Demokratie praktizieren – beruhen, die in Gesellschaftstheorien über Kindheit eingelassen sind.

*III.*

H. Zeiher hat mit Blick auf Entwicklungen in der „neuen" Kindheitsforschung ausgeführt, eine neue Emanzipationsbewegung habe eingesetzt, die Emanzipation der Kinder in der Gesellschaft betreffend; da nach den Debatten um Klassenverhältnis und Geschlechterverhältnis nunmehr das Generationenverhältnis – darin vor allem die Stellung der Kinder – ins Zentrum einer gesellschaftspolitisch akzentuierten Auseinandersetzung gelangt sei (Zeiher 1996, S. 48; vgl. Alanen 1994; James/Prout 1997; Honig 1999; du Bois-Reymond/Sünker/Krüger 2001). Dies verweist auf einen Perspektivenwechsel, in den der Übergang von der ehemals die Debatte bestimmenden Sozialisationsforschung zu einer neuen Perspektive in der Kindheitsforschung eingelassen ist. Im Zentrum dieser neuen Perspektive stehen Kinder als soziale Akteure und als „Untersuchungseinheiten" mit eigenen Rechten[13].

Gerichtet ist diese Position wie Positionierung gegen eine lange herrschende Tradition und verschiedene disziplinäre Ausrichtungen, mit denen die Funktionalisierung, Instrumentalisierung wie Fremdbestimmung von Kindheit und Kinderleben – immer auch im Kontext Kinder- und Jugendhilfe wie ‚Bildungspolitik' – durch Standardisierung und ‚Vermessung' betrieben wurden (vgl. James/Prout 1997: IX). Die Tradition, die mit diesen neuen Ansätzen kritisiert wird, ist in ihren gesellschaftstheoretischen wie gesellschaftspolitischen Dimensionen klar zu konturieren: Die gesellschaftliche „Integrationsperspektive", mit der im Kontext frühbürgerlicher Theorien noch Gesellschaft wie Pädagogik miteinander zu vermitteln gesucht wurde, und im exemplarischen Falle Schleiermachers (1983) von der Dialektik zwischen „Bewahren" und „Verändern" die Rede war, wurde aufgelöst im Interesse einer, wie W. Benjamin es benannte, Konzeptionierung von „Zurichtungsprozessen" der Kinder, mit denen „zunehmend List anstelle der Gewalt" trat (Benjamin 1969, S. 87). Vor diesem Hintergrund fragte einige Jahrzehnte nach Benjamin Ariès in seiner Geschichte von Kindheit und Familie unter dem Ancien Regime nach den Folgen des von ihm geschilderten gesellschaftlichen Entwicklungsprozesses für die Lebensbedingungen von Kindern sowie nach den Konsequenzen für die soziale Figuration „Kindheit". Auch wenn sein Ansatz zur Geschichtsschreibung in der Zwischenzeit bezüglich der Genauigkeit wie der Interpretation empirischer Evidenzen kritisiert wurde (Archard 1993; Luke 1989; Cunningham 1995), ist seiner konzeptionellen Idee zuzustimmen, da es ihm um jene Prozesse ging, in denen „Kindheit" produziert und das „Kind" als Konstruktion erkennbar wird; wobei eine spezifische Frage darauf ausgerichtet ist, inwieweit diese Entwicklung in einer Verallgemeinerung von sozialer Kontrolle qua Normierung als auch einer Entwicklung zu vorher unbekannten Möglichkeiten von Intervention in gesellschaftliche Beziehungen zwischen Generationen eingelassen ist.

Dies verhält sich komplementär zu dem, was Beck im Rahmen seiner Gesellschaftsdiagnose zu der These verdichtet, es entwickele sich „ein System von Betreuungs-, Verwaltungs- und Politik-Institutionen", die auf das von den amtlichen Normalitätsstandards ‚abweichende' Leben normativ pädagogisch disziplinierend einwirkten (Beck 1986, S. 215). Beziehen läßt sich das auf eine Geschichtsinterpretation, die Verhältnisse und Praktiken analysiert, mit denen „die Disziplinierung des kindlichen Körpers (...) der Ausbildung der Gemüts- und Verstandeskräfte voraus(geht). Moderne Erziehung bedeutet Verinnerlichung der Gewalt, denn die Substitution der Schläge durch Sprache und Vernunft macht deutlich, daß im pädagogischen Diskurs des frühen 18. Jahrhunderts internalisierte Vernunft und pädagogische Kommunikation auf einem Gewaltverhältnis gründen (....). Diesen Übergang zur Internalisierung des väterlichen Schlages leistete um die Jahrhundertmitte die moralische Intellektualisierung des Kindes, die im Kind lediglich das werdende Vernunftwesen sah, welches zur Einsicht erzogen wird" (Schindler 1994, S. 20f.). Die hier benannte diskursive Produktion von Kindheit geht historisch mit Transformationen der häufig gewaltförmigen Beziehungsstrukturen zwischen Erwachsenen und Kindern einher, vor deren Hintergrund die gegenwärtigen Konzeptualisierungsansätze zur Kindheitsforschung immer mit zu betrachten sind (s. weiter Sünker 2010).

Die nur auf den ersten Blick simple Frage, was denn aus Kindern Kinder mache, bildet dementsprechend einen analytischen Ausgangspunkt, in den gesellschaftstheoretische wie – politische Problemstellungen eingelassen sind. Gerade dies erlaubt es, die Partizipationsfähigkeit von Kindern im Kontext eines Verständnisses von ihnen als gesellschaftlichen Akteuren – ihnen die Fähigkeit von sozialen Kompetenzen zuschreibend (James/Prout 1997; Hutchby/Moran-Ellis 1998; Swiderek 2001) – besser zu kontextualisieren, als dies möglich wäre, wenn man – naturalistisch oder entwicklungspsychologisch – auf ihre Entwicklung zu erwachsenen menschlichen Wesen abstellte (vgl. auch Qvortrup 1990). Zugleich lenkt diese Frage die Aufmerksamkeit auf die vielen Schranken, die diese Bewegung hin zu einer inklusiven partizipatorischen Demokratie behindern. Ein solches Hindernis verbindet sich mit der Frage, wie Partizipation mit Bezug auf Kinderleben insgesamt erreicht werden kann. Diese Barriere kann nicht einfach durch eine geänderte Perspektive überwunden werden, mit der im Unterschied zum Naturalismus des alten Ansatzes Kindheit als soziale Figuration anerkannt wird – also als konstituiert im Kontext sozialer Beziehungen, konkreter historischer Interessen von Interventionsweisen in besondere Lebensphasen –, weil es hier an einer Aufnahme der kritischen Aufgabe fehlt, die Konstitutionsbedingungen kindlicher Subjektivität im Rahmen von Vergesellschaftungsprozessen zu entschlüsseln (vgl. Sünker 2010). Ohne dies bleibt die Beziehung zwischen Abhängigkeit und Autonomie wie die zwischen Entwicklung und Bildung opak. Damit bleibt das Risiko, dass alle Fortschritte der neuen Kindheitsforschung, mit denen Kinder als soziale Akteure positioniert wurden und werden, in der Annahme untergehen, dass Abhängigkeit antagonistisch zu Autonomie sich verhält, dass Autonomie allein das Recht und die Fähigkeit zur Partizipation in Entscheidungsprozessen in einer demokratischen Weise enthält. Somit sollte klar sein, dass es in entscheidender Weise darauf ankommt, sich vorzustellen, dass es eine nicht-antagonistische Beziehung zwischen Abhängigkeit und Autonomie geben kann, da dies entscheidend für die Möglichkeiten ist, eine partizipatorische Demokratie aufzubauen. In diese Fassung der „Subjekt-Frage" ist dementsprechend die nach den Konstitutionsbedingungen der Kompetenz zur vernünftigen Regulierung und Gestaltung individueller wie gesellschaftlicher Beziehungen eingelassen, eine Problematik, die eben nicht allein mit Bezug auf Kinder zu diskutieren ist, sondern allgemeinheitsstiftenden Charakter hat.

*IV.*

Geht es demzufolge bei der Beschäftigung mit ‚Kindheit und Kinderleben' um eine konkrete historische Besonderung von Generationsbeziehungen im Interesse der Kinder wie der Gesellschaft als Ganzer – da Emanzipation nur für alle oder für niemanden gelten kann –, dann stellt sich die Frage, ob und wie die Partizipation von Kindern und Erwachsenen am Gesellschaftsleben auf allen Ebenen sich erreichen lässt. Es geht dabei insbesondere um die Forderung nach Realisierungen von Partizipation, um die ‚Entwicklungsideologie‘ im Kinderleben zu unterminieren – auch im Rahmen politischer Reden à la ‚Kinder sind unsere Zukunft‘ (vgl. Moran-Ellis/Cooper 1999). Obwohl diese Zukunftsrhetorik die Kinder ins Zentrum zu stellen scheint, arbeitet sie tatsächlich gegen deren Inklusion in die Demokratie, da hier die Vorstellung herrscht, die ‚Aufgabe‘ der Kinder bestehe im Erwerb der richtigen Art von sozialem und kulturellem Kapital, damit diese sich zu ‚ordentlichen‘ Bürgerinnen entwickelten.

Eine ähnliche Falle ergibt sich im Kontext bestimmter Rechtsdiskurse. Auch wenn sich inzwischen eine fundamentale Differenz zwischen den gegenwärtigen, in einer Subjektorientierung wurzelnden Diskussionen über Kinderrechte – mit einer Priorität für die Sicht auf Kinder als relativ autonome Akteure – und denen aus vergangenen Zeiten konstatieren lässt, so handelt es sich doch um Begrenzungen durch Alter, Zugang, Prinzipen, die an ‚best interests‘ orientiert sein sollen, mit denen Entscheidungen in die Hand von professionellen Experten gelegt werden (vgl. James/James 1999). Darüber hinaus ist zu bedenken, dass, auch wenn auf der Wortebene in Grundrechten nicht zwischen verschiedenen Mitgliedern der Gesellschaft unterschieden wird, Kinder effektiv ausgeschlossen werden, da ihnen nicht der ‚bürgerliche‘ Subjektstatus garantiert wird – dies ist eine der Folgen der gegenwärtigen Verteilung von generationalem Kapital.

Gefördert wird durch den status quo eine Situation, in der Eltern als Rechtsvertreter von Kindern agieren (vgl. Wiesner et al. 1995, S. 17ff.) – dies reicht bis zur Familialisierung der Kinder- und Jugendhilfe insgesamt.[14] Es geht uns hier vor allem um die Art, in der die direkte Partizipation von Kindern und jungen Menschen an demokratischen Prozessen jenseits von Formen wie Kinder- und Jugendparlamenten, die institutionalisiert und formalisiert sind, ver- bzw. behindert wird (vgl. Sünker et al. 2005). Der Mangel an Anerkennung respektive der Ausschluss von Bürgerrechten führt zu einer Form der Abhängigkeit von Kindern, die sich antagonistisch zur Autonomie verhält, auf der eine demokratische Partizipation aufruht. Daraus ergibt sich die Aufgabe, in konkreter Weise auszubuchstabieren, was denn die Dialektik von Abhängigkeit und Autonomie in je besonderen Lebensverhältnissen, bezogen auf Generation und Individuum – einschließlich der Kinder – ausmachen kann.


*V.*


Die UN-Konvention für die Rechte des Kindes (1989) kann u. E. nach ein entscheidendes Element zur Stärkung partizipatorischer Rechte von Kindern sein; sie kann – insbesondere auch angesichts ihrer transnationalen Orientierung – als ein zivilisatorischer Fortschritt im Interesse der Kinder dieser Welt betrachtet werden; dies trotz aller berechtigter Kritik. Auch wenn die Konvention – anders als wir hier – nicht für eine neue Form von Demokratie argumentiert, so bilden doch die in ihr gesetzten partizipatorischen Rahmungen mehrere Möglichkeiten, vorherrschende Vorstellungen wie Konzeptualisierungen von Kindheit und kindlicher Citizenship zu revidieren. Als entscheidend für eine Verwirklichung von Partizipation wie eine darin eingelassene Verbesserung von Lebensbedingungen wird deren praktische Erfahrung gesehen und daher durch eine Reihe von Artikeln vorbereitet.

Ausgehend von der Frage, warum es denn spezifische Kinderrechte geben müsse (vgl. Archard 1993, S. 45-57), erhebt sich die, ob es eine Geltung der allgemeinen Menschenrechte auch für Kinder gebe (Eichholz 1991). Deutlich wird daran, dass die Debatte um Kinderpolitik ein umkämpftes Terrain darstellt, in die immer auch Vorstellungen über die Gestaltung(spotentiale) nationaler wie internationaler Verhältnisse eingehen.[15] Entscheidend ist in jedem Fall zunächst ein Verständnis vom Kind als Rechtssubjekt, was zugleich die Qualität von Erwachsenen-Kind-Beziehungen wesentlich berührt. In analytischen wie politischen Termini führt das zur Unterscheidung zwischen einer Politik für Kinder und einer mit Kindern.

Insgesamt ist zu konstatieren, dass zwischenzeitlich – fast weltweit – zumindest auf der Deklarationsebene anerkannt wird, Kindern stehe ein Partizipationsrecht in Bezug auf Fragen ihrer Wohlfahrt und ihrer persönlichen Lebensbedingungen zu, da dem Paternalismus der klassischen Familien-, Schutz- und Unreifeideologien (Therborn 1993, S. 252ff.) wichtige Formulierungen in vielen Artikeln der UN-Kinderrechtskonvention widersprechen. Dies bedeutet, dass offiziell anerkannt wird, Kinder an Entscheidungen über Bestimmungsgrößen und Bedingungsfaktoren ihrer Lebensverhältnisse zu beteiligen.[16] Diese Einschätzung gilt ungeachtet der Feststellung, dass die Konvention keinem kinderrechtlichen Radikalismus das Wort redet (Verhellen 1993): In der Verknüpfung von dem, was auf englisch als die drei P's (Protection, Provision, Participation) bezeichnet wird, zeigen sich Mischungsverhältnisse von Ideologien und realen Problemlagen im Bereich von Kinderpolitik und Kinderrechten. Dabei sind aber die erkennbaren und identifizierbaren Positionierungen der Konvention anschlussfähig für Fragen von Kindheitstheorie – mit dem Zentrum „kindliche Subjektivität" und Akteurskompetenzen – sowie Kinderpolitik – mit einer Priorität von „Partizipation" vor der klassischen Positionierung mit dem Begriff „Stellvertretung".

Auf die in der UN-Konvention enthaltenen kindheitspolitischen Möglichkeiten, die es offensiv auszulegen gilt, um gerade auch den Verlautbarungscharakter offizieller Politik herauszufordern, verweisen die Überlegungen M. Bardys: „The Convention on the Rights of the Child could serve as a political tool of current international and national interests for the redesigning of knowledge on and with children" (1994, S. 314).

Versuche, den Gehalt der Konvention durch die drei P's – Protection, Provision, Participation – zu strukturieren und zu entfalten, zeigen die Notwendigkeit auf, die Substanz interdisziplinär wie professionsübergreifend festzustellen und dann politisch weitgehend auszuloten, um Umsetzungen jenseits von Normierungen zu fordern und zu realisieren.

a) Protection/Schutz: Schutzrechte sind mit einem traditionalem Zugang zur Kindheitsthematik verknüpft, ohne dass die darin mitgesetzte Zwangs- oder Kontrollproblematik schon angegangen geschweige denn gelöst wäre.

Insbesondere Art. 19 der Konvention ist hier zu berücksichtigen, der besagt, jedes Kind sei „vor jeder Form körperlicher oder geistiger Gewaltanwendung, Schadenszufügung oder Misshandlung, vor Verwahrlosung oder Vernachlässigung, vor schlechter Behandlung oder Ausbeutung einschließlich des sexuellen Mißbrauchs zu schützen".[17] Es geht mithin (auch) um die Entwicklung eines kindheitstheoretisch wie –politisch orientierten Schutzkonzepts, in dem Machtungleichheiten nicht länger eine Gefahr für kindliche Wohlfahrt und ‚gutes Leben' bedeuten.

b) Provision/Versorgung/Infrastruktur: Wenngleich es sich auch hier um eine eher traditionsgeleitete Herangehensweise handeln kann, so verweist doch der Infrastrukturgedanke national wie international auf mehrere Problemlagen und Herangehensweisen. Im globalen Maßstab – angesichts der Lebenslagen in Dritter und Vierter Welt („Global South") – ergeben sich Bezüge auf „basic needs" und „basic education" – einschließlich der menschenrechtlichen Problemlage(n) (vgl. Lenhart 2003).

Mit Bezug auf westlich-kapitalistische Gesellschaften sind vor allem Bezüge auf die Themen „Sozialstaat und Gesellschaftspolitik" sowie „öffentliche und private Erziehung/Bildung" herzustellen (vgl. Wollons 1993; Stephens 1995). Handelt es sich hier im Kontext klassenbedingter Spaltungen von Gesellschaft zum einen um Prozesse der Infantilisierung von Armut (Andresen 2008), so geht es zum anderen um Reproduktionsprozesse sozialer Ungleichheit im Schulwesen, die zu Bildungsapartheid führen (Bourdieu 2004; Sünker 2003: Kap. 1).

Kinderpolitisch und kinderrechtlich führt dies zu einer Privilegierung frühkindlicher Bildung und Erfahrung, wird sich doch wohl nur so soziale Ungleichheit und deren Reproduktion aus der Sicht der Subjekte strukturell wesentlich bearbeiten lassen. Dementsprechend spricht H. Becker – bereits vor über 40 Jahren – von der „Gleichheit der Bildungschancen", die allein durch eine „soziale Startgleichheit" garantiert werden könne (Adorno 1970, S. 110).[18]

c) Participation/Partizipation: Mit Bezug auf Partizipationskonzepte und deren Realisierungen handelt es sich auf verschiedenen Ebenen und in unterschiedlichen Konstellationen der Vermittlung von Kinderleben und gesellschaftlichen Verhältnissen um Formulierungen in der Konvention, die sich zwischen dem Problem der Meinungs- und Demonstrationsfreiheit wie dem der Beteiligung an unmittelbar lebenswichtigen Entscheidungen – u.a. in Sorgerechtsfällen – bewegen; dabei wird zudem neben dem Recht auf Bildung die Bedeutung der Teilnahme am künstlerischen und kulturellen Leben für Kinder betont, wobei Art. 30 ausdrücklich die Rechte von Minderheitenkindern bezüglich ihrer Stellung zu eigner Kultur, Religion und Sprache herausstellt (vgl. Skutnabb-Kangas/Cummins 1988).

Schließt man sich den Grundlinien dieser Interpretation der UN-Konvention an, so kann man sich der Frage kindlicher politischer Bewusstseinspotentiale und ihrer Gelegenheiten zu politischen Aktionen stellen, um eine Rahmung für weitere gesellschaftspolitische wie –theoretische Überlegungen für das Partizipationsproblem zu schaffen.[19] Dabei geht es in entscheidender Weise darum, dass in die Neurelationierung des Verhältnisses von Participation, Provision und Protection aus einer Priorität für Partizipation positive Konsequenzen für den Bereich ‚Kinderschutz' erwachsen (werden) – auf den Seiten aller Beteiligten.

Dies weiter zu entwickeln, erfordert eine Vermittlung von Rechten und Alltagsleben; denn ohne Partizipation auf der Alltagsebene von Gesellschaft, damit ohne Verankerung in und ohne Wertschätzung von Gesellschaft, werden Partizipationsmechanismen formalisiert, ihrer Gehalte entleert und für eine partizipatorische Demokratie faktisch bedeutungslos.[20]

Erst wenn – generationsübergreifend – alle Bürgerinnen, wie Adorno das zu Grunde liegende Demokratieproblem formuliert hat, Demokratie „wirklich als ihre eigene Sache erfahren, sich selbst als Subjekte der politischen Prozesse wissen" (Adorno 1970, S. 15)[21], wird sich von einer Verwirklichung von Kinderpolitik in der Praxis[22] sprechen lassen. Es geht mithin um mehr als ein ‚Gehörtwerden' als Mittel der Beteiligung aller Kinder, wenn die Gesellschaft die Bedingungen von Kinderpolitik, Kinderschutz inklusive, im Interesse aller Mitglieder unserer Gesellschaften grundlegend, also in der Perspektive von ‚Empowerment', Entscheidungs- und Handlungskompetenz, ändern will.[23]

*Anmerkungen*

1    So heißt es in dem vom Dept of Health, Home Office & Dept of Education and Employment 1999 herausgegebenen Text „Working Together to Safeguard Children": This document „sets out how all agencies and professionals should work together to promote children's welfare and protect them from abuse and neglect. ... It is relevant to those working in the statutory, voluntary and independent sectors. ... The document ... sets out the processes which should be followed when there are concerns

about a child, and the action that should be taken to safeguard and promote the welfare of children who are suffering, or are at risk of suffering significant harm". Pelton (1989) hat in seiner historischen Studie zu Interventionen Sozialer Arbeit in das Leben von Arbeiterfamilien, die in der ‚Wegnahme' von Kindern endeten, deutlich gemacht, wie dies mehrheitlich auf den Mittelschichtsnormen und Werten der handelnden Professionellen aufruhte.

2   Die Aktualität dieser Einschätzung Kants zeigt sich zum einen an der heute besonders extremen Funktionalisierung frühkindlicher Erziehung und Bildung mithilfe von Klassenstrategien, die dem eigenen Nachwuchs Vorteile auf dem umkämpften Markt um Privilegien verschaffen sollen (vgl. Vincent/Ball 2006) und zum anderen in herrschaftlichen, staatlich verankerten Strategien, die Law (2006) als „The war for children's minds" benennt.

3   Zur Arbeit an einem Vernunftkonzept, dem Allgemeinheit gegen die Verfolgung partikularistischer Interessen eingeschrieben ist, gehört u.E. die Aufarbeitung der Position des frühen Horkheimer, für den eine ‚materialistische' Wendung des ‚idealistischen' Vernunftbegriffes auch Bezüge auf Fragen von Glück, Solidarität, Gerechtigkeit und Umgang mit Unrecht bedeutete.

4   Anna Siemsen hat angesichts der Erfahrungen mit Faschismus und Stalinismus aus einer pädagogisch-politischen Analyse heraus beschrieben, wie diese Situation in der ersten Hälfte des 20. Jahrhunderts zu einer Haltung „der blinden Unterwerfung unter eine Staatsleitung, eine Partei oder einen Führer" (ver)führte (1948: 5).

5   Gegen die Reden von gesellschaftlicher Integration spricht diese Perspektive mehr für ein „Lob der Abweichung" (vgl. Sünker 1998).

6   Den Hintergrund bildet dabei die Marxsche Differenzierung von Citoyen und Bourgeois.

7   Zu materialistischen Konzeptionen von Alltagsleben und dessen gesamtgesellschaftlicher Bedeutung s. Sünker (1989).

8   Vgl. zu dieser Perspektive Moore (1982, S. 671): „Die wirklich umstürzlerische Form der Kritik beginnt, sobald das Volk fragt, ob eine bestimmte soziale Funktion überhaupt ausgeübt werden muß, ob die menschliche Gesellschaft nicht ohne Könige, Priester, Kapitalisten oder selbst revolutionäre Bürokraten auskommen könnte".

9   S. dazu auch ihre Ausgangsthese: „But we will maintain that no capitalist society today may reasonable be called democratic in the straightforward sense of securing personal liberty and rendering the exercise of power socially accountable" (Bowles/Gintis 1987: 3).

10  In ihrer ‚History of Child Custody in the United States' bestimmt Mason als ein wesentliches Problem: „children are seen but rarely heard", „children have no voice of their own" (1994: XIX).

11  Wir nehmen hier keine entwicklungspsychologische oder sozialisationstheoretische Position ein, in der Kindheit als Zeit für das Erlernen von Bürgersein betrachtet werden würde. Damit würde behauptet, daß die Position von Kindern entwicklungsmäßig darin bestehe, daß ihnen Kompetenzen, um Bürger zu sein, bis zu einem bestimmten Alter fehlten. Im Gegensatz dazu argumentieren wir von einer Position aus, die Kinder als soziale Akteure betrachtet und dementsprechend auch Handlungskompetenzen zuschreibt (vgl. Hutchby/Moran-Ellis 1998).

12  Die grundlegenden Studien von Wexler (1992) und McLaren (1993) analysieren die institutionelle Formbestimmtheit von Schule und deren Konsequenzen für die Identitätsbildungsprozesse und Fragen von Bewusstseinsbildung wie Konformismus; die

stärker bildungspolitisch ausgerichteten Studien von Whitty (2002) und Ball (2003) weisen eindeutig die Verknüpfung von Klassenstrategien, Staatsaktionen und Bildungspolitik nach.

13 Die Inhalte dieses Perspektivenwechsels hat A. Lange (1995) en Detail zusammengestellt. Der Titel von Masons Buch „From Father's Property to Children's Rights" (1994) kennzeichnet – kinderrechtlich – wesentliche Elemente der Entwicklung.

14 In einem Europarat-Text zur Rahmung von Kinderpolitik lesen wir dagegen: „In search for relevant data on which to build a childhood policies, the child – not the family – must be made the unit of observation" (Council of Europe 1996: 17). Komplementär dazu lassen sich Entwicklungen des Familienlebens lesen, die du Bois-Reymond (2001) als „Verhandlungshaushalt" benennt.

15 Dazu gehört auch das Wissen, dass der Tierschutz dem Kinderschutz historisch vorrangig war (Therborn 1993: 251).

16 Wesentlich ist hier zum einen, dass die UN-Kinderrechtskonvention von allen Staaten – mit Ausnahme der USA und Somalias – unterschrieben worden ist und zum zweiten im Rahmen des Monitoring alle Unterzeichner sich zu einer regelmäßigen Berichterstattung verpflichten. Dabei vermitteln diese Länderberichte, die im Internet einzusehen sind, ein eindrucksvolles Bild der internationalen Diskussion – von Auseinandersetzungen zwischen Regierungen und NGOs bis hin zu realen Bedingungen und Veränderungen kindlicher Lebenslagen.

17 Hier ergibt sich ein enger Bezug zum § 1 (vor allem 1.1. und 1.3.) des deutschen Kinder- und Jugendhilfegesetzes, der auch für den Bereich von Provision/Versorgung/Infrastruktur) relevant ist.

18 Dem entspricht die Argumentation von Archard, der kinderrechtlich akzentuiert davon handelt, es gehe um eine „fundamental equalisation of condition", darum „to help to ensure that all children get off to the same start" (1993, S. 162, 167).

19 Für Politikbefähigung wie -fähigkeit scheint uns das Ergebnis von Mason relevant: „Perhaps this lesson of history is that children, who have no political voice, are too often the political weapons of others' battles or, simply, are not considered at all" (1994, S. 189).

20 Am Beispiel von Entwicklungen in Großbritannien lässt sich das demonstrieren: Es gibt Bestrebungen, die Akzeptanz von Kindern als gesellschaftliche Akteure analog zu Erwachsenen stark zu begrenzen; sie werden vielmehr als Individuen gezeichnet, die streng zu regulieren sind, da sie – aufgrund von Dispositionen – eine Bedrohung für die gesellschaftliche Ordnung darstellen. Dies findet sich vor allem im Kontext der Anti-Social Behaviour Orders (ASBOs), mit denen der Zugang zu öffentlichen Räumen für die nachwachsende Generation reglementiert wird, vgl. auch Schütter (2006).

21 Eingelassen darin ist auch das Problem der Verhältnisbestimmung von Allgemeinheit und Besonderheit, damit die Frage nach der Verteidigung des Besonderen, ohne in Willkür und Partikularismus zu enden (vgl. Sünker 2007).

22 S. dazu erstens die Einschätzung Archards (1993, S. 169): „Children, empowered by knowledge and a sense of their own independence, are more capable of resisting their exploitation by adults"; sowie zweitens die Perspektive Adornos, dass Erziehung „zum Widerspruch und zum Widerstand" führen muss (Adorno 1970, S. 145) – was auch der eingangs angesprochenen Kantschen Position entspricht.

23 Dabei soll nicht verkannt werden, dass der „Infantilisierung" von Kindheit mithilfe des Kinderrechte-Diskurses bereits jetzt etwas Konkretes, öffentliche Debatten und Mentalitäten Beeinflussendes, entgegengesetzt wird (Archard 1993, S. 168).

## *Literatur*

Adorno, Theodor W. : Erziehung zur Mündigkeit. Vorträge und Gespräche mit Hellmut Becker 1959-1969. Frankfurt/M. 1970.

Alanen, Leena : Zur Theorie der Kindheit, Sozialwissenschaftliche Literatur Rundschau 17, H.28 (1994), S. 93-112.

Andresen, Sabine: Kinder und Armut. Perspektiven der Forschung. In: Sünker/Swiderek 2008, S. 164-178.

Archard, David: Children. Rights and Childhood. London/New York 1993.

Ariès, Philippe: Geschichte der Kindheit. München 1962/1992.

Ball, Stephan J.: Class Strategies and the Education Market. The middle class and social advantage. London/New York 2003.

Bardy, Marjatta: The Manuscript of the 100-Years Project. In: Jens Qvortrup et al. (eds.): Childhood Matters. Social Theory, Practice and Politics. Aldershot 1994, S. 299-318.

Beck, Ulrich: Risikogesellschaft. Frankfurt/M. 1986.

Benjamin, Walter: Eine kommunistische Pädagogik. In: Über Kinder, Jugend und Erziehung. Frankfurt/M. 1961, S. 87-90.

Benjamin, Walter: Einbahnstraße. In: Gesammelte Schriften IV, 1. Frankfurt/M. 1991, S. 83-148.

Bourdieu, Pierre: Meditationen. Zur Kritik der scholastischen Vernunft. Frankfurt/M. 2001.

Bourdieu, Pierre: Der Staatsadel. Konstanz 2004.

Bowles, Samuel / Herbert Gintis: Democracy and Capitalism. New York 1987.

Bühler-Niederberger, Doris/ Heinz Sünker: Theorie und Geschichte der Kindheit und des Kinderlebens. In: Sünker/ Swiderek 2008, S. 5-46.

Castells, Manuel: The Information Age. Vol. III. End of Millennium. Malden/Oxford 1998.

Council of Europe Steering Committee on Social Policy: Children's Rights and Childhood Policies in Europe. Ref. CDPS CP (96) No. 1. Brussels 1996.

Cunningham, Hugh: Children and Childhood in Western Society since 1500. London 1995.

Davies, John M.: Understanding the Meanings of Children: a reflexive process. Children and Society, 12 (5). Edinburgh 1998, S.325-335.

Deutsches Komitee für UNICEF: Zur Situation der Kinder in der Welt 2003. Frankfurt/M. 2003.

Deutsches Pisa-Konsortium (ed.): PISA 2000. Opladen 2001.

Du Bois-Reymond, Manuela: Familie und Partizipation. In: Güthoff, Friedhelm/Heinz Sünker, Münster 2001, S. 81-105.

Du Bois-Reymond, Manuela/Heinz Sünker/ Heinz-Herrmann Krüger (eds.): Childhood in Europe. New York 2001.

Eichholz, Reinald: Die Rechte des Kindes. Recklinghausen 1991.

EU: Neuer Schwung für die Jugend Europas. Luxemburg 2002.

Güthoff, Friedhelm/ Heinz Sünker (Hg.): Handbuch Kinderrechte. Partizipation, Kinderpolitik, Kinderkultur. Münster 2001.

Honig, Michael-Sebastian: Entwurf zu einer Theorie der Kindheit. Frankfurt/M. 1999.

Hutchby, Ian/ Jo Moran-Ellis (eds.): Children and Social Competence: Arenas of Action. London 1998.

James, Allison/Adrian L. James: Pump Up the Volume. Listening to Children in Separation and Divorce. In: Childhood 6, (2) (1991), S.189-206.

James, Allison/ Alan Prout (eds.): Constructing and Reconstructing Childhood. London/Washington 1998.

Kant, Immanuel: Über Pädagogik. In: ders.: Werke Bd. 10, hg. v. W. Weischedel. Darmstadt 1968, S. 694-761.

Kotthaus, Jochem: Kindeswohl. In: Sünker/Swiderek 2008, S. 59-78.

Lange, Andreas: Eckpfeiler der sozialwissenschaftlichen Analyse von Kindheit heute. In: Sozialwissenschaftliche Literatur Rundschau 18, H.30 (1995), S. 67-76.

Law, Stephan: The War for Children's Minds. London/New York 2006.

Lenhart, Volker: Die Menschenrechte als Gegenstand der Erziehungswissenschaft. In: Sozialwissenschaftliche Literatur Rundschau 26, H. 47 (2003), S. 90-100.

Luke, Carmen: Pedagogy, Printing and Protestantism: The Discourse on Childhood. Albany 1989.

Mason, Mary Ann: From Father's Property to Children's Rights. The History of Child Custody in the United States. New York 1994.

McLaren, Peter: Schooling as a Ritual Performance. London/New York 1993.

Moore, Barrington: Ungerechtigkeit. Die sozialen Ursachen von Unterordnung und Widerstand. Frankfurt/M. 1982.

Moran-Ellis, Jo/ Geoff Cooper: Making Connections. Children, Technology, and the National Grid for Learning. In: Sociological Research Online 5 (3) *www.socresonline. org.uk/5/3/moran- ellis.html* (2000)

Pelton, Leroy H.: For Reasons Of Poverty. A Critical Analysis of the Public Child Welfare System in the United States. New York 1989.

Qvortrup, Jens: Childhood as a Social Phenomenon. An Introduction to a Series of National Reports. Eurosocial Report 36. Wien 1990.

Schindler, Stephan K.: Das Subjekt als Kind. Die Erfindung der Kindheit im Roman des 18. Jahrhunderts. Berlin 1994.

Schleiermacher, Friedrich: Vorlesungen aus dem Jahr 1826. In: Pädagogische Schriften I. Berlin 1983, S. 1-369.

Schütter, Silke: Die Regulierung von Kindheit im Sozialstaat. Kinder und Kindheit in New Labours Gesellschaftsentwurf. In: neue praxis 36 (2006), S. 467-482.

Skutnabb-Kangas, Tove/Cummins, Jim (eds.): Minority Education. From Shame to Struggle. Clevedon/Philadelphia 1988.

Sünker, Heinz: Bildung, Alltag und Subjektivität. Weinheim 1989.

Sünker, Heinz: Lob der Abweichung? In: neue praxis 28 (1998), S. 496-501.

Sünker, Heinz: Politik, Bildung und soziale Gerechtigkeit. Perspektiven für eine demokratische Gesellschaft. Frankfurt/M. 2003.

Sünker, Heinz: Gesellschaft, Demokratie, Bildung. In: Sünker, Heinz/Ingrid Miethe (Hg.): Bildungspolitik und Bildungsforschung: Herausforderungen und Perspektiven für Gesellschaft und Gewerkschaften in Deutschland. Frankfurt/M. 2007, S. 11-44.

Sünker, Heinz: Kindheitsforschung, Kinderbilder, Kinderleben: Diesseits/Jenseits von Schutz und Kontrolle. In: Bühler-Niederberger, Doris/Johanna Mierendorff/Andreas

Lange (Hg.): Kindheit zwischen fürsorglichem Zugriff und gesellschaftlicher Teilhabe. Wiesbaden 2010, S. 73-88.

Sünker, Heinz/Thomas Swiderek/Erika Richter: Der Beitrag partizipativer Handlungsansätze in der pädagogischen Arbeit mit Kindern und Jugendlichen zur Bildung und Erziehung. Expertise zum 8. Kinder- und Jugendbericht der Landesregierung NRW. Düsseldorf 2005.

Sünker,Heinz/ Thomas Swiderek (Hg.): Lebensalter und Soziale Arbeit. Bd. 2: Kindheit. Baltmannsweiler 2008.

Swiderek, Thomas: Partizipation von Kindern – ein Beitrag zur Demokratisierung von Gesellschaft?. In: Güthoff, Friedhelm /Heinz Sünker (Hg.). Münster 2001, S. 114-139.

Therborn, Goran: The Politics of Childhood: The Rights of Children in Modern Times. In: Castles, Francis G. (ed.): Families of Nations. Aldershot 1993, S. 241-291.

Theunissen, Michael: Selbstverwirklichung und Allgemeinheit. Zur Kritik des gegenwärtigen Bewusstseins. Berlin 1982.

Verba, Sidney u.a.: Voice and Equality. Civic Voluntarism in American Politics. Cambridge/London 1995.

Verhellen, Eugeen: Children and Participation Rights. In: Pia-Liisa Heiliö/Erja Lauronen/Marjatta Bardy (eds.): Politics of Childhood and Children at Risk. Provision – Protection – Participation. Wien 1993, S. 49-68.

Vincent, Carol/Stephen Ball: Childcare, Choice and Class Practices. Middle-class parents and their children. London/New York 2006.

Wexler, Philip: Becoming Somebody. Toward a Social Psychology of School. Washington 1992.

Wiesner, Reinhard et al.: SGBVIII. Kinder- und Jugendhilfe. München 1995.

Whitty, Geoff: Making Sense of Education Policy. London 2002.

Wollons, Roberta L. (ed.): Children at Risk in America. History, Concepts and Public Policy. Albany 1993.

Zeiher, Helga: Kindern eine Stimme geben. In: Sozialwissenschaftliche Literatur Rundschau 19, H. 31/32 (1996), S. 48-54.

*Götz Eisenberg*

# Beckett in Butzbach
## Versuch über *Schlüsselerlebnisse*[1]

Ich sitze am Straßenhang.
Der Fahrer wechselt das Rad.
Ich bin nicht gern, wo ich herkomme.
Ich bin nicht gern, wo ich hinfahre.
Warum sehe ich den Radwechsel
Mit Ungeduld?
(Bertolt Brecht: Der Radwechsel)

Im November 1957 warteten in der abgedunkelten North Dining Hall des berüchtigten Zuchthauses von San Quentin vierzehnhundert Häftlinge auf den Beginn eines dort angesagten Theaterstückes. Johlend und feixend forderte die Menge den Beginn der *Show*. Als der Vorhang sich hob, blieb die erhoffte Gaudi aus. Sekunden der Verstörung traten ein. Einige wollten gleich wieder gehen, zögerten aber und blieben. Gebannt und erschüttert folgten alle der Aufführung. Bis zum Schluss. Ergriffene Äußerungen nach dem Stück und bewegte Nachgedanken in der Gefängniszeitung. Sie zeigten, dass die Gefangenen ein Theaterstück zutiefst begriffen hatten, welchem die avancierte Kritik in London und Paris teilweise verständnislos gegenüber stand und dessen Uraufführung die Theatersnobs mit Buhrufen quittierten: Samuel Becketts *Warten auf Godot*.

Sage niemand, er sei nicht gewarnt worden! Wenn Sie der Einladung zu *Warten auf Godot* Folge leisten, müssen Sie wissen, dass Sie keine *action*, nichts *Erbauliches*, nichts im landläufigen Sinn *Schönes* erwartet. Das Stück ist auch komisch, aber das Lachen wird Ihnen im Halse stecken bleiben! Wenn Sie eher auf unterhalterisches Fast food stehen, bleiben Sie auf Ihrer Zelle und schalten Sie Ihr Fernsehgerät ein. Becketts Stücke sind nicht unterhaltend, ja nicht einmal bildend, sie zeigen keine vernünftige Handlung und keine leitbildhaften Charaktere. Sie sind Anti-Stücke, gehen den Weg des Verstummens. Was sich auf diesem dunklen Weg auftut, sind Gegenworte und Gegenbilder. Deren Inhalt redet der Welt, wie sie ist, nicht nach dem Mund, sondern hält ihr mit verfremdeter Stimme entgegen. Eine radikale Kunstform also, keine „schöne" Kunst. Als Samuel Beckett einmal von einem Kritiker gefragt wurde, was denn den Kern seines Schreibens ausmache, antwortete er: „Ich lag einmal im Krankenhaus und im Zimmer nebenan schrie eine Sterbende die ganze Nacht. Dieses Schreien ist die Struktur meines Schreibens."

Also: Überlegen Sie es sich gut!

Becketts Kunst verhält sich radikal negativ, erhebt noch nicht einmal einen gesellschaftsverändernden Anspruch. Das wäre ihm bereits zuviel des Positiven. Wie kommt es, dass diese nicht affirmative, das Bestehende nicht bestätigende Kunst uns derart ergreift und bewegt? Es ist das Antithetische, die Entgegensetzung, welche deutlich macht, dass ein Missverhältnis existiert zwischen dem, was unsere menschliche Bestimmung ist, und dem, was bislang geschichtlich-gesellschaftlich daraus gemacht worden ist. Adorno hat in einer Diskussion über Beckett darauf hingewiesen, dass uns dieser in seinen Stücken die Menschen als von Herrschaft verstümmelte vorführt: als Ruinen und „Stümpfe": „Diese Stümpfe von Menschen, also diese Menschen, die eigentlich ihr Ich verloren haben, die sind wirklich die Produkte der Welt, in der wir leben." (Optimistisch zu denken ist kriminell. Eine Fernsehdiskussion über Samuel Beckett, in: Frankfurter Adorno Blätter III, 1992) Der Zwiespalt zwischen dem, was sein könnte und dem, was ist, wird als Quelle von Beunruhigung erfahren. Da muss etwas geschehen. Was Kafka über Bücher sagte, lässt sich auf Kunst insgesamt übertragen und trifft ganz besonders auf die Theaterstücke von Beckett zu „Ich glaube, man sollte überhaupt nur solche Bücher lesen, die einen beißen und stechen. Wenn das Buch, das wir lesen, uns nicht mit einem Faustschlag weckt, wozu lesen wir dann das Buch? ... Ein Buch muss die Axt sein für das gefrorene Meer in uns."

Estragon: *Komm, wir gehen!*
Wladimir: *Wir können nicht.*
Estragon: *Warum nicht?*
Wladimir: *Wir warten auf Godot.*
Estragon: *Ach ja.*

Was also erwartet Sie? Wladimir und Estragon befinden sich auf der Bühne, die leer ist bis auf einen einzelnen Baum. Sie füllen diese Leere mit Gerede, das weitgehend ebenso leer ist, und warten vergebens auf einen gewissen Godot, von dem niemand weiß, wer oder was er ist und ob es ihn überhaupt gibt. Ab und zu tauchen Pozzo und Lucky auf, ein Landedelmann und sein unterwürfiger Knecht, der an einem Strick über die Bühne gezogen wird und auf Kommando irre Denkmonologe vom Stapel lässt. *Warten auf Godot* ist ein Stück über das Warten, ein Warten, das sich im Warten erschöpft. Der clowneske Zeitvertreib von Estragon und Wladimir hält eigentlich nur noch die Zeit in Gang, die sonst stehen zu bleiben und alles ins Kippen zu bringen drohte. Beckett bringt uns das Absurde unserer Gegenwart wie kein anderer Schriftsteller zu Bewusstsein, ohne ihn würden wir nicht so deutlich sehen, dass wir in einem Zeitalter ohne Utopien leben. Der erste Satz des Stückes, gesprochen von Estragon, ist bereits programmatisch: „Nichts zu machen." Während Brecht die gesellschaftlichen Gründe in-

dividueller Zwangslagen benennt und revolutionäre Maximen propagiert, inszeniert Beckett den Stillstand als Normalität. Die Gegenwart droht abzusterben,
wenn sie nicht als Stufe erlebt wird, die zum Morgen führt. Die Gegenwart wird
fad und inhaltsarm, wenn ihr das Überschreiten in die Dimension Zukunft fehlt.
Im auf sich selbst zurückgeworfenen Dasein steckt kein Werden, die Dauer dau-
ert nur fort, sonst nichts. Das Übermaß an monotoner, unstrukturierter Zeit bringt
es mit sich, dass man die Fähigkeit einbüßt, einen sinnvollen Gebrauch von ihr zu
machen.

*Immer noch wartete er, wenn er auch schon lange nicht mehr genau wusste, worauf. Aber
das war es ja gerade, was sein Warten ausmachte. Das hatte Salvatore mit der Zeit
herausgefunden. Er wartete auf alles, als wäre es auf nichts. Als wäre es nicht nichts,
sondern etwas. Und dieses Etwas wäre nicht nichts, sondern alles. Worauf er wartete. Je
mehr er wartete, desto mehr wartete er.*

*(Arnold Stadler)*

Wer kennt sich mit dieser Situation besser aus als Gefängnisinsassen? Unlängst
fragte ich einen Gefangenen, der vor der geschlossenen Gittertür seiner Station
wartete, ob ich ihn hineinlassen solle, und er antwortete: „Es ist egal, wo ich
warte." Ohne jemals etwas von *Warten auf Godot* und Beckett gehört zu haben,
erwies dieser Gefangenen sich als gewissermaßen instinktiver Beckett-Darsteller.
Gefangene warten ständig auf irgendetwas. Sie warten auf die Verhandlung, auf
den Anwalt, auf den Sozialarbeiter, den Psychologen und den Pfarrer, von denen
manchmal auch ungewiss ist, ob es sie überhaupt gibt und ob sie jemals kommen.
Man wartet auf den Aufschluss zur Freistunde, auf den Besuch, der dann nicht
erscheint, man wartet auf den Gutachter, der sich Zeit lässt, auf die Vollzugs-
plankonferenz, auf den Beginn der Lockerungen, die Verlegung in den offenen
Vollzug, das Ende der Haft. Man wartet und wartet, die Zeit verliert ihre Konturen, wird breiig und zäh. Die Zeit ist nicht der Raum für meine Entwicklung, der
Acker, den ich pflüge, bestelle und schließlich abernte, sondern ein zäher Morast,
in dem ich zu versinken drohe. Die Zeit als Strafe verwandelt die Zeit in *Straf-
Zeit*. Die Mathematisierung der Schuld, die die Zeit als Hauptfaktor der Strafe
einführt, ist Teil einer neuen Strategie zur Ausübung der Strafgewalt, die sich im
18. Jahrhundert herausgebildet hat. Zuvor ging die Strafe auf den Körper des
Straftäters, der in einer „Poetik des Schreckens" (Michel Foucault) zu seiner Tat
sehr unmittelbar in Beziehung gesetzt wurde. Seit den Reformen des 18. Jahrhunderts und der Verwandlung von Schuld in Strafzeit ist der träge und monoto-
ne Fluss der Zeit das eigentliche Problem des Häftlings. Gelangweilt zählt er die
Tage und Stunden, die sich kaum voneinander unterscheiden. Minuten, Stunden,
Tage, Wochen, Monate und Jahre reihen sich aneinander wie Perlen auf einer

Schnur. „Wie geht's?", fragen die Gefangenen im Vorübergehen und bekommen zur Antwort: „Nichts Besonderes! Alles wie immer." Ihr Leben ist zugleich unruhig und monoton, sie sind erschöpft und gleichzeitig stößt ihnen nichts zu. Das unerträgliche Zugleich von absolutem Stillstand und Hektik, Banalität und Unruhe wird zur Quelle einer ganz spezifischen Form von Stress, der ein sprachloser Schmerz ist, der keine Geschichten macht und keine Ideen schenkt. Das Zugleich von Langeweile und Ungeduld resultiert daraus, dass die Zeit einerseits vollkommen enteignet und vom Gefängnis in Regie genommen ist und es andererseits doch die eigene Lebenszeit ist, die da verrinnt. Der französische Philosoph Blaise Pascal hat dieses furchtbare Gefühl geschildert, das entsetzliche Gefühl des Verrinnens der Zeit: Es verrinnt die Zeit, es verrinnt dein Leben, ohne Unterlass, unwiederbringlich. Und das auch noch in einer Umgebung, in der das Leben gleichsam still gestellt, in einen Tunnel eingetaucht ist. Grau in Grau ist der Gefängnis-Alltag und dieser merkwürdige Nebel tilgt alle Kontraste und löscht die Gefangenen schließlich für sich selber aus. Als Menschen ohne Eigenschaften entgleitet ihnen selbst ihre Müdigkeit. Sie prägt sich ihren Körpern ein, ohne ihrem Gedächtnis eine Angriffsfläche zu bieten.

*Der Strafgefangene Willi Kufalt geht in seiner Zelle auf und ab. Fünf Schritte hin, fünf Schritte her. Wieder fünf Schritte hin.*

*(Hans Fallada)*

Adriano Sofri entdeckte im Gefängnis, dass Antonio Gramsci, der Generalsekretär der Kommunistischen Partei Italiens war und von den italienischen Faschisten eingekerkert wurde, während seiner Haftzeit Fridtjof Nansen gelesen hat und den Zustand des Gefangenen mit dem ins Eis eingeschlossenen Schiff verglich. Das ganze Schiff sollte „toter Mann" spielen und sich von der Polarströmung treiben lassen. Alles in allem war dies ein wohlbedachter Gebrauch von Geduld und Passivität, eine Haltung, die man als *ausweglose Gelassenheit* oder, wenn man lieber will, als *aktives Warten* bezeichnen kann und die einem hilft, das Gefängnis zu überleben. (Die Gefängnisse der anderen, Zürich 2001) Erfahrene Gefangene wissen, dass, wer im Gefängnis rebelliert und mit dem Kopf gegen die Wand rennt, in der Nachbarzelle landet. Man muss listig sein und seiner „Fahnenflucht" – der „unerlaubten Entfernung von der Realitätstruppe" (Peter Sloterdijk) – das ironische Aussehen des Konformismus geben. Peter Zingler, der selbst 12 Jahre im Gefängnis verbracht und sich dort zum Schriftsteller verpuppt hat, erteilte bei einem Besuch in Butzbach den Gefangenen den aus eigenen Erfahrungen resultierenden Rat: Man darf dem Gefängnis im eigenen Kopf nicht so viel Raum geben und vor allem seine Identität nicht aus der Gegnerschaft zum Justizapparat beziehen. Man kann sich der trostlosen Alternative: *Anpassung oder Rebellion* nur dadurch entziehen, dass man den Körper dem Gefängnis überlässt und sich in sich selbst zurückzieht und die an sich tote Haftzeit für eigene Entwicklungen nutzt. Ganz gleichsinnig schreibt der alles in allem beinahe 30 Jahre inhaftierte Dimitri Todorov in seinen Erinnerungen an die Zeit im Gefängnis: „Verzweifelt war ich nicht. Ich hatte mein Schicksal angenommen. Verbrachten nicht auch Mönche ihr ganzes Leben in einem Kloster? Es gab verschiedene Lebensformen, und was ich lebte, war eine davon. Eines immerhin hatte ich vielen anderen voraus: Mir machte es Spaß, mich geistig zu beschäftigen und darin einen Sinn zu sehen. Schlimmer war es für viele meiner Kollegen, die diesen Ausweg nicht hatten. ... Ich führte mein eigenes Leben, um meine Entlassung kümmerte ich mich kaum mehr. Die überließ ich meinem Rechtsanwalt. Ich hatte dem Knast auch in diesem Punkt sein Machtmittel aus der Hand genommen." (22 Jahre Knast, München 2002) Auch Jorge Semprun, der als junger sogenannter *Rotspanier* im KZ Buchenwald gewesen ist, betont, dass ihm seine Fähigkeit, sich in sich selbst zurückzuziehen, geholfen habe, das Konzentrationslager zu überstehen. Mitunter schockte er seine Leser und Zuhörer durch Aussagen wie: „Das Lager war für mich eine entscheidende Erfahrung. Es war mein *Bildungsroman*. Im Guten wie im Schlechten." Das Lager habe ihn durch die Gemeinschaft Gleichgesinnter die kommunistische Brüderlichkeit gelehrt, durch die Praxis der SS mit den Abgründen der menschlichen Grausamkeit bekannt gemacht.

Das Gefängnis bringt seine eigenen beckett-artigen oder auch dantesken Stücke hervor. So hat sich vor vielen Jahren einmal ein Butzbacher Gefangener ein Messer von oben in den Brustmuskel gestoßen. Es klappte dann, als er los ließ, nach vorn um und es sah aus, als stecke es in seiner Brust. Ein anderes Mal nähte sich derselbe Mann einen Knopf aufs Augenlid. Man hinderte ihn jeweils daran, so in die Freistunde zu gehen und stellte ihn dem Psychiater vor. Adriano Sofri, selbst viele Jahre in italienischen Gefängnissen inhaftiert, berichtet von einem Gefangenen namens Giorgio Panizzari, der sich eine chirurgische Nähnadel sowie biologisches Garn besorgte und sich eines Abends den Mund mit vier Stichen knapp über den Lippen vernähte. Mit drei weiteren Stichen vernähte er sich anschließend die Vorhaut. Dann nahm er sein übliches Leben wieder auf. Auf dem Hof stößt Panizzari auf Fragen, warum er das getan habe. Er aber kann und will nichts erklären. „Einer entfernte sich sofort, ihm war es offensichtlich unbehaglich zumute, sich im Bilde meines genähten Körpers zu spiegeln ..." Eine Pantomime des Gefangenseins und ein verzweifelter Versuch, unter Bedingungen totaler Kontrolle seine Identität zu behaupten. Wir sind alle „genäht", ist die erschreckende Wahrheit dieses Experiments, das seine Mitgefangenen in ihrer Mehrzahl sofort verstanden.

*Das Eingeschlossensein, die Art, wie die verschiedenen Räume miteinander
verbunden sind, die Zeitpläne, die Vorschriften, die Isolation und die Überbele-
gung – das alles fördert das Unvorhersehbare zutage, für das manche Häftlinge
anfälliger sind als andere, dem jedoch alle, die drinnen sind – auch die Bedien-
steten und sogar der Direktor – in gewissen Augenblicken machtlos ausgeliefert
sind. Die Gefängnisse werden so geplant und so belegt, dass die Überwachung –
auch die elektronische – jederzeit eine maximale Kontrolle über die Inhaftierten
ausübt. Dennoch ist das Unkontrollierbare in der Praxis ständig gegenwärtig.
Es gibt auf dieser Erde keine andere Institution, in der es so schnell hervorbre-
chen kann wie im Gefängnis. Am Punkt der tiefsten Verzweiflung werden die
Menschen entweder weise, oder sie geraten außer Kontrolle – entgleiten der
Kontrolle durch das System und der Selbstkontrolle. Das Unkontrollierbare und
die Weisheit sind in die gleiche Zelle gesperrt, hinter die gleiche Tür der abso-
luten Verzweiflung. Es kommt vor, dass das Unkontrollierbare in den Körper des
Gefangenen eindringt. Dieses Phänomen „erklärt" die häufigen Fälle von
Selbstverstümmelung und Selbstverletzung. Die Menschen beschädigen sich, weil
das Gefängnis und seine Unkontrollierbarkeit in ihren Körper eingedrungen ist.
Nichts hält irgend etwas zurück. Nicht dem Ich wird die Verstümmelung angetan,
sondern dem, was in das Ich eingedrungen ist, noch bevor der Löffel, die Glas-
scherbe, die Rasierklinge verschluckt oder der Arm geritzt ist. (nach John Ber-
ger: Der Schrecken der Schlaflosigkeit)*

*„Für mich kam der Einschnitt mit Beckett: ‚Warten auf Godot', ein atemberaubendes
Stück. "*

*(Michel Foucault)*

Seit der Uraufführung des Stückes 1953 in Paris hat es nicht an Versuchen ge-
fehlt, ihm seinen Stachel zu nehmen und es zu deuten. Godot stehe für *Gott*, wurde behauptet, was Beckett zu dem Kommentar veranlasste: „Wenn ich mit Godot
Gott gemeint hätte, hätte ich Gott gesagt und nicht Godot." Das Internet-Lexikon
Wikipedia berichtet von einer Anekdote, der zufolge der Titel *Warten auf Godot*
auf eine Tour-de-France-Etappe zurückgehe, die sich Beckett irgendwo in Frankreich angesehen habe. Als alle Rennfahrer vorbei waren, habe er gehen wollen,
aber gesehen, dass einige Zuschauer blieben. Auf seine Frage, worauf sie warteten, hätten sie geantwortet: „Auf Godeau!" Dieser war angeblich der langsamste
Fahrer des Rennens. Man findet seinen Namen allerdings in keiner Starterliste.
Godot soll für dieses und jenes stehen, jedenfalls für etwas Benennbares und
nicht für ein beunruhigendes Nichts. Wir Menschen als die kleinen überspannten
Säugetiere, über die die Katastrophe des Bewusstseins hereingebrochen ist, ertra-

gen die Sinnlosigkeit und Absurdität unserer Existenz nicht und verwenden viel Energie auf die „Sinngebung des Sinnlosen" (Theodor Lessing). Bei Beckett heißt es: „Sie" – die Frauen – „gebären rittlings über dem Grab, der Tag glänzt für einen Augenblick, und dann von neuem Nacht." Dieser Satz birgt mehr Wahrheit als wir aushalten können. Die Absurdität, dass uns jeder Tag, den wir leben, dem Tod einen Tag näher bringt, müssen wir, wenn wir im Alltag des ungelebten Lebens funktionstüchtig und „normal" bleiben wollen, verdrängen. Wir können uns mit quälender Ungewissheit und allzu vielen Schwebezuständen nur schwer abfinden und befriedigen unser Kausalitätsbedürfnis, indem wir Unbekannt-Bedrohliches auf leidlich Bekanntes reduzieren, das sich unserer Verarbeitungsroutine fügt. Den jüngsten Versuch der deutenden Heimholung von Warten auf Godot in unseren Sinnhorizont hat Valentin Temkine in seinem jüngst erschienenen Buch *Warten auf Godot. Das Absurde und die Geschichte* unternommen: Warten auf Godot spiele im Frühjahr 1943 auf einem verlassenen Plateau in den südlichen Alpen und die Landstreicher seien in Wirklichkeit jüdische Flüchtlinge, die, nachdem auch die vormals „freie Zone" von den deutschen Truppen besetzt worden war, auf einen Schleuser der Résistance warteten, der ihnen bei der Flucht über die Alpen helfen solle. Was wäre gewonnen, wenn diese Deutung stimmte? „Aha, das ist es also", könnten wir sagen, das Stück von uns wegschieben und uns in den Theatersesseln bequem zurücklehnen.

## II. Ein Plädoyer für „zweckfreie" Kulturprojekte oder: Die ansteckende Kraft des Enthusiasmus

„Niemand ist berechtigt, sich mir gegenüber so zu benehmen, als kennte er mich."

(Robert Walser)

Ich möchte nun noch darzustellen versuchen, von welchen Überlegungen ich mich leiten lasse, wenn ich im Gefängnis kulturelle Projekte durchführe.

Dem diagnostisch-therapeutischen Blick, der mit dem Siegeszug des präventiven Paradigmas in die Gefängnisse Einzug gehalten hat, ist der einzelne Gefangene lediglich „ein Fall von ...". Gefangene verwandeln sich in reparaturbedürftige Mängelwesen, aus ihren Taten werden Krankheitszeichen, Symptome psychischer Störungen und Vorboten zukünftig drohenden Unheils. Die Inhaftierten werden reduziert auf die Summe ihrer Einträge im Bundeszentralregister, die Vielfalt ihrer Lebensäußerungen und Fähigkeiten schrumpft auf Delinquenz und Versagen. „Der Gefangenen XY ist einer therapeutischen Maßnahme zuzuführen", heißt es im Jargon psycho-sozialer Verwaltung. Welcher Mensch wird gern

Objekt und Opfer einer „Maßnahme"? So etwas lässt man über sich ergehen wie der Indianer den Marterpfahl. Alles, was „von oben" bürokratisch verabreicht wird, und sei es noch so gut gemeint und durchdacht, trägt den Keim des Scheiterns in sich und wird nur in seltenen Fällen eine Richtungsänderung der Lebensbewegung bewirken. Wir geben vor, nicht zu urteilen, doch die Deutungs- und Diagnose-Sprache ist normativ und setzt Richtlinien für Gesundheit und Normalität. Während wir vorgeben, dem Patienten helfen zu wollen, normieren wir ihn nach den Maßstäben mittelständischer Moral. Wer interessiert sich für die Kreativität, Intelligenz und antibürgerliche Renitenz, die in manchen Straftaten steckt? Wer zeigt Neugier auf spannende, wenn auch im bürgerlichen Sinn gescheiterte Biographien? Wer unterstützt die Gefangenen bei dem Versuch, diesen Energien eine andere, sozial verträgliche oder gar nützliche Richtung zu geben?

Es geht also weniger darum, jene Strukturen zu stärken, die auf technikorientierte Maßnahmenkataloge zur Reparatur aktenkundiger Auffälligkeiten setzen, sondern Orte zu schaffen, an denen Gefangene die Erfahrung machen und sagen können: „Ich bin etwas wert! Ich kann etwas!" Ein Teilnehmer an einem Theaterprojekt der JVA Siegburg drückt das so aus: Das Theaterspielen gebe ihm Gelegenheit zu zeigen, „dass ich mehr drauf habe, als Scheiße zu bauen". Die ständige Betonung der Schuld, die der Gefangene durch seine Tat auf sich geladen hat, hält die Vorherrschaft des Gewesenen über das Kommende aufrecht. Gefühle von Schuld und Scham sind zutiefst menschliche Regungen, die wir auch dann vom Straftäter erwarten müssen, wenn wir wissen, dass es keinen zwingenden Zusammenhang zwischen Reue und Besserung gibt. Auf Dauer gestellt und zur Struktur des therapeutisierten Gefängnisses geronnen, setzt die permanente Betonung der Schuld die Fähigkeit zu hoffen und nach vorne zu schauen außer Kraft. Wir vermitteln dem Gefangenen das Gefühl, als sei seine gesamte Zukunft bereits Vergangenheit. Die Reduktion auf denjenigen, der die Tat begangen hat und deswegen ein reparatur- und hilfsbedürftiges Mängelwesen ist, muss ihm so vorkommen, als würde die Vergangenheit am Scharnier der trüben Gefängnisgegenwart einfach nach vorne umgeklappt. Erst durch die psychologisch unwahrscheinliche, moralisch aber unverzichtbare Geste des Verzeihens und die Entdeckung von positiven Fähigkeiten wird der Vorrang des Vergangenen aufgelöst und dem Täter die Freiheit zu einem anderen Anfang zurückgegeben.

Genau hier liegt die Bedeutung von kulturellen Projekten wie Schreib- und Theaterwerkstätten im Gefängnis. Gefangene, die aus dem Labyrinth krimineller Wiederholungszwänge heraus und in ein straffreies Leben zurück gefunden haben, berichten häufig von einem *Schlüsselerlebnis*, das ihrem Leben eine andere Wendung gegeben hat. Wilhelm Genazino hat in einem Bericht über eine Literatur-Gruppe, die er in den 80er Jahren in einem Bremer Gefängnis durchgeführt hat, darüber nachgedacht, was das sein könnte – ein *Schlüsselerlebnis*. Es ist auf jeden Fall etwas, was im geregelten Ablauf einer Therapie eher selten vorkommt und das man Menschen durch noch so ausgefeilte therapeutische Techniken nicht vermitteln kann. Ein Schlüsselerlebnis ist ein individueller geistig-emotionaler Akt, der aufgrund seiner einmaligen inneren Stärke eine Fixierung – zum Beispiel an Drogen, an ein eingeschliffenes Muster kriminellen Agierens oder ein „perverses Skript" – aufheben kann. Ein *Schlüsselerlebnis* ist etwas, was nicht von anderen oder von außen kommen kann; man muss es selbst zulassen oder sogar herbeiführen. Nötig ist dazu jenes „zögernde Geöffnetsein" des Bewusstseins, von dem Siegfried Kracauer einmal gesprochen hat, eine Haltung, die man auch als *aktives Warten* bezeichnen könnte: Wer sich nach einem Schlüsselerlebnis sehnt, wird eines Tages auch eines haben können. Umgekehrt wird man mit Seneca sagen können: „Wer nicht weiß, welchen Hafen er ansteuert, für den ist kein Wind günstig."

Natürlich kann man sein Leben auch im Gefängnis und trotz des Gefängnisses ändern. Was Imre Kertész in seinem Galeerentagebuch geschrieben hat: „Gott kann man überall finden, sogar in der Kirche" lässt sich auch auf unseren Kontext übertragen: Man kann sein Leben überall ändern, sogar im Rahmen einer vom Gefängnis auferlegten oder gar erzwungenen Therapie! Wenn das gelegentlich der Fall ist, dann ist es einem Moment der Faszination geschuldet, der persönlichen Übertragung zwischen zwei Menschen oder einer bestimmten glücklichen Gruppenkonstellation. Ein Schlüsselerlebnis kann sich ereignen, wenn ich die Erfahrung mache, dass mir jemand „grundlos" solidarisch zur Seite springt, wenn ich irgendwo Schwäche zeigen konnte, ohne Stärke zu provozieren; wenn mir plötzlich in einem Gespräch „ein Licht aufgeht" und ich ein so genanntes „Aha-Erlebnis" habe; wenn es mir gelingt, über meinen Schatten zu springen und mich als jemanden zu erleben, der seine noch nicht gelebten Möglichkeiten entfaltet und über sich hinauswächst.

Scheinbar therapieferne, „zweckfreie" Aktivitäten in den Bereichen Sport, Spiel, Kunst und Kultur können Suchbewegungen nach einem *Schlüsselerlebnis* mitunter beiläufig zu einem Ziel führen. Sie wirken gerade deswegen, weil sie nichts bewirken wollen. Würde man den Teilnehmern einer Kochgruppe oder eines Sport-Projekts verkünden, sie würden beim gemeinsamen Herstellen einer Speise oder im gemeinsamen Spiel ihre „sozialen Kompetenzen" und ihre „emotionale Intelligenz" verbessern, würden sich diese Aktivitäten selbst um das Geheimnis ihrer Wirkung bringen. *Schlüsselerlebnisse* sind gewissermaßen Gratisbeigaben von Aktivitäten, die kein „um ... zu" verfolgen, keinem ökonomischen Effizienz- oder pädagogisch-therapeutischen Nützlichkeits-Kalkül unterliegen. Ihr Zweck fällt mit ihrer Ausübung und der Befriedigung zusammen, die man bei ihrer Verrichtung empfindet – auch wenn sie Anstrengung und Mühe erfordern.

Gerade das „macht" manchmal etwas mit Menschen, was darauf verzichtet, etwas mit ihnen „machen" zu wollen.

Zumindest von einem der vierzehnhundert Zuschauer, die im November 1957 bei der Aufführung von *Warten auf Godot* in San Quentin dabei gewesen sind, können wir gewiss sein, dass diese Theater-Erfahrung für ihn zu einem „Schlüsselerlebnis" wurde. Der lebenslänglich dort einsitzende Rick Cluchey gründete daraufhin eine Gefängnistheatergruppe, schrieb für diese über dreißig Stücke und spielte natürlich auch Beckett. Freigekommen, traf Cluchey Beckett in Paris und arbeitete gelegentlich mit ihm zusammen. Ich habe erlebt, dass ein junger Aramäer, der wegen zahlreicher Körperverletzungsdelikte einsaß, im Anschluss an die szenische Lesung eines Schauspielers zu mir kam und ganz ergriffen und aufgewühlt war. Er hatte eben erfahren und erlebt, dass man Aggressionen symbolisch ausdrücken und damit „wegarbeiten" kann, ohne anderen Menschen zu schaden, ja mehr noch: indem man sie spannend unterhält. Das Anti-Aggressions-Training, das er zuvor durchlaufen hatte, hatte dieses Aha-Erlebnis nicht bewirkt, aber vielleicht den Boden bereitet, auf dem das Samenkorn der Lesung nun aufgehen konnte. Von anderen Gefangenen weiß ich, dass sie tief beeindruckt waren, von der Klugheit und Bescheidenheit eines berühmten Schriftstellers, der zwischen Weihnachten und Neujahr zu ihnen in die JVA gekommen war, um aus seinem neuen Roman zu lesen und mit ihnen zu diskutieren. Jenseits des gelesenen Textes vermittelte er als Mensch: Man muss herausfinden, was für einen das Richtige ist, und daran dann beharrlich festhalten. Auch wenn man damit keine Reichtümer erlangt, kann es zur Basis eines erfüllten und gelingenden Leben, ja von so etwas wie Glück werden.

Nachdem ich mit einer größeren Gruppe von Gefangenen den Film *Woyzeck* gesehen hatten, den Werner Herzog 1979 nach dem Dramenfragment von Georg Büchner gedreht hat, merkte ich am Ende des Filmabends, dass ein Gefangener sehr aufgewühlt und verstört wirkte. Er hatte in einem Zustand *dissoziativer Trance* seine Frau getötet und keine genaue Erinnerung an die Tat. Es war ihm zunächst nur das vage Nachgefühl geblieben, dass irgendetwas Schreckliches passiert war. Nun war er in Gestalt des Woyzeck, der seine Marie ersticht, gewissermaßen sich selbst begegnet. In den folgenden Tagen haben wir stundenlang über die Tat und ihre Vorgeschichte gesprochen, die sich der Gefangene nun aneignen und zu *seiner Tat* machen konnte. Aus dieser Auseinandersetzung ist ein Text entstanden, der mit Einwilligung des Gefangenen unter dem Titel *Ein zeitgenössischer Woyzeck* in der Wochenzeitung *Der Freitag* vom 25. Februar 2010 erschienen ist.

Als das Stadttheater zum ersten Mal in Butzbach gastierte, kam es zu einem eigentümlichen Missverständnis. Von den rund 100 Gefangenen, die an der Veranstaltung teilnahmen, waren 98 noch nie im Theater gewesen und wussten daher nicht, wie das mit dem Applaus funktioniert und dass Schauspieler die Wertschätzung ihrer Leistung an der Anzahl der „Vorhänge" messen. Die Gefangenen sprangen am Ende des Stückes begeistert auf und klatschten heftig. Dann zogen sich die Schauspieler mitten im Applaus hinter den Vorhang zurück. Die Gefangenen dachten: „Komisch, diese Schauspieler, hauen einfach ab!", und hörten auf zu klatschen. Die Schauspieler wiederum standen hinter dem Vorhang und dachten: „Was ist denn nun los? Hat ihnen das Stück nicht gefallen?" Später sprachen alle miteinander und das Missverständnis löste sich in einem gemeinsamen Gelächter auf.

Butzbach ist seit Thomas Bernhards Stück „Der Theatermacher" in Theaterkreisen ein Synonym für Trost- und Ausweglosigkeit. Christoph Marthalers Theaterstück „Riesenbutzbach", das im Titel auf Thomas Bernhard und den Gefängnisstandort Butzbach in Hessen Bezug nimmt, wurde 2010 in Wien uraufgeführt. Arbeitslose und Bankrotteure in Trainingshosen und schäbigen Pullovern sitzen gähnend in Wartezonen und in leeren Garagen, die einst ihre Autos beherbergten, und bewegen sich über einen schäbigen Teppich wie die Models in einer dieser unsäglichen Casting-Shows über den Laufsteg. Leise singen die Protagonisten den Gefangenenchor aus Ludwig van Beethovens Oper „Fidelio". Statt „o welche Freude" heißt es bei Marthaler „o welche Not". Eine Fernsehfassung dieses Stückes habe ich mit Butzbacher Gefangenen angeschaut. Es hat – gerade weil es Geduld und Verständnis einiger Zuschauer überstrapaziert hat – heftige Reaktionen und Diskussionen ausgelöst und so auf seine Weise auch etwas bewirkt und in Gang gesetzt. Das Stück enthält in seiner radikalen Thematisierung von Sinnlosigkeit und Leere mehr Wahrheit, als man auszuhalten imstande ist, wenn man sich selbst in einer Position der Sinnlosigkeit und Leere befindet.

Nun könnte man auf den Gedanken kommen und sagen: „Wenn *Schlüsselerlebnisse* kleine und große Wunder hervorrufen, dann lasst sie uns synthetisch herstellen und in Serie produzieren!" Doch genau an dieser Stelle wird es brenzlig und kompliziert. Kunst ist kein Ding von Kausalitäten; auch keine erzieherischmenschheitsveredelnde Wunderlampe. Sie hat die Kraft, große Wirkungen zu erzielen. Sie weiß meist nicht einmal, dass sie über diese Kraft verfügt. Wüsste sie es, drohte sie sie einzubüßen. In den künstlerischen Projekten ist etwas verborgen, das sich verflüchtigt, wenn man es dingfest machen und für die politische oder pädagogisch-therapeutische Verwertung zurechtrücken möchte. Es ist ein bisschen wie im Märchen, wo die Zauberfee verschwindet, sobald man sie barsch bei ihrem Namen nennt. Reinhard Kahl berichtet in der ZEIT (Zauberworte der Bildung, Nr.22 – 2007) über Tanzprojekte, die der englische Choreograph Royston Maldoom mit Kindern rund um die Welt durchführt – mit Straßenkindern in Äthiopien, traumatisierten Jugendlichen aus Bosnien oder sogenannten *Problemschülern* in Berlin und Hamburg. Sie sind ein Beispiel dafür, dass ihre mitunter erstaunliche Wirkung nur ein Nebenprodukt ist. Maldoom versteht das, was er tut, nicht als Pädagogik oder Sozialarbeit, sondern dezidiert als Kunst. Er tanzt mit Kindern und Jugendlichen um des Tanzes und der Schönheit willen, und während die Kinder und Jugendlichen tanzen, entdecken sie ungeahnte, bislang verschüttete Potenziale. Die Erfahrung, dass jemand an einen glaubt, kann dazu führen, dass jemand wieder oder zum ersten Mal an sich selbst glaubt. Das solcherart geweckte und gewachsene Selbstbewusstsein kann in der Folge auf andere, weit entfernte Lebensgelände ausstrahlen und so das ganze Leben verändern. Versucht man nun, den Tanz als Mittel zu instrumentalisieren, tritt laut Kahl „ein pädagogischer Midas-Effekt ein. Der antike König, der sich gewünscht hatte, dass alles, was er anrührt, zu Gold werde, hätte verhungern müssen, wenn sich die Götter seiner nicht erbarmt hätten. So geht es auch immer wieder der Schule. Sie vereitelt das Lernen, wenn sie die Welt zu Schulstoff zermalmt. Wenn das Ergebnis all der Aktivitäten schon vor dem Anfang feststeht, warum soll man sich eigentlich noch auf den Weg machen? Lernziele, die nur noch erfüllt werden müssen, geben der Welt einen faden Geschmack. Sie wird nicht zu Gold, sondern zu Pappe."

Erwachsene und Lehrer müssen es schaffen, Kinder und Jugendliche mit ihrer Leidenschaft anzustecken und mitzureißen. Nur so kann es gelingen, die in ihnen schlummernden besseren Möglichkeiten aus ihnen herauszulocken und zur Entfaltung zu bringen. Dasselbe gilt für das Personal von Gefängnissen im Umgang mit den Inhaftierten. Von in Routine erstarrten Mitarbeitern, die alles bereits zu kennen glauben und darauf warten, dass es Abend wird und das goldene Zeitalter der Pensionierung anbricht, ist Enthusiasmus wohl schwerlich zu erwarten. Und auch im Rahmen mürrisch erbrachter externer Dienstleistungen oder routiniert abgespulter Therapie-Module wird es zu *Schlüsselerlebnissen* und Therapie-Erfolgen schwerlich kommen. Wir benötigen in unseren Gefängnissen mehr Theater-, Musik- und Kochgruppen, Chöre, Film-, Kunst- und Kulturprojekte, Philosopie-AG's und politische Gesprächsgruppen, Laufgruppen und Jonglier-kurse und enthusiastische Menschen von draußen, die bereit sind, sich für die Aufgabe, Straftäter für die Gesellschaft zurückzugewinnen, zu engagieren und sich als Menschen in die Waagschale zu werfen. Auch all die Trainingsprogramme, all die Einzel- und Gruppentherapien und sonstigen im engeren Sinn therapeutischen Bemühungen haben ihre Berechtigung und können durchaus Erfolge vorweisen, aber wir sollten die Chancen nicht leichtfertig ignorieren, die in scheinbar zweckfreien, im weitesten Sinne kulturellen Projekten liegen. Diese fristen in unseren Gefängnissen ein Nischen- und Schattendasein, genießen kaum Wertschätzung und werden allzu oft auch finanziell stiefmütterlich behandelt.

Vergessen wir nicht die Einsicht von Nelson Mandela: „Es heißt, dass man eine Nation erst dann wirklich kennt, wenn man in ihren Gefängnissen gewesen ist. Eine Nation sollte nicht danach beurteilt werden, wie sie ihre höchsten Bürger behandelt, sondern ihre niedrigsten."

*Anmerkung*

1 Am 19. März 2009 kamen Schauspieler des Stadttheaters Gießen in die JVA Butzbach, um dort vor circa 100 Gefangenen eine szenische Lesung von Warten auf Godot
aufzuführen. Den ersten Teil des nun folgenden Textes habe ich für eine Art Pro-
grammheft geschrieben, das die Gefangenen zur Einstimmung auf den Beckett-Abend
erhalten haben.

# Jahresrückblick

*Jutta Roitsch*

# Grundrechte – gemessen und gewichtet
## Das Bundesverfassungsgericht setzt neue Maßstäbe zum „menschenwürdigen Existenzminimum" für schulpflichtige Kinder in der Grundsicherung

In diesem Jahr hat das Bundesverfassungsgericht wieder einmal Standards gesetzt: In dem Urteil vom 9. Februar 2010 (BVerfG, 1 BvL 1/09 u.a.) fordert der 1. Senat den Gesetzgeber auf, schulpflichtigen Kindern in der Grundsicherung (im Volksmund: Hartz IV) ein eigenständiges „menschenwürdiges Existenzminimum" zu gewähren.[1] Auch besonders benachteiligte Kinder sollen im Sozialstaat so aufwachsen können, dass sie ihr Leben eigenverantwortlich und chancenreich gestalten können. Die Richter eröffneten den rund 1,7 Millionen Kindern aus Hartz IV-Familien in der Verknüpfung von Artikel 1 (Menschenwürde) und Artikel 20 des Grundgesetzes (Sozialstaat) ein Recht auf Bildung, Ausbildung und Arbeit, auf gesellschaftliche Teilhabe, räumten aber gleichzeitig dem Gesetzgeber einen breiten Gestaltungsspielraum ein.

Die zu den schulpflichtigen Kindern bemerkenswert klaren Sätze in dem Urteil lauten:

„ Notwendige Aufwendungen zur Erfüllung schulischer Pflichten gehören zu ihrem existenziellen Bedarf. Ohne Deckung dieser Kosten droht hilfebedürftigen Kindern der Ausschluss von Lebenschancen, weil sie ohne den Erwerb der notwendigen Schulmaterialien, wie Schulbücher, Schulhefte oder Taschenrechner, die Schule nicht erfolgreich besuchen können. Bei schulpflichtigen Kindern, deren Eltern Leistungen nach dem Sozialgesetzbuch Zweites Buch beziehen, besteht die Gefahr, dass ohne hinreichende staatliche Leistungen ihre Möglichkeiten eingeschränkt werden, später ihren Lebensunterhalt aus eigenen Kräften bestreiten zu können." Und um keine Missverständnisse im föderalen Gestrüpp Deutschlands aufkommen zu lassen, weisen die Richter die Verantwortung für die „hinreichenden staatlichen Leistungen" dem Bundesgesetzgeber zu: „Die nachgeschobene Erwägung der Bundesregierung, dass die Bedarfsdeckung in soweit den Ländern obliege, weil diese für das Bildungswesen zuständig seien, ist nicht tragfähig." Der Bundesgesetzgeber habe nicht nur von der konkurrierenden Gesetzgebung Gebrauch gemacht, die Entstehungsgeschichte des SGB II belege darüber hinaus, „dass der Bundesgesetzgeber im Sozialgesetzbuch Zweites Buch das Existenzminimum vollständig sichern wollte. Der Bund trägt dementsprechend die Verantwortung für die Sicherstellung des gesamten menschenwürdigen

Existenzminimums". Diesen Gedanken nehmen die Richterinnen und Richter des 1. Senats im weiteren Verlauf der Urteilsbegründung wieder auf, wohl wissend, dass der 2. Senat des Gerichts in den letzten acht Jahren die Machtbalance zwischen dem Bund und den Ländern fundamental zu Gunsten der Länder verschoben hat, insbesondere in der Bildungspolitik. Nun aber ist der Bund in der Pflicht: „Vor allem ist ein altersspezifischer Bedarf für Kinder einzustellen, welche die Schule besuchen. Wie bereits ausgeführt, macht die Zuständigkeit der Länder für das Schul- und Bildungswesen die fürsorgliche Berücksichtigung dieses Bedarfs nicht entbehrlich. Die Zuständigkeit der Länder betrifft überdies den personellen und sachlichen Aufwand für die Institution Schule und nicht den individuellen Bedarf eines hilfebedürftigen Schülers. Der Bundesgesetzgeber könnte erst dann von der Gewährung entsprechende Leistungen absehen, wenn sie durch landesrechtliche Ansprüche substituiert und hilfebedürftigen Kindern gewährt werden. Dann könnte eine einrichtungsbezogene Gewährung von Leistungen durch die Länder, zum Beispiel durch Übernahme der Kosten für die Beschaffung von Lernmitteln oder durch ein kostenloses Angebot von Nachhilfestunden, durchaus ein sinnvolles Konzept jugendnaher Hilfeleistungen darstellen, das gewährleistet, dass der tatsächliche Bedarf gedeckt wird. Solange und soweit dies jedoch nicht der Fall ist, hat der Bundesgesetzgeber (...) dafür Sorge zu tragen, dass mit dem Sozialgeld dieser zusätzliche Bedarf eines Schulkindes hinreichend abgedeckt ist."

Das Urteil steckt voller Anspielungen auf Möglichkeiten. Es enthält Angebote an die Politik, die festgefahrenen Gleise zu verlassen und die strikten Abgrenzungen von Bildungs-, Sozial- und Arbeitsmarktpolitik zu überwinden. Aber vor allem stellen die Richter Fragen, auf die sie überzeugende und nachvollziehbare Antworten einfordern. Transparenz ist ihr Schlüsselwort: Wie ist ein alterspezifischer Bedarf für schulpflichtige Kinder zu ermitteln und wer ist im föderalen Geflecht in Deutschland dafür verantwortlich: Das Bildungs-, Arbeits- oder Familienministerium, die Sozial- und Bildungsministerien der Länder oder ein von den Regierungen unabhängiges Gremium? Auf welchem Weg soll der Bedarf gedeckt werden? Durch eine allgemeine Kindergrundsicherung oder mehr Geld an die Eltern, die staatliche Transferleistungen bekommen, oder durch Gutscheine für Nachhilfe, Sportvereine oder die Musikschule? Lösungswege deuten die Richter nicht an, setzen jedoch eine äußerst knappe Frist und behalten sich mit Entschiedenheit Kontrollrechte vor.

Welch eine Chance hat das Urteil des ersten Senats geboten, aus den erschöpfenden Diskussionen über Tests, Schülerkompetenzen, Leistungsspreizungen und Quintile auszubrechen und über Kinder im Sozialstaat anhand der Fakten des diesjährigen Nationalen Bildungsberichts oder der Daten zur Kinderarmut wie der immer noch nicht gelungenen Integration der kleinen Migrantinnen und Migranten in Deutschland zu debattieren. Welch eine Chance auch für die Bundesregierung und die Ministerpräsidenten der Länder, sich auf „Bildungsgipfeln" auf ein „sinnvolles Konzept jugendnaher Hilfeleistungen" zu verständigen und auf die seit der Föderalismusreform eingeübten Machtspiele zu verzichten.

Kaum verkündet lagen die ersten Reaktionen auf das Urteil auf dem Tisch. Das Bündnis Kindergrundsicherung, in dem von der Arbeiterwohlfahrt über den Kinderschutzbund bis zur Gewerkschaft Erziehung und Wissenschaft acht Verbände und namhafte Wissenschaftler wie Wissenschaftlerinnen vertreten sind, begrüßte das Urteil als einen ersten Schritt. „Es ist schon lange klar, dass die gültigen Regelsätze für Kinder im Sozialgeldbezug den wirklichen Bedarf nicht decken," sagte der AWO-Bundesvorsitzende Wolfgang Stadler. „ Ein etwa achtjähriges Kind kann von 251 Euro im Monat nicht vernünftig ernährt und gekleidet werden, geschweige denn am normalen Leben seiner Altersgruppe teilnehmen".[2] Heinz Hilgers vom Kinderschutzbund machte seinerseits darauf aufmerksam, dass höhere Regelsätze für Kinder nicht die „gravierenden Systemmängel unserer derzeitigen Familienförderung" lösten. Das Bündnis knüpfte an das Urteil die Erwartung an einen „mutigen Systemwechsel" zu einer Kindergrundsicherung in Höhe von 502 Euro. „Die Kinder von geringverdienenden oder langzeitarbeitslosen Eltern brauchen endlich eine bedarfsdeckende Förderung, um mit all ihren Potenzialen in unsere Gesellschaft hinein zu wachsen". So die Sprecher des Bündnisses am Tag der Verkündung.

Auffallend schnell zogen auch die Fraktionen nach, die die „Agenda 2010" und die Gesetze, über die das Verfassungsgericht befinden musste, in der rotgrünen Regierungszeit unter Bundeskanzler Gerhard Schröder beschlossen hatten. Am 10. Februar legte die Bundestagsfraktion von Bündnis 90/Die Grünen einen Antrag vor (Drucksache 17/675), den Sozialstaatsauftrag „sofort zu erfüllen" und bedarfsgerechte Regelsätze für Kinder und Erwachsene „jetzt" zu ermöglichen. Von einer Kindergrundsicherung ist in dem Antrag der Grünen nur für die Zukunft die Rede, vielmehr solle die Bundesregierung „prüfen, in welchen Bereichen die allgemeine, bedürfnisunabhängige Bereitstellung von Sachleistungen wie Schulbüchern besser als Geldleistungen eine chancen- und bedarfsgerechte Teilhabe von Kindern und Jugendlichen am gesellschaftlichen Leben gewährleisten." Am 2. März folgten die Sozialdemokraten mit einem Antrag (Drucksache 17/880), in dem die eigenen Fehler und Versäumnisse geschickt umgangen wurden. Die Kritik des Gerichts bezöge sich in erster Linie auf das „nicht immer transparente und nachvollziehbar begründete Verfahren" zur Berechnung der Regelsätze sowie die fehlende eigenständige Ermittlung der Bedarfe von Kindern. Mit der Forderung des Gerichts nach einem „menschenwürdigen Existenzminimum" tun sich die Sozialdemokraten schon schwerer, sind da doch die Millionen Arbeitnehmer und Arbeitnehmerinnen (vor allem), die unter oder nahe bei den Hartz IV-Sätzen liegen, und die uneingelösten Wünsche nach gesetzlichen Mindestlöhnen, damit „der Abstand der Erwerbseinkommen zu den Sozialleistungen stabilisiert und gestärkt wird": Erwerbsarbeit und Leistung beherrschen nach wie vor das Denken der Sozialdemokraten. Dennoch enthält der Antrag zumindest zwei bemerkenswerte Anregungen. Zur künftigen Entscheidungsfindung für die Hartz IV-Sätze solle erstens beim Bundesarbeitsministerium eine Kommission unter Beteiligung des „Deutschen Vereins für private und öffentliche Fürsorge", Wissenschaftlerinnen und Wissenschaftlern, den Sozial- und Wohlfahrtsverbänden und allen Fraktionen des Deutschen Bundestages eingesetzt werden. Und zweitens wird von der SPD eine „Nationale Bildungsinitiative" vorgeschlagen, in der „verbesserte Standards für alle Kinder und Jugendlichen vereinbart werden". Zu den Standards zählen die Sozialdemokraten nicht nur die gebührenfreie, ganztägige vorschulische Bildung, das kostenlose warme Mittagessen in Kitas und Schulen, sondern auch den kostenlosen Förderunterricht bei Gefährdung der Versetzung: Ein langer Katalog, der „nicht mit dem Verweis auf die Zuständigkeiten der Länder verhindert werden" dürfe.

Auffallend zurückhaltend blieben die Reaktionen aus den zuständigen Bundesministerien und den Regierungsfraktionen von CDU/CSU und FDP. Das Pathos des Koalitionsvertrages vom Herbst 2009, in dem der „Bildungsarmut" der „Kampf" angesagt und die „Bildungsrepublik Deutschland" ausgerufen wurde, hat sich Tage, Wochen und Monate nach dem Karlsruher Urteil verflüchtigt. So sei aus gegebenem Anlass an Sätze dieses Vertrages erinnert: „Bildung ist eine Bedingung für die innere und äußere Freiheit des Menschen. Sie schafft geistige Selbständigkeit, Urteilsvermögen und Wertebewusstsein. (...) Bildung ist Voraussetzung für umfassende Teilhabe des Einzelnen in der modernen Wissensgesellschaft. Bildung ist daher für uns Bürgerrecht." Sollten die Verfassungsrichter diese volltönenden Sätze gelesen haben? Wähnten sie die Schülerinnen und Schüler aus dem untersten Quintil der Bevölkerung in dieser Koalition in besseren, kinderfreundlicheren Händen? Oder glaubt der 1. Senat ernsthaft, er könne mit diesem Urteil dem Bund wieder bildungspolitische Verantwortung übertragen, für gleichwertige Lebensverhältnisse in Deutschland zu sorgen und sei es auch „nur" für die Kinder aus Hartz IV-Familien? Ein irritierender Gedanke, der einen Rückblick notwendig macht.

Den Auftrag, „Bildung als Bürgerrecht" tatsächlich und wirksam in der „Bildungsrepublik Deutschland" um- und durchzusetzen, hatte eine andere schwarzgelbe Regierung, nämlich die unter Helmut Kohl, bereits 1994 aufgegeben. Damals stimmten CDU/CSU und FDP (nicht zu vergessen: mit Justizministerin Sabine Leutheusser-Schnarrenberger) einer einschneidenden Änderung des Grundgesetzes zu. Aus dem bis dahin breit auslegbaren Auftrag an den Bund, für „einheitliche Lebensverhältnisse" zu sorgen, wurde ein stark beschnittener, vom

Bundesverfassungsgericht stets (auch inhaltlich) überprüfbarer Auftrag, für „gleichwertige Lebensverhältnisse", vorzugsweise im Bereich der Wirtschaft und des Arbeitsmarktes zu sorgen. Eine gesamtstaatliche Verantwortung für das Aufwachsen von Kindern und Jugendlichen in dieser „Bildungsrepublik" geriet aus dem Blick , viel schlimmer noch, in den Strudel der Reform des deutschen Bundesstaats. Diese Reform wurde massiv und nahezu unbeachtet von einer kritischen Öffentlichkeit von der FDP-nahen Friedrich Naumann Stiftung und arbeitgebernahen Stiftungen betrieben und vom 2. Senat des Bundesverfassungsgerichts seit 2002 in mehreren Urteilen sanktioniert. Mit der so genannten Föderalismusreform I schließlich setzte die große Koalition unter Bundeskanzlerin Angela Merkel 2006 der langen Ära des kooperativen Bundesstaats offiziell ein Ende. In der neuen Ära des föderalen Wettbewerbs und der Ungleichheit als Element des Bundesstaats (seit 2002 nennt es das Bundesverfassungsgericht „partikulare Differenz") hat der Bund keine direkten Gestaltungsmöglichkeiten mehr in der Bildungspolitik.[3] Auch die unmittelbare Kooperation von Bund und Kommunen ist seither blockiert, was unmittelbare Auswirkungen auf die Um- und Durchsetzung der Sozial-, Familien-, Jugend- oder Arbeitsmarktpolitik hat. Ob die punktuelle Rücknahme des Kooperationsverbots durch die Grundgesetzänderung für die Jobcenter hier wieder Wege zur Zusammenarbeit öffnet, ist offen. Festzuhalten bleibt: An den Ministerpräsidenten der Länder vorbei geht in diesen gesellschaftspolitischen Feldern nichts mehr. Und sie denken nicht daran, die gewonnene und vom 2. Senat des Bundesverfassungsgerichts bestätigte Macht wieder abzugeben. Die Auftritte der „Länderfürsten" auf dem diesjährigen „Bildungsgipfels" im Bundeskanzleramt und im Bundesrat ließen keine Zweifel aufkommen: Die Ministerpräsidenten verlangen vom Bund dauerhaft mehr Geld, zum Beispiel aus der Umsatzsteuer. Wenn die Bundesregierung eine bildungspolitische Duftnote setzen will (wie z.B. das Elite-Stipendien-Programm), dann lassen sich die Ministerpräsidenten ihre Zustimmung abkaufen. Ihre Tricksereien werden allerdings immer unverfrorener, wie das Beispiel der Universität Lübeck zeigt: Das Land will die Medizin-Studienplätze dieser einstigen Medizinischen Hochschule einsparen, der Bund will sie angesichts des Ärztemangels erhalten. Da es eine bildungspolitische Bundesrahmenkompetenz nicht gibt, geht das Ministerium einen Umweg. Aus einem von Bund und Ländern gemeinsam finanzierten Forschungsinstitut wird ein Institut, das der Bund zu 90 Prozent finanziert und schon stimmt beim Kieler Landesfürsten wieder die Kasse. Ob die ehrwürdigen Forschungsgesellschaften mit dem Namen von Leibniz und Helmholtz sich diese abenteuerlichen Spielchen gefallen lassen?

So wie die Dinge in der „Bildungsrepublik Deutschland" liegen, ist der Handlungsspielraum der Bundesregierung, den schulpflichtigen Kindern aus den „Bedarfsgemeinschaften" ein „menschenwürdiges Existenzminimum" zu sichern, gering: trotz der eindeutigen Zuweisung der Verantwortung durch den 1. Senat des Verfassungsgerichts. In den wenigen öffentlichen Kommentaren, die zu dem Urteil bislang vorliegen, halten sich die Juristinnen und Juristen auffallend zurück. Den weitesten Rahmen steckt die Darmstädter Jura-Professorin Anne Lenze ab: „Hier wurde ein neues Grundrecht auf Gewährleistung eines menschenwürdigen Existenzminimums aus der Taufe gehoben", schreibt sie.[4] Lenze sieht in dem Urteil „das Konzept eines verfassungsrechtlichen Teilhaberechts" aufschimmern, das erstmals 1972 in der berühmten Numerus Clausus- Entscheidung des Gerichts vertreten worden war. Damals hatte der 1. Senat die Grundrechte vermessen und einen neuen Standard gesetzt: „Je stärker der moderne Staat sich der sozialen Sicherung und kulturellen Förderung der Bürger zuwendet, desto mehr tritt im Verhältnis zwischen Bürger und Staat neben das ursprüngliche Postulat grundrechtlicher Freiheitssicherung vor dem Staat die komplementäre Forderung nach grundrechtlicher Verbürgung der Teilhabe an staatlichen Leistungen" (BVerfGE 33, S. 331). Teilhabe bedeutete damals, dass der Staat das Grundrecht auf freien Zugang zu Ausbildungsstätten, in diesem Fall den Universitäten und Hochschulen, auch tatsächlich zu gewährleisten hatte. Achtunddreißig Jahre später kündigt sich für Anne Lenze in der Entscheidung des Senats vom Februar ein „Teilhabegrundrecht für Kinder an, weil die staatliche Grundsicherungsleistung auch die Persönlichkeitsentfaltung des Kindes ermöglichen soll und erstmalig festgestellt wurde, dass zur Menschenwürde des Kindes auch gehört, dass es eine realistische Chance haben muss, seinen Platz in der Arbeitswelt zu finden, um ein Leben in Unabhängigkeit von staatlicher Alimentierung führen zu können."[5]

Doch der Aufbruch in eine große politische Debatte über Teilhabegrundrechte für Kinder, auf die Juristinnen wie Anne Lenze, aber auch das Bündnis Kindergrundsicherung gesetzt hatten, blieb aus. Niemand in der schwarz-gelben Bundesregierung lud zum öffentlichen Gespräch, das federführende Bundesarbeitsministerium tagte nach eigenem Gutdünken in internen Runden und kündigte konkrete Gesetzesvorlagen erst für den Herbst an, obwohl die Frist, die das Gericht setzte, am 12. Dezember 2010 abläuft.

Nur der Bundestagsausschuss für Arbeit und Soziales bat am 17. Mai zu einer öffentlichen Anhörung zu den grün-roten Drucksachen aus dem Februar und dem März. Zwölf Organisationen, Verbände und Wissenschaftlerinnen wurden 60 Minuten lang befragt: 21 Minuten standen der CDU/CSU zur Verfügung, 8 Minuten der FDP, 13 Minuten der SPD.... Immerhin durften sich die zwölf Eingeladenen vorab schriftlich äußern. Einen Einblick in ministerielles Gebaren gewährte die Bundesvereinigung der kommunalen Spitzenverbände, die bedauert, „dass nicht bereits unmittelbar nach dem Urteil des Bundesverfassungsgerichts eine Einbeziehung des Sachverstandes nicht nur der Länder, sondern auch der kommunalen Spitzenverbände als Experten erfolgt ist." Der „Deutsche Verein für öffentlich und private Fürsorge" vermisste den fachpolitischen Diskurs „ über einen zukünftigen ,intelligenten Mix' aus Regel-und Sachleistungen sowie infrastrukturelle Maßnahmen". Nicht zuletzt der Kinderschutzbund pochte darauf, dass es nicht nur um „Hartz IV-Kinder" gehen könne, sondern um die schwierigen Lebenslagen von Eltern in jenem untersten Quintil der Bevölkerung. „Um diese Eltern zu erreichen, bedarf es wertschätzender früher Hilfe, Unterstützung und Beratung. Durch die verallgemeinernde, diskriminierende und stigmatisierende Beschreibung von Leistungsempfängerinnen und Leistungsempfängern wird einer solchen wertschätzenden Zusammenarbeit indes häufig die Grundlage entzogen", hielt der Kinderschutzbund fest. Ein Protokoll der einstündigen Fragestunde lag auch zwei Monate nach der Anhörung nicht vor: Personalmangel, hieß es aus dem Ausschuss-Büro.[6]

Aus der Regierung und den Regierungsparteien gelangten weder Ideen noch Vorschläge an die Öffentlichkeit. Nach dem gescheiterten Bildungsgipfel ließ lediglich die zuständige Bundesarbeitsministerin Ursula von der Leyen über Presseinterviews durchblicken, dass sie die Vorgaben des Gerichts nun über die Sozialpolitik und nicht über die Bildungspolitik zu lösen gedenkt. „Die neuen Gelder für Bildung werden nicht über den Regelsatz ausgegeben, sondern in Leistungen vor Ort investiert," verkündete sie am 11. Juni über die Passauer Neue Presse. Das heißt nichts anderes, als dass künftig die Jobcenter (oder die kommunale Behörde) für die Genehmigung und Verteilung von Gutscheinen oder Sachleistungen zuständig sein werden: sie entscheiden, ob eine Musikschule für die Kinder aus dem untersten Quintil der Bevölkerung „angemessen" ist oder nicht, welcher Taschenrechner genehmigt wird und so weiter. Sie entscheiden, ob eine Nachhilfe bei einer gefährdeten Versetzung noch bezahlt wird, obwohl die Eltern oder die alleinerziehende Mutter aus dem Hartz IV-Bezug gerade herausgefallen sind.

Dieser Lösungsweg entfernt sich weit von einer grundsätzlichen bildungspolitischen Förderung hilfebedürftiger Kinder oder einer „wertschätzenden" Stärkung der Eltern, trotz Hartz IV in die Bildung ihrer Kinder zu investieren. Und diese Weichenstellung zeichnet sich in einem Jahr ab, in dem noch einmal in umfangreichen Berichten, Gutachten und wissenschaftlichen Studien dokumentiert worden ist, wie weit die unteren zwanzig Prozent der Bevölkerung bereits von der Mitte dieser Gesellschaft abgekoppelt sind und wie wenig es in den letzten zehn Jahren gelungen ist, ihre Kinder vom Kindergarten bis zur Schule so zu fördern, dass sie eine reale Chance auf ein selbstbestimmtes Leben haben. Der Nationale Bildungsbericht, der Integrationsbericht oder der Ländervergleich zu den sprachlichen Kompetenzen der Neuntklässler in Deutsch und Englisch bieten eine Fülle von Daten und Fakten, die zwar alle nicht neu sind, die aber bedrückend eindeutig belegen, dass die Ausgrenzung von Kindern und Jugendlichen der untersten Schichten weiter geht. Betroffen von gescheiterten Schulkarrieren, fehlenden Schulabschlüssen, mangelhaften Deutschkenntnissen und blockierten Zugängen zur beruflichen Ausbildung sind vor allen anderen die Kinder und Jugendlichen aus Familien mit türkischen oder arabischen Wurzeln. Ein „Teilhabegrundrecht" räumt ihnen diese deutsche Gesellschaft offenkundig nicht ein, auch wenn seit dem ersten Pisa-Vergleich vor zehn Jahren an vielen Ecken und Enden Programme und Projekte angefangen und beendet, neu gestrickt und wieder aufgerebbelt wurden. Aus all diesen Daten, Fakten und Modellversuchen könnte die Politik Handlungslinien entwickeln, um die starke soziale und eben auch ethnische Selektion im deutschen Bildungssystem zu beheben: An einer gravierenden Schwäche beispielsweise hat sich praktisch nichts geändert, wie der Bildungsforscher Jürgen Baumert nicht müde wird zu beklagen. „Wenn in der Grundschule die ersten Lernschwächen entdeckt werden, gibt es zu wenig Möglichkeiten, gezielt zusätzlich individuell zu fördern. Die Folge ist oft die Kumulation von Versäumnissen".[7] Es fehle an Flexibilität und schneller Hilfe. „Wir brauchen zusätzliche Lehrerstunden und sonderpädagogisches, sozialpädagogisches und psychologisches Personal," unterstrich der Wissenschaftler, der sich in diesem Jahr vom Max-Planck-Institut für Bildungsforschung in den Ruhestand verabschiedet hat.

Wie man es dreht und wendet: das „Teilhabegrundrecht" und das „menschenwürdige Existenzminimum" für hilfebedürftige Kinder hängt an der Institution Schule, an der Sozialpolitik wie der Bildungspolitik. Die Verantwortung für die Erfüllung des verfassungsgerichtlichen Auftrags liegt also keineswegs nur in Berlin bei der Bundesregierung, sondern auch bei den „Länderfürsten", den Kultusministern und den Kommunen. Niemand kann sich mit föderalen Zuständigkeiten und finanziellen Ausreden drücken. Nur: Wer beendet diesen föderalen Irrweg? Wer klagt sie ein, diese gesamtstaatliche Verantwortung für das würdige Aufwachsen aller Kinder und Jugendlichen?

Redaktionsschluss für den Text war am 30. Juli 2010.


*Anmerkungen*

1  Das Hessische Landessozialgericht hatte am 29. Oktober 2008 mit einem Aussetzungs-und Vorlagebeschluss das Verfahren in Gang gebracht. Es ging ihm im wesentlichen um die Höhe der Regelsätze für Erwachsene und Kinder sowie um das Berechnungsverfahren.
2  Pressemitteilung des Bündnis Kindergrundsicherung vom 9.Februar 2010 in Berlin.
3  Erstmals formulierte der 2.Senat diese Linie in dem Urteil zum Berufsbild der Altenpflege am 24. Oktober 2002, BVerfG, 2BvF 1/01. 2004 setzte der Senat diese Rechtsprechung im Urteil zum Hochschulrahmengesetz und den Studiengebühren fort: BVerfG, 2BvF 2/02 vom 27.7.2004

4  Anne Lenze, Hartz IV Regelsätze und gesellschaftliche Teilhabe, Das Urteil des BVerfG vom 9.2.2010 und seine Folgen. Expertise im Auftrag des Gesprächskreises Arbeit und Qualifizierung der Friedrich-Ebert-Stiftung, WISO Diskurs, Mai 2010, S.4

5  a.a.O., S. 14

6  Die schriftlichen Stellungnahmen finden sich auf der Website des Deutschen Bundestags bzw des Ausschusses für Arbeit und Soziales.

7  Interview im Berliner Tagesspiegel vom 22. Juni 2010

*Bernhard Hülsmann*

# Keiner ist ein bemerkenswerter Pädagoge

Es geht um Dr. Dieter Keiner – und er ist tot. Er starb am 28.12.2009. Die Mitteilung ist mir Anlass, ein paar Augenblicke der Erinnerung und des Andenkens an Dieter zu beanspruchen und das in der Öffentlichkeit, in der wir uns bewegten. Diese Bemerkungen sind mir zugleich auch deshalb ein Anliegen, weil ich mich zu ihm äußern möchte als Kollege und Freund, der einen Abschnitt des hochschulpolitischen Alltags mit ihm zusammen erfahren hat. Mit ihm und mit Ulla Bracht und es war Ulla, die ihn pflegte und die ihn in seinem Sterben begleitete. Ich danke ihr dafür. Wir kamen zusammen, weil wir ein Ziel hatten: wir wollten unseren Beitrag leisten, die Hochschule zu demokratisieren. Wir kamen uns über die Gewerkschaft näher. Über den Stadtverband der GEW Münster, der uns als Basis unserer hochschulpolitischen Aktivitäten diente und der für Dieter – als Mitglied in der Bundesassistentenkonferenz – eine wichtige Informationsquelle und Aktionsplattform war. Als „undogmatischer Linker", wie heute behauptet wird, leistete er den Transfer auf die Ebene von Hochschule und von der Hochschulebene zur Bundesassistentenkonferenz, zum Landesverband der GEW und wieder zurück in die Tagespolitik der Hochschule wie der Stadt Münster, in die Öffentlichkeit der WWU (den Senat) und die Fachbereichskonferenz und Institutskonferenz. Denn es waren Jahre der Öffentlichkeit und erst das HRG begann, die Formen der Öffentlichkeit zu demontieren und zu restaurieren, derer wir uns schon sicher zu sein glaubten.

Die Lehre, das war die Arbeit, für die „Akademische Räte" eingestellt wurden. Lehren das hieß, den Betreuungsbedarf den Studenten gegenüber zu personifizieren und damit den ordnungsgemäßen Ablauf des Studiums gewährleisten. Das war sein Alltag – neben der Hochschuladministration, der Gewerkschaft, den „Englisch Amerikanischen Studien"(EASt), der Politik. Dabei schien zunächst zu gelten: „Wer lehrt, der prüft" und die Räte und Assistenten erfreuten sich eine Weile weitgehender Gleichberechtigung – insbesondere in den Geistes- und Sozialwissenschaften und insbesondere an der WWU, die damals einen radikalen Prozess der Umstrukturierung von einer überlaufenen klassischen Universität zu einer orientierungslosen „Hochschule" durchmachte. Die Lehre galt es „anders" zu organisieren und das Instrument, das allmählich geschärft und geschliffen wurde (nicht zuletzt mit Hilfe der Naturwissenschaften) war die Kap VO: die Kapazitätsverordnung, mit deren Hilfe die Hochschulbürokratien versuchten, Ordnung und Hierarchie in die neuen Schulen hinüber zu retten. Dieter war ein

Pädagoge und kein „Akademiker" also kein Mensch, der glaubt, ein (akademischer) Titel mache ein Argument überzeugender, ermögliche, die „Wahrheit" einer These besser oder legitimer zu belegen und die Hierarchie eines Titels verändere die Überzeugungskraft einer Aussage. Er hielt es bis in die 90er Jahre prinzipiell zwar für nützlich aber auch zutiefst für überflüssig zu promovieren und sich auch auf diese formale Weise akademisch zu legitimieren. Er war als Kind von Dorf und Hof geprägt und in einer Situation xx unter Menschen aufgewachsen (in Ehringhausen, ein Dorf in Mittelhessen), die die Überlegenheit der Wissenschaft sehr genau von der Überheblichkeit von Titelträgern zu unterscheiden wussten. Und so gestaltete er auch unsere Fachbereichskonferenzen und Gremiensitzungen.

Die Gewerkschaft, sie war ein ungewohnter Organisationsrahmen im akademischen Milieu, wenn es darum ging, gesellschaftliche Regeln und Ansprüche durchzusetzen und der akademischen Konkurrenz Formen solidarischen Handelns entgegenzusetzen. Zusammen mit Dieter haben wir Strategien entwickelt, Formen sowohl politischer wie auch akademischer Solidarität zu organisieren und anzubieten, die selbst über standespolitische Differenzen hinweg handhabbar waren und so fand die Integration von Hochschule und Pädagogischer Hochschule statt, in der Hoffnung auf eine demokratische und kollegiale Reform. Dass das Illusion war, wurde spätestens klar, als die integrierten Hochschullehrer befanden, eine damals mögliche Überleitung des akademischen Mittelbaus komme nicht in Frage. Sein Antrag auf Überleitung wurde abgelehnt und er wurde hart daran erinnert, dass der formale Ritus der Initiation nach wie vor seine Gültigkeit behauptet. Die Erfahrung der Disqualifikation im Klassenkampf um Qualifizierung war ein wichtiger Hinweis, der u.a. auch ihn dazu bewog, die gewerkschaftspolitische Karte mit mehr Distanz und Vorsicht zu spielen und der letztlich auch ihn dazu veranlasste, seine Dissertation einzureichen.

EASt, die Englisch- Amerikanischen Studien, sie waren ein Herzstück seines Interesses an öffentlichem und wissenschaftlichem Diskurs. Es ist typisch für ihn, dass er den Diskurs, den er für nötig hielt, in einer von ihm gegründeten und heraus gegebenen Zeitschrift zu organisieren suchte. Er glaubte an ein internationales Forum, an eine Form des Austauschs, an der Wissenschaftler ebenso teilhaben konnten und sollten, wie auch Vertreter von Subkulturen. Und Kunst und Film hat er in diesen seinen Arbeiten ebenso zu Wort kommen lassen, wie er versucht hat, einen Einblick in die unterschiedlichen Perspektiven der akademischen wie der politischen Diskussion zu geben. Das Projekt EASt scheiterte – es musste vielleicht gerade deshalb scheitern, weil die Zeitschrift zu einem Zeitpunkt auf den Markt kam, der geprägt war, durch den Siegeszug der Maschine in den Geisteswissenschaften, des Computers. Einerseits Bedingung der Möglichkeit eine Zeitschrift XX(fast) als „ein Mann Projekt" zu planen, andererseits begannen sich die Zeichen zu mehren, dass mit dem Computer akademische Lehre und akademischer Habitus ebenso Geschichte geworden waren, wie die Universitas, zu deren Transformation Dieter seinen Beitrag nach „bestem Wissen und Gewissen" leistete. Die Politik, nicht nur die Bildungspolitik, hat er immer wieder zum Anlass genommen, sich zu Wort zu melden. Die Globalisierung und Kommerzialisierung von Bildung und XX Ausbildung waren ihm ein steter Fixpunkt kritischen Interesses. Er wandte sich in einem „Aktionsbündnis" gegen den Krieg und initiierte eine Kampagne zur Abschaffung der NATO. Er war in der „Neuen Linken" in städtischen wie auch in überregionalen Strukturen ein gefragter und kompetenter Gesprächspartner. Gerade auch als nach der Wende die theoretischen Positionen linker Politik eine Um- und Neuorganisation nötig erscheinen ließen, hat er sich als Ratgeber und sensibler Manager von organisiertem Bürgerwillen bewährt.

Ihm ist es sein Leben lang gelungen, ein individuelles Engagement wissenschaftlich, organisatorisch und persönlich aufrecht zu erhalten. Als Freund und Kollege danke ich ihm für seinen Einsatz. Er hat ihn viel gekostet

Keiner ist tot -

denn Dieter lebt in den Veränderungen, die er zu denken half!

*Armin Bernhard*

# Bewertung aus dem Hinterhalt – spickmich.de: Die Fortsetzung des gesellschaftlichen Vermessungswahns mit anderen Mitteln

Vorherrschend in der Gesellschaft ist gegenwärtig die Vorstellung, über Strategien der Vermessung, der Testierung und Evaluation künftige Entwicklungstendenzen so planen zu können, dass ihre Volkswirtschaft im Konzert der Länder der Europäischen Union im internationalen Maßstab nicht nur bestehen, sondern eine Spitzenposition erreichen kann. Schließlich hat sich die EU in der Lissabon-Erklärung das ambitionierte Ziel gesetzt, zum „wettbewerbsfähigsten und dynamischsten wissensbasierten Wirtschaftsraum der Welt" zu werden. Jenseits der von der Politik veranlassten Vermessung und Evaluierung der in unserem Bildungssystem erbrachten Leistungen, gewissermaßen in ihrem Schatten, entwickeln sich in den letzten Jahren ganz neue Kulturen bewertungsgesteuerter Öffentlichkeit und zwischenmenschlicher Kommunikation. Ermöglicht werden sie von einer Vermessungsindustrie, die sich den Planungs- und Prognostik-Rausch bildungspolitischer Vermessungsjunkies zunutze macht. Die von ihr zur Verfügung gestellten Internetportale verstehen sich als Plattformen der Aufklärung, die Verborgenes transparent machen sollen. Keine Willkür mehr soll in dieser brave new world obwalten, die Menschen sollen per Maus-Klick alles bewerten können, was ihnen in ihren alltäglichen Lebensvollzügen missfällt, selbst Gottesdienste und Sonntagspredigten werden inzwischen der Jagd in internetgestützten Beurteilungssystemen ausgesetzt. Die anonyme Bewertung des Lehrpersonals durch Schülerinnen und Schüler kennzeichnet *einen* Bestandteil aus dieser Trickkiste gesellschaftlicher Vermessungstechnologie, ihre Inanspruchnahme könnte die Kommunikation in pädagogischen Räumen nachhaltig verändern.

*I*

Wir beginnen unsere Betrachtung dieser besonderen Form anonymer Bewertung mit einem Beispiel aus einer Unterrichtssituation der 1970er Jahre. Diese dürfte zwar für diese Zeit nicht unbedingt repräsentativ sein, sie zeigt aber einen emanzipativen Spielraum an, der schulischen Interaktions- und Kommunikationsprozessen generell innewohnt und im Sinne eines beiderseitigen Zugewinns an Autonomie gestaltet werden kann:

259

1974, zehnte Klasse eines Gymnasiums in der Provinz, Deutschstunde, Gegenstand: Eine Kurzgeschichte von Siegfried Lenz. Ein Schüler ist erbost über den streng geführten Unterricht der Lehrerin, er fasst sich ein Herz und ergreift das Wort: „Ich finde es eine Ungeheuerlichkeit, wie Sie Ihren Unterricht führen!" Die anderen Schülerinnen und Schüler halten den Atem an: Wie wird die Lehrerin sich verhalten? Wird nun ein Vernichtungsfeldzug gegen den Schüler eingeleitet? Wie wird die Bestrafung aussehen? Die Lehrerin bleibt völlig ruhig und fordert den Schüler auf, seinen Vorwurf zu begründen. Der Schüler kommt dieser Aufforderung nach, die Lehrerin setzt sich mit seinen Argumenten auseinander und bezieht zunehmend die anderen Schülerinnen und Schüler mit ein. Über den Unterricht selbst wird gesprochen, über seine Ziele, seine Anlage, seine Methoden. Am Ende der Stunde haben beide Seiten ein Stück Autonomie realisiert. Die Schülerinnen und Schüler wurden durch dieses Lehrstück ermutigt, generell ihre Einsprüche zu formulieren. Die Lehrerin, die ihre Autorität zur Disposition gestellt hatte, hatte durch ihren offenen Umgang mit den Monita des Schülers an ihrem Unterricht an Reputation bei den Schülerinnen und Schülern gewonnen und ging in ihrer Sachautorität gestärkt aus dieser Situation hervor. In diesem Beispiel werden grundlegende Komponenten einer demokratischen Konfliktbewältigung in einer pädagogischen Situation deutlich. Ihr zentrales Charakteristikum ist die *offene Auseinandersetzung*, der *Dialog*, der die Voraussetzungen für die konstruktive Bearbeitung eines Konfliktes herstellte.

Die emanzipatorischen Pädagogik-Ansätze der 1960er und 1970er Jahre setzten auf die in diesem Beispiel mobilisierten Fähigkeiten und Bereitschaften aller am Erziehungs- und Bildungsprozess beteiligten Personen, die in ihrem Kontext auftretenden Probleme und Konflikte gemeinsam in einer demokratischen Weise zu bearbeiten. Eine zentrale Voraussetzung auf Seiten der Erziehungspersonen war die Fähigkeit zur Selbstreflexion und zur Selbstkritik, auf Seiten der zu Erziehenden die wachsende Selbstermächtigung in der Auseinandersetzung mit gesellschaftlichen Erwartungen und Anforderungen. Der pädagogisch zu unterstützende Vorgang der Emanzipation sollte die Mündigkeitspotentiale der Heranwachsenden aktivieren und ihre Selbstbestimmung ermöglichen. Nicht laissez-faire lautete das Prinzip, sondern – mit Kant – Anleitung zum eigenständigen, mutigen Gebrauch des eigenen Denkens. Als zentral wurde in diesem Ablöseprozess der heranwachsenden Generation von der erwachsenen die Art und Weise angesehen, in der Kinder und Jugendliche sich an der personalen Autorität der Erziehungspersonen abarbeiten konnten.

## II

Diese Schlüsselaufgabe der Erziehung, für sich genommen schon kompliziert genug, wird durch neue Formen des anonymisierten zwischenmenschlichen „Umgangs" erheblich erschwert, in denen das Prinzip der Abarbeitung der Heranwachsenden an wichtigen Bezugspersonen ihres sozialen Umfeldes aufgehoben erscheint. Aus der pfiffigen Idee einiger Jungunternehmer, die sich von dem in der Gesellschaft umgehenden Bewertungsvirus inspirieren ließen, wurde eine alternative zeitgemäße Form des Autonomiegewinns entwickelt. Warum in persönliche Auseinandersetzungen eintreten, in dem wir nur psychische Energie verschwenden, wenn uns doch nun die tollen technischen Vorraussetzungen einer risikoarmen Abrechnung zur Verfügung stehen? Die Rede ist von den in einer gesellschaftlichen Situation der Evaluationshysterie wie Pilze aus dem Boden schießenden Internetportalen zur anonymen Bewertung von Personen und Organisationen, in unserem Falle von dem Internetportal für Schülerinnen und Schüler „spickmich.de".

Im Jahr 2007 nahm dieses Forum seine Arbeit auf, geriet aber erst mit dem Urteil des Bundesgerichtshofes vom 23. Juni 2009 in die Schlagzeilen. An diesem Tag hatte der Bundesgerichtshof entschieden, dass Lehrerinnen und Lehrer nach wie vor im Internetportal des Netzwerkes spickmich.de von ihren Schülerinnen und Schülern beurteilt werden dürfen.[1] Die von der Gewerkschaft Erziehung und Wissenschaft unterstützte Klage einer Lehrerin gegen diese Form der anonymen Bewertung wurde mit der Begründung abgewiesen, das Grundrecht auf Meinungsfreiheit sei höher zu bewerten als das Persönlichkeitsrecht der Lehrerin. Dass durch dieses Urteil das *Grundrecht auf informationelle Selbstbestimmung* gravierend verletzt wurde, geriet im kulturindustriellen Rummel unter die Räder. Denn dieses Grundrecht räumt den Einzelnen das Recht ein, grundsätzlich selbst darüber bestimmen zu können, ob und in welcher Weise ihre personenbezogenen Daten verwendet werden. Im allerorten um sich greifenden Bewertungs- und Evaluierungsrausch wurde die juristisch nachträglich legitimierte Bewertung aus dem Hinterhalt zum Triumph freier Meinungsäußerung verklärt. Schließlich ist diese doch unabdingbarer Bestandteil einer funktionierenden Demokratie! Und mit den Internetportalen erfährt Demokratie eine weitere Stärkung, indem Schülerinnen und Schüler zur freien Meinungsäußerung ermuntert werden.

Das Konzept, mit dem das Internetportal arbeitet, ist durchaus schlichter Natur. In „spickmich.de", der „interaktivsten Schülerzeitung" (so die Betreiber auf ihrer Hompage), können Schülerinnen und Schüler ihre Schule sowie ihre Lehrkräfte bewerten und diesen – sozusagen als „Gegenleistung" zu den ihnen von ihren Lehrerinnen und Lehrern verabreichten Noten – ihrerseits Noten geben. Diese beziehen sich auf verschiedene Kategorien wie („sexy" „cool", „witzig", „beliebt", „motiviert" etc.), deren Bewertung in die Gesamtnote einfließen, die ab zehn Nennungen möglich wird. Außerdem dürfen Aussagen der Lehrpersonen als Zitate eingegeben werden. Während die Schülerinnen und Schüler anonym bleiben, werden die Namen der Lehrpersonen, ihre Schule sowie ihre Fächer genannt. Nicht überprüft wird, ob die bewertenden Schülerinnen und Schüler tatsächlich die bei der Registrierung ihrer Bewertung angegebene Schule besuchen.

Eine Begründung für das Angebot anonymer Bewertungen im Internet geben die Betreiber, wie zu erwarten, selbstverständlich nicht. In einer nur noch auf den Markt fixierten Gesellschaft benötigen windige Unternehmensgründer keine demokratische Rechtfertigung von Zielen mehr in Angelegenheiten, die eigentlich öffentlichen Charakter haben. Wo kämen wir hin, wenn wir den freien Geldfluss durch demokratische Regeln reglementieren würden? Eine kreative Geschäftsidee allein also reicht hin, um Zweifel an der demokratischen Legitimiertheit der Praktiken eines Unternehmens erst gar nicht aufkeimen zu lassen. Mit dem 2008 dem Portal spickmich.de an die Seite gestellten SchulRadar.de wird auch Lehrerinnen und Lehrern sowie Eltern immerhin die Möglichkeit gegeben, die Ergebnisse von spickmich.de einzusehen.

Nur nebenbei interessiert in unserem Zusammenhang die wirtschaftliche Verflechtung der Gründer des Schülerportals, obgleich sie für eine Beurteilung nicht unerheblich sein dürfte. Das Online-Vermarktungsunternehmen von spickmich.de ist die Ströer Interactive GmbH, eine Tochter des Beteiligungsunternehmens Media Ventures. Media Ventures ist ein Unternehmen, dessen Ziele im „Aufbau neuer Geschäftsmodelle" und in der Erschließung neuer Märkte in den Sektoren Technologie, Media und Telekommunikation bestehen.[2] Wer im Haifischbecken dieses Marktes Fuß fassen will, muss alle Skrupel fallen lassen; die negativen Konsequenzen einer Gesellschaftsidee zu durchdenken würde einem angekündigten wirtschaftlichen Suizid gleichkommen.

Was ist schon dabei – so könnte man unbefangen fragen – wenn Schülerinnen und Schülern mit diesem „einzigartigen Schul- und Lehrerbewertungssystem" (Homepage der Ströer Interactive GmbH) die Möglichkeit an die Hand gegeben wird, ihr Lehrpersonal einer kritischen Prüfung zu unterziehen? Ist in dieser Verkehrung des Opfer-Täter-Verhältnisses nicht ein Schritt in Richtung Autoritätsabbau und Autonomiegewinn für Jugendliche in einer Schule zu sehen, die ihr Leben fremdbestimmt? Ist die Bewertung von Lehrerinnen und Lehrern nicht eine Art Gegenwehr zur Mühle der Standardisierung, Testierung und Beurteilung, durch die Kinder und Jugendliche tagtäglich gejagt werden? Wenn Lehrerinnen und Lehrer Kinder mit Noten quälen, ist es dann nicht ein Akt der Emanzipation, wenn einmal der Spieß umgedreht wird, die Lehrerinnen und Lehrer ausnahmsweise einmal zu Opfern werden?

Es wäre von unserer Position aus vermessen, die *juristischen* Hintergründe und Aspekte der Entscheidungen des Bundesgerichtshofes zu diesem Sachverhalt kommentieren zu wollen. Im Vordergrund stehen im Folgenden *pädagogische* Überlegungen zu den *politischen* Konsequenzen einer positiven Sanktionierung anonymer Bewertungspraxen für eine demokratische Zivilgesellschaft. Aber auch die Rechtsprechung erfolgt nicht in einem gesellschaftsneutralen Raum und ist daher von gesellschaftlicher Verantwortung nicht freizusprechen. Das Urteil des

Bundesgerichtshofes ist unter pädagogischen und politischen Gesichtspunkten ein Skandal, aber offensichtlich kein Zufall, folgt es doch der Logik einer spezifischen gesellschaftlichen Entwicklung. Es steht im Kontext einer gesellschaftlichen Entwicklung, die auf eine neue Regierungskunst angelegt ist, die über unterschwellig angelegte Kontrolltechniken Herrschaft verankern will. Die Zauberworte dieser neuen, neoliberalen Regierungskunst lauten: Vermessung, Testierung und Evaluation.

Es gehört zum Charakter neoliberaler Regierungskunst, dass noch die Beteiligung der Beherrschten an ihrer Beherrschung in einer kulturindustriell hergestellten Öffentlichkeit als Akt demokratischer Willensbekundung erscheint. Die Beteiligung der von oben Vermessenen an digitaler anonymer Bewertung täuscht demokratische Partizipation an den Lebensverhältnissen vor – in Wirklichkeit basteln jene mit dieser „Partizipation" an der Disziplinierung ihrer eigenen Persönlichkeit zum Nutzen ideologischer und wirtschaftlicher Interessendurchsetzung mit. Indem wir im Netz Dampf ablassen, wird im besten Fall unser Unbehagen beschwichtigt, unser Ich jedoch weiter geschwächt. Doch hat die Beteiligung der Vermessenen an der Vermessung anderer noch eine Dimension, die sich als Demokratie gefährdend erweisen könnte. Sie läuft Gefahr, gesellschaftliche Beziehungsverhältnisse zu befördern, die in der Gefahr der Totalüberwachung stehen, sobald die ubiquitäre Bewertungshysterie in Oberservationsgelüste und Denunziation umschlägt. Vor wenigen Monaten gab die nordrhein-westfälische Bildungsministerin Sommer die Direktive aus, „Lehrer mit Defiziten" in den Kollegien zu „identifizieren" und zu „isolieren": als spezifische Maßnahme einer Bildungsreform sozusagen! Ein Internetportal zur anonymen Bewertung von Lehrerinnen und Lehrern würde sich als herausragendes bildungspolitisches Instrument eignen, ein „Programm zum Umgang mit Minderleister/-innen" zu entwickeln[3] und im Rahmen dieses Ausleseprozesses die Spreu vom Weizen zu trennen.

Kinder und Jugendliche können in dem Maße ihre Mündigkeitspotentiale erproben und damit demokratische Handlungsweisen verinnerlichen, wie sie die dazu erforderlichen Subjekteigenschaften wie Initiativkraft, Selbstvertrauen und Mut entwickeln können. Der Aufbau dieser Attitüden ist jedoch nur möglich, wenn den Heranwachsenden ein Rahmen zur Verfügung gestellt wird, innerhalb dessen sie lernen, sich mit den Personen ihrer unmittelbaren Umgebung auseinanderzusetzen. Sie wachsen am Widerstand, der ihnen im interpersonalen Austausch in Form von Anforderungen entgegengesetzt wird, sie arbeiten sich systematisch an der Autorität anderer Personen ab und entwickeln über diese Abarbeitung höhere Stufen von Autonomie. Insofern ist die direkte persönliche Auseinandersetzung unhintergehbares Moment einer Subjektwerdung des Menschen, in der die emanzipativen und demokratischen Potentiale mobilisiert werden. Autonomie ist demzufolge nicht jenseits der persönlichen Beziehungen in einem hierarchischen Generationenverhältnis zu gewinnen, sondern gerade in ihnen. Wenn wirkliche Demokratie – eine, die mit den pseudodemokratischen Possenspielen des Parlamentarismus nichts gemein hat – nur als „Gesellschaft von Mündigen" (Adorno) gedacht werden kann, weil eine demokratische Gesellschaft ausschließlich von Menschen als *selbstbestimmten Subjekten* getragen und ausgefüllt werden kann, müssen die Bedingungen dieser Selbstbestimmung in Kindern und Jugendlichen angebahnt und aufgebaut werden.

Die Angebote von Internetportalen zur anonymen Bewertung von Schulen und Lehrpersonal höhlen diese Möglichkeit intergenerativen Lernens aus, indem sie die Auseinandersetzung zwischen Personen durch anonyme Bewertungen „ersetzen". In dem Maße, wie schon Kinder und Jugendliche über elektronische Portale anonyme Bewertungen ohne persönliches Risiko in Anspruch nehmen, wird die Entwicklung derjenigen Subjekteigenschaften unterdrückt, die für das demokratische Handeln eine notwendige Bedingung sind. Der Dialog zwischen Erwachsenen und Kindern, der Ausdruck eines vertrauensvollen Verhältnisses ist, in dem Konflikte und Probleme bearbeitet und geklärt werden können, wird durch einige Mausklicks aus der namenlosen Cyberspace-Community ersetzt, der Widerstand, an dem die Autonomie von Kindern und Jugendlichen alleine wachsen kann, wird ausgeschaltet. Das Wagnis interpersoneller Auseinandersetzungen erodiert. Anonyme Bewertung steigert die kollektive Unmündigkeit, sie treibt die Erosion in den gesellschaftlichen Beziehungsverhältnissen voran, indem sie ihnen einen weiteren Kältestrom zuführt. Dessen Fermente sind Misstrauen und Angst, die durch die Permanenz der Überwachung produziert werden. Sie säen Zwietracht zwischen Kinder und Lehrkräfte, treiben einen Keil zwischen Familie und Schule, deren Zusammenarbeit in Sonntagsreden doch immer beschworen wird. Forciert wird durch diese Entpersönlichung der Auseinandersetzung die Entsolidarisierung der Gesellschaft, die durch die Agenda 2010 bereits weit vorangetrieben wurde. Gleichwohl können Kinder und Jugendliche nicht ahnen, in welch perfider Weise mit ihren Bedürfnissen Schlitten gefahren wird, welche niederen Impulse durch diese Internetangebote geweckt werden können (und sollen?), denn Schülerinnen und Schüler verfügen weder über die Erfahrung noch über die Instrumente, um diese Manipulation ihres Bewusstseins zu entschlüsseln. Eine demokratische Lernkultur inklusive einer Kultur der Anerkennung zu schaffen, von der hierzulande in Lippenbekenntnissen so viel die Rede ist, wäre die Aufgabe von Politik, doch hat diese sich unter neoliberalen Wirtschaftsverhältnissen von ihrer Gestaltungsfunktion längst verabschiedet.

*III*

Die Kritik an dem benannten Internetportal griffe zu kurz ohne ihre Einbindung in eine generelle Kritik an dem gesellschaftlichen Umgang mit der Erziehung und Bildung der heranwachsenden Generation. Grundlage der in spickmich.de zum Ausdruck kommenden pseudodemokratischen Gegenkultur ist die entfesselte Konkurrenz um Marktvorteile, die vor den Schulen nicht halt macht, die Kinder – ungeachtet ihrer existenziellen Fragen, Probleme und Themen – in den Wettbewerb um bessere Testergebnisse, Noten und Zertifikate hineinzwingt. Die psychosozialen Auswirkungen der in die Sozialisation von Kindern und Jugendlichen hineingetragenen Kälte und Gleichgültigkeit können leicht von Scharlatanen marktgängig aufgegriffen, ausgebeutet und umgelenkt werden. So ist anonyme Internetbewertung nur die Kehrseite einer Gesellschaft, die meint, Anerkennung durch Konkurrenz risikolos ersetzen zu können. Wo in den Schulen gnadenlos vermessen, standardisiert, testet und damit Auslese betrieben wird, muss es nicht wundern, dass im Rahmen einer pseudodemokratischen Gegenkultur zurückgeschlagen wird. Mit einer Kultur der Anerkennung hat beides nichts zu tun. Die Bewertung aus dem Dunkeln der Anonymität ist nicht anderes als die Fortsetzung des von der Gesellschaft eingeschlagenen Weges rücksichtsloser Vermessung und Selektion mit anderen Mitteln.

Dass in der Gesellschaft des postmodern-neoliberalen anything goes anonyme Bewertungspraxen nicht als skandalöse Obszönität wahrgenommen wird, zeigt an, wie weit wir von der ethischen Maxime einer „Aufarbeitung der Vergangenheit" entfernt sind. Angesichts der geschichtlichen Erfahrung des Nazismus ist es verwunderlich, dass die Sensoren für die Bedrohung zwischenmenschlicher Beziehungsverhältnisse derart unterentwickelt sind, dass die schleichende Entsorgung der Demokratie, von denen anonyme Bewertungsinstrumentarien nur kleine Katalysatoren sind, überhaupt nicht mehr wahrgenommen wird, repräsentiert doch die braune Diktatur ein geschichtliches Lehrstück über eine nach den Mechanismen der Observation und Denunziation gelenkten Gesellschaft, in der die Angst in der Sozialisation mitregiert.

Eine Politik, die wirkliche Aufarbeitung der Vergangenheit betriebe, anstatt sich in scheinheiligen Gedächtnisritualen zu präsentieren, hätte die Augen gegenüber den gegenwärtigen Sozialisationsmechanismen zu öffnen, die ein nicht unerhebliches Potential der „Faschisierung" (Brückner) enthalten. Offiziell wird Zivilcourage beständig eingeklagt, die Menschen sollen wachsam sein gegenüber Gewalt, sie sollen offen Farbe bekennen gegen Unrecht. Selbst der mächtige Bertelsmann-Konzern wirbt in seinen Hochglanzbroschüren für gesellschaftspolitisches Engagement. Im Postulat der Zivilcourage wird der Widerspruch deutlich, den jede kapitalistische Sozialordnung gerne lösen würde, aber nicht lösen kann. Ihre Basisprinzipien greifen die überlebensnotwendigen zivilgesellschaftlichen Bindekräfte der Menschen immer wieder an, untergraben ihre Wirksamkeit. In ihrer Ideologie trägt die Gesellschaft aufklärerische Mündigkeit zur Schau, die sich bei näherem Hinsehen als pure „Zivilisationsschminke" (Wilhelm Liebknecht) entlarven lässt. Denn die für eine „Gesellschaft von Mündigen" erforderliche *Selbstcouragierung zur Kritik und der Mut zur Bewältigung ihrer möglichen Folgen* werden durch die risikolose Bewertung im Internet unterlaufen – ein Baustein der Entzivilisierung der Gesellschaft, die der Kapitalismus nicht wollen kann, aber dennoch permanent durch die Anarchie des Marktes produziert. Eine zukunftsfähige Gesellschaft aber benötigt kritische und widerständige Menschen und keine geistigen Heckenschützen. Anonyme Bewertungspraxen sind gefährliche Brandsätze gegen eine ohnehin nur in zarten Ansätzen entwickelte demokratische Kultur in den gesellschaftlichen Verhältnissen. Es bedarf gemeinsamer Anstrengungen von Politik und Pädagogik, damit diese Brandsätze sich nicht in autoritären Exzessen entladen.

## Anmerkungen

1   „Unter den Umständen des Streitfalls hat der BGH die Erhebung, Speicherung und Übermittlung der Daten trotz der fehlenden Einwilligung der Klägerin für zulässig gehalten. Zwar umfasst der Begriff der personenbezogenen Daten nicht nur klassische Daten wie etwa den Namen oder den Geburtsort, sondern auch Meinungsäußerungen und Beurteilungen, die sich auf einen bestimmten oder bestimmbaren Betroffenen beziehen. Für die Erhebung, Speicherung und Übermittlung solcher Daten in automatisierten Verfahren gelten grundsätzlich die Vorschriften des Bundesdatenschutzgesetzes. Die Erhebung und Speicherung von Daten zur Übermittlung an Dritte ist auch ohne Einwilligung des Betroffenen nach § 29 BDSG u.a. dann zulässig, wenn ein Grund zu der Annahme eines schutzwürdigen Interesses an dem Ausschluss der Datenerhebung und –speicherung nicht gegeben ist. Ein entgegenstehendes Interesse der Klägerin hat der BGH nach Abwägung des Rechts auf informationelle Selbstbestimmung einerseits und des Rechts auf freien Meinungsaustausch andererseits für nicht gegeben erachtet. Die Bewertungen stellen Meinungsäußerungen dar, die die berufliche Tätigkeit der Klägerin betreffen, bei der der Einzelne grundsätzlich nicht den gleichen Schutz wie in der Privatsphäre genießt. Konkrete Beeinträchtigungen hat die Klägerin nicht geltend gemacht. Die Äußerungen sind weder schmähend noch der Form nach beleidigend. Dass die Bewertungen anonym abgegeben werden, macht sie nicht unzulässig, weil das Recht auf Meinungsfreiheit nicht an die Zuordnung der Äußerung an ein bestimmtes Individuum gebunden ist. Die Meinungsfreiheit umfasst grundsätzlich das Recht, das Verbreitungsmedium frei zu bestimmen." (Bundesgerichtshof, Mitteilungen der Pressestelle, Nr. 137/2009.)
2   Leiter des Unternehmens ist der Betriebswirtschaftler Dirk Ströer.
3   Aus dem Protokoll eines nicht näher bestimmten, aber real existierenden Schulamtes, zit. in: Biermann, Brigitte: Tod einer Lehrerin. Wie Pädagogen am System Schule zerbrechen, Weinheim/Basel 2009, S. 116.

# Rezensionen

Gregor Sauerwald: *Reconocimiento y Liberación:*
*Axel Honneth y el pensamiento latinoamericano. Por un diálogo entre el Sur*
*y el Norte[1]. LIT Verlag (Berlin) 2008. 331 Seiten.*
*ISBN 978-3-8258-1439-7. 24,90 EUR.*

*Thema*

Das Buch sucht zwei Positionen politischer Philosophie einander anzunähern:
Die Theorie der Anerkennung von Axel Honneth, der zur dritten Generation der
Kritischen Theorie gehört, soll mit der Theorie der Befreiung von Arturo Andrés
Roig, der in seiner Philosophie für ein Selbstverständnis lateinamerikanischen
Denkens eintritt, konfrontiert werden. Die Verbindung einer Theorie aus dem
Norden mit einer aus dem Süden verfolgt die Absicht, einen Dialog zwischen
beiden Standpunkten zu initiieren. Sauerwald zeigt auf, wie die Kategorie der
Anerkennung für das befreiungsphilosophische Denken Lateinamerikas fruchtbar
gemacht werden kann. Dabei werden nicht nur vielfältige Anknüpfungspunkte
und Verbindungslinien aufgezeigt, sondern auch „die Schwierigkeiten einer Annäherung" benannt.

*Autor*

Prof. Dr. phil. Gregor Sauerwald, von 1974-2001 lehrte er Praktische Philosophie an der FH Münster, FB Sozialwesen, seit seiner Emeritierung 2001 ist er an
der Universidad Católica del Uruguay in Montevideo/ Uruguay tätig. Thematische Schwerpunkte seiner Lehre und Forschung sind Eine-Welt-Sozialphiloso-
phie, Lateinamerikanische Befreiungstheorien, Theorie der Anerkennung (im Anschluss an Axel Honneth).

*Inhalt*

Das Buch ist eine Anthologie von Texten, die mehrheitlich seit 2001 in verschiedenen Zeitschriften zum Thema Anerkennung und Befreiung veröffentlicht wurden.

Sauerwald gliedert das Buch in fünf Abschnitte. Im ersten Teil „Der Kampf
für Anerkennung" wird Honneths Theorie der Anerkennung, die Grammatik sozialer Konflikte als Kampf für Anerkennung zu lesen, mit anderen Konzeptionen
der Anerkennung kontrastiert und kontextualisiert. Bezug nimmt er hierbei auf
Avishai Margalits „Utopie einer anständigen Gesellschaft", auf die Diskurs-
theorie von Jürgen Habermas, die anthropologische Studie „Egozentrizität und
Mystik" von Ernst Tugendhat sowie Paul Ricoeurs „Wege der Anerkennung".

Ausgehend von Anknüpfungspunkten mit dem lateinamerikanischen Denken
geht Sauerwald im zweiten Teil „Befreiung und Anerkennung" der Frage nach,
wie diese Konzepte mit der Theorie der Anerkennung verbindend gedacht wer-

den können. Hier setzt sich der Autor mit den Schwierigkeiten zur Grundlegung einer Ethik für die Philosophie der Befreiung auseinander. Den Diskurs, die Kategorie der Anerkennung in seiner ethischen Dimension zu betrachten, entwickelt er mit Bezug auf José Luis Rebellato und Arturo Andrés Roig. Mit Horacio Cerutti Guldberg stellt Sauerwald Überlegungen zum Verhältnis von Philosophie und Befreiung an. Konkret geht es dabei um die Frage, inwieweit die Philosophie der Befreiung nicht vielmehr eine Philosophie für die Befreiung sein sollte. Den politischen und intellektuellen Kampf für Befreiung liest Sauerwald im Horizont eines Kampfes für Anerkennung, als Anerkennung für ein eigenständiges und authentisches lateinamerikanisches Denken. Konzeptionell entwickelt er diese Gedanken mit Simón Bolívar und José Martí, Eduardo Devés Valdés, Arturo Andrés Roig und Leopoldo Zea. Mit Juan Luis Segundo, „Teología de la liberación. Respuesta al Cardenal Ratzinger", wird das Verhältnis von Theologie und Befreiung sowie die Frage, wie das Analysieren ökonomischer, sozialer und politischer Problematiken mit einem aktualisierten Verständnis des Glaubens kompatibel ist, diskutiert. Die Beziehung zwischen Erziehung und Philosophie unter dem Gesichtspunkt der Armut wird mit Mauricio Langon „Filosofar con pobres" zum Thema.

Im dritten Teil „Deutsch-lateinamerikanische Begegnungen" präsentiert Sauerwald eine Sammlung von Texten, die den Weg für das Einbringen der Kategorie der Anerkennung in lateinamerikanisches Denken geebnet haben. Die konfliktreiche Rezeption Hegels in der lateinamerikanischen Philosophie versteht Sauerwald als Erweiterung lateinamerikanischen Denkens und zugleich als Überwindung Hegels und seines Verständnisses von Amerika „als dem Widerhall der Alten Welt und Ausdruck fremder Lebendigkeit". Nach einer kritischen Revision des Curriculums für Philosophie in Ecuador erfolgen Vorschläge für die Grundlegung eines Lehrplans, der einer Philosophiegeschichte aus lateinamerikanischer Perspektive und einer humanistischen schulischen Ausbildung gerecht wird. In zwei Texten widmet sich Sauerwald dem Kampf indigener Gruppen in Lateinamerika um Selbstbestimmung und zeichnet den Übergang vom Indigenismo zum Indianismo nach, welcher wegführt von einer Theorie für die Verteidigung des reinen Selbsterhalts indigener Gruppen hin zu einer Theorie, die Anerkennung zur zentralen Kategorie erhebt.

Im vierten Teil eröffnet Sauerwald einen Dialog mit den im Buch genannten Bezugsautoren, indem er ihnen die Möglichkeit gibt, die von ihm entwickelten Ideen des Zusammendenkens von Anerkennung und Befreiung kritisch zu bewerten.

Im Anhang finden sich zwei weitere Publikationen in deutscher und englischer Sprache. Erstere zeichnet den Streit lateinamerikanischer Philosophen zur Frage nach der Existenz einer eigenständigen und authentischen Philosophie Lateinamerikas nach, und führt somit in die Gesamtheit heterogener und widersprüchlicher Philosophien aus lateinamerikanischer Perspektive ein. Der zweite Text ist eine Untersuchung von Armut in Deutschland, die Sauerwald als Ausgangspunkt für einen Dialog über globale Armut einführt. In ihm ist nicht nur die Kategorie Armut, sondern auch der Arme (vgl. Emmanuel Lévinas) Thema.

Die Textkomposition des Buches folgt dabei keiner systematischen Gedankenführung, sondern adaptiert vielmehr den aphoristischen Denk- und Schreibstil befreiungsphilosophischer Konzeptionen. Dies erschwert zwar einerseits das Auffinden eines „roten Fadens", eines theoriegeleiteten Gedankengangs, unterstreicht aber andererseits das aus meiner Perspektive so wichtige Motiv befreiungsphilosophischer Arbeiten, in deren Mittelpunkt kein Theoriegebäude steht, sondern die Artikulation des Armen, des Unterdrückten. Befreiungsphilosophen sind, wie dies Enrique Dussel mit Bezug auf Gramsci treffend formuliert, „organische Intellektuelle", denen es zukommt, das im verborgenen Liegende des „Anderen" mit begrifflicher und analytischer Schärfe zu füllen, um es dann als Akt der Selbstbefreiung zurück zu geben. Insofern ist dem Sammeln und Artikulieren von Gedanken eine höhere Priorität eingeräumt als dem Entwickeln von Theorien, was seinen Ausdruck in einem eher aphoristischen Philosophieren und Schreiben findet.

*Zielgruppen*
Das Buch ist als Band 6 in der Reihe „Discursos germano-iberoamericanos" erschienen und erhebt somit den Anspruch, den Dialog zwischen dem deutsch- und spanischsprachigen, genauer: lateinamerikanischen Kulturraum zu befördern. Das in Spanisch verfasste Werk setzt nicht nur fortgeschrittene Spanischkenntnisse, sondern auch grundlegende Kenntnisse des Diskurses zur Befreiungsphilosophie voraus. Werden diese Voraussetzungen mitgebracht, dann eröffnet sich dem Leser die Möglichkeit, themenfokussiert den vielfältigen Einfügungen der Theorie der Anerkennung in Konzeptionen befreiungsphilosophischer Motive in individueller Lesart nachzugehen. Die Widerspenstigkeiten, Schwierigkeiten, aber auch zahlreichen Eröffnungen, das Programm der Befreiungsphilosophie mit einer Theorie der Anerkennung weiter und zusammen zu denken, wird jedoch jene überfordern, die an einer systematischen Einführung in die Thematik interessiert sind. Insofern ein voraussetzungsvolles Buch, diese Voraussetzungen sich anzueignen aber auf jeden Fall lohnen (auch begleitend), weil der hier begonnene Dialog zwischen Süd und Nord eine wichtige Methode ist, theoretische Perspektiven zu überdenken, zu ergänzen oder auch zu korrigieren. Das Buch ist eine wichtige Fortführung der Debatte, die Karl-Otto Apel und Enrique Dussel in den 90er Jahren als Vertreter der Diskursethik und der Befreiungsethik miteinander geführt haben.

*Fazit*

Es ist ein empfehlenswertes Buch für alle, denen der Diskurs zur Befreiungsphilosophie bekannt ist und die an den vielfältigen möglichen Verknüpfungen und sich ergebenden Schwierigkeiten einer Annäherung von Anerkennung und Befreiung interessiert sind. Sauerwalds engagierte Absicht, den interkulturellen Dialog zwischen Süd und Nord weiterzuführen, zeigt sich vor allem auch darin, dass er das Dialogische in die Buchstruktur sowohl theoretisch – Konfrontation und Annäherung der Konzepte von Anerkennung und Befreiung – als auch sprachlich – als kritische Wortmeldung der Bezugsdenker – einbindet. Darüber hinaus sehe ich in dem eher sammelnden und aufsuchenden Schreibstil ein wichtiges Element, die Verbindungslinien zwischen Anerkennung und Befreiung im Sinne des lateinamerikanischen Denkens zu vollziehen. Hier fügen sich die Gedanken zu keiner geschlossenen Theorie, sondern evozieren vielmehr einen Dialog, der sich nicht scheut, auch den Widerspenstigkeiten zwischen europäischem und lateinamerikanischem Denken Ausdruck zu geben. Das theoretische „Durchprobieren" von Konzeptionen aus dem Süden mit einer Theorie aus dem Norden ist daher eine wichtige Anregung für mehr Streitkultur, für eine fortzusetzende Debatte, die theoretische Anhaltspunkte (puntos de apoyo) für das Gemeinsame des interkulturellen Dialogs setzen will. Dass das Gemeinsame streitbar ist, ist kein Manko, sondern Gegenstand des Interkulturellen.

*Anmerkung*

1   Ins Deutsche übersetzt: Anerkennung und Befreiung: Axel Honneth und das Lateinamerikanische Denken. Für einen Dialog zwischen dem Süden und dem Norden.

*Monika Witsch*

*Erhard Meueler: Die Türen des Käfigs.*
*Subjektorientierte Erwachsenenbildung. Völlig überarbeitete und aktualisierte*
*Neuauflage, Baltmannsweiler 2009, 238 Seiten, 19,90 €*

Erhard Meueler ist ein Grenzgänger: hoch angesehener Wissenschaftler und Praktiker mit Bodenhaftung, renommierter Universitätsprofessor a. D. und nachgefragter Workshop-Leiter. Daher kann man gespannt sein auf sein neuestes Buch. Wie löst der Autor seinen Anspruch ein, eine eigene „subjektorientierte Erwachsenenbildung" vorzulegen, wo doch allenthalben die Rede ist vom „selbstgesteuerten Lernen"? Was kann er an eigenständigen Akzenten einbringen, wo doch Literatur und Verlautbarungen zum, „Lebenslangen Lernen" Bibliotheksregale zum Überlaufen bringen? Wie setzt er sich von den Arbeiten zahlreicher Kollegen ab, die sich im selbstreferentiellen System einer von ihnen definierten marktgängigen „Erwachsenenbildung" bewegen?

Die LeserInnen bekommen auf 222 Seiten – der Rest enthält ein umfangreiches Literaturverzeichnis – ergiebige Antworten auf diese Fragen, die in beide Richtungen kreative und reichhaltige Impulse setzen: in Theorie und Praxis. Es geht Meueler um die produktive Weiterführung des Gedankens, dass autonome Subjekte sich „ihre" Bildung selbst aneignen. „Wie kann eine Erwachsenenbildung aussehen, die bewusst subjektivitätsfördernd angelegt ist?" (162). Diese Frage beantwortet er mit luziden theoretischen Reflexionen und einer Fülle an praxiserprobten Wegen.

Meueler strebt „eine demokratische Bildungsarbeit" an (167). Alleine dieser Anspruch unterscheidet ihn von vielen Wissenschaftskollegen. Deren Faibles z.B. für Kompetenzsteigerung oder die Bemessung von Bildungsstandards interessieren Meueler nicht. Er will Vorschläge machen, wie der „Käfig" geöffnet werden kann, was „als Bild für das Bemühen stehen (kann), sich aus der Situation des immer schon der äußeren Natur, der inneren Triebdynamik und der sozialen Welt Unterlegenen zu befreien"(2). Erhard Meueler ist Realist und weiß daher, dass jeder „nur im ganz kleinen Umfang" über seine Lebensumstände verfügen kann (2). Gleichwohl bleibt er bei seinem Credo, dass Menschen frei sind, „diese Begrenzungen zu erkennen, um – stets Objekt und Subjekt zugleich – die Subjektanteile zu vermehren und zu erweitern" (2). Um die Spannung, fremdbestimmter Funktionär gesellschaftlicher Zwänge sein zu müssen, um das Leben zu fristen, und doch möglichst selbstbestimmter Gestalter des eigenen Lebens sein zu wollen, kreist die zentrale Argumentation in diesem Buch. Alleine die Herleitung dieser Dialektik von Kant über Marx/Engels, Freud, Adorno/Horkheimer und Foucault (9-36) lohnt die Lektüre. Als Fazit arbeitet Meueler ein „dialektisches Verständnis des Subjektbegriffs" (72) heraus: Der Mensch ist „Objekt und Subjekt zugleich": „unterworfen und doch frei" (72). Der Mensch „reagiert nicht nur, sondern er agiert auch, er ist erkenntnis- und handlungsfähig. Das Individuum ist potentiell lernfähig" (75).

Soweit wäre das vielleicht sogar ein Subjektbegriff, dem sich auch der ,Mainstream' der Apologeten einer unbegrenzten „Wissensgesellschaft" anschließen könnten. Aber Erhard Meueler ist auch ein politisch bewusster Beobachter und Kritiker der Verhältnisse. Er geht mit seinem Subjektbegriff wesentlich weiter: „Die Entwicklung individueller Subjektivität ... basiert auf der *Fähigkeit der Einzelnen, sich vorgegebenen Verhältnissen mit Willen und Bewusstsein entgegensetzen zu können"* (168). Diese „Verhältnisse", hervorgerufen durch ein die Ressourcen verbrauchendes und vernichtendes Wirtschaftssystem (74), analysiert er mit wachem Blick und scharfem Verstand. Einem verbreiteten Fatalismus nach dem Motto „Das können wir sowieso nichts ändern" hält er entgegen: „Das handelnde Subjekt erweitert seine Kompetenzen und ermutigt sich und andere dazu, sich den hausgemachten Sachzwängen kapitalistischen Wirtschaftens entgegenzustellen..." (165). An solchen Aussagen wird deutlich, dass Erhard Meuelers Erwachsenenbildungstheorie immer auch Theorie und Praxis politischer Bildung ist.

Doch wie sind solche Ansprüche in der Realität der Erwachsenenbildung einzulösen? Um hierzu Antworten zu geben, muss das Feld „der Erwachsenenbildung" sondiert werden. Die immer wieder propagierte Vorstellung vom „lebenslänglichen Lernen" übersetzt er „als unaufhörliche Bemühung darum, die eigene Arbeitskraft fit zu halten" (47). Entsprechend müssen sich „Bildungseinrichtungen" „dadurch legitimieren, dass sie für die Herstellung und Aufrechterhaltung der Funktionalität des Einzelnen in der totalen Marktgesellschaft sorgen und zu deren ´Modernisierung` einen nachweisbar effizienten Beitrag leisten" (147). Das kann nicht das Hauptziel einer subjektorientierten Erwachsenenbildung sein. Um diese begrifflich scharf zu konturieren und in die Praxis umzusetzen, grenzt er sie vom derzeit landauf landab verkündeten lebenslangen selbstorganisierten Lernen als rein funktionaler Aufrechterhaltung der eigenen Beschäftigungsfähigkeit (employability) ab. Dessen „Selbststeuerung kommt bei vorgegebenen Zielen und Lerninhalten allenfalls in der Wahl von Ort und Zeit (in der arbeitsfreien Zeit vor und nach der Arbeitszeit) zustande" (158). Bildung hingegen, verstanden als „Selbstbildung" (149), ist auch „Widerstand der gegenüber alle Erziehung bestimmenden Herrschaft" (149).

Organisierte Erwachsenenbildung kann sicherlich, auch wenn sie „absichtsvoll auf Subjektentwicklung" zielt, „immer nur eine zeitlich begrenzte winzige Episode" (163) sein, die aber gleichwohl nachhaltige Wirkungen zeitigen kann. Zum Professionsverständnis einer „subjektivitätsfördernden Erwachsenenbildung" (162) gibt der Autor zahlreiche und differenzierte Hinweise, beispielsweise mit 28 sehr klaren Vorschlägen, die er bescheiden „Annahmen" (163 – 174;

zit. 163) nennt. In der Beziehungsgestaltung geht es ihm darum, an die Stelle von hierarchischer Lehre als Belehrung einen demokratischen Erfahrungsaustausch zwischen Lehrenden und Lernenden treten zu lassen.

„Die Türen zum Käfig" ist die überarbeitete, ergänzte und aktualisierte Fassung des erstmals 1993 vorgelegten Bandes. Eine Schrift wie diese zu veröffentlichen, dürfte heute noch notwendiger sein als damals, denn seit 1993 ist die neoliberale Funktionalisierung und Verbetriebswirtschaftlichung der Erwachsenenbildung trotz des Scheiterns (weltweite Finanz- und Wirtschaftskrise) der dahinter stehenden Verklärung des unregulierten Marktes rapide voran geschritten. Erhard Meueler hat, klug und praxisgesättigt, belesen und streitbar, das geleistet, was lange fehlte: eine „Praxistheorie der Bildung zum Subjekt" (3) zu schreiben – engagiert und ohne eine einzige Verbeugung vor modischen Metaphern und zeitgeisttemporären Trends.

*Klaus-Peter Hufer*

# Dokumentation

# Einleitung

Nachfolgend dokumentieren wir Forderungen, Erklärungen und Beschlüsse, die kritisch und eingreifend in bildungspolitische und pädagogische Entwicklungen intervenieren und für eine grundlegend demokratische und humanistische Ausrichtung des Bildungswesens streiten.

Die Dokumente des studentischen Bildungsstreik, der von der Universität Wien ausging und dem sich Studierende aber auch Lehrende zahlreicher bundesdeutscher Universitäten anschlossen, stehen im Mittelpunkt des aktuellen Jahrbuchs. Darüber hinaus dokumentieren wir die Erklärungen verschiedenen Institute und Fachbereiche zum Ausstieg aus dem CHE-Ranking.

*Matthias Burchardt et al., 24. November 2009*

# Kölner Erklärung
## ›Zum Selbstverständnis der Universität‹

Der Sog der Ökonomisierung sämtlicher Lebensbereiche macht auch vor der Universität nicht Halt. Im Vollzug der aktuellen Reformen ist die Idee und der gesellschaftliche Auftrag der Hochschule in hohem Maße bedroht: Die Unterscheidung zwischen Universität, Fachhochschule und Studienangeboten von Discountern (Aldi) oder Elektromärkten (Saturn) ist nivelliert. Ein Vergleich fällt möglicherweise sogar zu Ungunsten der Universität aus, da die anderen Anbieter das Versprechen der Berufsqualifizierungen tatsächlich einlösen können. Dies ist Anlass genug, an das ursprüngliche Selbstverständnis der Universität zu erinnern: Sie gründet auf den Prinzipien der Universalität, Autonomie sowie einem unbestechlichen Willen zur Wahrheit. Wenngleich es in ihrer Geschichte immer auch Verfehlungen und ein Unterschreiten dieses Anspruches gab, konnte sie doch gerade durch ihre Unabhängigkeit in einem wesentlichen Sinne kulturelle und gesellschaftliche Verantwortung übernehmen. Erschütternd ist, dass die Universität heute scheinbar dazu bereit ist, diesen Anspruch widerstandslos preiszugeben und sogar dienstfertig dessen Demontage voranzutreiben.

Die aktuelle Entwicklung bedroht die Fundamente einer demokratischen Gesellschaft und einer lebendigen Reflexionskultur. Mit dem hier vorgelegten Forderungskatalog wollen sich Lehrende der Universität zu Köln den aktuellen Einsprüchen von Studierenden und Schülern im Zuge des Bildungsstreiks solidarisch erklären und zu einem öffentlichen Streit um die (Idee der) Universität und deren augenscheinlichen Ausverkauf aufrufen.

§ 1. Wir fordern das Ende der epistemologischen Säuberungen an der Hochschule!

Im Zuge des Bologna-Prozesses erlebt die Hochschule eine fortschreitende Delegitimation reflexiven Denkens gegenüber funktional-operativem Wissen. Der Studienaufbau folgt derzeit der Logik von Berufsorientierung und Kompetenzerwerb, während Fachsystematik und Forschungsorientierung in den Hintergrund rücken oder bereits ganz abgelöst sind. Dies schlägt sich auch in der Tendenz zur Marginalisierung oder Tilgung kleiner Fächer und Fachrichtungen nieder. Insgesamt bedeutet dies eine ungebührliche Verkürzung der Idee von Universität und beraubt die Studierenden der Möglichkeit einer akademischen Bildung.
   Der Anspruch einer universalen und im Wortsinne universitären Bildung darf nicht aufgegeben werden. Reflexive, zweckfreie und grundlagentheoretische Forschung bildet

die Grundlage der modernen Zivilisation, sie läuft einem legitimen Verwertungsanspruch nicht zuwider, sondern eröffnet erst den Raum für funktionale und verantwortungsbewusste Anwendungen.

## § 2. Wir fordern die Abschaffung der modularisierten Studiengänge BA/MA!

Die Modularisierung hat zu einer Verschulung der Hochschulbildung geführt, die kaum Spielraum für ein sachinteressengeleitetes Studium lässt. Die BA/MA-Studiengänge überfordern durch Quantität und unterfordern in der Qualität, indem sie vor allem auf Kompetenzen zielen und die notwendige Reflexion verunmöglichen. Bildung lässt sich nicht modularisieren, sondern geschieht als individuell zu erarbeitende Sinngestalt. Die versprochene Berufsqualifizierung wird faktisch nicht eingelöst, eine wissenschaftliche Bildung unter dem Maßstab der Fachsystematik findet ebensowenig statt.

Es geht also nicht um eine Optimierung der Studiengänge, sondern um deren Abschaffung. Mit sofortiger Wirkung müssen die Studierenden zunächst in die alten Diplom-/Magister- und Staatsexamensstudiengänge überführt werden – und das in unbürokratischen Anerkennungsverfahren. Die formale und inhaltliche Umgestaltung der Studiengänge ist hiermit nicht aufgekündigt. Eine solche Umgestaltung muss aber in demokratischer Weise und unter Beteiligung von Studierenden, Lehrenden und anderen Verantwortlichen erfolgen.

## § 3. Wir fordern die Redemokratisierung der Hochschule!

Mit der Schaffung der Akkreditierungsagenturen und des sie akkreditierenden Akkreditierungsrats haben neben wenigen Lehrenden und Studierenden weitgehend anonyme „Vertreter aus der Berufspraxis" Entscheidungshoheit über die Studienverläufe von rund zwei Millionen Studenten in Deutschland übernommen. Durch Einrichtung des meist aus hochschulexternen Personen sich konstituierenden Hochschulrats ist der Universitätssenat als Legislative faktisch entmachtet. Hochschulratssitzungen finden zudem unter Ausschluss der Öffentlichkeit statt. Dekanate etablieren zunehmend Top-Down-Strukturen. Die akademischen Akteure werden in ihrer Souveränität beschnitten. Immer mehr Forschungs- und Qualifikationsarbeiten entstehen im Auftrag von Politik und Wirtschaft, um möglichen Interventionen vermeintliche wissenschaftliche Begründungen vorauszuschicken und so Entscheidungen zu legitimieren. Faktisch stehen so Forschungsresultate schon vor Forschungsbeginn fest. Themen und Methoden werden dadurch der Hoheit der Forschenden entzogen.

Um Freiheit der Forschung nicht durch wissenschaftsexterne Partikularinteressen zu pervertieren, haben Wissenschaftler allein Gestaltungen innerhalb der Wissenschaftsinstitutionen zu legitimieren, zu bewirken und zu verantworten. Daher müssen Entscheidungsprozesse innerhalb der Universität der universitätsöffentlichen Kontrolle so zugänglich gemacht werden, dass sie auf ihren Sinn und Zweck befragbar sein können. Eine solche Reflexions- und Kommunikationskultur fußt prinzipiell auf Partizipation, Dialog und Argumentation und berücksichtigt auch Minderheitenpositionen. Polizeigewalt gegen solche, die mit guten Argumenten den Dialog suchen, darf es nicht geben!

Demokratie ermöglicht die Partizipation eines jeden an Gestaltungsprozessen, die das Gemeinsame betreffen. Die Hochschule stellt ein Fundament einer solchen Gesellschaft dar. Akkreditierungsmaschinerie, die Institution des Hochschulrats und die Top-Down-

Strukturen in den Fakultäten entdemokratisieren die Universität. Deshalb müssen sie abgeschafft werden.

## § 4. Wir fordern die Abschaffung der Studiengebühren!

Studiengebühren sind sozial ungerecht. Wer durch Jobs die Gebühren erwirtschaften muss, studiert schlechter. Wer aufgrund seiner sozialen Position einen Kredit aufnehmen muss, zahlt effektiv mehr als die Bessergestellten. Studiengebühren forcieren zudem die Prekarisierung der Lehrenden und senken die Qualität des Studiums, weil sie nicht für Strukturbildung (unbefristete Stellen) genutzt werden dürfen. Studiengebühren müssen deshalb abgeschafft werden und in gleicher Höhe durch Landesmittel ersetzt werden.

## § 5. Wir fordern das Ende der Dequalifikation und Prekarisierung der Lehrenden!

Die Situation der Lehrenden hat sich im Zuge des Bologna-Prozesses verschlechtert. Hohe Lehrdeputate und Stellenbefristung erschweren die Qualifikation und schaffen eine prekäre Situation für wissenschaftlichen Nachwuchs. Dieser Mangel wird durch sog. Juniorprofessuren und die verstärkte Tendenz zur kumulativen Dissertation und Habilitation nicht ausgeglichen, sondern weiter verschärft.

Dies treibt zum einen das Auseinanderdriften von Forschung und Lehre voran, zum anderen trägt es zum „Flickenteppich-Charakter" des Studiums bei, da nicht-hauptamtlich Lehrende in befristeten Beschäftigungsverhältnissen häufig schon verschwunden sind, wenn Studierende zu den bei ihnen erarbeiteten Themen geprüft werden wollen. So müssen hauptamtliche Prüfer Stoff prüfen, den sie selbst nicht gelehrt haben.

Statt weiterer Dequalifikation und Prekarisierung der Lehrenden sind demgemäß Maßnahmen zur Beförderung der Einheit von Forschung und Lehre sowie die Wiederbelebung des Gedankens einer Denk- und Forschungsgemeinschaft von Studierenden und Lehrenden unbedingt notwendig.

## § 6. Wir fordern, dass sich die Entscheidungsträger in Rektorat und Dekanaten Ihrer Verantwortung stellen, indem sie den Dialog mit Kritikern und Betroffenen suchen und entsprechende Korrekturen vornehmen!

Der Eingriff in die akademische Kultur, der im Namen der sog. Reformen vorgenommen wurde, ist beispiellos in seiner Radikalität und in seinen Auswirkungen problematisch für die jetzige und die nachfolgenden Generationen der Lehrenden und Studierenden. Die Transformation der Hochschule vollzieht nichts weniger als die Auflösung der aufklärerisch-emanzipatorischen Bildungskultur mit einem unabsehbaren wissenschaftlichen, kulturellen und volkwirtschaftlichen Schaden für die ganze Gesellschaft. Eine Verschiebung der Verantwortung durch den Hinweis auf Zuständigkeiten (Rektorat, Land, Bund, EU) ist nicht zu akzeptieren.

Alle an Universität Beteiligten haben das Recht und die Pflicht, sich in verantwortungsvoller – das heißt: sach- statt partikularinteressengeleiteter – Weise an der inneren Erneuerung der Universität zu beteiligen.

§ 7. Schließlich fordern wir die Verbriefung tatsächlicher akademischer Freiheit in Forschung, Lehre und Studium und ein Bekenntnis der Universität zu ihrem Bildungsauftrag!

Die ökonomistische Verkürzung des Studiums nach Maßgabe vermeintlicher Arbeitsmarkterfordernisse dient lediglich Partikularinteressen. Bildung dagegen dient immer dem gesellschaftlichen Allgemeinwohl. Die Universität realisiert diese Aufgabe nur in Freiheit: Sie darf weder von den Verwaltenden, noch von Lehrenden und Studierenden als Dienstleistungsbetrieb verstanden werden. Freie Forschung ohne Drittmittelhatz und Verwertbarkeitsdoktrin ist die Voraussetzung für Erkenntniszuwachs und Innovation! Umfassend gebildete Studierende sind in jedem Beruf erfolgreich und werden zu verantwortungsbewussten Gestaltern von Kultur und Gesellschaft.

# Erklärungen der Universitäten Duisburg-Essen, Siegen und Kiel zum Ausstieg aus dem CHE-Ranking

*Beschluss des Instituts für Pädagogik der Universität Duisburg-Essen*
*zum Ausstieg aus dem CHE-Ranking*

Das Institut für Pädagogik beteiligt sich nicht mehr an den CHE-Rankings. Es gibt keine Daten das Institut betreffend mehr an das Centrum für Hochschulentwicklung weiter.

Begründung: Das CHE ist eine Tochtergesellschaft der Bertelsmann-Stiftung, die wiederum 70 % des Kapitals des viertgrößten Medienkonzerns der Welt hält. Das CHE ist daher weder gesellschaftspolitisch unparteiisch noch uneigennützig. Es verfügt nicht über die demokratische Legitimation zur Sammlung von Daten aus dem öffentlichen Hochschulwesen. Über die von diesem Privatunternehmen vorgenommenen Rankings nimmt die Privatwirtschaft unzulässigen Einfluss auf die Steuerung des Bildungswesens. (November 2009)

*Beschluss des Fachbereichs Sprach-, Literatur- und Medienwissenschaften der*
*Universität Siegen zum Ausstieg aus dem CHE-Ranking*

*Warum Sie uns künftig auf den CHE-Rankinglisten nicht mehr finden werden*

Am 1. Juli 2009 hat der Fachbereichsrat des Fachbereichs 3 (Sprach-, Literatur- und Medienwissenschaften) der Universität Siegen beschlossen, sich mit seinen Fächern künftig nicht mehr am Ranking des von der Firma Bertelsmann gegründeten CHE (Centrum für Hochschulentwicklung gGmbH) zu beteiligen. Die Gründe für diese Entscheidung sind:

Die Leistungen eines Faches in Forschung und Lehre lassen sich nicht à la Aktienkurse oder Bundesligatabellen darstellen. Das Profil und damit die Qualität einzelner Fächer differenziert sich nämlich horizontal statt vertikal: mit den in Forschung und Lehre jeweils gewählten inhaltlichen Akzenten. Die besondere Attraktivität der Siegener Sprach-, Literatur- und Medienwissenschaften liegt genau darin. Die geforderten Daten durch Fächer, Fachbereich und Verwaltung – für das CHE kostenlos – bereitzustellen, bedeutet einen erheblichen Aufwand. Das bindet Ressourcen, die anderweitig, nämlich für die tatsächliche Verbesserung von Forschung und Lehre dringend benötigt werden. Da es viele Zweifel an den Methoden und Kriterien des CHE-Ranking und an der willkürlichen Auswahl von Vergleichsparametern gibt, macht es wenig Sinn, hier weiter zu investieren. Ständiges Messen, Testen, Ranken im Bildungswesen führt dazu, dass ‚gute Messergebnisse' als Handlungsziel von Bildungsinstitutionen überbewertet werden. Das ist alles andere als funktional. Es gibt aber dem rankenden Privatunternehmen die Möglichkeit, das öffentliche Bildungswesen faktisch zu steuern und es demokratischer Kontrolle zu entziehen. Das Ranking erzeugt, was es zu messen vorgibt: Ungleichheit zwischen den Hochschulen. Das Ranking fördert die Entkopplung von Forschung und Lehre und trägt damit zur Demontage der traditionellen Stärken des deutschen Hochschulsystems bei.

Aus diesen und weiteren Gründen haben sich nicht nur Österreich und die Schweiz bereits im letzten Jahr aus dem CHE-Ranking verabschiedet. Auch in den USA, dem Ursprungsland des Ranking von Bildungsinstitutionen, verweigern sich gerade gute Hochschulen dem Ranking durch finanziell interessierte Akteure und wirtschaftsnahe Organisationen. Auch in Deutschland nimmt die Bereitschaft zur Teilnahme am CHE-Ranking ab, zuletzt hat sich die mathematisch-naturwissenschaftliche Fakultät der Universität Kiel daraus verabschiedet (vgl. Forschung und Lehre 7/2009 [vgl. auch Erziehungswissenschaft H. 39/2009; die Redaktion]). An der Universität Siegen haben die Fachbereiche 2 und 8 entsprechend entschieden.

Dass wir den Vergleich mit anderen Hochschulen nicht scheuen, versteht sich. Wir entscheiden uns in keiner Weise gegen den Wettbewerb, vielmehr gegen den wachsenden Einfluss der Firma Bertelsmann und anderer Wirtschaftsverbände auf die Bewertung von Forschung und Lehre.

Wie gut wir sind, davon kann sich jede(r) ein eigenes Bild machen: in unseren Lehrveranstaltungen, auf unserer Homepage, auf den Homepages unserer Mitarbeiterinnen und Mitarbeiter, an unseren Forschungsergebnissen, in unseren Publikationen. Die Qualität des bei uns möglichen Studiums evaluieren wir selbst:

- Ergebnisse der Lehrveranstaltungsevaluation im Fachbereich 3: http://www. uni-siegen.de/fb3/evaluation/evaluation.html?lang=de
- Weitere Informationen: Wie die Fächer unseres Fachbereichs bis jetzt im CHE-Ranking abgeschnitten haben: http://www.uni-siegen.de/fb3/home/che-ranking/che_bisher.html?lang=de
- Veröffentlichung des Statistischen Bundesamtes über ›Hochschulrankings‹: https://www-ec.destatis.de/csp/shop/sfg/bpm.html.cms.cBroker.cls?CSPCHD=0070000100004c2mkaPp0000007ZI6Pb4fHouPJ9meRq0ReQ--&cmspath=struktur,vollanzeige.csp&ID=1020608
*Quelle: http://www.uni-siegen.de/fb3/home/che-ranking/?lang=de*

*Keine Teilnahme an kommerziellen Rankings!*

*Offener Brief des Konvents der Mathematisch-Naturwissenschaftlichen Fakultät*
*der Universität zu Kiel*

Die Aufbereitung von Umfragen in Tabellenform (Rankings) und deren Publikation ist mittlerweile ein fast tägliches Ereignis. Mag das ein oder andere Ranking durchaus einen anspornenden Wettbewerbscharakter haben, gibt es doch viele, die wissenschaftlichen Kriterien nicht standhalten. Wissenschaftler sollten sich daran nicht beteiligen, forderte der Konvent der math.-naturwissenschaftlichen Fakultät der Universität Kiel in einem Offenen Brief Anfang Juni, den wir hier dokumentieren.

Sehr geehrte Damen und Herren,

Mit diesem Schreiben möchte ich Sie über einen Beschluss des Konvents der Math.-Naturwiss. Fakultät der Christian-Albrechts-Universität zu Kiel informieren.

„Der Konvent der Mathematisch-Naturwissenschaftlichen Fakultät der CAU Kiel beschließt, sich zukünftig nicht mehr an Hochschulrankings durch kommerzielle Unternehmen oder wirtschaftsnahe Einrichtungen wie etwa dem „Centrum für Hochschulentwicklung (CHE)" zu beteiligen."

Begründung:

Den von kommerziellen Unternehmen oder diesen nahe stehenden Einrichtungen durchgeführten Hochschulrankings wurden wiederholt gravierende methodische Mängel nachgewiesen, welche die Aussagekraft dieser Rankings in Frage stellen. So sind z.B. den Hochschulrankings des CHE, welches sich selbst des „umfassendsten und detailliertesten Rankings deutscher Universitäten und Fachhochschulen" rühmt, wiederholt unter anderem folgende Schwächen vorgeworfen worden: Geheimhaltung der Datensätze sowie der zugrunde liegenden wissenschaftlichen Methodik, ungeeignete Kriterien wie „Empfehlung von Professoren für Studienorte," Manipulationsmöglichkeiten durch Hochschulen, willkürliche Wahl von Rankingparametern und (oftmals zu kleine) Stichprobengrößen, Datenlücken.

Diese Kritiken an den erheblichen Daten- und Methodenmängeln haben im Jahre 2007 dazu geführt, dass sich die Schweizer Hochschulrektorenkonferenz aus den grenzüberschreitenden Rankings verabschiedet hat. Ferner hat die österreichische „Austrian Agency for Quality Assurance (AQA)" aus diesen Gründen ihre Zusammenarbeit mit dem CHE aufgekündigt.

Ähnliche Kritik hat unter anderem in den USA dazu geführt, dass zahlreiche Hochschulen, allen voran Eliteeinrichtungen wie beispielsweise Harvard, vor geraumer Zeit beschlossen haben, den großen Wirtschaftzeitungen wie etwa Business Week, Wall Street Journal oder Financial Times, die Materialbasis für derartige Erhebungen nicht mehr zur Verfügung zu stellen. Europaweit wird ebenfalls vermehrt Kritik an derartigen Hochschulrankings geäußert.

Auch in Deutschland regt sich zunehmend Widerstand, insbesondere auch von studentischer Seite. So hat sich z.b. im Jahre 2007 die studentische Vollversammlung der Alice-Salomon-Hochschule in Berlin gegen eine Teilnahme am anstehenden CHE-Ranking im Studiengang Soziale Arbeit ausgesprochen, und seitens des ASTA der Universität Freiburg liegt eine Broschüre mit dem Titel „CHE stoppen!" vor.

Die Bereitstellung des angeforderten Datenmaterials für solche Rankings sowie die Beantwortung der diesbezüglichen Fragebögen bedeutet für die Hochschulen einen erheblichen personellen und zeitlichen Mehraufwand, sowohl für die Verwaltung als nicht zuletzt auch für die Mitarbeiterinnen und Mitarbeiter der Dekanate sowie der Mitglieder der Fachbereiche. Abgesehen davon, dass dies kaum mit den eigentlichen Aufgaben einer Hochschule in Forschung und Lehre zu vereinbaren ist, sind diese Mehrbelastungen angesichts der chronischen Unterfinanzierung unserer Universität ohne zusätzliche personelle Unterstützung nicht mehr leistbar.

Fächer der Math.-Nat. Fakultät haben in der Vergangenheit bei Hochschulrankings vielfach sehr gut abgeschnitten und scheuen keineswegs den Vergleich mit anderen Universitäten. Der Beschluss sollte nicht zuletzt auch als ein Zeichen gegen die nachweislich zunehmende Einflussnahme wirtschaftsnaher Verbände und Stiftungen auf die Hochschulpolitik in Deutschland gesehen werden, welche die Unabhängigkeit der deutschen Hochschulen sowie damit letztendlich das Grundrecht auf Freiheit von Wissenschaft, Forschung und Lehre tangiert.

Mit freundlichen Grüßen

gez. Prof. Dr. Lutz Kipp
Dekan

*Quelle: Forschung & Lehre 7/09, S. 507. Abdruck mit freundlicher Genehmigung der Redaktion.*

# Allgemeiner Forderungskatalog

*Verabschiedet von den Streikenden Studierenden der Universität Wien am 30.09.2009*

*Antidiskriminierung:*

Wir fordern antidiskriminatorische Betriebsvereinbarungen und Anti-Diskrimninierung als Grundkonsens in allen Bildungseinrichtungen.

- Das so genannte Behindertengleichstellungsgesetz muss in allen Institutionen des Bildungswesens umgesetzt werden. Wir fordern barrierefreies Studieren, Lehren und Lernen. D.h. beispielsweise die Verfügbarkeit von Dolmetscher_innen zur Übersetzung in Gebärdensprache sowie infrastrukturelle Maßnahmen für Menschen mit besonderen Bedürfnissen, Bsp. Barrierefreie Räume und Lifte;
- Wir fordern eine 50-prozentige Frauenquote in allen Arbeitsbereichen des Bildungswesens auf allen Ebenen;
- Wir fordern Quoten zur Förderung von Migrant_innen in allen Arbeitsbereichen des Bildungswesens auf allen Ebenen;
- Wir fordern Maßnahmen gegen Diskriminierung von LGBTQ-Personen (lesbian, gay, bisexual, transgender/transsexual, queer) und weiterer Angehörigen systematisch diskriminierter Gruppen in allen Arbeitsbereichen des Bildungswesens auf allen Ebenen;
- Wir fordern gleiches Recht auf Mobilität und Bildung unabhängig von Staatsbürger_innenschaft; Z.B.: Keine doppelten Studiengebühren von Drittstaatsangehörigen sowie die Anerkennung von akademischen Titeln aller Länder.

*Demokratisierung der Universitäten:*

Unser Ziel ist die demokratische Organisation der Universitäten. Dazu gehört eine Demokratisierung der Verwaltung in einer Form, die Professor_innen, Studierende, das wissenschaftliche und nicht-wissenschaftliche Personal gleichberechtigt an der Entscheidungsbildung beteiligt.

- Wir fordern eine demokratische, selbstverwaltete Organisation der Universitäten.
- Wir fordern eine gleichberechtigte Einbeziehung aller vier Kurien: Studierende, Mittelbau, Professor_innen und allgemeines Universitätspersonal.

- Wir sprechen uns gegen die Dominanz von Rektorat, Unirat und Ministerium aus.
- Wir bestehen auf der Zusammenlegung des Ministeriums für Unterricht und Kunst und des Ministeriums für Wissenschaft und Forschung.
- Wir fordern die Abschaffung des Universitätsrates.
- Wir fordern die Beschneidung der Befugnisse des Rektorats bei gleichzeitiger Aufwertung demokratisch legitimierter Gremien.
- Wir fordern die Abschaffung von quantifizierenden Kontrollmechanismen wie Leistungsvereinbarungen und Wissensbilanzen.
- Wir fordern Budgettransparenz. D.h. die Offenlegung aller Finanzaktivitäten und die demokratische Mitbestimmung bei der Budgetverteilung.
- Wir fordern die Rücknahme der ÖH-Wahlrechtsreform von 2004 und die Wiedereinführung des direkten Wahlmodus.
- Selbst-organisierte studentische Räume müssen geschützt und unterstützt werden. Die derzeitigen Besetzungen zeigen die Notwendigkeit des Austauschs und der Vernetzung in autonomen Räumen.

*Keine Ökonomisierung von Bildung:*

- Wir fordern den freien Hochschulzugang und die Abschaffung ökonomischer Kriterien für den Zugang zu Bildung, welche den strukturellen Rassismus und die soziale und ökonomische Ungleichheit aufrecht erhalten, d.h. die Abschaffung aller Studiengebühren und die Aufhebung aller weiteren finanziellen Zugangsbarrieren im Bildungsbereich und zwar unabhängig von Staatsbürger_innenschaft, Alter und Dauer des Studiums.
- Schluss mit Unterfinanzierung, Wettbewerbslogik und Elitenbildung im Bildungsbereich, d.h. keine Privatisierung und kein Ausverkauf öffentlicher Einrichtung und Güter.
- Die Qualität von Bildung und Lehre soll nicht durch Zugangsbeschränkungen, sondern durch ausreichende Finanzierung im Bildungssektor gewährleistet werden.
- Wir fordern die Abschaffung prekärer Dienstverhältnisse im Bildungsbereich sowie in der gesamten Arbeitswelt. D.h. keine a-typischen Beschäftigungsverhältnisse wie freie Dienstverträge, zeitlich befristete Verträge, Werkverträge etc. Die systematische Prekarisierung von Lehrenden und Forschenden hat Vereinzelung, Verunsicherung, Demotivierung und Konkurrenzdenken zur Folge.
- Wir fordern die Ausfinanzierung aller Bildungseinrichtungen.

- Wir fordern die Finanzierung von Forschung und Lehre in einem Ausmaß, das die Beschaffung von Drittmittel nicht notwendig macht.
- Wir reklamieren das Streikrecht für Student_innen und Schüler_innen.

*Selbstbestimmtes Studieren:*

- Abschaffung des Selektionsinstruments der Studieneingangsphasen (STEPs) inklusive ihrer Knock-Out-Prüfungen.
- Schluss mit den Voraussetzungsketten.
- Freie Wahlfächer statt Erweiterungscurricula.
- Abschaffung der intransparenten Anmeldesysteme.
- Abschaffung der Deadlines für Sozialförderungen.
- Die Beendigung des angefangenen Diplomstudiums muss gewährleistet sein. Dazu bedarf es eines entsprechenden Lehrangebots und fixer Äquivalenzlisten sowie der Aufhebung der bestehenden Übergangsfristen.
- Aufrechterhaltung aller bestehenden Diplomstudiengänge.
- Gewährleistung der Anrechenbarkeit von Lehrveranstaltungen und Abschlüssen im In- und Ausland.
- Freie Zugänge zu allen Studiengängen.

Außerdem sprechen wir uns aus:
- Gegen die Einführung der Zentralmatura.
- Gegen ein autoritäres Beurteilungssystem in Schulen – Sitzenbleiben abschaffen.

*Geschichtliche Aufarbeitung:*

- Wir fordern die Erhaltung, die Förderung und den Ausbau kritischer und emanzipatorischer Forschung und Lehre.
- Wir verlangen die Restitution aller im Zuge der Shoa geraubten Güter, die sich in „Besitz" der Universitäten sowie anderer staatlicher Einrichtungen befinden.
- Wir bestehen auf der geschichtspolitischen Auseinandersetzung, mit der Teilhabe der Wissenschaft und ihrer Institutionen, an Kolonialismus, Faschismus und Nationalsozialismus.

**Wir fordern freie Bildung für alle!**
**Wir fordern nicht nur einen Stop der Ökonomisierung der Bildung!**
**Wir fordern einen Stop der Ausbeutung in allen Lebensbereichen!**

*Quelle: http:unibrennt.at/?p=383. Zugriff am 08.10.10*

# Forderungen an die Universität

*Vorläufige Forderungen an die Universität Wien, Verabschiedet*
*von den Streikenden Studierenden der Universität Wien am 2.11.2009*

*I. Präambel:*

Wir sind der Auffassung, dass Studierende fähig sind, ihr Studium selbst in die Hand zu nehmen und zu gestalten. Das sollte jeder und jedem ermöglicht werden – vor allem, wenn eine kritische, mündige Gesellschaft das Ziel ist.

Darüber hinaus braucht es nicht weniger Studierende sondern mehr:

Alle internationalen Studien und Vergleiche zeigen, dass Österreich zu wenig Studierende hat. Bei den StudienanfängerInnenquoten liegt Österreich mit knapp 40 Prozent im untersten Viertel der OECD-Staaten, die im Schnitt 15 Prozent höher liegen.

Breiteren Bevölkerungsschichten sollte der Zugang in den tertiären Bildungssektor ermöglicht werden. Es kann nicht sein, dass noch immer 2,5 mal mehr Studierende Eltern mit Universitäts-Abschluss haben als ohne. Es ist erschreckend, dass in der österreichischen Innenpolitik vermittelt wird, dass die Universitäten Studierende fürchten. Es ist für eine kritische Öffentlichkeit gefährlich und falsch, wenn gesagt wird, dass Studierende nicht willkommen sind und künstliche Barrieren errichtet werden.

Des Weiteren ist für uns wichtig, dass Lehre und Forschung als einander bedingende, verknüpfte und gleichwertige Bereiche gesehen werden.

Selbstverständlich ist für uns, dass es keine Diskriminierung aufgrund Geschlecht, sexueller Orientierung oder Herkunft geben darf – dies lässt sich aber nur durch aktive Arbeit und aktive Frauenförderung – beispielsweise durch eine 50%-Quote in allen Bereichen – umsetzen. Bildung ist ein wichtiges Instrument, Marginalisierung bestimmter Gruppen abzuschaffen.

Ein wesentliches Anliegen ist auch die Demokratisierung der Universitäten, auch wenn uns klar ist, dass dies die Leitung der Universität nicht allein beschließen kann.

Aus diesen grundlegenden Thesen lassen sich auch alle unsere Forderungen ableiten.

*I. Forderungen*

*1. Bildung statt Ausbildung*

*1.1 Keine verpflichtenden STEPs!*

a. Voraussetzungsketten führen zu Knock-Out-Prüfungen, versteckten Zugangsbeschränkungen und unnötigen Verzögerungen des Studiums.

b. Wir fordern eine freie Gestaltung des Studiums – Schluss mit der unnötigen Verzögerung durch Voraussetzungsketten.

c. Wir fordern STEPs mit einem besseren Betreuungsverhältnis, damit sich Neustudierende fundierter orientieren und informieren können. STEPs als Empfehlung/Leitfaden und nicht als Verpflichtung, damit sich Studierende auch individuell nach ihrem Interesse bilden können.

d. Natürlich sind diese Forderungen mit mehr finanziellem Aufwand verbunden, daher müssen Budgetdefizite temporär in Kauf genommen werden. In den letzten Tagen hat sich gezeigt, dass die Diskussion um das Universitätsbudget neu geführt wird -im Zuge dessen fordern wir von der Unileitung, das Budget neu auszuverhandeln.

1. Keine Zugangsbeschränkungen für Master- und PhD-Studiengänge.

a. Die Universität soll das Budget gleichmäßig auf die Masterprogramme aufteilen und sich nicht durch finanziellen Druck zu Beschränkungen zwingen lassen. Die Zulassungsfreiheit und die gleiche Qualität jedes Masters müssen garantiert sein.

b. Alle schon bestehenden Zugangsbeschränkungen müssen abgeschafft werden. Weiters soll die Uni Wien vom Notfallsparagraphen 124b absehen und in noch nicht beschränkten Studiengängen keine Beschränkungen einführen. Wir fordern, dass die Uni Wien Anträge nach Paragraph 124b Absatz 6 nicht unterstützt.

1. Budgetierung nicht von der AbsolventInnenzahl abhängig machen.

a. Die Verteilung der Mittel muss auf den individuellen Bedarf der jeweiligen Studienrichtungen abgestimmt sein. Die individuellen Pro-Kopf-Kosten müssen gedeckt sein.

b. Die Verteilung der Mittel darf nicht nach Anzahl der AbsolventInnen des Studiums bzw der jeweiligen Abschnitte (z.B. STEP) begründet werden.

Bestimmte Studienrichtungen leisten wertvolle Bildungsarbeit schon vor Abschluss bzw ist die Anzahl der AbsolventInnen einer STEP oder eines Studiums nicht aussagekräftig über die jeweilige Bildungsarbeit.

Bestimmte Studienrichtungen werden häufiger als Zweitstudium bzw zusätzlichem Interesse gewählt und leisten dadurch ebenfalls wichtige Bildungsergänzung. Dies führt aber nicht zwangsläufig zu mehr Abschlüssen.

1. Freie Wahlfächer statt Erweiterungscurricula

a. Die EC gehören in ihrer jetzigen Form abgeschafft und durch frei wählbare Wahlfächer wieder ersetzt .
b. EC als Zusatzangebot für Themen, die keine eigenen Studiengänge darstellen(z.B. Cultural Studies, Gender Studies), müssen trotzdem angeboten werden.

Die Wahlfächer bieten die einzige Möglichkeit, sich freies Zusatzwissen anzueignen und persönliche Schwerpunkte im Studium zu setzen. Diese Möglichkeit darf nicht durch einheitliche und vorgefertigte EC beschränkt werden.

a. Alle Wahl- und Pflichtfächer, müssen sowohl zwischen verschiedenen Instituten, als auch zwischen verschiedenen Universitäten anrechenbar sein.

Erstens bringt dies weitere Flexibilität in die Studienpläne. Studierende erhalten mehr Wahlmöglichkeiten und können so die universitäre Bildung auf ihre Bedürfnisse abstimmen.

Zweitens können durch die Möglichkeit, sich Wahlfächer frei auszusuchen, Lehrpläne von unten organisiert werden.

1. Anrechenbarkeit

a. Die Anrechenbarkeit von Lehrveranstaltungen muss an allen Universitäten, unabhängig vom lokalen Angebot, gewährleistet werden.
b. Die Anrechenbarkeit von Abschlüssen zwischen Universitäten im In- und Ausland muss gewährleistet werden.

1. Weg mit dem intransparenten Anmeldesystem.

a. Das Anmeldesystem darf keine nicht vorhergesehen Hürden schaffen. Der Online-Prüfungspass darf nicht mit dem Anmeldesystem vernetzt sein. Die Anmeldung zu einer Lehrveranstaltung ist eine reine Information an die Universität über die Nachfrage nach Lehrveranstaltungen. Das Anmeldesystem darf kein Mittel zur Studiendisziplinierung und -Ökonomisierung sein.
b. Das Anmeldesystem muss gleiche Chancen für alle Studierenden bieten, unabhängig von zeitlicher Möglichkeit zur Anmeldung und Auslastung des Studierenden.

1. Gewährleistung der Beendigung des begonnenen Studienplans (z.B. Diplom). Dazu bedarf es eines entsprechenden Lehrangebots und fixer Äquivalenzlisten sowie einer Ausweitung der bestehenden Übergangsfristen nach Durchschnittsstudienzeit.

1.8 Aufrechterhaltung der noch bestehenden Diplom- und Lehramtstudiengänge.

## 2. Redemokratisierung

1. Wir fordern alle AdressatInnen der hier genannten Forderungen auf, sich für die Stärkung der inneruniversitären Demokratie einzusetzen. Wir fordern die Rücknahme von informellen wie formellen monokratischen Entscheidungsstrukturen. Drittelparitätische Entscheidungsorgane müssen wieder eingeführt werden.Weiters fordern wir die Einbindung des allgemeinen Universitätspersonals, sowie die umfassende Stärkung der Einbindung der StudentInnen auf allen Ebenen.

2. Die Rechte von autokratischen Strukturen, wie etwa dem Controlling müssen drastisch eingeschränkt werden und dürfen nur noch eine beratende Funktion haben.

3. Die anstehende Evaluierung der Studienpläne muss vorgezogen werden und unter maßgeblicher Beteiligung der Lehrenden und StudentInnen stattfinden. Eine solche demokratische Evaluierung ist unter den gegebenen Bedingungen nicht möglich. Sollte bis zur Evaluierung eine demokratische Stimmaufteilung nicht gewährleistet sein, wird der Senat aufgefordert, für diese zu sorgen.

4. Es muss eine Verantwortlichkeit der Studienprogrammleitungen gegenüber demokratisch gewählten, entscheidungsbefugten Gremien an den Instituten geschaffen werden. Es handelt sich um einen grundlegenden Fehler des aktuellen Systems, dass Lehrende und StudentInnen, also die eigentlich Betroffenen, aus den unmittelbaren Entscheidungsprozessen im Bereich der Lehre ausgeschlossen sind!

## 3. Uni als Lebensraum:

1. Es muss Raum für die Selbstorganisation des universitären Lebens der Studierenden geschaffen und geschützt werden.

In diesen Freiräumen kann selbstorganisierte Universität Praxis werden. Nicht genutzte Räume müssen zur Verfügung gestellt werden. Die Universität als Lebensraum muss einen wichtigen Beitrag zum Kulturangebot Wiens leisten. Zu Zeiten, in denen Räume der Universität nicht genutzt werden, muss Platz für selbstverwaltetes und -gestaltetes Programm der Studierenden sein.

a. Selbstverwaltete Räume der Studienrichtungsvertretungen müssen geschützt und geschaffen werden.

Alle Studienvertetungen haben das Recht auf genügend Raum für Büro, Versammlungsmöglichkeiten und Infrastruktur.

a. Ebenso fordern wir Aufenthaltsräume, in denen Studierende selbstorganisiert arbeiten können.

3.2 Das Audimax wie auch bereits jetzt genutzte Räume müssen den Studierenden langfristig zur Verfügung gestellt werden.

Diese Räumlichkeiten sollen langfristiger Kommunikation, Vernetzung und kritischer Auseinandersetzung dienen. Wir sehen einen kritischen gesellschaftlichen Diskurs als einen wichtigen Teil der universitären Bildung. Dadurch soll Kooperation statt Konkurrenz auf universitärer Ebene gestärkt werden.

4. *Das Behindertengleichstellungsgesetz muss an allen österreichischen Universitäten umgesetzt werden, um ein barrierefreies Studieren zu ermöglichen.*

Die Ausformulierung der Forderungen betreffend diesen Punkt werden noch von der Arbeitsgruppe Barrierefreies Studieren ausgearbeitet und folgt zu gegebenem Zeitpunkt.

5. *Beschäftigungsverhältnisse des Lehrpersonals:*

Auch für die Studierenden der Universität Wien ist eine Verbesserung der Arbeitsbedingungen und -verhältnisse des gesamten Lehrpersonals von großer Bedeutung, weil dadurch die Qualität und Kontinuität der Forschung gesichert wird und somit auch die Qualität der Lehre steigt.

5.1 Externe LektorInnen sind gleichberechtigte Lehrende und Forschende an der Universität Wien und müssen als solche anerkannt werden.

1. Senior Lecturers:

a. Senior Lecturers Stellen dürfen die LektorInnen nicht ersetzen, sondern sollen ihre Arbeit ergänzen und damit dazu beitragen, ein vertretbares Betreuungsverhältnis in den einzelnen Studienrichtungen zu ermöglichen.

b. Senior Lecturers sollen je nach Fach und Lehrveranstaltungen nicht mehr als 8 Semesterwochenstunden für eine Vollzeitstelle lehren. Der Rest der Zeit soll für die Forschung zur Verfügung stehen.

c. Senior Lecturers brauchen einen vollwertigen Arbeitsplatz an der Universität.

1. Eine adäquate Infrastruktur, entsprechend dem österreichischen Arbeitsrecht, muss für alle Lehrenden, also auch für die LektorInnen zur Verfügung gestellt werden.

2. Für die damit weiterhin lehrenden LektorInnen verlangen wir, dass diese in länger als jeweils nur sechs Monate dauernde Arbeitsverhältnisse überführt werden. Alternativ dazu könnten auch Arbeitsverhältnisse auf unbestimmte Zeit abgeschlossen werden, wie das der Kollektivvertrag in Aussicht stellt.

3. Wir verlangen eine Aufstockung der Gehälter, die dem realen Arbeitsaufwand für gute Lehre entspricht!

Die willkürliche, vom realen Arbeitsaufwand entkoppelte Festlegung der Arbeitszeit für eine Lehrveranstaltung ist nicht angemessen. Insbesondere bei der Vorbereitung neuer Lehrinhalte und bei höheren TeilnehmerInnenzahlen ist der reale Zeitaufwand je Lehrveranstaltung allerdings deutlich höher. Ein Lehrauftrag mit zwei Wochenstunden pro Semester soll einem Teilzeitbeschäftigungsverhältnis im Ausmaß von 10 Wochenstunden (in Ausnahmefällen bei nachweislich geringerem Aufwand 8 Wochenstunden) mit sechs Monaten Gesamtdauer entsprechen.

1. Wenn habilitierte UniversitätsdozentInnen im Rahmen ihrer Venia Pflichtlehrveranstaltungen abhalten, fordern wir deren adäquate Abgeltung gemäß dem Kollektivvertrag.

2. Die Anstellungen der StudienassistentInnen müssen transparent erfolgen und eine angemessene Bezahlung gewährleistet werden

*Quelle: http://unibrennt.at/?page_id=11815&lang=de. Zugriff am 08.10.10*

*Peter Grottian/ Michael Colain/ Sebastian Zimmermann*

# Der Bildungsstreik zeigt Wirkung
# – Eine selbstkritische Einschätzung

## *Die überraschende Bewegung*

Die dezentrale Bildungsstreikbewegung im Juni 2009 hat die Bildungsfrage auf die innenpolitische Tagesordnung gesetzt. Die Initiatorinnen und Initiatoren waren selbst von der Dynamik überrascht und die Politik reagierte bisher wenig souverän. 270 000 Protestierende auf den Straßen, die größte unabhängige Bildungsbewegung seit Jahrzehnten. Sie war demokratisch, dezentral angelegt und durch eine zarte Klammer gemeinsamer Forderungen für die überregionalen Botschaften zusammengehalten. Es war ein Streik der vielen tausend Gesichter. Die lokalen Bündnisse prägten das Bild und nicht hervorstechende bundesweite WortführerInnen. Die Presse hatte zurecht Schwierigkeiten, SprecherInnen oder OrganisatorInnen für den Mediengebrauch auszumachen. Basisdemokratie war ein flächendeckendes Konzept, das bewusst auf die Großdemonstration verzichtete. Die gute Balance von gängigen Protestformen (Demos, Versammlungen, Debatten) und Aktionen des zivilen Ungehorsams (Instituts und Rektoratsbesetzungen, Straßenblockaden, Belagerungen, symbolische Banküberfälle) hat den streikenden Studierenden und SchülerInnen eine ganz überwiegende Sympathie und Unterstützung der Öffentlichkeit und der Medien eingetragen. Der Bildungsstreik hat den schon länger schwelenden Unmut – auch bei den Lehrenden – über die miserablen Zustände an den Schulen und Hochschulen – die Kitas nicht zu vergessen – zum Vorschein gebracht. An und in den Bildungseinrichtungen wurden fruchtbare und kontroverse Debatten über grundlegende Fragen und Perspektiven des Bildungssystems geführt. Eine neue politische Welle hat das Land erstmals seit Jahren durchzogen. Die oft als unpolitisch gescholtene Jugend setzte ein sichtbares Zeichen für Veränderung. Vielerorts wurde nun eine Diskussion über konkrete Veränderungen angestoßen. Dieser erste Erfolg wäre nicht ohne ein breites Bündnis möglich geworden. Gewerkschaften, soziale Gruppen, einige Rektoren und Präsidenten, HochschullehrerInnen, akademischer Mittelbau und LehrerInnen unterstützten den Streik, ließen eine kritische Sympathie erkennen oder freuten sich zumindest im geschützten Raum mit Studierenden und Schülern.

Die einzige Gruppe, die sich zunächst fast bedeckt hielt, waren die Politiker. Neben Respektsbekundungen seitens Bündnis90/Die Grünen und Die Linke, fiel die Bundes-SPD durch nahezu komplette Abwesenheit auf. Kanzlerkandidat Steinmeier konnte mit dem Streik einfach nichts anfangen, er war ihm von der Protestform her fremd. Dass die CDU den Bildungsstreik gar als linke, instrumentalisierte Wahlkampagne denunzierte, zeigte jenseits des lächerlichen Merkel-Bildungsgipfels einmal mehr, dass die Kanzlerin und ihre CDU/CSU wenig von den Problemen in Schulen und Hochschulen verstanden haben. Auch die herablassende Art der Bundesbildungsministerin, Annette Schavan, den Bildungsstreik zum Teil als „gestrig" zu bezeichnen, weist darauf hin, dass diese Ministerin eher in den Forschungs- und Eliteküchen zu Hause ist, als bei den konkreten Problemen von SchülerInnen und Studierenden. Die FDP war einstmals auch eine Bildungspartei. Der Bildungspolitiker Dahrendorf hätte sich im Grabe umgedreht, wenn er seine alte FDP vernommen hätte. Nun sah sie im Bildungsstreik „anarchistische Gewalt". Die Kultusministerkonferenz (KMK) reagierte zunächst kopflos auf den Bildungsstreik. Ein Diskussionsgesuch der Studierenden und SchülerInnen anlässlich ihrer Konferenz in Berlin lehnte sie zunächst ab. Als der öffentliche Druck größer wurde, bot sie ein knappes Gespräch im Ensemble von vier Kultusministern an. Das Gespräch war sachlich, sehr kurz und man verständigte sich auf eine zu vereinbarende Kommunikation. Die fehlende Resonanz der Regierenden lässt auf Sprachlosigkeit und Unfähigkeit, sich mit den streikenden BürgerInnen auseinander zu setzen, schließen.

### Der Bachelor alten Typs ist abgeräumt

Insgesamt fällt bei der Reaktion der Politik auf, wie kläglich die Verteidigung der bisherigen Bildungspolitik ist. Kein Politiker, keine Rektorin, kein Professor hat den Schmalspur-Bachelor nach sechs Semestern wirklich noch verteidigt. Die glühendsten Verfechter von BA/MA sind ganz leise geworden – weil sie sehen und zum Teil auch einsehen, was da angerichtet worden ist. Kurz: Der Bachelor in seiner bisherigen Form hat keinen öffentlichen Rückhalt mehr. Kaum eine Professorin wird noch mit Überzeugung die Hand für einen sechssemestrigen, verschulten Bachelor heben, wenn eine Prüfungsordnung verabschiedet wird. Die Hochschulen stehen nach dem Bildungsstreik vor einer Revision. Ob die Landesregierungen die erforderlichen Mittel zur Verfügung stellen werden, steht allerdings in den Sternen und könnte im Endeffekt dazu führen, dass der bisherige Weg der Sachzwanglogik und Unzuständigkeitserklärung für das Desaster zwischen Hochschulleitungen, Ministerien und angeblich verpflichtenden „Bologna-Beschlüssen" weiter geht. 28 Milliarden Euro durch das Konjunkturpaket und den Bund-Länder-Pakt für Baumaßnahmen investieren – für Kita-Anstriche, Austausch von Kloschüsseln und Turnhallen-Bau – , aber nichts für die Lehr- und Lernbedingungen von SchülerInnen und Studierende konkret tun, das geht jetzt nicht mehr, ging aber noch ohne öffentlichen Aufschrei vor dem Streik. Doch die grundsätzliche Kritik am System Bologna wurde von der Öffentlichkeit kaum aufgegriffen. Im Rahmen der Lissabon-Strategie soll Europa zum „wettbewerbsfähigsten und dynamischsten wissensgestützten Wirtschaftsraum derWelt" werden. Bildung wird so zuvorderst auf ihre wirtschaftliche Verwertbarkeit reduziert und schließlich im Rahmen der GATS Abkommen nur noch als Dienstleistung aufgefasst. Echte Mitbestimmung der Betroffenen ist da ein Fremdkörper, denn sie sollen als Kunden nur noch über das ob, nicht aber über das wie, des Lernens entscheiden. Beim Bologna-Prozess stehen „arbeitsmarktrelevante Qualifikationen" im Vordergrund, während die Studierenden und SchülerInnen eine dem Menschen zu kritischem Urteilen befähigende, demokratisch organisierte Bildung einfordern. Dieser grundsätzliche Konflikt über das Verständnis von Bildung bleibt trotz der massenhaften Mobilisierung zwischen den Verantwortlichen in der Politik und den Streikenden unausgefochten. Vielfach wurde er totgeschwiegen. Der Bildungsstreik hat Aufmerksamkeit erregt, doch die weltweite Ökonomisierung von Bildung schreitet weiter voran.

*Wirkungen, wirklich Wirkungen?*

Was aber folgt aus dem Bildungsstreik? Nach diesem ersten Erfolg haben sich die SchülerInnen und Studierenden für November/ Dezember 2009 auf weitere gemeinsame Proteste verständigt. Erneut sind Massenproteste, Aktionen des zivilen Ungehorsams wie z. B. eine Blockade der KMK-Sitzung in Bonn im Dezember geplant. Einige landespolitische Alternativ-Bildungsgipfel werden stattfinden, um die politischen Landesverantwortlichen herauszufordern. Am 7. Juli trafen sich in Berlin im Hause Schavan die Bildungsstreikenden, Wissenschaftsorganisationen und HochschulrektorInnen. Das Gespräch war eine Show der Bildungswilligen – aber immerhin sagte die Bildungsministerin zu, dass jeder und jede einen Zugang zum Master haben sollte. Damit hatte sie ihre eigenen Exzellenzvorstellungen relativiert. Die Kultusminister haben sich angsthäsig hinter ihren Finanzministern versteckt. Bisher ist noch keine Bereitschaft erkennbar, sich mit den Streikzielen der Protestierenden auseinander zu setzen. Vor allem die Forderungen von Schülerinnen und Schülern nach Abschaffung von G8, mehrgliedrigem Schulsystem und weniger wirtschaftlichem Einfluss verhallten unbeachtet. Die KMK hat nun im Oktober 2009 mit eher windelweichen Absichtserklärungen etwas grundsätzlicher auf den Bildungsstreik reagiert. Man merkt dem Dokument die Zerrissenheit der Bundesländer an und ihr noch immer krampfhaftes Festhalten an einer selbstproduzierten Orgie des Bürokratieprozesses (SZ), der man ein wenig mehr Leine geben will. Nachjustieren ist das Zauberwort, um nicht die eigenen Fehler wirklich eingestehen zu müssen. Die Hochschulrektorenkonferenz (HRK) ist da schon mutiger und fordert eine generelle Überarbeitung der bisherigen Studienkonzeptionen und Mittel dafür, einen geöffneteren und differenzierteren Bildungsprozess auch mit mehr qualifiziertem Personal bewältigen zu können. Auch die neue Bundesregierung hat nicht nur Bildungsanstrengungen in die Überschrift ihres Koalitionsvertrags gesetzt, sondern auch eine jährliche Aufstockung um drei Milliarden Euro für Bildung zugesagt. Noch sind die Konturen sehr unscharf – aber das geplante Stipendien-Programm ist ein typisches FDP-Leistungsträger-Projekt und in der Finanzierung so voraussetzungsvoll, dass die geplanten Mitfinanzierer, die Unternehmen und Dienstleister, eine beredte, schweigsame Position einnehmen. Gemeinsam ist allen Reaktionen von HRK, KMK und Bundesregierung, dass sich fast nichts an der gegenwärtigen Lehr-Lern-Situation an Schulen und Hochschulen ändern wird. Strukturelle Veränderungen sind nicht angesagt, sondern nur punktuelles „reformieren" am Bestehenden. Es regiert der Verschiebebahnhof politischer Verantwortlichkeit und nicht ein klösterlicher Arbeitsprozess, der auf massive Korrekturen setzt. Die Studierenden haben inzwischen scharf auf die KMK-Beschlüsse mit einer Zurückweisung reagiert.

*Defizite der Bildungsstreikbewegung*

Trotz allem unverhofften Erfolg sind Strukturdefizite nicht zu übersehen:

*Erstens* gab es eine thematische Schieflage zugunsten der Hochschulprobleme. Nur die Kritik am Turbo-Abitur drang durch, aber sonst wurden eher die Hochschulprobleme als die Schulen öffentliches Streitthema. Es gab erhebliche Abstimmungsprobleme zwischen SchülerInnen und Studierenden in der Öffentlichkeitsarbeit. Die thematische Schieflage war so schon in den Bündnissen zwischen SchülerInnen und Studierenden erkennbar.

*Zweitens*: der Bildungsstreik hat bewiesen, dass Zentralität und strikte Dezentralität sinnvoll aufeinander bezogen eine gesellschaftspolitische Auseinandersetzung erzeugen können. Ohne die strikte Dezentralität wäre die basisdemokratische Mobilisierung von 270 000 Protestierenden nicht möglich gewesen. Eine zentrale Demonstration, die sehr bewusst nie ins Auge gefasst worden ist, hätte gerade den massenhaften Aufbruch von unten unterhöhlt. Andererseits: Ohne die zentrale Pressekonferenz in Berlin und ohne die mühsam erhobenen Zahlen und Fakten über die Gesamtmobilisierung wäre der öffentliche Durchbruch als Thema schwerlich möglich gewesen. Live-Ticker, Pressemitteilungen, ständig ansprechbare Pressekontakte und eine detaillierte Kontaktliste in die lokalen Bündnisse machten es möglich, das Interesse der Medien an die dezentralen Strukturen weiterzuleiten. Erst die Wucht der Mobilisierung zerstreute die Zweifel in den Medien, dass nur ein paar tausend Protestierende (FAZ, Der Spiegel, Freitag) unterwegs seien. Dass die politischen Fronten mit dem Bildungsstreik durcheinander gerieten, hat der öffentlichen Akzeptanz des Streiks genutzt. So unterstützte zwar die FAZ nicht den Bildungsstreik, aber schrieb vernichtende Urteile über den Bologna-Prozess und die Lehr-Lern-Situation an den Hochschulen. Vorsichtige Unterstützer des Bildungsstreiks waren ARD, ZDF, FR, taz, Junge Welt, SZ, Berliner Zeitung – während Focus, der Spiegel, Tagesspiegel, Die Welt und Freitag ohne erkennbare Konturen blieben. Die Rundfunkstationen (HR, WDR, NDR, RBB, SWR, SR, MDR u. a.) sympathisierten mit dem Bildungsstreik und spiegelten mit ihren dezentralen Strukturen auch die Bildungsstreikbewegung regional wider. Über die privaten Medien liegt bisher nach unserer Kenntnis keine genauere Auswertung vor.

*Drittens*: Die Mobilisierung stand mehr auf der Kippe als sich die BewegungsaktivistInnen eingestehen wollten. Die Mobilisierung in den Seminaren war nach allgemeiner Auffassung unzureichend. Die Dynamik setzte erst in der buchstäblich letzten Minute auf den gut besuchten Vollversammlungen der Hochschulen ein. Die echte Unterstützung der HochschullehrerInnen blieb öffentlich aus, nur wenige Lehrende waren bei den Demonstrationen präsent. HochschullehrerInnen sind prinzipienfest opportunistisch. Sie schluckten mit wenig Protest die BA/MA-Logik und erwarteten von sich und den Studierenden keinen ernsthaften Protest. Kurz: Das Mobilisierungspotential an Schulen und Hochschulen blieb in weiten Teilen weit hinter den Möglichkeiten (Mittelbau, sonstige MitarbeiterInnen) zurück.

*Viertens*: Die lokale und regionale Zentralität hat beeindruckende Dynamiken geschaffen, die aber nur in Einzelfällen auch bundespolitisch durchgeschlagen sind (Heidelberg, Düsseldorf, Hamburg, Göttingen, Leipzig u. a.). Es gab große weiße Flecken auf der Streik-Landkarte wo es ganz ruhig blieb und Protestaktionen eine Rarität waren.

*Fünftens*: Der Bildungsstreik litt nach den ersten beiden Bundestreffen an einer Unkultur des politischen Misstrauens bis hin zu selbstzerstörerischen Tendenzen. Natürlich gehört es zu einer basisdemokratischen Bewegung, möglichst jede Machtkonzentration zu vermeiden. Aber die oft gehandelten Projektionen („Der SDS will sich den Bildungsstreik unter parteipolitischen Gesichtspunkten unter den Nagel reißen", „Der Koordinierungskreis könnte sich verselbständigen", „Die Pressegruppe könnte machtvoll eigene Politik betreiben", „Einzelpersonen wollen sich selbst inszenieren und für den Bildungsstreik sprechen") entbehrten der Realität und lähmten oft die anstehenden Arbeitsprozesse. Viele Engagierte waren entnervt und warfen das Handtuch. Alle Machtspekulationen haben sich als unhaltbar erwiesen – eine Instrumentalisierung jedweder Art fand nicht statt. Versuche dazu blieben schon in den Anfängen stecken. Persönliche Eitelkeiten wurden eingedampft, niemand konnte zum Sprecher oder zur Sprecherin der Bildungsstreikbewegung avancieren. Keine Chance für einen neuen Rudi Dutschke. Dass die Kultur der falschen Projektionen zur Agonie der Entscheidungen geführt hat, ist kein basisdemokratisches Ruhmesblatt. Es ist wichtig, ein waches Auge für Fehlentwicklungen, eine offene Kommunikation, kritisches Hinterfragen und ständige Selbstreflexion zu praktizieren, doch sollte das durch ein kooperatives Zusammenwirken, möglichst konfliktbeherrscht und ohne zu große Eskalationen möglich sein. Der KoKreis, man wagt es kaum auszusprechen, war während der Streikwoche total arbeitsunfähig. Was wäre denn passiert, wenn 3-4 Demos, 4-5 Bankenbesetzungen zusammengeprügelt worden wären? Wer hätte jenseits der lokalen Bündnisse überhaupt reagieren können? Kurz: Ein bundesweiter Bildungsstreik ohne Legitimation ist ein basisdemokratisches Unding. Zentralität und Dezentralität haben sich zu ergänzen – nicht zu blockieren.

*Sechstens* war der Bildungsstreik trotz einiger anderer Bemühungen deutschlandorientiert und weitgehend ohne internationale oder europäische Bewegungsbezüge zu Italien, Frankreich, Griechenland oder Spanien. Die Perspektive eines europäischen Bildungsstreiks 2011 ist zwar in der Diskussion, aber bisher nicht wirklich angegangen. Die momentanen Entwicklungen in Österreich erwecken jedoch Hoffnung für eine Ausweitung der Proteste.

*Siebtens*: In der Gender-Frage war positiv, dass sich Männerdominanz zwar hier und dort etablierte, aber einzelne Männer an klassischen Hegemonialstrategien wirksam gehindert wurden. Kein Mann hat eine wirklich dominante Funktion im Streik erreicht. Aber eine alte Erfahrung aus der Bewegungsforschung bestätigte sich auch: Frauen sind sensibler für die grundsätzlichen Probleme des Bildungsstreiks – die Männer halten aber das Heft ganz fest in der Hand wenn es um Banküberfälle, 12stündige Pressearbeit oder Polizeieinsätze geht. Entscheidende

Schwäche der Bildungsstreik-Bewegung ist aktuell die dünne Personaldecke von Aktivistinnen und Aktivisten und die vorerst noch fehlenden Alternativen zur herrschenden Bildungspolitik. Vom Bildungsbegriff über andere Lehr-Lern-Prozesse bis zum aufrechten Gang durch wirklich entfrachtete Studien- und Prüfungsordnungen, wären phantasievolle und stimulierende Alternativen gefragt. Der Druck von unten in der konkreten Hochschularbeit an den Instituten ist noch schwach oder droht an der bürokratischen, langwierigen, teils hinhaltenden Verhandlungsprozessen mit den Universitätsleitungen zu scheitern. So ist die Gefahr nicht von der Hand zu weisen, dass sich der Bildungsstreik rasch im rituellen Aktivismus erschöpfen könnte.

*Fünf knappe Konsequenzen liegen auf der Hand:*

- Das Turbo-Abitur und der 6- Semester-Bachelor sind durch zivilen Ungehorsam abzuschaffen bzw. zu revidieren.
- Die Hochschulen sollten sich rasch auf eine Debatte eines mindestens vierjährigen Studiums für alle mit entsprechenden Ressourcenverstärkungen (Tutoren, Personal etc.) einlassen.
- Eine neue Debatte exemplarischen Lehrens und Lernens ist überfällig, neue Lernformen müssen ihren Platz in den Curricula finden.
- Ein „Notprogramm für Schulen und Hochschulen" ist mit den Kultus- und Finanzministern auszuhandeln.
- Ein europäischer Bildungsstreik für 2010/2011 sollte in den Zusammenhängen von attac, dem Europäischen Sozialforum, dem europäischen Gewerkschaftsbund und den europäischen Schüler- und Studierenden-Netzwerken konzipiert werden. Der Bildungsstreik war und ist hoffnungsvoll – die Ziele können jetzt anspruchsvoller und konfliktverschärfter gesetzt werden.

*Prof. Dr. Peter Grottian Hochschullehrer für Politikwissenschaft (FU Berlin) und Berater im Bildungsstreik*
*Michael Kolain studiert Rechtswissenschaft an der Uni Heidelberg, Mitkoordinator des Bildungsstreiks*
*Sebastian Zimmermann studiert Mathematik an der Uni Heidelberg, Mitkoordinator des Bildungsstreiks*
*Mehr Infos und Analysen: http://www.bildungsstreik.net/*

*Quelle: Sand im Getriebe 78 (21.11.2009), S. 28-30. Abdruck mit freundlicher Genehmigung der Autoren*

# Autorenspiegel

# Autorenspiegel

**Bernhard**, Armin, Prof. Dr. phil. habil., Professor für Allgemeine Pädagogik an der Universität Duisburg-Essen. Anschrift: Universität Duisburg-Essen, Fakultät für Bildungswissenschaften, Universitätsstraße 11, 45141 Essen

**Bünger**, Carsten, M.A., Wissenschaftlicher Mitarbeiter am Institut für Allgemeine Pädagogik und Berufspädagogik der Technischen Universität Darmstadt. Arbeitsgebiete: Kritische Bildungstheorie, Sozialphilosophie und politische Bildung. Anschrift: TU Darmstadt, Alexanderstr. 6, 64283 Darmstadt, www.c-buenger.de
E-Mail-Anschrift: c.buenger@apaed.tu-darmstadt.de

**Dickhaus**, Barbara, Wissenschaftliche Mitarbeiterin im Fachgebiet „Globalisierung & Politik" an der Universität Kassel. Arbeitsgebiete: Global Governance öffentlicher Dienstleistungen mit Fokus auf Handelspolitik (Dienstleistungshandel/GATS) und Hochschulbildung; European Studies (Europäische Integration, Europäisierung). Anschrift: FB 5 – Gesellschaftswissenschaften, Universität Kassel, Nora-Platiel-Straße 1, 34127 Kassel
E-Mail-Anschrift: barbara.dickhaus@uni-kassel.de

**Dust**, Martin, Dr. phil., Dipl.-Päd./Dipl.-Theol., Verbandsdirektor des Verbandes der Volkshochschulen des Saarlandes, Lehrbeauftragter für Weiterbildung an den Universitäten Trier und Paderborn sowie der Hochschule für Technik und Wirtschaft des Saarlandes. Arbeitsschwerpunkte: Weiterbildung in öffentlicher Verantwortung und Historische Erwachsenenbildungsforschung. Anschrift: Geschäftsstelle VHS-Verband Saar, Bahnhofstraße 47-49, 66111 Saarbrücken
E-Mail-Anschrift: martindust@gmx.de

**Eisenberg**, Götz, Sozialwissenschaftler, Familientherapeut und Publizist. Er arbeitet seit vielen Jahren als Gefängnispsychologe in der JVA Butzbach. Neben der intensiven, auch kulturellen Arbeit mit den Gefangenen schreibt er Bücher, Aufsätze und Zeitungsartikel zu sozialen Themen (unter anderem in »Frankfurter Rundschau«, »Der Freitag«). Schwerpunkte seiner Veröffentlichungen sind die Themen Amok und Gewalt. Anschrift: Dr. Götz Eisenberg, Psychologischer Dienst der JVA Butzbach, Kleebergerstr. 23, 35510 Butzbach
E-Mail-Anschrift: goetz_eisenberg@web.de

**Feltes**, Torsten, Diplompädagoge, Doktorand an der Fakultät Bildungswissenschaften der Universität Duisburg-Essen. Anschrift: Schlichtallee 1, 10317 Berlin

E-Mail-Anschrift: feltes@gmx.de

**Hammermeister**, Juliane, Pädagogische Mitarbeiterin an der Johann Wolfgang Goethe-Universität Frankfurt, Fachbereich Gesellschaftswissenschaften, Didaktik der Sozialwissenschaften. Arbeitsgebiete: Politische Bildung, Subjektkonstituierung in politischen Lernprozessen. Anschrift: Johann Wolfgang Goethe-Universität, Robert-Mayer-Str. 5, 60054 Frankfurt am Main

E-Mail-Anschrift: hammermeister@soz.uni-frankfurt.de

**Hufer**, Klaus-Peter, PD Dr. rer.pol., promovierter Politik- und habilitierter Erziehungswissenschaftler. Arbeitet hauptberuflich in der VHS des Kreises Viersen und ist Privatdozent an der Universität Duisburg-Essen. Anschrift: VHS Geschäftsstelle, Willy-Brandt-Ring 40, 41747 Viersen

E-Mail-Anschrift: peter.hufer@kreis-viersen.de

**Kluge**, Sven, Dr. phil., Wissenschaftlicher Mitarbeiter an der Fakultät für Bildungswissenschaften der Universität Duisburg-Essen. Arbeitsgebiete: Theorien der Bildung und Erziehung, Demokratische Reformpädagogik. Anschrift: Universität Duisburg-Essen, Fakultät für Bildungswissenschaften, Universitätsstraße 11, 45141 Essen

E-Mail-Anschrift: sven.kluge@uni-muenster.de

**Kupfer**, Hartmut, Diplompädagoge, Fachberater für Kindertagesstätten in Berlin. Arbeitsschwerpunkt: Sprache(n) im Bereich der Elementarpädagogik. Anschrift: LebensWelt gGmbH, Obentrautstr. 72, 10963 Berlin

**Moran-Ellis**, Jo, M.Sc.; B.Sc., Head of Department, Department of Sociology, University of Surrey. Arbeitsgebiete: Sociology of Childhood, Issues in Methodology. Anschrift: Department of Sociology, University of Surrey, Guildford, Surrey, GU2 7XH, UK

E-Mail-Anschrift: J.Moran-Ellis@surrey.ac.uk

**Pazzini**, Karl-Josef, Prof. Dr. phil., Professor für Bildende Kunst & Erziehungswissenschaft an der Universität Hamburg, Psychoanalytiker in eigener Praxis. Arbeit an: Bildung vor Bildern, Psychoanalyse & Lehren, Wahn-Wissen-Institution, psychoanalytisches Setting, unschuldige Kinder. Anschrift: Universität Hamburg, Von-Melle-Park 8, 20146 Hamburg

E-Mail-Anschrift: Pazzini@uni-hamburg.de

**Roitsch**, Jutta, Dipl.Pol., 1968 bis 2002 Redakteurin der „Frankfurter Rund-schau" mit Schwerpunkten Bildungspolitik und Gesellschaftspolitik, verant-wortlich für das Ressort „Dokumentation und Bildung". Seit 2002 ehrenamt-lich in der Bürgerrechtsarbeit tätig. Anschrift: Rumpenheimer Str. 9, 60388 Frankfurt am Main

E-Mail-Anschrift: Jr110242@aol.com

**Salomon**, David, Dr. phil., Wissenschaftlicher Mitarbeiter an den Instituten für Politikwissenschaft der Universitäten Marburg und Darmstadt. Anschrift: Institut für Politikwissenschaft, Residenzschloss, Marktplatz 15, 64283 Darmstadt

**Scherrer**, Christoph, Prof. Dr., Direktor des International Center for Develop-ment and Decent Work und Professor für „Globalisierung & Politik" an der Universität Kassel. Arbeitsgebiet: Internationale Politische Ökonomie. An-schrift: FB 5 – Gesellschaftswissenschaften, Universität Kassel, Nora-Platiel-Straße 1, 34127 Kassel

E-Mail-Anschrift: scherrer@uni-kassel.de

**Steffens**, Gerd, Prof. Dr. phil., Universität Kassel, lehrte bis 2007 Politische Bil-dung und ihre Didaktik am Fachbereich Gesellschaftswissenschaften der Uni-versität Kassel; Mitherausgeber des Jahrbuchs für Pädagogik; Anschrift: Jahnstr. 2, 64367 Mühltal

E-Mail-Anschrift: gesteff@uni-kassel.de

**Steffens**, Guido, Studiendirektor, Fachleiter am Studienseminar für Gymnasien Offenbach/Main. Anschrift: Am Nonnenhof 12, 60435 Frankfurt am Main

**Sünker**, Heinz, Prof. Dr., M.A., Fachbereich Bildungs- und Sozialwissenschaf-ten der Bergischen Universität Wuppertal. Arbeitsgebiete: Kritische Gesell-schaftstheorie, Theorie und Geschichte von Sozialer Arbeit und Sozialpolitik, Bildungsforschung, Kindheitsforschung und -politik. Anschrift: Bergische Universität/FB G, 42119 Wuppertal

E-Mail-Anschrift: suenker@uni-wuppertal.de

**Trautmann**, Felix, M.A., Doktorand am Lehrstuhl ‚Praktische Philosophie' der Johann Wolfgang Goethe-Universität Frankfurt am Main. Arbeitsgebiete: Po-litische Philosophie, Sprachphilosophie, Bildungstheorie. Anschrift: Weser-straße 16, 60329 Frankfurt am Main

E-Mail-Anschrift: felix.trautmann@gmx.de

**Tschirner**, Martina, Dr. phil., Oberstudienrätin i.H., Arbeitsgebiet: Didaktik der historisch-politischen Bildung, Anschrift: Johann Wolfgang Goethe-Universität, Seminar für Didaktik der Geschichte, Grüneburgplatz 1, 60323 Frankfurt am Main

E-Mail-Anschrift: tschirner@em.uni-frankfurt.de

**Waldow**, Florian, Dr. phil., Nachwuchsgruppenleiter an der Westfälischen Wilhelms-Universität Münster. Anschrift: Institut für Erziehungswissenschaft, Bispinghof 5/6, 48143 Münster
E-Mail-Anschrift: florian.waldow@cms.hu-berlin.de

**Weiß**, Edgar, Dr. phil. habil., Vertretungsprofessor für Schulpädagogik an der Universität Siegen. Arbeitsgebiete: Kritische Theorie, Kritische Pädagogik. Anschrift: Frankfurter Str. 58, 57074 Siegen
E-Mail-Anschrift: weiss@erz-wiss.uni-siegen.de

**Willemsen**, Michael, Studienrat für die Fächer Mathematik, Erziehungswissenschaft, Praktische Philosophie in Minden. Forschungsinteressen: Fachdidaktik für das Unterrichtsfach Pädagogik, Allgemeine Pädagogik. Anschrift: Rispenweg 32, 32425 Minden.
E-Mail-Anschrift: michael.willemsen@uni-due.de

**Witsch**, Monika, PD Dr. phil., Privatdozentin an der Universität Duisburg-Essen. Arbeitsgebiete: Systematische Pädagogik, Interkulturelle Pädagogik. Anschrift: Universität Duisburg-Essen, Campus Essen, Fachbereich Bildungswissenschaften, Institut für Berufs- und Weiterbildung, Weststadttürme B.08.06, Berliner Platz 6-8, 45127 Essen

# Jahrbuch für Pädagogik

Bisher in dieser Reihe erschienen:

Erziehungswissenschaft im deutsch-deutschen Vereinigungsprozeß. 1992.
Redaktion: Klaus Himmelstein und Wolfgang Keim

Öffentliche Pädagogik vor der Jahrhundertwende: Herausforderungen,
Widersprüche, Perspektiven. 1993.
Redaktion: Karl-Christoph Lingelbach und Hasko Zimmer

Geschlechterverhältnisse und die Pädagogik. 1994.
Redaktion: Ulla Bracht und Dieter Keiner

Auschwitz und die Pädagogik. 1995.
Redaktion: Kurt Beutler und Ulrich Wiegmann

Pädagogik in multikulturellen Gesellschaften. 1996.
Redaktion: Georg Auernheimer und Peter Gstettner

Mündigkeit. Zur Neufassung materialistischer Pädagogik. 1997.
Redaktion: Hans-Jochen Gamm und Gernot Koneffke

Bildung nach dem Zeitalter der großen Industrie. 1998.
Redaktion: Josef Rützel und Werner Sesink

Das Jahrhundert des Kindes? 1999.
Redaktion: Karl-Christoph Lingelbach und Hasko Zimmer

Gleichheit und Ungleichheit in der Pädagogik. 2000.
Redaktion: Klaus Himmelstein und Wolfgang Keim

Zukunft. 2001.
Redaktion: Ulla Bracht und Dieter Keiner

Kritik der Transformation – Erziehungswissenschaft im vereinigten Deutschland.
2002.
Redaktion: Wolfgang Keim, Dieter Kirchhöfer und Christa Uhlig

Erinnern – Bildung – Identität. 2003.
Redaktion: Hans-Hochen Gamm und Wolfgang Keim

Globalisierung und Bildung. 2004.
Redaktion: Gerd Steffens und Edgar Weiß

Religion – Staat – Bildung. 2005.
Redaktion: Herausgeberkreis

Infantilisierung des Lernens? Neue Lernkulturen – ein Streitfall. 2006.
Redaktion: Dieter Kirchhöfer und Gerd Steffens

Arbeitslosigkeit. 2007.
Redaktion: Dieter Kirchhöfer und Edgar Weiß

1968 und die neue Restauration. 2008.
Redaktion: Armin Bernhard und Wolfgang Keim

Entdemokratisierung und Gegenaufklärung. 2009
Redaktion: Sven Kluge, Gerd Steffens, Edgar Weiß

„Der vermessene Mensch". Ein kritischer Blick auf Messbarkeit, Normierung und
Standardisierung. 2010.
Redaktion: Martin Dust und Johanna Mierendorff

www.peterlang.de